普通高等教育管理类系列教材

新编商务应用文写作

主　编　李奕轩

副主编　徐希晨

参　编　胡卿汉　刘莉君　黄丽天　吕虹云

机械工业出版社
CHINA MACHINE PRESS

本书围绕企业管理及商务实践中的应用写作需求展开编写，精选真实场景任务和案例，精编配套习题及资料，有利于读者对内容的理解和掌握。全书共九章，包括商务应用文写作基础、常用行政公文、商务调研文书、营销类商务文书、契约类商务文书、事务性商务文书、组织管理沟通文书、商务纠纷法律文书和大学生实用文书。本书内容丰富实用，贴近工作、生活实际，既有生动具体的例文，也有配套详细的教参，编写系统全面，是不可多得的商务写作教材。

本书既可作为应用型本科院校、高等职业院校商科类相关专业的应用文写作教材，也适合从事现代工商企业管理的人员在职培训使用或自学参考。

图书在版编目（CIP）数据

新编商务应用文写作 / 李奕轩主编. -- 北京：机械工业出版社，2025.8. -- （普通高等教育管理类系列教材）. -- ISBN 978-7-111-78619-1

Ⅰ. F7

中国国家版本馆CIP数据核字第2025JT2609号

机械工业出版社（北京市百万庄大街22号 邮政编码100037）

策划编辑：刘 畅　　　　　　责任编辑：刘 畅 何 洋
责任校对：梁 园 张 征　　　封面设计：王 旭
责任印制：任维东
三河市航远印刷有限公司印刷
2025年8月第1版第1次印刷
184mm×260mm・21印张・519千字
标准书号：ISBN 978-7-111-78619-1
定价：69.00元

电话服务　　　　　　　　网络服务
客服电话：010-88361066　　机 工 官 网：www.cmpbook.com
　　　　　010-88379833　　机 工 官 博：weibo.com/cmp1952
　　　　　010-68326294　　金 书 网：www.golden-book.com
封底无防伪标均为盗版　机工教育服务网：www.cmpedu.com

前　言

一、写作背景

党的二十大报告提出，"实施科教兴国战略，强化现代化人才建设支撑"。我国经济已由高速增长阶段转向高质量发展阶段，高等教育也更加注重发展的质量和效率，创新发展和内涵建设势在必行。在新的商务背景下，新场景、新任务、新案例不断呈现，人们在工作和生活中的交往越来越频繁，商务协作也更加复杂多变。为了更好地适应新经济和新商业，有必要系统发现经济与商业活动中的客观规律，在更好地理解当下商业活动的基础上，更新迭代商务写作所需的知识和技能，建立更规范、更应景的商务写作认知。

商务应用文实用性强、适用面广，是现代企业经营中沟通与管理的重要工具。商务写作是重要的文字"输出活动"，是一门实践性极高的课程。对写作水平的衡量并非简单的遣词造句，而是集搜集材料、发现问题、解决问题、论证观点等方面的综合能力。写作质量直接反映了学生语言文字根基、专业知识积累以及思维技巧等维度的功底。

学习商务写作意义重大：一方面，商务写作能力是职场不可或缺的基本素质，对于胜任工作至关重要；另一方面，高质量的写作更是个人潜能挖掘及职场长远发展的重要条件，它深刻影响着个人职业生涯的发展空间。

二、本书特色和创新点

商务应用文是管理沟通的手段和方式，也是记载商务信息的重要载体和凭证。商务写作教材的编写质量直接影响人才培养的质量。本书以系统实用为原则，以真实的应用场景和任务为依据，结合大商科的专业实际展开编写，倡导"以学生为根本，以输出为实践，以成果为导向"的理念。本书主要特色和创新点如下：

1. 以"课程思政"和"教材思政"为切入点

契合大环境和人才培养需求，以社会主义核心价值观为根基，整合更有效、更具体的元素和资料，贯穿于教材始终，做到润物无声、育人无痕。

2. 聚焦场景和任务拓展应用

面向新经济、新商业，选取企业工作、商务活动、经营调研、商业契约、企业管理、学生写作等实用场景中使用频率较高的文书；以任务为驱动，强化学生对实际任务的识别、分析与完成能力。

3. 立足行业和现实就业需求

基于多年教学经验和近年对企业的调研交流，剔除目前市面上教材中一系列不常用的文

种，增加更实用的文种，更有针对性。

4. 能力维度指导下的学习目标

本书设计的教学目标清晰、明确、全面。传统教材只停留在"写"的维度，而"写作"其实是复杂系统的"输出活动"，考量多维，文字驾驭仅是其中一个方面。在写作过程中，需进行全面的政策分析和系统的思维构造，进而展开资料选取、立意设计、结构布局、文笔锤炼、细节优化等全方位的能力塑造工作。

5. 教材例文丰富且细节生动

整合大量优质例文并系统加工，运用拓展资料、案例、故事等提升教学内容的生动性和形象性，加深学生对教材内容的理解，也让学生沉下心钻研写作，变被动学习为主动思考。

6. 教材重点突出且因材施教

本书分模块编写（主修模块＋辅修模块），重点突出、内容丰富，教师可根据具体情况选择内容讲解或让学生自学。因而本书能适应不同课时安排的教学需求，也能适应本专科层次不同专业差异化的职业技能培养的需求。

7. 教材可读、可练、可互动

本书强调"读、写、练、思"四位一体协作，配套资料丰富完整（教师可登录机工教育服务网，认证获取），既注重知识输入，更注重成果输出。本书一改以往枯燥的写作课堂教学，在驱动学生自主学习、提升授课效率的基础上，更有利于学生对所学专业知识的吸收和应用，使学生真正掌握相关职业技能，提升就业竞争力。

三、编写分工

本书基于编者多年的教学经验和实践思考，结合当下商业经济与社会变化的场景精心构思和设计编排。具体分工如下：全书由李奕轩负责设计、统稿和格式排版工作。第一章和第八章由李奕轩编写；第二章、第五章和第九章由李奕轩与徐希晨编写；第三章由李奕轩与黄丽天编写；第四章由李奕轩与胡卿汉编写；第六章和第七章由李奕轩与刘莉君编写；吕虹云参与资料整理。

本书在编写过程中，参考借鉴了一些商务写作的研究成果，在此向各位学者表示由衷的感谢；同时特别感谢参与调研反馈的组织；最后感谢所教授过的学生，积极参与课堂并及时反馈，帮助优化课程教学。

由于商务活动涉及面广、细分领域多，加之编者水平有限，书中难免有不妥与疏漏之处，恳请各位读者批评指正。

编者

2025 年 3 月

目 录

前 言

第一章
商务应用文写作基础

文章，经国之大业也。

——三国时期政治家、文学家 曹丕《典论·论文》

大学毕业生不一定要能写小说诗歌，但是一定要能写工作和生活中实用的文章，而且非写得既通顺又扎实不可。

——著名教育家、作家 叶圣陶

任务导入

场景一：成功面试禁忌之一

重庆一位大学生因在递交的手写 400 字简历中出现了 20 多个错别字，即便进入了最后复试阶段，也被用人单位拒绝。不是专业素养和职业态度的问题，而因错字落聘实在可惜。与此同时，另一企业的人力资源部经理也谈道："每次遇到这样的情况，我都会把简历放在一边，并礼貌地告诉对方回家等通知"。

场景二：调研反馈

某年 10 月，上海一大学对苏、浙、沪的 152 家企事业单位进行了调研，范围涉及政府机构、教育、信息、金融等各个领域十余家人才市场。其中反映出来一个问题："尽管有很多证书，但大学生们最基本的语言表达和写作能力却不尽如人意。"不少企业表示，很多大学生的写作能力十分欠缺。

场景三：新开的课程

某年 9 月开始，北京某高校本科新生的课程表上都增添了一门课"写作与沟通"。此课程是面向全校一年级学生开设的写作必修课，要求小班教学，每个班级不超过 15 人。该校一位教授认为，学生写作能力不强、文字表达能力不足，最主要的原因是思维能力不够。

上述场景反映了当下大学生普遍存在的哪些问题？讨论如何避免类似问题的产生，并试着分析自身写作能力的不足之处和解决方案。

内容认知

随着社会主义市场经济体制不断完善，行政、商务活动类型日渐复杂和丰富化，各行各

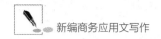

业的工作开展也不可避免与其打交道，文字写作是记载信息和交流信息的重要途径，具有独特的优势。本章主要从商务应用文基础认知、写作要求和规范等方面展开学习，提升应用文的鉴赏水平，奠定商务应用文写作的坚实基础。

学习目标

知识模块一	能力维度	重难点
基本概念和发展	了解	重点：商务应用文的表达方式及基础规范
商务应用文的作用	态度认知	
写作的基本要素	理解与运用	
表达方式及基本规范	写作训练	难点：写作思路设计及有效的材料积累和运用
写作的思维基础	掌握与应用	
写作的一般过程	掌握与应用	

☑ 主修模块

第一节　商务应用文写作概述
第二节　商务应用文写作的基本要素
第三节　商务应用文的表达方式及基本规范
第四节　商务应用文写作的思维和过程

第一节

商务应用文写作概述

一、应用文和商务应用文的含义

人类自有文字起就开始了写作活动。应用文是写作的一个分支，是人们在日常生活中沟通交流、办理公务或举办各类商务活动时所需要的实用性文体。我国应用文写作已有3500余年的历史，可谓历史悠久、源远流长。

殷墟出土的甲骨卜辞、商周时期的钟鼎铭文、《周易》中的卦辞和爻辞等，都可看作应用文的原始形态。《尚书·序》中说："古者伏牺氏之王天下也，始画八卦，造书契，以代结绳之政，由是文籍生焉。"此句中"书契"指文字，"文籍"指"实用文"。由此可见，应用文是随着文字产生而产生的，应用文的诞生结束了人类结绳记事的历史。《尚书》中记载了虞、夏、商、周四个朝代属于应用文体例的誓词、诰辞、法令等文书，还有反映各诸侯国之间关系的盟约文书等。到清代，学者刘熙载在《艺概·文概》中指出："辞命体，推之即可为一切应用之文。"应用文有上行文、下行文和平行文之分，分类更明确。新中国成立后，应用文的写作更加规范，应用文的价值也越发凸显。

应用文作为一类文体，与文学类的写作有所差别。许多人可以一辈子不写小说、剧本、诗歌、散文，但在工作、生活、学习中却免不了要写应用文。

小故事

仓颉造字

仓颉造字是中国古代神话传说之一，仓颉造字的地方叫"凤凰衔书台"。《淮南子·本经训》记载："昔者苍颉作书，而天雨粟，鬼夜哭。"仓颉，也称苍颉，复姓侯刚，号史皇氏，曾把流传于先民中的文字加以搜集、整理、规范和使用，在创造汉字的过程中起了重要作用，为中华民族文明的传承做出了不朽的功绩。但普遍认为汉字由仓颉一人创造只是传说，不过他可能是汉字的整理者，被后人尊为"造字圣人"。全国有多处纪念仓颉的遗迹，有仓颉造字、造字台、仓颉陵、仓颉庙等。在众多遗迹中，始建于汉代者有四处：河南南乐、虞城、开封和陕西洛南、白水。

汉字是交流的工具，更是中华文化的载体。

二、商务应用文概述

1. 商务应用文的定义

商务应用文是应用文的一部分，是写作学和商科知识交叉的一门边缘学科。学习这门学科，提升商务写作能力，既需要有广泛且扎实的商科专业知识和一般常识，也必须遵循写作的相关规范。

本书将商务应用文定义为，在行政事务和商务活动中用以记录信息、实施管理、研究对策、沟通协调的文书。随着我国经济发展的深化和改革，社会物质产品和精神产品迅速增长，商务活动空前繁荣与活跃，在经济社会中占有重要的地位。直接作用于行政事务和商务活动的应用文写作成为专业文书写作中不可回避的重点和热点。商务应用文的类型丰富多样，文书写作应根据具体文种展开，但都能用于指导工作开展，具有较强的实用价值。

2. 商务应用文的特点

商务应用文具有应用文写作的一般特点，即重在"应用"，需要遵循一定的规范；同时，也不应忽视其特殊性，文字运用是载体，行政和商务是内核。商务应用文在组织运行过程中无时无刻不与真实的市场管理和经营活动发生着联系。一般而言，商务应用文具有如下特点：

（1）内容真实性　商务应用文必须真实确凿、实事求是地反映商务现实问题。文学创作可以虚构和杜撰，追求艺术审美，而商务应用文写作则不允许虚构，所用材料包括时间、细节、数据等较为完整的要素，拒绝艺术加工；如果肆意编造，会给工作带来不可弥补的损失，甚至给组织埋下倒闭的隐患。

（2）写作专业性　商务应用文写作是专业化的写作，其写作内容取决于行政事务和商务活动的实际内容。商务应用文的涉及面非常广，涵盖商科多专业的相关知识，如市场营销、管理学、心理学、统计学等，写作时需要具备极强的专业素养，才能准确地把握市场动向，准确地传递商务及沟通信息。签订合同、撰写调研报告、书写商务纠纷诉讼文书等，更是需要一定的写作基础、扎实的专业知识储备和必备的常识。

（3）目的实用性　商务活动具有明确的目的性，主要体现在具体的活动实施中。例如，组织开展了解市场、确定消费群体、协商合作等方面的活动，均需要表达明确的意图，讲究实际效用，否则就是在浪费资源。又如，政府发布指导市场运行的相关文件，具有统领价值，是有针对性地实施宏观管理或放权市场良性运行的风向标，应目的明确、文书实用。

（4）语言科学通俗性　商务应用文在语言表达上非常重视信息的准确性和语言表达的合理性。繁杂的语言表达会增加文字沟通的时间成本和理解成本，不利于管理和商务活动的高效开展，语言运用尽量简洁、准确、规范、平实、得体。如商业广告，既要符合相关法律的要求，保证语言严谨、科学，又要思考语言的通俗、得体，力求在较短的时间内吸引消费者关注。

（5）格式规范性　商务应用文涉及种类多，大部分文体具有相对固定的行文格式和写作结构，这是在长期的实践中优化并约定俗成的。如商务函、计划的写作，都有较为固定的模式。同时，部分文体格式是由国家相关职能部门发文统一制定的，更突出了表达的统一性与规范性。如下发通知、通报、批复等红头文件用以指导工作，要求则更严格。

3. 商务应用文的种类

根据不同的分类视角，商务应用文可分为以下几种：

（1）按照商务应用文的行文方向划分　将其分为上行文、下行文和平行文。上行文是下级（如企事业单位业务部分或集团子公司等）向上级单位或业务部门提交的有重要沟通价值的文书，如请示和报告；下行文是上级写给下级或业务部门的针对性文书，如通知和通报；平行文是不同组织间、企业间、部门间使用的一种文书，如函。

（2）按照商务应用文的书面表现形式划分　将其分为表格类文书、文字式文书和信函类文书等。

（3）按照商务应用文的使用范围划分　将其分为商务行政通用文书和商务专业文书。前者如通知、报告、函等，偏沟通管理；后者如广告文案、商务合作意向书、商务调研报告、招商启事、商务纠纷文书等，偏专业决策。

4. 商务应用文的作用

在科学技术和经济高速发展的今天，组织（企业）竞争越发激烈，商务应用文在组织管理、沟通交流、处理事务中发挥着非常重要的作用。文书的质量不仅影响行政和商务活动实施管理，也代表着组织（企业）形象，优质的文书有利于对外树立良好口碑。所以，高效规范的商务应用文写作不仅是衡量员工职业素养的要核之一，也是衡量组织（企业）沟通和管理水平不可缺失的标尺。其主要作用如下：

（1）信息记载的作用　在行政和商务活动中，应用文是开展相关工作、解决问题的重要凭证和依据，需要借助文字工具将信息准确无误地记载或加工记载。一方面，商务应用文可以用作开展和检查工作的依据；另一方面，当出现纠纷时，可以追根溯源，厘清事件责任。同时，商务信息的传播必须建立在一定的沟通载体之上，对载体的选择，可以视具体情况而定。

（2）沟通协调的作用　在现代经济活动中，任何组织和个人都不可避免地需要对内、对外沟通，而商务应用文书是沟通的文字载体。优质的文书能提升沟通效率，不仅能达到高效协调、推进工作的效果，还能传播商务信息、解决矛盾，提高组织的美誉度和知名度。从一定程度上来讲，这是节约组织运营成本的重要途径。

（3）管理领导的作用　商务应用文既是加强上下级联系的纽带，也是与各部门各方面密切联系的工具，更是领导意志的传达者和立言者。党和国家的方针、路线、政策要以正式发文的形式向下级指示与传达。与此同时，企事业单位的所有管理决策都应以党和国家的方针政策为最高、最根本的指令。

组织领导在实施管理活动的时候，通过商务应用文书管理组织具有独特的优势。书面文字更正式、更明确、更持久，这是必备的管理方法之一，任何组织都不可回避。如组织的年度规划撰写，因其文字量不少，以口头形式布置不正式、以会议形式布置不全面，所以选择正式且全面的文字形式更为合理，既能持久表达组织的管理价值观，也方便使用者随时查阅。

（4）宣传教育的作用　商务应用文是现代组织（企业）形象识别的重要载体，不少组织的价值观念、经营策略都会通过组织形象识别进行广泛的传播，从而树立独特的形象。在组织内部，常有表彰先进、批评错误的宣传教育活动，以达到树立榜样、统一思想的作用。在处理针锋相对的事件时，不宜总采用面对面的形式展开，文书教育能避免面对面批评教育带来的冲突，发挥着不可替代的作用。

第二节
商务应用文写作的基本要素

商务应用文写作即用某种语言写成一篇与商务事宜相关的完整应用文。一篇规范完整的商务应用文，需要用心规划主旨、材料、结构和语言四要素。主旨是应用文的掌舵手，解决其核心价值的问题；材料解决其物质基础的问题；结构解决其外在形象的问题；语言解决其内在品质的问题。这四个要素相互作用、不可或缺，只有融合得当，才能形成有机整体。

一、主旨

主旨是商务应用文的核心和灵魂，即文章的立意中心。清代大儒王夫之曾说："意犹帅也，无帅之兵，谓之乌合。"这足以看出主旨对一篇文章的价值。主旨也称应用文的中心思想或基本观点，是作者的意图、态度或看法在文中的体现。它决定着材料的取舍，统领着结构的安排，制约着语言的运用。

商务应用文的主旨必须以党和国家的最高方针政策为导向，维护国家最高利益。在写作过程中，虽然文体有所不同，但内容都应符合社会主义核心价值观、职业道德、科学精神、人文素养等基本准则。撰写商务应用文，应做到以下四点：

1. 主旨正确

作为组织管理和商务沟通的工具，商务应用文的最终效用是解决现实问题，所以，必须确保主旨符合国家和地区的法律法规，符合客观事实情况，符合准确表达要求，杜绝文中出现刻意杜撰、主观臆断的成分。特别是政府行政文书，其内容往往直接体现了党和国家的领导方针，写作人员需要具备较高的政治素养和丰富的专业知识才能圆满完成任务，确保精准地用文字表达组织的执政管理理念。

2. 主旨集中

商务应用文的主旨要集中，围绕行政管理问题或确切的商务工作集中阐述。其写作常要求内容单一、一文一事，不要求四面出击、面面俱到、不分主次。只有主旨集中，文章才容易被受众理解，才能提高处理事务和管理的效率，相关对策才便于执行；只有主旨集中，文章才能写得深刻。

3. 主旨鲜明

与文学作品不同，商务应用文要求主旨必须鲜明、清楚、突出。写作时直截了当地在文章中表明立场，根据内容将其设置于篇首、篇中或篇末均可。主旨无论表达肯定或否定、赞成或反对，都应让人一目了然，从而最大限度地提高商务应用文的效用。

4. 主旨深刻

所谓深刻，是指主旨要有深度。作者需站在一定的思想高度，对应用文展开全面规划与设计，不断分析与挖掘，做到"见仁见智，人未见我见"。如对同一主题事物总结，有的人能够钻研挖掘出一些别人看不到的亮点，让人耳目一新，有的人则只能够照抄模板、按部就班地完成写作。

二、材料

材料是商务应用文的血肉，是指撰写者为表现应用文的主旨所搜集或积累的一系列事实、数据或论据，如为了实现写作意图搜集选择的事实材料、理论材料、正反观点材料、数据材料、法规材料等。"巧妇难为无米之炊"，材料是支撑主旨的基石、形成观点的依据，也是应用文写作的基础。

材料的积累和运用是写作的重要环节，是一个漫长的过程，其中包含了丰富的脑力劳动付出。一般经过以下三步，如图 1-1 所示。

图 1-1　材料的积累和运用过程

（一）集材

集材即收集大量与主旨相关的材料。材料可以通过观察、问卷调查、亲身体验、科学检索等方式获取。要写好商务应用文，应当采取合法可行的方式尽可能地获取有价值的材料。

商务应用文写作应注意根据文本需要收集所需的材料。一般可收集以下几类材料：直接材料和间接材料、历史材料和现实材料、典型材料和概括材料、正面材料和反面材料、文字说明材料和数据统计材料。

（二）选材

选材是在集材基础上对材料的进一步优化选择，是对所收集到材料的取舍。主旨的形成和体现需要大量素材，而没有真正价值的素材会对主旨的形成产生负向影响，妨碍读者理解应用文的核心要义。选材过程，需在前期搜集的海量材料中，再一次筛选以获取真正对文本写作有价值的材料。选材的主要方法有筛选法、类化法、节选法、归纳法等。在选材时要注意以下几点：

1. 选材紧扣主旨

在集材过程中收集的材料，要与主旨相关，但选材过程注重选择优质的、与主旨关联度更紧密的材料。例如，同样作为论据，真实的数据资料往往比文字叙述更有说服力，在选择时要懂得取舍。

小故事

布里丹毛驴效应

布里丹养了一头小毛驴，他每天要向附近的农民买一堆草料来喂养毛驴。一天，送草的农民额外多送了一堆草料放在旁边，但毛驴站在两堆数量、质量和与它的距离完全相等的干草之间为难极了。当它走到左边时，眼睛却看向了右边的干草；走到右边时，心里又惦念着左边的干草，始终无法分清究竟选择哪一堆好。于是，它就这样在原地犹豫不决，最终被活活饿死。

2. 选材真实典型

材料源于生活实际，但因文体和功用不同，对材料的处理分析也不同。商务应用文的材料以行政和商务现实性材料为基础，既包括相关活动中真实发生或存在的事实，也包括数据、规章、法令等。在选择商务应用文材料时，应注意其针对性，只有选择那些最紧扣主旨并具代表性的材料，才能更准确地揭示事件本质，使文章言简意赅、更有表现力。劣质材料是文章的累赘；真实典型的材料有时能达到"以一抵十"的效果，选材贵在精、贵在准。

3. 选材新颖生动

新颖的材料是指符合实际需要，符合市场经济运行发展的大趋势，能解决实际问题的，与热点、难点、重点等密切相关联的各种材料；同时也指虽人尽皆知，但从独特视角理解而让人眼前一亮的材料。

此处的生动不是指文学作品中的生动表达，如运用比喻、拟人的修辞手法让人物形象更立体，而是指选择更有价值更贴切的材料，以独特的形式展现让应用文的表达更生动、明确，如运用典故简明生动地表达作者的意图，选用古诗提升演讲和发言的质量，政策文件中创造生动贴切的名词让读者便于理解和记忆等。

（三）用材

正式写作商务应用文时，即是真正用材的阶段。用材直接关系到文章主旨的表现，强调用得合法、合理、恰当、灵活。主要注意以下三方面：

（1）先后有序　材料放置都是为表达主旨服务的。不同类型的材料、同类型的材料放置在文章的哪一部分、放多少，需要提前思考、后期完善。如将有的材料放在开篇，但在写作

过程中发现基于逻辑，将其放在文末更适合，这时就要及时调整材料的位置。

（2）详略得当　在写作过程中应注意材料叙述或议论的详略。在前期分类整理与挑选材料时，就已经确定了材料的优质等级，应把握方向、选其要领、重点打造，切不可囫囵吞枣式地撰写。

（3）注意色彩　写作时也应该关注材料的褒贬色彩。例如，通报批评是较为严肃的，措辞和选材要求有证据、有事实；开幕词的选材虽需要符合具体场景的材料，但都应热情有礼，表达尊重与感谢。

小案例　　　　　　　　　**选材、用材看主旨**

2023 年 11 月 8 日，世界互联网大会乌镇峰会顺利召开。习近平主席向 2023 年世界互联网大会乌镇峰会开幕式发表了视频致辞，凝聚共识、指明方向。致辞主题为《共同推动构建网络空间命运共同体迈向新阶段》，选材、用材尤为讲究，层次分明、逻辑清晰。其内容不但契合峰会的特点，肯定了世界互联网大会创设 10 年的成果，也指明了继续开放合作的路径。

三、结构

结构是商务应用文的骨架，是作者依照主旨，对文章内容的组织和构造，对材料进行的有机组合和编排。商务应用文的结构有两重含义：一是整体结构，即应用文的总体构思、整体框架，包括逻辑层次和段落设计等；二是细微结构，即对商务应用文标题、开头、过渡、展开、结束等内容的具体设计和安排。

商务应用文结构形态一般有五种，即总分式结构（包括总分、分总、总分总）、并列式结构、递进式结构、整段结构和篇章条结构。写作的结构设计需符合以下要求：

1. 逻辑合理

客观事物本身有其存在形式、特点和运动规律。文章所表现的对象是客观事物，其结构形式应取决于内容，体现客观事物的内在本质联系。商务应用文写作更是如此。例如，写请示就要做到理由充分、事实准确，进而提出请示的物质或精神需求，结构上包括缘由、事项和具体要求。

2. 完整统一

商务应用文的各部分要组成一个统一整体，为一个主旨服务，各段落之间不能互相矛盾或无关联，要做到严密有序、脉络清晰。如果行文思路不清晰，表明作者很可能对事物认识得不够深刻、浮于表面。结构不完整、段落不清晰，行文就难以达到目的。

3. 适应文体

商务应用文的文种多样，选择用哪种结构，抑或选择多种结构组合表达，应根据具体文种来确定。经过时间洗礼，大部分文种都有相对稳定的结构范式，这就需要作者研究、对比和把握多种文体的样式和规范，有针对性地选择匹配的模板指导写作。例如，写规章制度，则一般按篇章条式来写；写商务合同，应写上相关法律规定的内容，不能省略。

四、语言

语言是商务应用文的细胞。叶圣陶先生曾指出："公文不一定要好文章，可是必须写得一清二楚，十分明确，句稳词妥，通体通顺。"语言既是人类的思维工具和沟通工具，也是表达思想、展开写作、构成文章的必备条件。文章结构需用语言去组织，材料需用语言去表述，主旨需用语言去凸显。只有通过语言这个细胞要素的连接，主旨、材料、结构等要素才能构成有价值的整体。

商务应用文的实用性要求其应高效服务于各类商务活动的开展，这就必须保证读者能在较短时间内迅速获取关键信息，需要语言表达具有准确可靠、言简意赅、平实得体、符合文体的显著特点。

1. 准确可靠

商务应用文的叙述多用直叙，证明则多是直接证明，以免文章的内容观点曲折隐晦、含糊其辞、模棱两可，从而保证不同的读者在理解上能够最大限度地趋于一致。

对语言文字的运用还应把握词语的分寸感和合适度，注意区分词义轻重、固定搭配、适用范围等。另外，对数字的适用要特别注意准确性，并要反复核查，通过图和表的形式明确表达数量关系或逻辑关系。

小资料　　商务写作惯用语

惯用语在商务应用文中的使用频率较高，这是因为商务应用文注重语言的规范、庄重、严谨、简洁、方便，许多用语沿袭，成了惯用语。主要包括以下内容：

序号	用语类别	用语内容举例
1	称谓用语	我局、你厂、贵公司、该行业等
2	开端用语	按照、根据、随着、为了、对于、兹因、鉴于、据悉、据反映等
3	表达用语	即办、同意、施行、赋予、当即执行、坚决贯彻等
4	过渡用语	为此、对此、据此、由此可见等
5	经办用语	经研究、经批准、经请示、经讨论等
6	总结用语	总之、总而言之、综上所述、由此观之等
7	结尾用语	为盼、特此函达、专此报告、妥否、请批复、请遵照执行等

2. 言简意赅

言简意赅即语言简洁明了、意思清晰完备。宋代张端义在《贵耳集》中谈及："言简理尽，遂成王言。"这是对语言运用的深度解读和高度评价。在实施管理和沟通工作中，未达到更好的管理效果，用语应尽量简明扼要，不要拖泥带水。如政府工作报告，字字千金、用语非常讲究，措辞和语句结构都经过多次修改才会最终确定。

商务类常见专业词汇

商务应用文涉及行政管理、金融贸易、广告营销等业务内容，而这些行业有其专用的业务术语，如资金、净资产、利润、负债、损益、抵押、市盈率、股东、预算、投资、费用、效能、定位等。只有熟悉掌握本范围内的专业用语，才能更好地反映专业情况，写好商务应用文。但在商务应用文中基本不用语气词（感叹词），如啊、呀、啦、哪、吗、呢等。这些语气词在文学创作中为抒情的需要可能被经常使用，而商务应用文以实告人，无须以抒发感情来打动受众。

3. 平实得体

平实得体是指使用平稳朴实且庄重贴切的语言。商务应用文是为了解决商务工作中的问题而写，为了让读者能较快理解，因而它的语言应当平实朴素，行文多采用平直的叙述和恰当的议论；同时，选用恰当的、得体的词语更能缩短文章和读者之间的距离，尽量不用生僻、晦涩的词语表达文义。

4. 符合文体

商务应用文体例多样，大部分用于公开场合，需要行文语言有针对性。写作时，要符合特定问题、按照问题要求遣词造句，保持相应文体的语言特色；也要考虑作者和读者的身份，明确行文目的，选择恰当的措辞。例如，发布启事和声明，语言需要尽量通俗明了；行政公文的写作则要求庄重、严谨。

第三节

商务应用文的表达方式及基本规范

一、商务应用文的基本表达方式

语言的主要表达方式，即古人所称的"笔法"，如今称为表达手法、表现方法。写文章的表达方式通常有五种，即叙述、说明、议论、描写、抒情。受商务应用文的写作目的和文体特点制约，其语言表达方式主要为叙述、说明和议论。

1. 叙述

叙述是商务应用文写作中最基本、最常用的表达方式，是有秩序地叙说、介绍人物的经历、言行或事物的发展变化过程。完整的叙述包括时间、地点、人物、事件、原因、结果六要素。商务应用文中记叙事件的发展过程、介绍单位的基本情况一般都采用顺叙，即按时间先后叙述；倒叙、插叙、分叙等形式用得较少。

2. 说明

说明是用简明扼要的文字，对客观事物或事理的状态、性质、特点、功能、成因、关系、功用等属性加以客观解释和介绍的表达方式。说明在商务应用文中使用广泛。例如，商品说明书、商品广告等文种主要就是用说明的表达方式来写作；商务合同、起诉状等也常常借助说明的表达方式来解释、剖析事理。

3. 议论

议论是运用事实材料和理论材料进行逻辑推理、阐明观点的一种表达方式。它的主要特点是证明性，即摆事实、讲道理，或证明自己的观点正确，或驳斥对方的观点错误。商务应用文写作中经常使用议论。调查报告、工作总结、通报、商务起诉状和答辩状等文种，经常在叙述事实、说明情况的基础上表明对人物、事件、问题的评价和分析。

在商务应用文中，运用议论要注意严谨、庄重。对任何事物的评价，既要实事求是、以理服人，也要注意简洁明快、直截了当地阐明观点。

二、商务应用文写作的基本规范

优质的商务应用文，除了选择与运用合适的表达方式之外，还必须注意细节的写作规范。字词句是其血肉，其质量直接决定着整篇文章的质量，而标点和数的规范是写作时的基本要求。

（一）字词句的规范

字的规范和准确，是每一篇商务应用文都应满足的要求；在词语运用上，商务应用文严格遵照其词典意义；在造句上，严格遵循语法规则；在修辞上，适当谨慎运用对偶、排比等常规修辞，不用夸张、暗示等夸大或曲折达意的修辞。

小资料　　　　　　　　商务应用文常见措辞

表范围：各个、左右、上下、普遍、局部、整体等；

表程度：很、显著、特别、较大等；

表时间：现在、目前、有时、曾经、未来一年、下月等；

表数量：所有、众多、极个别、大部分、九百人、广大等。

（二）标点和数的规范

规范语言应包括规范标点和数的表达。

在使用书面语进行交际时，为了能在视觉上"看"出句子中停顿、语气和某些词语的作用，必须在书面文字上增加各种具有特定含义的符号，用来明确句子意义，增强书面语的表达效果，这些具有特定含义的符号就是"标点符号"。标点符号和文字都是书面语的组成部分，标点符号是辅助文字记录语言的符号。

《标点符号用法》（GB/T 15834–2011）以国家标准的形式规范了标点的用法。2011 年 12 月 30 日，中国国家标准化管理委员会发布《标点符号用法》，2012 年 6 月 1 日实施。该标准规定了现代汉语标点符号的种类、定义、形式和用法，适用于汉语的书面语（包括汉语和外语混合排版时的汉语部分）。标准中共有常用的标点 17 种，分为点号和标号两大类，点号 7

种，标号 10 种。其中点号分为句末点号（句号、问号、叹号）和句内点号（逗号、顿号、分号、冒号）；标号包括引号、括号、破折号、省略号、着重号、连接号、间隔号、书名号、专名号、分隔号。

标点符号小口诀

标点符号很重要，组成文章少不了，
该用哪种小符号，都要认真来思考。
意思未完用逗号，话说完了用句号，
喜怒哀乐感叹号，提出问题打问号，
并列词语用顿号，并列分句写分号，
提示下文选冒号，对话引用加引号，
转折解释破折号，书文名称书名号，
意思省略省略号，表示注释要括号。

商务应用文中经常会用"数"表达文义，在使用"数"的时候应保障数字的准确性、真实性和客观性，才能更有效地配合主旨表达中心。如在分析报告中，有时分析公司销售情况，会用及"毛利润""净利润"这样的词语，需要注意区分含义并明确具体的数额，避免出现明显的差错。同时，在写作时，应注意数字适应文体的规范性。如在涉及汇款、合同、支票等的活动，既需要把握阿拉伯数字的小写，也需要运用规范的大写，如 2719 元，即贰仟柒佰壹拾玖圆整。

（三）图表的规范

以图示和表格的形式展开表达，更直观易懂，便于读者理解。在图表设计的过程中，有三点需要特别注意：①图表的存在价值。图表不能为设计而存在，每一个图或表，只要在文中出现，必定有其独到的价值。②数据的效用。撰写者需要在认真调研的基础上用数据说话，符合客观事实，不捏造数据。③图表的选择。在设计图表时，应选择与文字材料、数字材料相匹配的图表展开解读。

在设计图表的时候，一般使用 Word、Excel 及可视化工具辅助完成，呈现效果多样，可根据具体内容搭配使用。因统计图类型较多，且每一类型都有其更适应的场景，在选用统计图表时需多加思考。

商务应用文常见图示说明

在应用文写作过程中，图示一般不可缺少，商务应用文中常用的图示有以下几种：
（1）饼状图　饼状图是一个划分为几个扇形的圆形统计图表，用于描述量、频率或百分比之间的相对关系。在饼图中，用扇形的面积，也就是圆心角的度数来表示数量，这些扇区的总和刚好是一个完整的圆形。饼状图主要用来表示组数不多的品质资料或间断性数量资料的内部构成，且各部分所占百分比之和必须是 100%。

（2）柱状图　柱状图又叫直方图、长条图、条状图、棒形图，是一种以长方形的长度为变量的统计图表，适用面广。柱状图一般采用垂直柱形展示，即矩形块宽度一定，高度代表数值大小。柱状图也可横向排列，或用多维形式表达。

（3）流程图　流程图是流经一个系统的信息流、观点流或部件流的图形代表，常以特定的图形符号加上说明来表达。在企业中，流程图主要用来说明某一过程。这种过程既可以是生产线上的工艺流程，也可以是完成一项任务必需的管理过程。流程图能清晰地展示上一步决策和下一步何去何从，也便于管理者查找问题出现的环节。

（4）线形图　常见的线形图有折线图和曲线图。线形图一般为坐标图，适用于表示两个变量之间的函数关系，或描述某种现象在时间上的发展趋势，或一现象随另一种现象变化的情形。

（5）词云图　词云图是由词汇组成类似云的彩色图形，也叫文字云，是对文本中出现频率较高的"关键词"予以视觉上的突出，出现越多，显示的字体越大、越突出，表明这个关键词越重要。词云图视觉冲击更强，一定程度上符合人们快速阅读的习惯，能让读者更直观、快速地感知重点。

第四节
商务应用文写作的思维和过程

写作沟通是一门终身受益的学问，是一种面向世界、连接心灵的技巧。一篇优质的商务应用文具体是怎么写出来的？除开前文部分的内容奠基，自然也离不开较高的个人素养、清晰的写作思维以及科学的写作流程。写作水平的塑造，并非培养简单的遣词造句能力，更需要作者拥有搜集材料、发现问题、研究解决问题、论证观点的素养。

一、商务应用文写作的思维和逻辑

（一）思维基础

思维是写作的支柱，想法决定和影响正式写作的设计和操作。可以说，写作能体现一整套思维系统，绝不只是简单地动笔写字。在写作中，常需要在以下三种思维中切换，以达到更好的写作效果。

1. 作者思维

所谓作者思维就是"我想表达什么内容"。作者思维要反映出作者的认知、喜好、价值倾向。在一篇完整的文章中，所有的遣词造句都在为作者想要表达的中心服务，也无时无刻不展示着作者的心智模式。细微处见思考，只有具有自己独到的见解，才会成为一名优秀的、有灵魂的作者。

2. 读者思维

写作要树立读者思维，满足读者需求。读者想要看什么？一篇文章、一本书写完之后，

能否得到读者的认可，能否实现自己写作的初衷，能否获得相应的收益，是每位作者必须思考的问题。

如何检验自己的作品，如何保证作品的质量，如何获得读者的青睐，是作者需要关注的问题。写作要以读者的立场，选取优质素材并展开加工，为读者提供有价值的内容，让读者眼前一亮。如广告文案的写作，要更多地关注读者希望看到什么、了解什么，进而展开创作。

3. 编辑思维

编辑编审稿件是一个理性思维过程。编辑工作不只是将稿件排版，稿件通过编辑而进入学术或思想潮流，能对社会起到学术导向、价值导向、思想导向的作用。也就是说，编辑在思维方面需要比作者读者的层次高。编辑编审稿件的过程，实际上是一个再创造的过程，意义重大。

编辑编审过程应具备编辑思维。编辑思维主要是逆向思维和系统思维，这种思维不仅是编辑创造性思维的体现与落脚点，而且也是编辑完善性思维的基础和前提。编辑思维需要在写作整理活动中强调文稿的整体策划性、内容思辨性、制作多媒体性和议程设置性，以求引起读者共鸣。

（二）逻辑关系

商务应用文的写作用以辅助和支撑商务活动更顺畅、高效地开展。商务活动的真实性、客观性决定了在写作时要以符合逻辑规律和真实场景的文风展开写作，混乱的逻辑既不符合事实，也不能用于指导实践。所以，在展开商务应用文写作时，应熟练掌握下面几种常用逻辑关系：

1. 因果关系

对因果关系的理解是人们认识世界的基础，探因和寻果是发现事物间逻辑联系的一种思维方式，有因无果或者有果无因的现象是不存在的。亚里士多德提出四因说，对原因层面概括了四种答案或解释模式，即质料因、形式因、动力因、目的因。

一般来说，某个事件的原因往往发生在较早的时间点，而该事件又可以成为其他事件的原因。客观事物之间联系的多样性决定了因果联系的复杂性，往往某一结果的出现是由多个原因引起的，既可能有主要原因与次要原因，也包括直接原因与间接原因。区分主要原因与次要原因，主要依据原因对后果作用的大小程度；对直接原因与间接原因的判定，则是根据原因行为与结果形成必然联系或偶然关联。

如在写分析报告时，当发现了季度销售业绩下滑的结果时，应全面分析产生的原因，可能是骨干销售人员流失，也可能是更换供应商导致原材料质量下降等多个原因，需要综合分析、有理有据。

2. 比较关系

比较思路是通过比较达成鉴别的思路，是认识事物本质的一种非常重要的方法。比较关系就是寻找事物间的差异和相似之处，强调"同中见异"或"异中见同"。

比较的切入点可以多方面，如横向比较、纵向比较，如新旧对比、数量对比、轻重对比、占比对比等。在竞争激烈的市场环境下，进行科学的比较能够帮助组织更明确地定位，寻找适应环境变化的差异化经营模式。

3. 递进关系

递进是指探究事物或事理间由表及里、由浅入深、由低到高、由轻到重等关系，体现为层层递进和不断深入。针对复杂多变的事情，可以运用递进关系深度分析其间的逻辑。

在一些说理性比较强的文章中，需要特别注意递进关系。行文中常用不但、而且、并且、更、以至、何况、尤其、还、甚至等词语用于衔接。

4. 归纳关系

归纳是从部分到整体、从特殊到一般、从个别到普遍的推理，往往指从许多个别的事物中概括出一般性概念、原理或结论的逻辑方法。归纳关系可分为完全归纳和不完全归纳。

归纳关系中，子观点或思想之间有共性，总观点或思想是对子观点和思想的概括总结。在写作场景中，归纳逻辑的适用面广。例如，论文写作中通过大量数据进行的归纳分析；工作总结文稿里从工作的虚实、主次等关系出发进行的归纳。

5. 演绎关系

演绎是指从一般到特殊的逻辑推理方法，也常被称为必然性推理或保真性推理。最常见的演绎推理是三段论，有一个大前提、一个小前提和一个结论，最早由亚里士多德提出。康德认为三段论包含直言三段论、假言三段论和选言三段论。

归纳和演绎反映了人们认识事物时出现的两条方向相反的思维逻辑路径。简言之，归纳推理的思维进程是从个别到一般，而演绎推理的逻辑是由一般原理推导特殊情况的结论。

二、商务应用文写作过程

写作就是输入、内化、输出的完整过程，看似简单，实则需要大量时间和精力以储备写作能量。商务应用文写作的第一步不是"写标题"，在正式动笔写作文稿之前，还有一系列必备的工作需要思考完成。科学的写作过程可分解为以下三步，如图 1-2 所示。

A　准备及构思　　B　草拟及修改　　C　反思及优化

图 1-2　商务应用文写作过程

（一）准备及构思

准备阶段应考虑的首要问题是文稿的存在价值，即明确写作目的，只有基于客观需要的文书才值得撰写。动笔写作前，要清楚写作意图、受众对象和适用范围，选择恰当的文种，或是提出和解决问题，或是利用文书提高沟通效率。如红头文件的发文应非常谨慎，写作前需要全面分析此文目的，了解企事业等单位的远期和近期规划，让每一份文件都能为组织发展服务。

其次要重视立意构思，确定本篇文稿的中心和主题。大多数好文章都源于优秀的构思，立意独到深刻的文章能让人眼前一亮。如善于抓住事物本质，抽象概括出实践规律；如改变视

角，逆向思考，在相同客观环境下实现"人之所不识"，进而深化主题；如匹配组织的战略发展，文章立意高远，重点突出。

再次是材料选用。只有准备充分、有的放矢，才能奋笔疾书，写文章时"高屋建瓴、势如破竹"。集材、选材、用材三步法已在前面的内容中进行解读，此处不赘述。

（二）草拟及修改

草拟阶段一般可以编制写作提纲。短小的文章可以打好腹稿，较长文章的提纲一般需要落笔纸上，而复杂文章的提纲编写则是必不可少的关键环节。提纲编写主要包括确定标题、进一步确定素材和主题的关联度、考虑段落层次和逻辑、明确总观点和分观念等内容。提纲写作有助于组织全文的结构和语言，可以将问题考虑得更周到。

"文章千古事，得失寸心知"，编制完成提纲后还需全面检查，进行必要的增、删、调、补工作。文章的结构一般较为固定，但文章的内容需与时俱进。

一般来说，成熟恰当的提纲有利于提高后期写作效率。文章正式写作阶段需要时刻注意紧扣主旨去调整和充实材料，即遵命写作。写完后的文章仍需要不断修改，完善缺憾。修改时应注意再次检查主旨、材料、结构、语言是否符合完整统一、简洁得体，标点是否符合基本规范。修改的方法也较多，如冷改法、吟诵法等，选择适合的方法即可。

（三）反思及优化

"好的文章如同美酒，需要更长时间的酝酿"，不断反思与归纳总结是写作时容易忽略的一个环节。普通的文章在有新素材和恰当机遇时，能否优化为更优质的文章；耗费较多精力撰写出的满意文章能否分析总结其独到的写作视角以及文风，以促进下一次写作时达到质量和效率的全面提升。当然，也可以虚心向他人请教，帮助发现自己的不足，提升写作实力。

小资料　　　　　文学写作和应用写作的区别

（1）写作思维不同　文学写作凸显形象思维；应用写作强调运用各种逻辑思维。

（2）写作目的不同　文学作品可让读者感悟生命、欣赏世界、陶冶情操，是生活选择品，起到的作用是间接的；应用写作则与现实生活密切相关，用以指导社会实践，是工作生活的必备品，效果也是直接的。

（3）写作语料不同　文学写作强调"源于生活，高于生活"，在现实生活的基础上展开艺术加工，主要运用生动、形象、诙谐的语言风格达到表达效果；应用写作的材料必须是生活中的真实材料，主要运用简洁、得体、平实、严谨、庄重的语言风格。

（4）写作结构不同　文学写作的大部分文体没有固定的格式要求；应用写作的格式往往是约定俗成的，便于沟通。

三、提升商务应用文写作的质量

如何学好、写好商务应用文？素养和思维是重要前提，写作是必经的实践环节，欲写出高质量的商务应用文，需要思维、能力和行动的全面保障。

（一）提高政治理论修养，深入了解相关政策和法规

一切商务活动的开展都要以党和国家的方针政策为导向。所有商务应用文的写作都立足于提高党的执政力量、助力提升商务活动效能、着眼于增进人民福祉。

学好商务应用文，最重要的是加强政治思想修养，学习党和政府在各个历史时期和当下的方针政策，了解国家、行业、地区的阶段发展规划，熟悉行业和地区规范，掌握科学的世界观和方法论，做到能透过现象看本质，善于揭示事物发展的规律。

如调查研究是商务事宜中必不可少的活动，是作者认识世界、掌握客观事物规律的基本手段和方法。客观世界具有复杂性和变化性，优秀的调查研究报告不是浮于表面，仅考究格式和结构，而应更注重内容深度，通过不断观察、认识具体范围和政策环境下的客观世界，分析并获取可靠信息。调查研究报告的写作必须完整、客观、详细、周密。

（二）掌握广博的通识知识和深厚的专业知识

商务应用文写作的重要特点是涉及面广、专业性强。作者的业务知识修养主要体现为其知识结构。知识结构既要广博，又要专业，既要具备较为全面的通识知识（包括常识），又要学习书本的专业知识（如心理学、管理学、经济学、法律知识等），还需积累实践知识。如本书涉及的商务应用文种类较多，既有营销类的产品说明和广告文案，也有处理商务纠纷的诉讼文书，还有用于日常商务活动管理的必备文书等。这要求作者拥有丰富的知识储备。

（三）广泛阅读例文，掌握各文种的写作范式和技巧

在正式展开商务应用文写作前，短期内可以多参考优秀的范文，分类学习，分析其写作的基本范式和技巧，有助于快速展开写作活动。范文的来源多样，读者可以自行选择优质的范文分析参考，取其精华。本书有大量的写作范文，并有针对性地总结了相应文种的写作方法，能很大限度地协助读者展开写作。如常见的通知，会议性通知和转发性通知的写作结构和内容有明显差别。

（四）刻意进行写作训练，强化写作反思

写作技巧需要学习，而写作活动需要实操练习并巩固反思，进而形成写作定式。加强写作练习是写出优质商务应用文的必经之路。

不同文种的内容和结构有所差异，甚至差别很大，写作时应注意总结与沉淀。例如，商务函可能一段话便能够将意思表达完整明确；而一份商务合同则需要将细节考虑全面，并严格检查细节内容和文章各部分结构。写作复杂文种时，素材选择能力非常重要，需要在实践中坚持探索和思考，才能不断提升。

虽然商务应用文的类型多样，但不论什么文种，都需要有明确的写作目的，"量质齐抓"是不二法则，修改完善和不断反思是必须坚持之路。

本章小结

商务应用文是促进商务活动和商务行政管理正常开展必备的文书。本章主要讲解了应用文和商务应用文的基础知识，涉及写作活动的起源与价值、商务应用文写作的基本要素、商

务应用文写作的表达方式及基本规范、思维基础和一般过程。

　　本章是全书的引导章和基础章，读者需在掌握本章基础知识的前提下展开后续章节的学习和拓展运用。应用文写作是商务工作和生活中必不可少的活动，不同于文学作品的创作，其强调真实、客观、实用、得体。商务应用文写作活动是为了提高商务沟通效率，最终获得较高的管理效能。在撰写商务应用文时，应具备应用文写作的一般素养，深入理解应用文写作的常见思维，并时刻关注相关领域政策与时事，不断练习以提高商务应用文写作能力。

综合训练

一、客观题（由任课教师提供）

二、主观题

1. 简答题

（1）简述商务应用文的特点和作用。

（2）商务应用文的基本要素及其要求是什么？

（3）列举在商务应用文写作中需要把握的主要逻辑关系。

（4）简述商务应用文写作的一般过程。

（5）如何才能写出高质量的商务应用文？

2. 文本诊断题

（1）某企划责任有限公司欢迎各界朋友前来请教，我们将不吝赐教。同时，在提供投资策略方面鼎力相助，并惠赠《实用操作指南》一份。

（2）欢呼声像一阵阵热浪激荡着整个体育馆，掌声和欢呼声长时间经久不息。

（3）今天张伯伯的心情特别高兴，邀请我们这个楼道里三家芳邻到他家聚聚。我到得最早，张伯伯请我喝椰奶；大李来得最晚，成为姗姗来迟的不速之客，张伯伯请他喝白开水。我认为，张伯伯激励先进、奖掖后进，还真有一套办法。

（4）"全国国民阅读调查"由中国新闻出版研究院组织开展的调查项目，到目前为止已经开展了××次。中国新闻出版研究院去年在全国70多个城市进行了入户问卷调查，收回有效问卷40600份。在第××个"世界读书日"来临之际，该院发布了"20××年全国国民阅读调查报告"。报告显示，20××年我国成年国民人均纸质图书的阅读量为4.77本，与上一年的4.39本相比，增加了0.38本。报告中值得注意的是，约90%以上的人表示"看完电子书就不再买纸质书"，这一比例较上一年有所上升。报告还显示，成年国民人均电子书的阅读量有所增加，而报刊的阅读率明显下降。

3. 应用写作题

（1）请归纳总结本章所学，画出本章知识的思维导图。

（2）下面是一则广告语，请结合其寓意，品析这则广告立意的巧妙之处。

广告语：人品＋良品＝食品

（3）请寻找一篇商务应用文，试着鉴赏与分析其写作的四大基本要素。

第二章
常用行政公文

尝闻儒言，三皇无文，结绳以治，自五帝始有书契。至于三王，俗化雕文，诈伪渐兴，始有印玺，以检奸萌。

——《后汉书·志·祭祀下》

令则行，禁则止，宪之所及，俗之所被，如百体之从心，政之所期也。

——《管子·立政》

任务导入

20××年某市举行国际马拉松比赛，为了保障比赛顺利进行，该市交通管理局在马拉松进行时期，对部分道路将实施临时交通管制。

该市于11月29日早上6：00至当天下午3：30之间，分时段对马拉松全程所经过道路进行分段管制。在道路管制期间，该路段禁止机动车行驶，禁止各种车辆停放，禁止堆放各类物品，行经比赛沿线及周边道路的车辆和行人，需服从交通民警和工作人员指挥。

上述场景中，该市交通管理局如何使上述信息被广而告之，使该市居民获知并遵守管制规定？请根据该场景写一则公文。

内容认知

公文是指党政机关、社会团体、企事业单位在公务活动中，为达成一定的目标和效果而形成的书面文书。一方面，党和政府的行政公文对具体商务应用文的写作具有先行指导价值；另一方面，企业的商务活动也需要公文写作用以沟通交流、指导实践。所有的商务应用文写作都必须遵照党的意志和行政机关公文的宏观指挥。

2012年4月16日，中共中央办公厅、国务院办公厅联合印发了《关于印发〈党政机关公文处理工作条例〉的通知》（中办发〔2012〕14号），并从2012年7月1日起施行新修订的《党政机关公文处理工作条例》。国家行政机关公文种类有15种，分别是决议、决定、命令（令）、公报、公告、通告、意见、通知、通报、报告、请示、批复、议案、函、纪要。本书主要介绍通知、通报、报告、请示、批复、函、纪要、公告、通告9种文体的写作。

学习目标

知识模块二	能力维度	重难点
行政公文的基础知识	了解	重点：通知、通报、报告、请示、批复
通知、通报	写作与应用	
报告、请示、批复	写作与应用	难点：通知、通报、报告、请示、批复的撰写与应用
函、纪要、公告、通告	掌握与选择性写作	
综合素养提升：政策分析能力、逻辑思维能力、构思布局能力、跨学科思考能力、锤炼文字能力		

✅ **主修模块**

第一节　行政公文的基础知识
第二节　通知、通报
第三节　报告、请示、批复

✅ **辅修模块**

第四节　函、纪要
第五节　公告、通告

第一节
行政公文的基础知识

广州市商务局收到《广东省商务厅关于做好 2023 年促进经济高质量发展专项资金（口岸方向）项目申报及管理工作的通知》，根据文件指示和要求，打算进一步开展各部门的沟通和任务推进工作。

该局于 2022 年 9 月发布了《广州市商务局关于做好 2023 年促进经济高质量发展专项资金（口岸方向）口岸建设事项申报工作的函》，主送"各区人民政府，广州海关、黄埔海关、广州边检总站，各有关企业"，文中介绍要结合 2023 年市口岸重点工作任务，开展促进经济高质量发展的工作和进行项目申报，也具体说明了支持的项目及标准、申报要求和条件、资金监管等内容。

一、公文的定义和特点

（一）公文的定义

公文，即公务文书，古称"牒牍"，相似概念最早出自汉朝荀悦所著的《汉纪》。

行政公文，也称公务文书、公务文件，可简称公文，是指行政机关、社会团体、企事业单位在行政管理活动或处理公务活动中产生的，按照严格的、法定的生效程序和规范的格式制定的具有传递信息和记录事务作用的载体。根据《党政机关公文处理工作条例》第一章第三条阐释，党政机关公文是党政机关实施领导、履行职能、处理公务的具有特定效力和规范体式的文书，是传达贯彻党和国家方针政策，公布法规和规章，指导、布置和商洽工作，请示和答复问题，报告、通报和交流等情况的重要工具。

（二）公文的特点

（1）鲜明的政治性　公文是管理国家、处理政务、沟通协作不可缺少的一种工具，直接代表国家的政治意向和根本利益。各级行政公文必须传达党和国家的方针政策，保证各项方针政策的实施效果。

（2）法定的权威性　公文代表制发者的权力、意图，具有法律的或行政的权威，若正式发布，有关单位和个人必须遵守，具有很强的约束力。所谓"一字入公文，九牛拔不出"，形象地说明了公文的法定权威性和效力。

（3）体式的规范性　公文的撰写与印制有严格的规范和统一的要求。为了维护公文的权威性和严肃性，国家规定了统一的公文体式，也制定了规范的办理程序。公文的拟稿人不得随心所欲地使用文种名称、设置行文关系或更改其固定的制发程序和行文体式。

（4）极强的时效性　公文是为公务活动顺利开展而制作的，一般自领导人（机关）签发之日起生效，也有从指定时间起生效的。公文的撰写和发布要及时、准确，若延误会影响工作，带来很大影响。一项工作完成后，相应公文的作用就随之结束，可及时立卷归档保存，转为机关档案。

二、公文的作用和种类

（一）公文的作用

（1）领导和指导作用　公文虽然文种繁多，但都体现着党和国家的意志，是党政机关进行管理的工具。

（2）宣传和教育作用　为使党和国家的路线、方针政策及时、顺利地贯彻实施，除了党和国家制定的路线、方针正确，符合广大人民群众的利益外，还要以某种形式进行宣传。

（3）规范和约束作用　党政机关或企业通过强制手段保证公文的执行，维护其权威性，使其真正起到规范与约束的作用。

（4）协商和交流作用　党政机关、企事业单位和其他社会组织，都要通过制发公文来联系和商洽工作，传递和反馈信息，介绍和交流经验，公文在其中起到了很好的沟通和联系作用，是双方之间的桥梁和纽带。

（5）依据及凭证作用　公文是行政机关进行管理的法律和政策依据。当受文者由于对公文内容错记或有歧见而发生争议时，就要依据公文原文来统一步调、纠正谬误、消除分歧。公文也是行政机关存档备查的凭证。"记载"是为了"留存"，而"留存"是为了"备查使用"。

（二）公文的种类

1. 15 种公文概述

2012 年 7 月 1 日起施行的《党政机关公文处理工作条例》规定，公文种类共有 15 种，即决议、决定、命令（令）、公报、公告、通告、意见、通知、通报、报告、请示、批复、议案、函、纪要。部分文种较容易混淆，现将各文种的定义解读列表（见表2-1），便于对比认知。

表2-1　15种公文的适用说明

序号	公文名称	适用说明
1	决议	适用于会议讨论通过的重大决策事项
2	决定	适用于对重要事项做出决策和部署、奖惩有关单位和人员、变更或者撤销下级机关不适当的决定事项
3	命令（令）	适用于公布行政法规和规章、宣布施行重大强制性措施、批准授予和晋升衔级、嘉奖有关单位和人员
4	公报	适用于公布重要决定或者重大事项
5	公告	适用于向国内外宣布重要事项或者法定事项
6	通告	适用于在一定范围内公布应当遵守或者周知的事项
7	意见	适用于对重要问题提出见解和处理办法
8	通知	适用于发布、传达要求下级机关执行和有关单位周知或者执行的事项，批转、转发公文
9	通报	适用于表彰先进、批评错误、传达重要精神和告知重要情况
10	报告	适用于向上级机关汇报工作、反映情况，回复上级机关的询问
11	请示	适用于向上级机关请求指示、批准
12	批复	适用于答复下级机关请示事项
13	函	适用于不相隶属机关之间商洽工作、询问和答复问题、请求批准和答复审批事项
14	议案	适用于各级人民政府按照法律程序向同级人民代表大会或者人民代表大会常务委员会提请审议事项
15	纪要	适用于记载会议主要情况和议定事项

现对15种公文做概述解读，后续将重点选取通知、通报、报告、请示、批复，函和纪要等几种常见的公文进行讲解。

（1）决议　党的领导机关就重要事项，经会议讨论通过其决策，并要求进行贯彻执行的重要指导性公文。它一般具有权威性和指导性，也是某些企业的公文之一。

（2）决定　适用于"对重要事项做出决策和部署、奖惩有关单位和人员、变更或者撤销下级机关不适当的决定事项"的公文。

（3）命令（令）　国家行政机关及其领导人发布的指挥性和强制性的公文。

（4）公报　一般指国家、政府、政党、团体或其领导人所发表的关于重大事件，或会议经过和决议等的正式文件。也有以会议的名义发表的公报。关于会议会谈进展、经过，或就某些问题达成协议的正式文件，称"公报""联合公报"或"新闻公报"。

（5）公告　政府、团体对重大事件当众正式公布或者公开宣告、宣布。

（6）通告 使用面比较广泛，一般机关、企事业单位甚至临时性机构都可使用，但强制性的通告必须依法发布，其限定范围不能超过发文机关的权限。

（7）意见 上级领导机关对下级机关部署工作，指导下级机关工作活动的原则、步骤和方法的一种文体。意见的指导性很强，有时是针对当时普遍性问题发布的，有时是针对局部性问题而发布的。意见往往在特定的时间内发生效力。

（8）通知 运用广泛的知照性公文，用来发布法规、规章，转发上级机关、同级机关和不相隶属机关的公文，批转下级机关的公文，要求下级机关办理某项事务等。

（9）通报 用来表彰先进、批评错误，传达重要指示精神或情况时使用的公务文书。

（10）报告 使用范围很广，按照上级部署或工作计划，每完成一项任务，一般都要向上级写报告，反映工作中的基本情况、工作中取得的经验教训、存在的问题以及今后工作设想等，以取得上级领导部门的指导。

（11）请示 请示属于上行文，"适用于向上级请求指示、批准"的公文。凡是本机关无权、无力决定和解决的事项可以向上级请示，而上级则应及时回复。请示是应用写作实践中的一种常用文体。

（12）批复 答复下级机关请示事项时使用的文种，是机关应用写作活动中的一种常用公务文书。批复一般分为审批事项批复、审批法规批复和阐述政策的批复三种。

（13）函 不相隶属机关之间商洽工作、询问和答复问题，请求批准和答复审批事项时所使用的公文。函是公文中的一种平行文种，其适用的范围相当广泛。

（14）议案 向国家议事机关（立法机关或国家权力机关）提出的议事原案。例如，法律议案（简称法案）、预算案、决算案、国民经济和社会发展计划案、对内阁的不信任案、弹劾案、质询案，以及有关全国性和地方性的重大事项的议案等。它通常由具有提案权的机关或议员（代表）提出，但其内容必须是属于议事机关职权范围内的事项，才能成为议案。

延伸阅读:
党政机关公文处理
工作条例

（15）纪要 记载会议要点和关键内容的文字，也称会议纪要。纪要通常由标题、正文、落款三部分构成。多人会议需要明确会议讨论的内容，并由与会人员共同签字确认。

2.公文的分类

以上 15 种公文按照不同的标准，又可以分为几种不同的类型：

1）根据行文方向，公文可分为上行文、下行文和平行文三类。

2）根据内容涉及国家秘密的程度，公文可分为秘密、机密、绝密三类。

3）根据来源，在一个机关内部可将公文分为收文和发文两类。

4）根据内容的性质，公文可分为规范性公文、领导指导性公文、公布性公文、陈述呈请性公文、商洽性公文和证明性公文六类。

5）根据处理时限的要求，公文可分为平件、加急件和特急件三类。

三、公文的行文规则

机关之间的工作关系是由各自的组织系统或专业系统归属、地位、职责、权利范围等因

素决定的。它对行文关系有决定性的影响，规定着公文传递的基本方向。机关之间的工作关系有如下几种类型：

第一类，处于同一组织系统的上级机关与下级机关存在领导与被领导的关系。

第二类，处于同一专业系统的上级主管业务部门与下级主管业务部门之间存在指导与被指导关系。

第三类，处于同一组织系统或专业系统的同级机关之间的平行关系，如全国各省、自治区、直辖市人民政府之间。

第四类，非同一组织系统、专业系统的机关之间，无论级别高低，均为不相隶属关系，如军事机关与各级地方人民政府之间。

根据行文方向和公文授受机关的工作关系不同，公文可以划分为上行文、下行文和平行文。上行文和下行文主要存在于以上第一类和第二类工作关系类型中。上行文是下级机关向上级机关发送的公文，如报告、请示等；下行文正好相反，是上级机关向下级发送的公文，如批复、指示等。平行文存在于以上第三类和第四类关系类型中。同级机关和不相隶属机关之间相互发送的公文都是平行文，如函等。

公文行文应当确有必要，注重效用。行文关系根据隶属关系和职权范围确定，一般不得越级请示和报告。政府各部门依据部门职权可以相互行文和向下一级政府的相关业务部门行文；除以函的形式商洽工作、询问和答复问题、审批事项外，一般不得向下一级政府正式行文。

小资料

公文的行文规则规定了各级机关的行文关系，即各级机关之间公文的授受关系。它是根据机关的组织系统、领导关系和职权范围确定的。总体来说，党政公文的行文规则需要遵守以下两点：

1）行文应当确有必要，讲求实效，注重针对性和可操作性。
2）行文关系根据隶属关系和职权范围确定。

四、公文的格式

《党政机关公文格式》（GB/T 9704—2012）对公文的格式做出了如下规定：公文一般由版头、主体、版记三个部分组成，具体包括份号、密级和保密期限、紧急程度、发文机关标志、发文字号、签发人、标题、主送机关、正文、附件说明、发文机关署名、成文日期、印章、附注、附件、抄送机关、印发机关和印发日期、页码等。公文用纸一般采用 A4 纸，其成品幅面尺寸为 210mm×297mm。

（一）版头

文首页红色分隔线以上的部分被称为版头，包括六大要素，分别是份号、密级和保密期限、紧急程度、发文机关标志、发文字号、签发人。

版头	份号：指公文印制份数的顺序号，一般用 6 位阿拉伯数字顶格编排在首页版心左上角第 1 行，如"000001"，字体常用黑体
	密级和保密期限：涉及国家秘密的公文必须标注秘密等级，即绝密、机密、秘密三种，一般用 3 号黑体字，顶格编排在版心左上角第 2 行；保密期限中的数字用阿拉伯数字标注
	紧急程度：紧急公文需要标注紧急程度，即"特急"或"加急"，一般用 3 号黑体字，顶格编排在版心左上角
	发文机关标志：发文机关标志是公文版头部分的核心，用套红大字居中印在公文首页上半部，字体要庄重、规范、美观、大小适度。发文机关标志由发文机关的全称或者规范化简称加"文件"二字组成；也可以直接使用发文机关全称或者规范化简称，而省略"文件"二字。联合行文时可并用联合发文机关名称，一般主办机关名称排列在前：也可单独用主办机关名称
	发文字号：发文字号编排在发文机关标志下空 2 行的位置，同样居中排布。它主要由发文机关代字、年份和发文顺序号三个要素组成。机关代字要求准确、规范、精炼、无歧义、易识别，并固定使用，避免与上级机关、同级机关的机关代字雷同。联合行文时只标注主办机关的发文字号。同一地区，避免不同机关的发文字号的机关代字重复
	签发人：签发人是签发文件的人，是机关负责人，一般为单位或部门的正职或主要领导授权人。上行文需要标注签发人

（二）主体

公文首页红色分隔线（不含）以下，与末页首条分隔线（不含）以上的部分称为主体。主体是公文需要传达和表达的具体内容，主要包括标题、主送机关、正文、附件说明、发文机关署名、成文日期与印章、附注、附件等元素。

主体	标题：公文的标题编排在分隔线下空 2 行的位置，一般用 2 号小标宋体字居中排布。如果标题内容过长，可分多行居中排布。换行时，要做到词义完整、排列对称、长短适宜、间距恰当。总体来看，多行标题排列的外形类似于梯形或菱形的形状
	主送机关：主送机关即负责处理、执行党政公文的机关。主送机关应编排于标题下空 1 行的位置，居左顶格，用 3 号仿宋体字。应使用全称、规范化简称或同类型机关的统称，最后一个机关名称后面加上全角冒号
	正文：公文首页必须显示正文，一般用 3 号仿宋体字，编排于主送机关名称下一行，每个自然段开头空出 2 个字符的位置，回行时顶格编排，但是数字、年份不能回行。正文如果包含许多段落层次的序数，则段落层次的序数，第一层为"一、"，黑体字；第二层为"（一）"，楷体字；第三层为"1."，仿宋体字；第四层为"（1）"，仿宋体字
	附件说明：附件说明是公文附件的顺序号和名称。在正文下空 1 行、左空 2 个字的位置编排"附近"二字，后标全角冒号和附件名称。如有顺序号，使用阿拉伯数字标注，附近名称后不加标点符号
	发文机关署名、成文日期与印章：发文机关署名、成文日期、印章这三大要素是党政公文写作中变化较大的内容部分。发文机关署名应当用发文机关全称或规范化简称，特殊情况如议案、命令（令）等文种需要由机关负责人署名的，应当写明职务；成文日期是公文的生效时间，是党政机关公文生效的重要标志；印章是公文生效的标志，是鉴定公文真伪最重要的依据之一

（续）

主体	需要注意的是，上行文一定要加盖印章。有特定发文机关标志的普发性公文可以不加盖印章。纪要不加盖印章。联合上行文，可以只加盖主办机关印章；联合下行文，所有联署机关均须加盖印章（有特定发文机关标志的普发性公文除外）
	附注：附注是对公文需要注意的事项加以说明，主要标注公文的发布层次、印发传达范围等。比如，请示类应当在附注处注明联系人和联系电话；政府信息公开类公文应当在附注处注明公开属性；党的机关在附注处应注明公文的传达范围等
	公文如果包含附注，用 3 号仿宋体字，在成文日期下 1 行、左侧空 2 个字的位置编排，并用圆括号标注起来
	附件：附件应当在下一页面编排，与版记编排在同一页，并与公文正文一起装订。"附件"二字及附件顺序号用 3 号黑体字顶格编排在版心左上角第 1 行。附件标题一般用 2 号小标宋体字居中编排，上下各空 1 行，即附件标题编排在第 3 行，附件正文编排在第 5 行。另外，附件顺序号和附件标题必须与附件说明中的表述完全一致，附件内容的编排格式与正文格式相同

（三）版记

公文末页首条分隔线以下，与末条分隔线以上的部分称为版记，包括抄送机关、印发机关和印发日期、分隔线等要素。

版记	抄送机关：是指除主送机关外，还需要执行或知晓公文的其他机关。抄送机关用 4 号仿宋体字编排在公文最后一页的下方，左右各空 1 个字的位置。"抄送"二字后需要加全角冒号和抄送机关名称，抄送机关各名称之间用逗号隔开，回行时与冒号后的首字对齐，最后一个抄送机关名称后面需要标记句号
	印发机关和印发日期：印发机关和印发日期一般用 4 号仿宋体字，编排在末条分隔线之上、"抄送"之下，两个要素共用 1 行。印发机关左侧空出 1 个字的位置，印发日期右侧空出 1 个字的位置，用阿拉伯数字将年、月、日标全，年份应标全称，月、日不编虚位，即 1 不编为 01，后加"印发"二字
	分隔线：版记中的分隔线与版心等宽，颜色为黑色，首条分隔线和末条分隔线用粗线，大致在 1 磅左右（约等于 0.35mm 的高度）。中间的分隔线用细线，大致在 0.75 磅左右（约等于 0.25mm 的高度）。首条分隔线位于版记中第一个要素之上，末条分隔线与公文最后一页的版心下边缘重合

第二节
通知、通报

某年 8 月 9 日，国家医疗保障局网站发布了《关于 ×× 制药等三家企业虚增原料药价格、虚抬药价套取资金有关情况的通报》。《通报》的主要内容涉及相关政府部门对三家药业企业开展了药品虚高定价、套取资金的专项调查。《通报》指出，前述三家药品生产企业为规避"两票制"政策和监管，与下游 50 多家药品代理商相互串通，对注射用头孢硫脒等 87 种药品采取虚高价格采购原料药的方式套现。套现主要方式为在原料药采购环节增加指定的"经销商"，原料药"经销商"受药品代理商实际控制，将低买高卖原料药获得的差价收入套现，转移至药品代理商。

之后，三家企业已按要求在全国范围内对所涉药品进行价格整改（降价），部分品规被停止采购。该省也责令三家企业以及关联的其他企业全面整改营销模式，停止相关违规操作。此外，对涉嫌违纪、违法、犯罪的人员，有关部门也已依纪依法查处。

（资料来源：根据国家医疗保障局网站信息整理编写）

一、通知

（一）通知的定义和特点

1.通知的定义

通知是适用于发布、传达要求下级机关执行和有关单位周知或者执行的事项，批转、转发公文的一种公文。通知是行政机关、企事业单位发布信息时运用最为广泛的知照性公文，也是需要重点掌握的公文文种。

2.通知的特点

通知的特点主要有应用广泛性、权威指导性、对象专指性、内容时效性和形式多样性等。

（1）应用广泛性　①作者广泛，任何党政机关、社会团体、企事业单位及任何级别的组织，都要应用通知；②职能广泛，是所有公文中应用最广泛的，既可以用于指示工作、发布规章、转发公文、传达事项、任免干部，也可以用于处理日常事务。

（2）权威指导性　通知可以用来发布规章、传达指示、布置工作、转发文件，都具有较强的指导功能。

（3）对象专指性　通知大多数是专门针对特定机关和有关人员发布的，因此专指性很强。

（4）内容时效性　通知所要求办理的事项，都有比较明确的时间限制。

（5）形式多样性　①内容形式多样性，可以用来传达指示、发布规章、布置工作、技术指导、批转文件、任免干部等；②发布形式多样性，既可以用文件形式印发，也可以于网络、报纸、电台、电视台和广播发布。

（二）通知的种类

根据适用范围的不同，通知可分为六大类：周知性通知、批转性通知、转发性通知、指示性通知、任免性通知和事务性通知。

（1）周知性通知　这类通知多用于上级机关向下级机关宣布某些周知事项。

（2）批转性通知　这类通知用于上级机关批示、转发下级机关发来的公文通知。

（3）转发性通知　这类通知用于转发上级机关、平行机关和不相隶属的机关的公文给所属人员，让他们周知或执行。

（4）任免性通知　这类通知用于任免和聘用干部。

（5）事务性通知　这类通知用于处理日常工作中事务性的事情，常把有关信息或要求用通知的形式传达给有关机构或群众。

（6）指示性通知　这类通知用于上级机关指示下级机关如何开展工作。

小案例

尊敬的各位同事和领导，由 xx 召集的某会议将于 xx 月 xx 日上午 xx 点在会议室召开，请大家准时参会。注：会议资料已发至大家的邮箱，请自行下载查看。

这是一则通知，也是最常见的公文形式。想一想，你在工作学习中都收到过怎样的通知？

思考：写通知时必须交代清楚哪些内容？

（三）通知的结构和内容

通知一般由以下部分组成，如图 2-1 所示。

××××关于××××的通知	标题
××××：	主送机关
×××××××××××××××××××××，现就有关事项通知如下：	正文——通知缘由
×××××××××，×××××××××××××××××××××。	正文——通知事项
特此通知。	正文——执行要求
××××（印章）	发文机关署名
××××年××月××日	成文日期

图 2-1　通知的写作模板

通知一般由标题、主送机关、正文、发文机关署名和成文日期组成。具体的写作方法如下：

1. 标题

通知的标题采用公文标题的常规写法，由"发文机关 + 事由 + 文种"组成，也可省略发文机关。发布规章的通知，所发布的规章名称要出现在标题的主要内容部分，并使用书名号；批转和转发文件的通知，所转发的文件内容要出现在标题中，但不一定使用书名号。

2. 主送机关

通知的发文对象一般都比较明确，因此需要有主送机关。

3. 正文

通知的正文主要包括通知缘由、通知事项和执行要求。通知缘由部分用于解释为何需要发布此通知，以及通知的背景信息。可简要写明发文通知的原因、目的或依据。常用"由于……"结构开头；用"为了……"开头表明通知的目的；用"经……"开头表明通知的依据。

通知事项是通知的核心内容，用于详细说明需要通知的具体事项。有的用文字叙述，如一些告知性通知、人事任免通知；有的为条目，即把通知内容一条一条列出来。

执行要求部分用于说明对通知事项的具体执行方式和期限，以及违规后的后果。这有助于确保通知得到有效执行，并促使人员遵守相关规定。在撰写时，应明确具体要求，避免产生歧义。

4. 发文机关署名和成文日期

通知的发文机关署名和成文日期没有特别之处，按党政公文的一般要求标记在最后。

例文 2-1

关于参加二十大新闻发布会有关事项的通知

中国共产党第二十次全国代表大会新闻发言人定于 2022 年 10 月 15 日（星期六）16 时 30 分在人民大会堂举行新闻发布会。新闻发布会在北京新世纪日航饭店三层世纪厅设分会场，记者在分会场参会。现将有关事项通知如下：

一、请接到确认通知的境内记者、港澳台记者于 10 月 14 日 10 时—16 时到新世纪日航饭店世纪厅领取请柬。外国记者领取方式另行通知。

二、请各位记者提前 90 分钟凭请柬和大会采访证，到新世纪日航饭店三层世纪厅指定区域就座。入住西苑饭店的记者凭请柬和大会采访证，乘坐班车前往新世纪日航饭店。

三、发布会将由中央广播电视总台央视进行现场直播，新闻中心免费提供发布会直播公共信号。请参加发布会的媒体记者勿将无线发射设备带入会场，手机调为静音状态或关机。

二十大新闻中心

2022 年 10 月 14 日

（资料来源：党的二十大新闻中心）

例文 2-2

关于召开中层干部培训会议的通知

各部门：

根据工作需要，经公司研究，决定召开中层干部培训会议。现将有关事宜通知如下：

一、会议时间：20×× 年 10 月 28 日—10 月 29 日

二、会议地点：会议中心 26 楼 401 会议室

三、参会人员：项目总监（负责人）、总监助理等

四、会议内容及安排：

1. 中层干部培训会议（10 月 28 日 10：00—17：00）

2. 团队建设活动（10 月 29 日 10：00—17：00）

五、参会要求：

1. 请参会人员安排好项目工作，按要求准时参会，不得无故缺席。

2. 服从会议组委会的安排，遵守会场纪律，不得中途退场。

3. 要求与会人员 10 月 28 日 9∶30 到达会场，综合办公室组织签到。

××有限公司

20××年××月××日

二、通报

（一）通报的定义和特点

1. 通报的定义

通报是指导性下行文，是国家机关、社会团体、企事业单位用于表彰先进、批评错误、传达重要精神或告知重要情况所使用的一种公文。通报主要起表彰、惩戒、晓谕的作用，是对受理单位和相关人员有一定约束力的公文。

2. 通报的特点

（1）实例典型性　通报需要运用具有代表性的事实（事例、典型经验以及重大情况）教育群众，通过表扬、批评、倡导引起人们的注意，阐明观点和意图，推动工作进行。

（2）目的教育性　通报目的在于弘扬正气，打击歪风邪气，指导和推动工作。因果的分析、实质的揭示、意义的阐发是通报的核心与重点。

（3）发文及时性　通报主要用于反映新情况、新问题、新经验、新的苗头与趋势，强调及时、快捷。

小资料

通报与通知的不同点

	告知对象不同	制发时间不同	目的不同	作用不同
通报	通报是上级机关把工作情况或带有指导性的经验教训通报下级单位或部门。无论哪种通报，受理单位只能是制发机关的所属单位或部门	通报制发于事后，往往是对已经发生了的事情进行分析、评价，通报有关单位，使其从中吸取经验教训	通报主要是通过典型事例或重要情况的传达，向全体下属进行宣传教育或沟通信息，以指导、推动今后的工作，没有对工作的具体部署与安排	通报可以用于奖惩有关单位或人员
通知	通知一般只通过某种公文交流渠道传达至有关部门、单位或人员，它所告知的对象是有限的	通知制发于事前，都有预先发出消息的意义	通知主要是通过具体事项的安排，要求下级机关在工作中照此执行或办理	通知无奖惩作用，主要用于周知或者执行

（二）通报的种类

按内容，通报可以分为以下三类：

（1）表彰性通报　这类通报用于表扬先进人物和先进集体的事迹，树立榜样，宣传典型，总结成功经验。

（2）批评性通报　这类通报用于批评错误，通报事故或反面典型，总结教训，防止类似问题发生。

（3）情况通报　这类通报用于传达重要精神或告知重要情况，以引起人们的警觉和注意，对当前的工作起指导作用。

（三）通报的结构和内容

通报一般由标题、主送机关、正文、发文机关署名和成文日期构成，如图 2-2 所示。

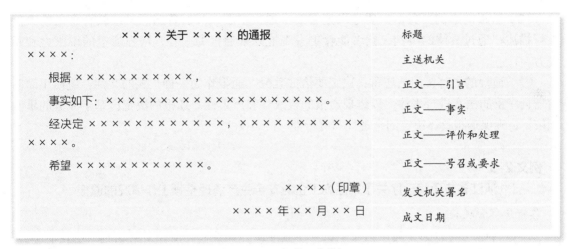

图 2-2　通报的写作模板

通报各部分的具体写作方法如下：

1. 标题

通报的标题可以采用公文标题的常规写法，使用"发文机关 + 事由 + 文种"，如《国务院办公厅关于对少数地方和单位违反国家规定集资问题的通报》；也可以省略发文机关，写成"事由 + 文种"，如《关于严肃处理 ××× 违法乱纪案件的通报》。

2. 主送机关

通报的发文对象一般都比较明确，因此需要有主送机关。主送机关应当使用全称或者规范化简称、统称。主送机关一般写在正文之前、标题之下，顶行写。

3. 正文

通报的正文主要包括引言、事实、评价处理、号召或要求几个部分。

引言包括通报缘由，简要写明发本通知的原因、目的或依据。常用"为了……"开头表明通报的目的；用"经……"开头来表明通报的依据。有的通报可以省略引言部分。

事实部分既要写清楚客观事实，也要求概括简练。

评价处理部分要求对先进事迹或者错误事实进行恰如其分的分析评价，再提出具体的处理意见。需注意的是，批评性通报的分析处理决定特别强调有理有据。

最后可对行文对象提出希望、号召或要求。

4. 发文机关署名和成文日期

通知的发文机关署名和成文日期没有特别之处，按公文的一般要求标记在最后即可。

（四）通报的写作注意事项

撰写通报时，应注意以下几点事项：

（1）通报的内容要真实，材料要可靠 通报所传达的信息必须准确无误，不得有任何夸大或缩小事实的情况。在撰写通报之前，务必对所使用的数据和信息进行核实，确保所有内容都基于可靠的事实和证据。在描述事件或情况时，应客观公正，避免个人主观情感的干扰。

（2）通报的事例要典型 要选取能够突出通报主题、具有普遍意义或教育意义的事例进行描述。通过具体的事例，读者能够更直观地理解通报的内容，增强通报的说服力和感染力。

（3）通报的语言要简洁庄重，决定要恰如其分 通报作为一种正式的文件，应使用简明清晰且庄重的语言进行表述，以体现通报的权威性和严肃性。通报的决定应基于充分的事实和依据，确保通报具体决定的合理性和可行性。

例文 2-3

浙江省应急管理厅关于采掘施工企业安全生产清理整顿工作情况的通报

各市应急管理局：

去年 5 月份以来，按照国家矿山安全监管工作部署和《浙江省采掘施工企业安全生产清理整顿工作方案》（浙应急基础〔2021〕45 号）等文件要求，各级应急管理部门聚焦企业安全生产主体责任不落实、以包代管、资质挂靠、安全管理能力不足等突出问题，在企业自查自纠的基础上，通过强化执法、规范许可、分类指导等清理整顿措施，淘汰了一批事故多发、严重违法违规的企业，督促企业全面清理资质挂靠项目，强化技术人员、安全管理人员配备，切实提升安全管理能力，基本完成了清理整顿的各项目标任务，取得了明显成效。现将采掘施工企业安全生产清理整顿有关情况予以通报，并就整顿结束后的常态化安全监管提出以下要求。

一、清理整顿工作开展情况

（一）企业自查自纠情况。根据统计，企业本部自查自纠问题隐患 322 项，自查采掘施工项目 877 个，自查自纠项目存在的问题隐患 918 项，清退采掘施工项目 270 个，项目数量从去年 5 月份的 877 个减少到目前的 605 个。

（二）应急管理部门检查情况。各级应急管理部门对采掘施工企业本部开展"全覆盖"检查，发现问题隐患 160 项。现场检查项目 110 个，发函核查省外采掘施工项目 533 个，共发现 35 家企业漏报或者瞒报项目 176 个，14 家企业漏报生产安全事故 29 起；其中温州市 32 家企业漏报或者瞒报项目 172 个，13 家企业漏报生产安全事故 28 起。

（三）行政处罚情况。清理整顿期间，全省共注销、吊销采掘施工企业安全生产许可证 10 家，暂扣安全生产许可证 19 家，采掘施工企业数量从去年 5 月份的 107 家减少到目前的 97 家。自开展清理整顿以来，累计立案处罚 25 起、罚款 459.5 万元，责令清退项目 10 个；其中温州市累计立案处罚 23 起、罚款 457 万元，约谈企业 32 家。

（四）安全生产信息平台建设情况。2021 年 8 月底，完成"浙江省矿山采掘施工企业安全生产信息平台"建设。目前共有 97 家采掘施工企业录入 878 个项目的相关信息，其中在建项目 605 个。

二、存在的主要问题

（一）人员配备尚存在差距。部分采掘施工企业地下矿山采掘施工项目负责人任职资格、专职技术人员配备、专职安全管理人员数量，与国家要求仍然存在一定差距。

（二）执法力度依然偏软。清理整顿期间，对采掘施工企业的违法违规行为的行政处罚主要集中在温州市，但是一些地方对采掘施工企业存在的漏报、瞒报事故及项目情况，未按照清理整顿要求认真组织查处。

（三）许可审查把关不严。个别地方未严格落实清理整顿期间许可工作要求，不仅违规延期安全生产许可证，而且审查把关不负责。如 2022 年 5 月 7 日，温州市应急管理局对浙江中冶建设集团有限公司安全生产许可证延期审查工作，存在审查不细、把关不严的问题，仅书面审查就能发现的问题也被漏掉。经我厅核查，发现该公司下属项目部存在 3 名技术人员和安全管理人员不具备任职条件、1 个项目部未按照要求配足安全管理人员等问题。

三、下阶段工作要求

（一）加强常态化安全监管。采掘施工企业要纳入省、市、县三级应急管理部门的年度执法计划，其中县级应急管理部门对采掘施工企业的执法检查每年要实现全覆盖，各市应急管理局对上年度发生生产安全事故的企业和采掘施工项目数量在 15 个以上的企业要实现全覆盖。执法检查要重点围绕企业安全生产主体责任落实、项目部各类人员合规配备、省外项目属地报备等内容，督促企业严格执行《非煤矿山外包工程安全管理暂行办法》和《国家矿山安全监察局关于印发〈关于加强非煤矿山安全生产工作的指导意见〉的通知》（矿安〔2022〕4 号）明确的安全生产要求。对不如实报告项目及事故信息或者发生较大及以上事故的企业，要予以重点查处，依法暂扣、吊销、撤销其安全生产许可证；对严重违法的典型案例要列入安全生产"黑名单"，并予以公开曝光。

（二）严格安全生产许可审查。要严格执行《浙江省非煤矿矿山企业安全生产许可证实施细则（暂行）》（浙应急基础〔2022〕90 号）和《非煤矿矿山企业安全生产许可证审查工作指导意见（暂行）》（浙应急基础〔2022〕90 号）的有关规定，严格安全生产许可审查。对延期安全生产许可证的采掘施工企业，要通过"浙江省矿山采掘施工企业安全生产信息平台"，对其近三年项目和事故信息申报情况、所属各项目部人员配备情况进行审查，并对项目的实际配备情况进行抽查，凡隐瞒项目、事故等重要信息或者项目部人员配备不符合要求的，一律不予换发安全生产许可证。要根据企业提供的安全管理人员、技术人员、特种作业人员数量与专业构成，合理核定许可施工项目数量，并在安全生产许可证的许可范围中予以标注。省厅将不定期对各地的许可和监管工作实行抽查，若再发现审批和执法把关不严情况，除通报批评外，将追究相关人员责任，或者采取取消委托许可等措施。

（三）规范安全生产信息录入。要督促企业按照要求将安全生产信息录入"浙江省矿山采掘施工企业安全生产信息平台"。采掘施工项目承接合同签订后的7个工作日内，企业应将项目基本信息（项目名称、地址、工程主要内容）录入平台；在项目开工后7个工作日内，将项目所有信息（包括管理人员、技术人员、特种作业人员等信息）录入平台。采掘施工项目发生生产安全事故后，应在3个工作日内完成基本信息录入（发生事故项目、时间、伤亡及被困人数）；事故调查报告公布以后的7个工作日内，补充完善事故信息。采掘施工项目终止、解除、结束或者因停产停建时间较长解散项目施工队伍的，应在7个工作日内更新项目状态。企业注册地相关县级应急管理部门应该通过"浙江省矿山采掘施工企业安全生产信息平台"，每月进行一次检查，督促企业及时完善、更新相关安全信息，对发现的违法违规行为进行查处。

（四）推动企业安全管理提升。督促指导采掘施工企业开展安全标准化建设，建立完善安全风险分级管控体系。鼓励企业打造"千眼守望"工程，结合风险分级管控和安全生产标准化体系建设，利用大数据、可视化物联网技术手段，强化对项目部的风险管控和安全生产调度；鼓励企业对项目部员工开展线上安全培训教育；线上培训时间、内容符合相关要求，且过程和考核结果可提供佐证材料的，可视同新员工公司级安全教育和公司对项目部人员的年度安全生产教育培训考核。推动企业与科研院校、技术服务机构等加强合作，加快矿山专业人才培育与人才引进，不断提升采掘施工企业安全管理专业化水平。

浙江省应急管理厅

2022年7月1日

（资料来源：浙江省应急管理厅网站）

第三节
报告、请示、批复

20××年7月20日，××市春天百货大楼发生重大火灾事故。市消防队出动了17辆消防车，历时5个小时，才将火灾扑灭。此次火灾造成16人伤亡，直接经济损失1385万余元，是有史以来该市商业系统管理损失最大的一次。该市商务局和应急部门针对此事件展开了细致调查，并向市政府汇报情况。

一、报告

（一）报告的定义

报告的适用范围很广。按照上级部署或工作计划，每完成一项任务，一般都要向上级写报告，反映工作中的基本情况、取得的经验教训、存在的问题以及今后的设想等，以得到上级领导部门的指导。

（二）报告的特点和种类

1. 报告的特点

（1）内容汇报性　一切报告都是下级向上级机关或业务主管部门汇报工作，让上级机关掌握基本情况并及时对工作进行指导。

（2）语言陈述性　报告具有汇报性，向上级讲述做了什么工作或工作是怎样做的，有什么情况、经验、体会，存在什么问题，今后有什么打算和建议等。行文上一般使用叙述的方法，即陈述其事。

（3）行文单向性　报告是下级机关向上级机关行文，是上级机关进行决策的依据，一般不需要受文机关的批复，属于单向行文。

（4）成文事后性　多数报告都是事后汇报，是事后或事中行文。

2. 报告的种类

（1）工作报告　工作报告指汇报工作的报告。例如，下级机关向上级机关汇报工作、反映问题，总结经验和教训。

（2）情况报告　情况报告指向上级机关反映情况的报告。例如，及时汇报本地区、本单位发生的重大事件，在一定范围内带有倾向性的情况，包括会议的情况等。它能为上级领导提供信息动态。

（3）建议报告　建议报告指汇报或提出工作建议、措施的报告。下级机关或主管部门向上级领导机关提出工作意见，或贯彻某文件、指示的意见，或解决问题的措施、工作方案等。

（4）答复报告　答复报告指答复上级询问事项的报告。例如，上级领导对群众来信来访中或文件材料中反映的问题，批示下级机关查办，或询问有关情况。

（三）报告的结构和内容

报告的写作模板如图 2-3 所示。

×××× 关于 ×××× 的报告	标题
××××：	主送机关
××××××××××，现将 ××××× 情况报告如下，请审阅。	正文——报告缘由：遇到的情况和问题
×××××××××××××××××××××××××××××××。	正文——报告事项：说明报告的具体内容
特此报告。	正文——结语
××××（印章）	发文机关署名
××××年××月××日	成文日期

图 2-3　报告的写作模板

报告各部分内容的具体写作方法如下：

1. 标题

报告的标题可根据需要省略发文机关，但事由和文种不能省略。报告的标题可以采用公文标题的常规写法"发文机关＋事由＋文种"，如《××市关于创建国家文明城市的报告》；也可以省略发文机关，即"事由＋文种"，如《关于进一步开展文明城市建设的报告》。

2. 主送机关

报告的主送机关即发文单位的直属上级领导机关。标题下，正文前独占一行，顶格书写接收报告的上级机关或组织，最好用全称。

3. 正文

报告的正文结构与一般公文相同，由缘由、事项和结尾组成。

4. 发文机关署名和成文日期

通知的发文机关署名和成文日期没有特别之处，按党政公文的一般要求标记在最后即可。

（四）报告的写作注意事项

（1）实事求是　报告要反映真实情况，特别是报告中的数字、人名还有其他细节，都应经过严格核实。同时，报告应客观公正地反映实际情况，避免个人偏见和主观臆断的影响。

（2）重点突出　报告内容要有重点，不能长篇累牍。应明确报告的核心目的和受众，将最重要的信息和结论置于明显位置，通过合理的结构和逻辑安排，使报告内容层次分明、重点突出。

（3）言之有物　报告应当有实质性内容，避免空洞无物的言辞，在阐述观点、分析问题和提出建议时，应基于充分的事实和证据，进行深入的剖析和论证；同时，报告的语言应准确、清晰、简洁，避免使用模糊、晦涩或过于专业的术语，确保报告的内容既具有专业性，又易于读者理解和接受。

例文 2-4

××市关于专项财政资金使用情况的报告

××市发展和改革委员会：

　　为扶持红星区少数民族风情街项目又好又快发展，贵委于今年年初向我司审批下拨了20××年度服务业专项资金500万元整。截至目前，该项资金已全部使用完毕。现根据有关规定，将资金使用有关情况上报贵委。

　　1. 资金使用去向

　　（1）用于补贴少数民族风情街商家物业管理费部分100万元。

　　（2）用于补贴少数民族风情街商家装修费用部分300万元。

　　（3）用于整体宣传推广少数民族风情街广告费用部分50万元。

　　（4）用于组织少数民族风情街商家赴云南、贵州等地考察交流费用部分50万元。

2. 资金使用效益

（1）有力地促进了少数民族风情街商业氛围的形成。目前，街区经营商家已经达到 137 家，经营情况良好，人气与日俱增，预计 20×× 年经营产值可达 3000 万元以上。

（2）较好地改善了越秀商贸区景观。一部分资金的投入使越秀街区的道路绿化、公共设施和景观得到了改善。

（3）增强了民间资本投入的信心。此次政府补贴投入，增强了民间企业家投资的信心，带动了区域商圈的形成。

本次服务业专项财政资金的下拨，对于扶持我司继续打造好少数民族风情街起到了相当重要而积极的促进作用。今后，我司还将在县委、县政府大力发展旅游产业的精神指导下，进一步加大项目投入力度，不断丰富街区休闲、旅游内涵，力争成为展示我县旅游新形象的亮丽窗口。

我司在专项财政资金的使用过程中，遵循了专款专用、高效透明的原则。

特此报告。

×× 有限公司

20×× 年 ×× 月 ×× 日

二、请示

（一）请示的定义

请示是"适用于向上级请求指示、批准"的公文，属于上行文。凡是本机关无权、无力决定和解决的事项可以向上级请求，而上级部门应及时回复。

请示可分为三种：需要上级对原有政策规定做出明确解释，对变通处理的问题做出审查认定的，对如何处理新情况做出明确指示的情况，属于请求指示的请示；请求上级解决某些实际难题，或要求对本单位处理具体问题的意见做出批示的情况，属于请求批准的请示；针对涉及面广的某些问题提出处理意见和办法，同时需要有关方面协同办理，但按规定需要请求上级领导机关或综合部门审定后批转有关方面执行的情况，属于请求批转的请示。

（二）请示的特点

（1）内容单一性　为了便于领导批复，请示行文必须一文一事。这就是说，每则请示只能要求上级批复一个事项、解决一个问题。

（2）双向沟通性　在公文体系中，请示具有较强的期复性。请批对应，一请示，一批复；没有请示就没有批复。请示所涉及的问题一般较紧迫，没有批复，下级机关就无法工作。因此，下级机关应及时就有关问题向上级机关请示，上级机关应及时批复。

（3）行文超前性　请示应在问题发生或处理前行文，不可先斩后奏，或者边斩边奏。

（4）要求可行性　请示中提出的请上级机关予以批准的要求，应该是切实可行的，应考虑到上级机关的审批权限和解决能力，不应提出不合理的要求。

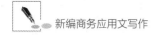

小案例

越秀区越林街道为了丰富老年人的精神生活，拟在越林街道建设一个老年活动中心，初步设想是有固定活动场所，包含一个图书馆、一个党员活动室、一个乒乓球活动室和一个棋牌室，并有相关的社区志愿者进行对口服务。相关方案需要年活动经费 50 万元，越林街道就该方案向越秀区领导进行了请示。

（三）请示的结构和内容

请示的写作模板如图 2-4 所示。

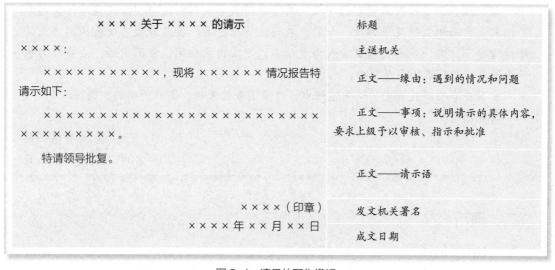

图 2-4　请示的写作模板

请示各部分内容的具体写作方法如下：

1. 标题

请示的标题常用的结构为"发文机关 + 事由 + 文种"，如《×× 村关于成立供销社的请示》；或者"事由 + 文种"，如《关于成立青少年活动中心的请示》。

2. 主送机关

请示的主送机关为直属上级机关，一般只报送一个主管的领导机关，需要报送其他机关时可用抄送形式。

3. 正文

请示的正文由请示缘由、事项和请示语三部分构成。

（1）正文开头主要表述请示缘由　这是请示事项的基础，是上级机关批复的主要依据。一般而言，这部分要写遇到的问题和困难，要写得恰如其分、言之有据。重点使用表达行文目的、依据或者原因的词语，如"为了""关于""由于""对于"之类的词语，明确表达特别是在请求物资帮助的请示中，对请求数额要有理有据，可以使上级机关尽快做出工作安排。写完请示缘由后，一般用"特请示如下"过渡到请示事项。

（2）正文主体写请示事项　要写清要求上级机关予以指示、审核、批准的具体问题和事项，这是请示的实质内容，也是请示最核心、最重要的部分。请示事项要符合法规、符合实际，具有可行性和可操作性。

（3）正文结尾写请示语　请示语比较简单，在主体之后，另起一段，以惯用的"当否，请批示""妥否，请批复""以上请示，请予审批""以上请示如无不妥，请批转有关部门执行"等收尾即可。

4.发文机关署名与成文日期

请示的发文机关署名在正文后右下方标注；成文日期则一般为发文日期，应该在发文者署名下方标明。

（四）请示的写作注意事项

1）请示的问题必须是重要的、待解决的问题，要切实可行、言之有物。

2）请示的内容必须是一事一议，不可以多事多议。

3）语言简明扼要，便于领导批复。在句子的使用上，要多使用短句；切忌使用结构不完整、表达不清楚的长句。

4）请示的行文单位单一，不能多头请示和越级请示。

小资料

请示和报告的异同

文种	相同	不同				
	行文方向	行文时间	行文内容	行文目的	内容含量	写法
请示	上行文，向领导请示	请示必须事先行文	请示要求上级机关答复，带有解决问题的迫切性，希望领导给予批准，因此要说明缘由和事项	请示的目的是希望上级批准	请示必须是一事一议	请示需要上级机关给予回复，因此常用"以上所请，妥否（当否），请批复（批示、答复、回复）""以上所请如无不妥，请批转……"等作为结语
报告	上行文，向领导报告	报告的行文时间比较灵活，可以是事前、事中、事后	向上级机关汇报，主要是反映真实情况。常用陈述情况、分析问题、提出看法	报告的目的是下情上传，主要为了让上级知情，不需要进行答复	报告可以多事一议	报告因不需要上级机关做出回答，因此常用"特此报告""以上报告，请审阅""以上报告如无不妥，请批转……"等来收尾

例文 2-5

关于要求成立老年社区活动中心的请示

越秀区社区建设领导小组：

近年来，随着城镇化步伐加快，越林街道陆续新建了近40个居民小区，街道内有大量离退休人员。为了提升老年居民生活服务水平，有效促进社会事业良性发展，根据我街道实际，拟在居委会二楼成立老年社区活动中心。活动中心拟包含以下基础设施：

1. 图书阅读室一间，包含藏书2万册、杂志报纸××种。

2. 棋牌室一间，包含××××。

3. 乒乓球室一间，包含球桌4张、体育锻炼器具××。

上述基础设施中，图书阅读室筹备组已于20××年3月开始组建，居委会3名社区工作人员开展日常工作，办公场所也已落实；另外2个设施尚未落实，现迫切需要组建一个专门为老年人服务的社区机构。鉴于以上原因，恳请区社区建设领导小组同意越林社区成立东老年人活动中心，尽快挂牌办公，并指定相关人员进行服务，并协调解决办公场所及相关经费。

妥否，请批示。

越林社区街道办

20××年××月××日

三、批复

（一）批复的定义

批复是上级领导机关对下级机关部署工作，指导下级机关工作活动的原则、步骤和方法的一种文体。批复的指导性很强，有时是针对当时带有普遍性的问题发布的，有时是针对局部性的问题而发布的，往往在特定的时间内发生效力。

小案例

青海省为了发展区域经济，想要建设海南藏族自治州，成立国家可持续发展创新示范区，为此向国务院做出了相关请示，即《关于海南藏族自治州创建国家可持续发展议程创新示范区的请示》（青政〔2022〕22号）。国务院根据请示的具体内容，慎重考虑并给予了相应的批复。

（二）批复的特点和种类

1. 批复的特点

（1）行文被动性　批复的写作以下级的请示为前提，它是专门用于答复下级机关请示事项的公文，即先有上报的请示，后有下发的批复，一来一往，被动行文。这一点与其他公文有所不同。

（2）内容针对性　批复的针对性极强，下级机关请示什么事项或问题，上级机关的批复就指向这一事项或问题，绝不能答非所问，也无须牵涉其他。

（3）效用权威性　批复表示的是上级机关的结论性意见，下级机关对上级机关的答复必须认真贯彻执行，不得违背。批复的效用在这方面类似命令、决定，带有很强的权威性。

（4）态度明确性　批复的内容要具体、明确，同意或者不同意，批准或者不批准，不能有模棱两可的语言，导致请示单位不知道如何处理。

2. 批复的种类

（1）批准性批复　批准性批复主要针对下级机关请示批准的事项，进行认可和审批，具有表态性和手续性。

（2）批示性批复　批示性批复主要针对下级机关提出的难以解决的问题或没有明文规定的问题，做具体的解释或者答复，表明上级机关的态度和意见。

（三）批复的结构和内容

批复的写作模板如图 2-5 所示。

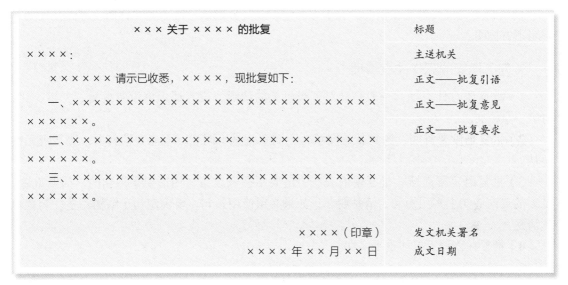

图 2-5　批复的写作模板

批复各部分内容的具体写作方法如下：

1. 标题

批复的标题最常见的是完全式标题，即"发文机关 + 事由 + 文种"。在事由中，一般将下级机关及请示的事由和问题写进去，如《国务院关于北部湾城市群发展规划的批复》。

另一种常用的完全式标题是"发文机关 + 表态词 + 请示事项 + 文种"。这种标题较为简明、全面，如《国务院关于同意设立"全国科技工作者日"的批复》，也有的批复只写事由和文种。

2. 主送机关

批复的主送机关位置与一般行政公文相同，写于标题之下、正文之前，左起顶格。主送机关一般只有一个，就是请示的下级机关。批复不能越级行文。

当所请示的机关不能答复下级机关的问题而需要向更上一级机关转报请示时，所请示的机关为主送机关，更上一级机关为转报机关。如果批复的内容同时涉及其他机关和单位，则要采用抄送的形式送达。

3. 正文

批复的正文包括批复引语、批复意见和批复要求三部分。

1）开头要注明批复的依据，也叫引语。批复引语要点出批复对象，一般称收到某文，或某文收悉；要写明是对何时、何号、关于何事的请示的答复，时间和文号可省略。注意，不可以写成"××年××月××日来文收悉"，因为来文很多，容易出现混乱。

2）请示的内容决定了批复的写法。批复意见是针对请示中提出的问题所做的答复和指示，意思要明确，语气要适当，有明确的态度，对什么同意，什么不同意，以及不同意的理由和注意事项等都要写清楚。

3）结语可以用"此复""特此批复"等结尾，也可以省略。

4. 发文机关署名与成文日期

请示的发文机关署名在正文后右下方标注；成文日期则一般为发文日期，应该在发文者署名下方标明。

（四）批复的写作注意事项

1）批复要有针对性，一般是针对下级机关的请示，没有请示就没有批复；一事一议，对应一事一文。

2）批复态度要鲜明，同意就是同意，不同意就是不同意，不能含糊其词，使下级无所适从。

3）批复语言要谨慎。批复中的表态一定要掌握好政策，用语要字斟句酌、简明准确。批复的遣词造句上多用短句，清楚明白；如果必须使用长句，要确定句子结构完整、句意表达清楚。

4）批复在修辞上要注重平实性。

例文 2-6

国务院关于同意海南藏族自治州建设
国家可持续发展议程创新示范区的批复

国函〔2022〕72 号

青海省人民政府、科技部：

你们《关于海南藏族自治州创建国家可持续发展议程创新示范区的请示》（青政〔2022〕22 号）收悉。现批复如下：

一、同意海南藏族自治州以江河源区生态保护与高质量发展为主题，建设国家可持续发展议程创新示范区。

二、海南藏族自治州建设国家可持续发展议程创新示范区，要以习近平新时代中国特色社会主义思想为指导，全面贯彻党的十九大和十九届历次全会精神，按照党中央、国务院决策部署，坚持稳中求进工作总基调，完整、准确、全面贯彻新发展理念，加快构建新发展格局，深入实施创新驱动发展战略和可持续发展战略，统筹发展和安全，紧紧围绕联合国 2030 年可持续发展议程和《中国落实 2030 年可持续发展议程国别方案》，按照《中国落实 2030 年可持续发展议程创新示范区建设方案》要求，重点针对生态本底脆弱与生态保护战略需求矛盾突出、产业基础薄弱与民生持续改善需求矛盾突出等问题，集成应用生态保护、清洁能源、生态农牧业等技术，实施生态保护与治理提升、生态农牧业绿色发展促进、新经济增长点培育、生态文化旅游惠民、科技创新支撑等行动，统筹各类创新资源，深化体制机制改革，加快实现高水平科技自立自强，探索适用技术路线和系统解决方案，形成可操作、可复制、可推广的有效模式，对江河源区生态保护与治理、生态产业协调发展形成示范效应，为落实 2030 年可持续发展议程提供实践经验。

三、青海省人民政府要建立健全相关工作协调机制，根据实际情况研究制定专门的支持政策，形成推进合力，支持海南藏族自治州全面落实和实施好各项行动和工程，实现国家可持续发展议程创新示范区建设的目标。

四、科技部要会同国家可持续发展实验区部际联席会议各成员单位，结合各自职责，在重大项目安排、政策先行先试、体制机制创新等方面支持海南藏族自治州建设国家可持续发展议程创新示范区，及时研究解决建设中的重大问题。

五、示范区发展规划、建设方案等事宜，请青海省人民政府、科技部会同相关方面按照有关规定另行办理。

国务院

2022 年 7 月 10 日

（资料来源：中国政府网）

第四节
函、纪要

北京光明商贸有限公司和北京鲲鹏有限责任公司在某项目上有了初步商务接触。经鲲鹏公司董事会决议，准备与光明商贸公司深入合作，就合作事宜进行深入交流。

公司董事长秘书小王向光明商贸公司发出一则诚挚的邀请函，分析自身优势，邀请对方公司务必前来考察。

一、函

（一）函的定义

函是指不相隶属机关之间商洽工作、询问和答复问题，请求批准和答复审批事项时所使用的公文。函是一种平行文，作为公文中的平行文种，其适用范围相当广泛。

（二）函的特点和种类

1. 函的特点

（1）沟通性　函对于不相隶属机关之间相互商洽工作、询问和答复问题，起着沟通作用，充分显示了平行文种的功能，这是其他公文所不具备的特点。

（2）灵活性　函不受公文格式限制，可以不用开头、不拟标题、不写文号，既可以是上行文，也可以是平行文和下行文。

（3）广泛性　函是用途广泛、内容最宽的一种文种。

2. 函的种类

（1）按照行文性质划分　函可分为公函和便函。公函有文件头、文件编号，内容正式，需要备案。便函一般采用普通书信格式，无须用公文格式，不拟标题，不写编号，既可以盖公章也可以只签个人姓名。

（2）按照内容划分　函还可分为商洽函、通知函、催办函、邀请函、询问函、答复函、转办函、请批函等。

（三）函的结构和内容

函的写作模板如图 2-6 所示。

关于×××× 的函	标题
××××：	主送机关
××××××××××××××××'。	正文——开头：函发缘由、目的
现将有关事项函复如下： ×××××××××××××××××× ××××××××。	正文——主体：函发事项、函发答复
特此函询（请即复函、特此函告、特此函复均可）。	正文——结尾、结语：提出希望、请求
××××（印章）	发文机关署名
××××年××月××日	成文日期

图 2-6　函的写作模板

函各部分内容的具体写作方法如下：

1. 标题

函的标题一种是"发文机关 + 事由 + 文种"，如《国务院办公厅关于悬挂国徽等问题给××省人民政府办公厅的复函》；另一种是"事由 + 文种"，如《关于对环保核查工作制度有关问题解释的复函》。

2. 主送机关

函的主送机关为受文并办理来函事项的机关单位，顶格写明全称或者规范化简称，其后用冒号。

3. 正文

函的正文大体上都是由开头、主体、结尾和结语四部分组成。开头阐明行文的缘由，直截了当、谦恭有礼；主体交代行文的事项，事项较多时候可以分条罗列；结尾提出希望或者请求；结语通常用"请即复函""特此函告""特此函复"等。

4. 发文机关署名与成文日期

函的发文机关署名和成文日期格式与其他公文一致。

（四）函的写作注意事项

1）函的内容必须专一、集中。一般来说，一个函件以讲清一个问题或一件事情为宜。发函需要把内容讲清楚，有条理、结构清晰；复函时要有针对性、实事求是。

2）函多用于平级之间，语气要和缓、平等；注意行文简洁明确、用语把握分寸。

例文 2-7

国务院办公厅关于同意建立数字经济发展部际联席会议制度的函

国家发展改革委：

　　你委关于建立数字经济发展部际联席会议制度的请示收悉。经国务院同意，现函复如下：

　　国务院同意建立由国家发展改革委牵头的数字经济发展部际联席会议制度。联席会议不刻制印章，不正式行文，请按照党中央、国务院有关文件精神认真组织开展工作。

　　附件：数字经济发展部际联席会议制度

国务院办公厅

2022 年 7 月 11 日

（此件公开发布）

　　附件：

数字经济发展部际联席会议制度

　　根据《"十四五"数字经济发展规划》部署，为加强统筹协调，不断做强做优做大我国数字经济，经国务院同意，建立数字经济发展部际联席会议（以下简称联席会议）制度。

　　一、主要职责

　　（一）贯彻落实党中央、国务院决策部署，推进实施数字经济发展战略，统筹数字经济发展工作，研究和协调数字经济领域重大问题，指导落实数字经济发展重大任务并开展推进情况评估，研究提出相关政策建议。

　　（二）协调制定数字化转型、促进大数据发展、"互联网＋"行动等数字经济重点领域规划和政策，组织提出并督促落实数字经济发展年度重点工作，推进数字经济领域制度、机制、标准规范等建设。

　　（三）统筹推动数字经济重大工程和试点示范，加强与有关地方、行业数字经济协调推进工作机制的沟通联系，强化与各类示范区、试验区协同联动，协调推进数字经济领域重大政策实施，组织探索适应数字经济发展的改革举措。

（四）完成党中央、国务院交办的其他事项。

二、成员单位

联席会议由国家发展改革委、中央网信办、教育部、科技部、工业和信息化部、公安部、民政部、财政部、人力资源和社会保障部、住房城乡建设部、交通运输部、农业农村部、商务部、国家卫生健康委、人民银行、国务院国资委、税务总局、市场监管总局、银保监会、证监会等20个部门组成，国家发展改革委为牵头单位。

联席会议由国家发展改革委分管负责同志担任召集人，中央网信办、工业和信息化部分管负责同志担任副召集人，其他成员单位有关负责同志为联席会议成员（名单附后）。联席会议成员因工作变动等原因需要调整的，由所在单位提出，联席会议确定。联席会议可根据工作需要调整成员单位。

联席会议办公室设在国家发展改革委，承担联席会议日常工作。联席会议设联络员，由各成员单位有关司局负责同志担任。

三、工作规则

联席会议原则上每年召开一次全体会议，由召集人主持。根据工作需要或成员单位建议，可召开全体或部分成员单位参加的专题会议，由召集人或召集人委托其他成员主持。专题研究特定事项时，可邀请其他相关部门、机构和专家参与。

根据工作需要，可不定期召开联络员会议，研究讨论联席会议议题和需提交联席会议议定的事项及其他有关事项。

联席会议以纪要形式明确议定事项，印发有关部门和单位。重大事项按程序报告党中央、国务院。

四、工作要求

各成员单位要按照职责分工，认真落实联席会议确定的各项任务和议定事项，主动研究制定促进数字经济发展的政策措施，积极提出工作建议，加强沟通协调，根据工作需要指导地方对口部门落实具体工作措施，推进相关工作任务，及时通报有关情况。联席会议办公室要充分发挥有关地方、部门和专家的作用，加强对会议议定事项的督促落实，及时向各成员单位通报工作进展情况。

数字经济发展部际联席会议成员名单

召 集 人：××

副召集人：××

　　　　　××

成　　员：×××

　　　　　×××

　　　　　×××

　　　　　×××

（资料来源：中国政府网，编者整理编写）

例文 2-8

××省人民政府办公厅关于申请增加××技师岗位聘任指标的函

××省人事厅:

目前,办公厅系统共有技术工人 75 名,其中取得××省机关事业单位技师证书的有 40 名,而人事厅核定的技师聘任指标控制数只有 4 名,仅占持证人数的 1/10。

办公厅下属及代管各类单位共有 19 家(均无人事权),其中厅级单位 10 家、处级单位 9 家。技术工人分布在其中的 13 个单位。由于办公厅下属单位多,技术工人分布广,聘任指标有限,致使矛盾十分突出,特别是办公厅机关车队、修理所尤为突出。

为充分调动广大技术工人的积极性,维护机关稳定,建议为办公厅新增 5 名工人技师聘任指标,用于缓解上述矛盾。

请审批。

××省人民政府办公厅

20××年××月××日

小资料

批复和函的异同

文种	相同	不同			
	功能	行文方向	重要性	内容针对性	写法
批复	在答复请批上有相同的功能。批复为答复下级机关	批复的行文方向单一,皆为上级机关向下级机关行文,属下行文	多为重要事项	专门针对某项事情进行批复	用词简明扼要,语气坚定严肃
函	在答复请批上有相同的功能。函适用于答复不相隶属的机关	行文具有多向性,既可以是同级机关,也可以是不相隶属机关,还可以是向主管部门行文	比较灵活,用途广泛	用途广泛,可以是询问函,也可以是答复函	用语灵活,语气平缓委婉

二、纪要

(一)纪要的定义

纪要是指记述要点和关键内容的文字。纪要是记载和传达会议情况和议定事项时使用的一种法定公文。多人会议需要明确会议讨论的内容,并由与会人员共同签字确认。

小案例

　　××大学商学院召开一月一次的教师例会，院长主持会议，全体教师列席，主要传达国家教育会议的精神和本省教育工作会议的要点，并对本院教育日常工作进行纪律重申。院例会后需要对会议内容和传达的精神进行整理，并传达给全院师生。院办秘书黄小明对会议内容进行了整理，撰写了纪要。

（二）纪要的特点和种类

1.纪要的特点

　　（1）行文纪实性　纪要必须是会议宗旨、基本精神和所议定事项的概要纪实，不能随意增减和更改内容，不能人为搞创作，不可拔高、深化和补齐。任何不真实的材料都不得写进纪要。

　　（2）表达概括性　纪要是根据会议情况综合而成的。撰写纪要应该围绕着主旨及主要成果整理、提炼，要用简练的语言高度概括主要内容和结论。

　　（3）逻辑条理性　纪要要对会议精神和议定事项分门别类、分层次予以归纳、概括，使整个会议内容眉目清晰、条理清楚。

2.纪要的种类

　　按内容的不同，纪要可划分为决议型纪要、部署型纪要、务虚型纪要、学术型纪要等。

　　按照出席人员的不同，纪要可划分为工作会议纪要、代表会议纪要、座谈会议纪要、联席会议纪要、办公会议纪要和汇报会议纪要。

（三）纪要的结构和内容

　　纪要的写作模板如图2-7所示。

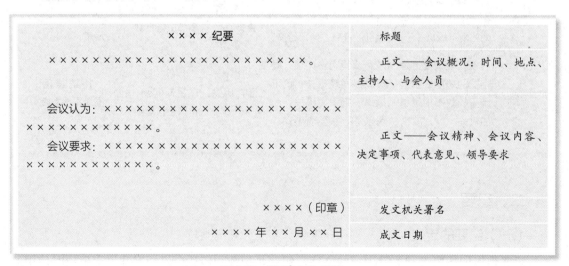

图2-7　纪要的写作模板

　　纪要通常由标题、正文、发文机关署名和成文日期三部分构成，各部分的具体写作方法如下：

1. 标题

纪要的标题必须符合概括、简明、准确、通顺的要求。纪要的标题一般有两种格式：一种是会议名称加纪要，如《某县卫生大检查工作会议纪要》，会议名称可以写简称，也可以用开会地点作为会议名称，如《北戴河座谈会纪要》；另一种是在标题中揭示会议的主要内容，类似文件标题式，如《关于加强纪检工作座谈会纪要》。

2. 正文

纪要的正文一般由会议概况、议定事项、结尾三部分组成。

会议概况部分简要介绍会议概况：可以交代会议召开的形势和背景，会议的指导思想和目的要求；必须交代会议的名称、时间、地点、与会人员、主持者以及会议的主旨。议定事项是纪要的主体部分，是对会议的主要内容、主要精神、主要结论、将来工作步骤等进行具体内容的综合阐述。可以有条理地罗列说明。结尾一般提出号召和希望，但要根据会议的内容和纪要的要求提出：有的是要求广大干部群众认真贯彻执行会议精神；有的是总结会议精神，强调贯彻落实会议精神的关键问题；有的是对会议做出简要评价，结合提出希望要求。

纪要可以采用集中概述法，即把会议的基本情况、探讨主题用概述的形式进行整体说明，多用于小型会议。当召开中大型会议时，一般采用分项叙述法，把会议的主要内容分成几个大的问题，分列标题，分项来写。纪要也可以采用发言提要法来写，即把会上有代表性的发言进行整理，提炼精神。这种写法能如实反映与会人员的意见。

3. 发文机关署名与成文日期

纪要的发文机关署名和成文日期格式与其他公文一致。

（四）纪要的写作注意事项

1）纪要的语言要有高度概括性、真实性，不能添油加醋、借题发挥。

2）纪要的布局要突出主题、抓住重点、层次清晰、逻辑清楚。一次会议有时要涉及很多问题，写纪要时要抓住会议主要问题，而不是面面俱到。

3）意见要统一。会议对具体问题的讨论必然众说纷纭，不能把这些意见都纳入纪要之中，而要根据会议的中心目的，以大会的结论为依据，集中反映符合会议精神的意见。对于有分歧的意见，除学术性纪要外，一般不要写入工作会议性质的纪要中。

例文 2-9

产学研讨论会纪要

时间：××××年××月××日

主持人：王大明

出席人：×××、×××、×××、×××、×××、黄小明

列席人员：×××、×××、×××、×××、×××、×××、×××、×××、×××、×××、×××、×××

一、王大明同志传达了全国第十次产学研工作会议精神和20××年全省教育工作要点，要求结合上级指示精神，创造性地开展工作。

二、会议决定，黄小明同志协助王大明同志主持学院行政日常工作。各单位、部

门要及时向分管领导请示、汇报工作，分管领导要在职权范围内大胆工作、及时拍板。如有重要问题需要学院解决，则提交办公会议研究。

三、王大明同志再次重申了会议制度改革和加强管理问题。王院长强调，院长办公会议是决策会议，研究、解决学院办学过程中的重大问题，要形成例会制度，如无特殊情况，每周一上午召开，以确保及时研究问题、解决问题，提高工作效率。具体程序是，每周四前，在取得分管领导同意后，将需要解决的议题提交办公室。会议研究决定的问题，即为学院决策，各单位、部门要认真执行，办公室负责督促检查。王院长就有关部门反映的教学管理中的若干具体问题，再次重申，一定要理顺工作关系，部门与部门之间、机关与分院之间、分院与分院之间一定要做好沟通、衔接工作，互相理解、互相支持。机关职能部门要注意通过努力工作来树立自己的形象。基层分员要提高工作效率，对没有按时间控制点完成任务的要提出批评。要切实加强基础管理工作，查漏补缺，努力杜绝教学事故的发生。

四、会议决定，要进一步关心学生的生活问题。责成学生处结合教室管理等工作，落实好学生的勤工俭学任务。将教工餐厅移到二楼，一楼餐厅全部供学生使用，以解决学生就餐拥挤问题。针对校外施工单位晚上违规施工、影响学生休息问题，会议责成计划财务处立即向高教园区管委会反映，尽快妥善解决。

五、会议决定，要规范学生的职业技能鉴定工作，重申学生毕业之前须取得相关技能证书（包括英语四级、计算机二级），才能发给毕业证书。由学工处具体组织学生的报名、培训和考核工作。

六、会议决定，要加强对外交流和学习，争取利用暑假，组织教工到企业考察学习。

七、针对今年的招生工作，会议决定，召开一次专题会议，统筹解决今年招生中的重大问题。

（资料来源：根据 https://www.diyifanwen.com/fanwen/huiyijiyao/9137161.html 整理编写）

第五节
公告、通告

北京携手张家口申办 2022 年冬奥会和冬残奥会。获得北京 2022 年冬奥会举办资格之后，国际奥林匹克委员会、国际残疾人奥林匹克委员会、北京 2022 年冬奥会和冬残奥会组织委员会（简称奥组委）、为了约束奥运会相关名称、标志滥用的现象（如擅自制作、销售带有上述名称、标志的纪念品或其他商品，擅自在商业活动中使用上述名称、标志等行为）实施了一系列知识产权保护措施。其中，奥组委发布了维护相关知识产权的权责公告。

一、公告

（一）公告的定义

公告是用于向国内外宣布重要事项或者法定事项的公文。公告和通告都是发布范围广泛的知晓性文书。

（二）公告的特点和种类

1. 公告的特点

（1）范围广泛性　公告向国内外发布，告知内容相当广泛。如果只是小范围内的告知，不能用公告。

（2）内容庄重性　公告宣告的内容是重大事项，是对国内外公开的重要事件或者重大决定，其内容和形式都是庄重的。

（3）事件单一性　强调"一文一事"，而不能将几件事列于同一篇公告之中。

（4）传播公开性　公告大多是通过报纸、广告、互联网、电视等大众传媒进行公开发布。

（5）作者限定性　公告通常由党和国家行政机关或领导人制发，基层单位及其领导人不能发布公告。党和国家授权的党政机关可以发布公告，如"新华社授权公告"。

2. 公告的种类

（1）要事性公告　要事性公告是指国家党政机关向国内外宣布重大事项、重要事件的公告。例如，《北京 2022 年冬奥会和冬残奥会组织委员会公告》就属于此类公告。

（2）政策性公告　国家行政机关向国内外发布方针、政策，均为此类公告。例如，根据《中华人民共和国商标法》及其实施细则发布的商标公告就属于此类。

（3）任免性公告　向国内外宣布人员职务任免事宜，采用任免性公告。例如，换届时全国人民代表大会主席团发布的《中华人民共和国全国人民代表大会公告》。

（4）法定性公告　法定性公告是指向国内外宣布法定事项或颁布法律、法规而使用的公告。例如，《中华人民共和国全国人民代表大会公告》即属法定性公告。

（三）公告的结构和内容

公告的写作模板如图 2-8 所示。

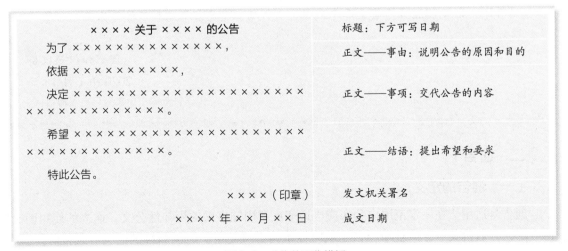

图 2-8　公告的写作模板

公告由标题、正文、发文机关署名和成文日期等部分组成。具体写作方法如下：

1. 标题

公告标题最常见的形式为"发文机关＋事项＋文种"，如《北京 2022 年冬奥会和冬残奥会组织委员会公告》；也可以只写"发文机关＋文种"，或者只标明文种名称，落款写发文机关全称，加盖公章。

2. 正文

公告正文一般包含事由、事项和结语三部分。公告事由也就是公告的原因及依据，放在开头；主体即公告事项，即具体知照的内容；公告结语一般用"此布""特此公告"等收尾。

3. 发文机关署名和成文日期

依次在文末写明发文机关的名称和成文日期。如果发文机关的名称已经在标题中出现过，此处则可以省略不写。

（四）公告的写作注意事项

1）公告的庄重性要求公告的写作用语要简练、准确，不宜过多修辞。

2）公告主题要聚焦且正确，围绕一个基本观点写，不可出现多观点、多事项。公告内容要符合党和国家人民的根本利益。

3）公告事项要准确明了、观点鲜明，不能模棱两可。

例文 2-10

关于对北京 2022 年冬奥会和冬残奥会吉祥物、志愿者标志实施保护的公告

根据《奥林匹克标志保护条例》有关规定，国家知识产权局依法对北京 2022 年冬奥会和冬残奥会组织委员会提交的北京 2022 年冬奥会和冬残奥会吉祥物、志愿者标志等 7 件奥林匹克标志予以公告。北京 2022 年冬奥会和冬残奥会组织委员会自公告之日起享有对上述标志的专有权，有效期 10 年。

特此公告。

附件：北京 2022 年冬奥会和冬残奥会吉祥物、志愿者标志等 7 件奥林匹克标志

国家知识产权局

2020 年 1 月 15 日

（资料来源：国家知识产权局网站）

二、通告

（一）通告的定义

通告是适用于在一定范围内公布应当遵守或者周知事项的周知性公文。通告的使用面比较广泛，一般机关、企事业单位甚至临时性机构都可使用。但强制性的通告必须依法发布，其限定范围不能超过发文机关的权限。

小资料

　　中国进出口商品交易会又称广交会，创办于 1957 年，每年春、秋两季在广州举办，是我国目前历史最长、规模最大、商品种类最全、到会采购商最多且分布国别地区最广、成交效果最好、信誉最佳的综合性国际贸易盛会。

　　在中华人民共和国商务部网站上，发布了第 133 届广交会进口展招商的通告。该份通告中指出了展出时间、展出地点、参展产品、展位价格及配套、配套商机、参展申请条件和方式以及参展流程等相关内容，并指出参展申请截至当年 3 月 15 日。

（二）通告的特点和种类

1.通告的特点

（1）受众广泛性　　无论是政治、经济还是文化生活，大到国家政令，小到居民生活需要周知的事项，都可以用通告。

（2）发布方式灵活性　　既可以大众传媒发布也可以用文本发布。

（3）内容操作性　　通告的内容重要程度比不上公告，而且多是业务工作方面的具体操作。

2.通告的种类

（1）周知性（事务性）通告　　此类公告在一定范围内公布需要周知或需要办理的事项，政府机关、社会团体、企事业单位均可使用，如建设征地公告、更换证件通告、施工公告等。

（2）规定性（制约性）通告　　此类公告用于公布应当遵守的事项，只限行政机关使用，如《关于禁止燃放烟花爆竹的通告》。

（三）通告的结构和内容

通告的写作模板如图 2-9 所示。

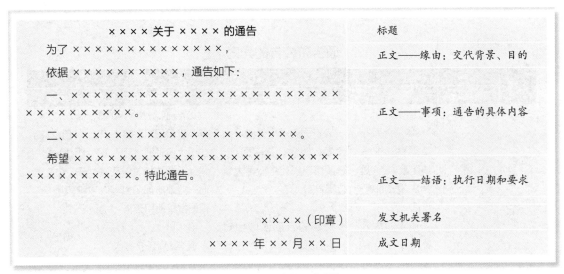

图 2-9　通告的写作模板

通告主要包含标题、正文、发文机关署名和成文日期几个部分。各部分的具体写作方法如下：

1. 标题

通告的标题可以有三种写法："发文机关 + 事由 + 文种"，如《工业和信息化部　国家发展改革委关于电信业务资费实行市场调节价的通告》；或者"发文机关 + 文种"；或"事由 + 文种"。

2. 正文

通告的正文由三部分构成，即通告的缘由、事项和结语。

缘由部分说明发布通告的原因和目的。这部分提出的根据要充分，目的要明确，为下文提出"应该遵守和执行的事项"奠定基础。

事项部分写通告的具体事项。如果通告事项涉及的要求、措施较多，应该按照条例罗列分项说明，按照重要性，由主及次、由大到小，以便读者能够迅速领会文件的精神实质。

结语部分提出执行的希望和具体要求，包括时间、程度、范围等。一般以"特此通告"收尾，也可以省略。

3. 发文机关署名和成文日期

通告正文后应标记发文机关说明，如果标题上已有发文机关名称，则这里的署名可以省略；成文日期一般放在署名后，也可放在标题下。

（四）通告的写作注意事项

（1）熟悉相关法律法规　通告是在自己的职权范围内发布的，但是不能随意发布，撰写者要熟悉相关法律法规。

（2）语言要简明准确　通告的事项要写得简明、准确，不能含糊不清，需要让一定范围内的人员周知。

（3）内容要通俗易懂　由于通告专业性较强，要通俗易懂，让人们容易理解，措辞语气要和缓。

小资料

通告和公告的异同

名称	相同	不同			
	功能部分	重要性	告启范围	使用权限	写法
公告	公告有周知的作用	公告用于"向国内外宣布重要事项或者法定事项"，具有庄重性和严肃性	公告面向国内外的广大读者、听众，告启面广，一般用电视、广播等大众传媒发布	公告通常是党和国家高级领导机关宣布某些重大事项时才用，新华社、司法机关以及其他一些政府部门也可以根据授权使用公告	用词简明扼要，语气庄重严肃
通告	通告也有周知的作用	通告的内容是"在一定范围内应当遵守或周知的事项"	通告的告启面则相对较窄，只是面向"一定范围内的"有关单位和人员，发布形式多种多样	通告适用于各级行政机关和企事业单位	用语灵活，语气和缓

例文 2-11

关于依法驳回涉冬奥会、冬残奥会商标注册申请的通告

北京 2022 冬奥会和冬残奥会已圆满落幕。国家知识产权局继 2 月 14 日依法打击恶意抢注"冰墩墩""谷爱凌"等商标的行为后，对恶意抢注北京 2022 冬奥会冬残奥会吉祥物、口号、运动员姓名、场馆名称等商标注册申请再次予以坚决打击。依据《商标法》第十条第一款第（七）（八）项，第三十条等相关条款，对第 62717890 号"青蛙公主"、第 62626622 号"翾鸣"、第 62478160 号"一起向未来"、第 62034963 号"雪飞燕"、第 62612144 号"BINDUNDUN"、第 62515920 号"雪绒融"等 1270 件商标注册申请予以驳回。

下一步，国家知识产权局将持续保持严厉打击商标恶意注册的高压态势，不断强化对包括冬奥健儿姓名在内的相关热词的保护，对恶意抢注商标的申请予以坚决驳回，并及时公布。

附：驳回名单

国家知识产权局

2022 年 3 月 21 日

（资料来源：国家知识产权局网站）

例文 2-12

关于对旅客实行安全技术检查的通告

为确保国际民航班机的运输安全，决定从 ××××年××月××日起，在中华人民共和国境内各民用机场，对乘坐国际班机中的中、外籍旅客及其携带的行李物品，实行安全技术检查。

一、严禁将武器、凶器、弹药和易爆、易燃、剧毒、放射性物品以及其他危害飞行安全的危险品带上飞机或夹在行李、货物中托运。

二、除经特别准许者外，所有旅客及其行李物品，一律进行安全检查，必要时可进行人身检查。拒绝检查者，不准登机，损失自负。

三、检查中发现旅客携带上述危险物品者，由机场安全检查部门进行处理；对有劫持飞机和其他危害飞行安全嫌疑者，交公安机关审查处理。

特此通告。

××× 航空公司

20×× 年 ×× 月 ×× 日

本章小结

公文是党政机关、社会团体、企事业单位在公务活动中，为达成一定的目标和效果而形

成的书面文书。

本章首先介绍了公文写作的基本知识，接下来针对 15 种公文，选取使用频率较高的几种进行介绍，重点介绍了通知、通报、报告、请示、批复五种公文的写作，简略介绍了函、纪要、公告、通告的写作。所选取的公文基本覆盖了生活和工作中的常用公文，对其介绍主要包含公文的定义、特点、种类、结构、内容、写作方法、写作要求，并给出相应的例文。

要写好行政文书，需明确把握政治方向，进一步提升政治敏锐度，深入研读党和国家的政策，并善于从政治角度观察和处理问题。这样才能确保文书的内容正确、深刻，符合党和国家的指导思想和政策要求。同时，在学习本章基础知识的前提下，可以参看 2012 年 7 月 1 日起施行新修订的《党政机关公文处理工作条例》中的条文细节，登录各级人民政府网站参看各类公文写作范文，也可以登录大型企事业单位官网，分析经营管理中常见的公文情境。总之，需要在工作和生活中做到看得懂公文，会选择正确的文种，写出适应场景且有针对性的公文。

综合训练

一、客观题（由任课教师提供）

二、主观题

1. 简答题

（1）公文在行政事务中主要起到什么作用？

（2）《党政机关公文处理工作条例》规定属于公文的有哪些文种？

（3）按照适用范围，通知一般分为哪几类？

（4）分别阐述三种通报类型的适用情况。

（5）简述请示和报告的主要区别。

（6）公文写作中，何时使用函这一文种？

（7）公告的写作需要把握哪些要求？

2. 文本诊断题

（1）病文一

批复

×× 区人民政府：

对于你们区数次请示，经过研究答复如下：

1. 原则上同意批准建设区少年宫，负责本区青少年文体活动，特长培训工作。你区应尽快开展相关筹建工作，于 20×× 年暑假前开始运营。

2. 你区提出的"青少年课后作业辅导计划"建议不执行，该计划与相关上级文件精神有所违背。

×× 市人民政府

20×× 年 1 月

（2）病文二

××市人民政府办公厅通报

全体市民：

　　据反映得知，近日来本市部分地区有一种令人人心惶惶的传说，称原流行于某国的恶性传染病毒××病毒已传入本市，并已造成上百人感染、十几人死亡。

　　经本市防疫部门证实，这是没有任何事实根据的，本市至今从未发生过一起××病毒的病例。经核查，这一消息源于本市"××娱乐公众号"20××年四月一日的一则《愚人节特快报告》。"财经娱乐公众号"这种不顾国情照搬西方文化的极不严肃的做法是非常错误的，已经给全市人民的稳定生活带来了极其恶劣的影响。目前有关部门已对该号做出封号处理。有关单位应汲取这一教训，采取措施予以杜绝。特此通报。

××市人民政府启

20××年4月9日

3. 应用写作题

（1）请为你的学校或者单位写一则关于20××年元旦/国庆放假的通知，对假期工作做好部署。

（2）请根据某项目小组工作会议写一则纪要。要求：措辞严谨、格式准确、要素齐全。

第三章
商务调研文书

没有调查，没有发言权。

——伟大的革命家、战略家　毛泽东

人只要全力以赴地钻研某个问题，就有可能最大限度地逼近它的真实。

——著名作家　毕淑敏

任务导入

背景：当前电动车市场正处于快速增长阶段，市场规模不断扩大，竞争格局日益激烈，政策支持力度加大，技术创新不断涌现，充电设施逐步完善。未来，随着技术不断进步和环保理念深入人心，电动车市场还将迎来更加广阔的发展空间。

在此背景下，请写一份关于电动车发展的调研报告。

调研报告题目：20××年某区域电动车市场调研报告

调研目的：了解当前工作或生活所在区域电动车市场的发展状况、竞争格局、消费者需求及技术发展等，为相关企业和政策制定者提供决策依据。

内容认知

随着社会的进步、市场经济的发展，企业要在激烈的市场竞争中获得丰厚的利润回报，就必须重视并做好市场调查工作。要将市场调查的成果提供给企业或有关部门作为决策的依据，应根据具体场景撰写出难度递增的市场调查报告、市场预测报告和可行性研究报告。由于商务活动的需求不同，不同商务调研文书各有其使用场景。

学习目标

知识模块三	能力维度	重难点
商务调研文书概述	了解	重点：市场调查问卷设计和市场调查报告写作
市场调查报告	写作与应用	
市场预测报告	理解与掌握	难点：市场预测报告、可行性研究报告的撰写
可行性研究报告	理解与掌握	
综合素养提升：政策分析能力、逻辑思维能力、构思布局能力、跨学科思考能力、锤炼文字能力		

☑ 主修模块

☑ 辅修模块

第一节
商务调研文书概述

2023 年 4 月 18 日，北京市丰台区靛厂新村 291 号北京长峰医院发生重大火灾事故，造成 29 人死亡、42 人受伤，直接经济损失 3831.82 万元。国务院常务会议审议通过了北京丰台长峰医院"4·18"重大火灾事故调查报告。经国务院事故调查组调查认定，这是一起因事发医院违法违规实施改造工程、施工单位违规作业、现场安全管理缺失，以及地方党委政府和有关部门职责不落实而导致的重大生产安全责任事故。

一、商务调研文书的定义

商务调研文书是在商业实践活动中，对经济生活和商务活动中的典型事件、情况、经验等进行深入细致的调查，对调查所获得的信息资料进行系统、科学和周密的整理，根据实际需要进行分析、归纳、综合后，透过现象揭示事物的本质，找出带有规律的东西，从而引出正确的结论，在材料与观点统一的基础上，根据内容的特点，认真构思后撰写的书面报告。

调研文书由两个词组成："调研"与"文书"。所谓"调研"，就是对社会客观事物进行一番了解，弄清事物发生的背景、过程、结果以及相关的具体情况；"文书"，则是对调查过程中得到的事实材料进行综合分析，以书面材料形式阐明其意义，揭示事物的本质和规律。这一文体是人们认识客观事物、了解社会现状、把握现实动态、搜集社会信息的主要工具之一，所以运用非常广泛。它既是党政机关、企事业单位、人民团体日常工作中经常使用的文字材料，也是报刊上常见的新闻体裁。因此，它既是调查研究成果的运载工具，也是使其转化为社会效益，发挥社会作用的桥梁，作用十分重要。

调查是调研类文书写作的基础，"没有调查就没有发言权"，一切结论必须从事实中引出；分析研究是调查报告写作的关键，调查报告的目的就是获得正确的结论，揭示事物的本质，反映事物的客观规律，而这些都离不开对事实材料的整理、分析、归纳和综合，只有在分析研究中才能实现科学地认识；最终调查报告的书面文字则是调查、分析的反映与体现。

随着新经济的深入发展，新事物层出不穷，新问题也不断涌现。作为认识客观事物的手段、制定方针政策的依据、解决实际问题的一种重要方法，商务调研文书在实际生活中将越来越重要。

二、商务调研文书的特点

商务调研文书主要是方便人们认识客观事物、了解经济发展现状、把握商业活动动态、搜集经济信息、提高企业经营效益。因此，一般而言，商务调研文书应具有以下特点：

1. 主题的针对性和目的性

商务调研文书有的公开发表，有的在内部使用，但其写作目的是一致的，都是弄清事物的本来面目，从而解决问题，或为决策机关解决问题制定政策提供依据。必须明确调研类文书的这一鲜明的特点，在写作中，站在客观的立场上，一切从实际出发，坚持实事求是的原则，不带任何主观色彩和框框，深入调查，并对调查得来的"丰富的感性材料加以去粗取精、去伪存真、由此及彼、由表及里的改造制作功夫"。只有这样才能揭示事物的本质和内在联系，在调研类文书中提出符合客观实际的、深刻的、富有创见性的见解。

2. 材料的翔实性和真实性

能否通过深入细致的调查研究掌握第一手资料，能否搜集大量的相关资料使得视野开阔，这些直接影响调研文书的质量；同时，材料是否真实、清晰，也影响到结论是否可信。所以，作为充分体现可信性和可操作性的实用文书，调研文书所引用的材料的真实、翔实非常重要，要引起重视。

掌握真实材料是写好调研文书的基础和前提。要获取第一手的真实材料，就必须深入实际，开展调查研究。要深入了解和掌握群众普遍关心的、迫切需要解决的，并带有普遍性、倾向性、真实性的问题和材料。只有深入调查，掌握的材料才能真实可靠、准确无误，这样写出来的调研文书才不会失去它的科学价值。

3. 语言的简明性和表现力

商务调研文书是一种实用性较强的应用文体，需要容纳的事实材料很多，因此，在语言使用方面力求简洁明了、具体生动，通过准确简单的语言，具体准确地把事实和观点表达出来；同时，要注意使用活泼生动的事例、富有表现力的语言，加强文章的趣味性和说服力。

4. 结论的深刻性和科学性

商务调研文书是调查研究和决策实施的中间桥梁：一方面，可以向决策机构反映实际情况，为上级机关制定方针、政策和确定正确的工作方法提供依据；另一方面，也可以让广大群众了解市场方向和具体情况。因此，商务调研文书的结论要具有深刻性和科学性，系统地向人们介绍经济生活发展和变化的过程，找出具有普遍意义的东西，来解决人们普遍关心和亟须解决的问题。

第二节
市场调查报告

《2023年度政务微博影响力报告》于2024年2月发布。此报告由微博出品，人民网舆情数据中心、人民网数据研究院提供学术支持，评价对象包括全国所有通过微博认证的机构官方微博，数据统计周期为 2022 年 11 月 1 日至 2023 年 10 月 31 日。综合评价体系包括四个维度：传播力、服务力、互动力和认同度。

一、市场调查报告的定义

市场调查报告是指在商业实践活动中，对产品市场营销情况及其他市场现象进行调查，并在调查的基础上，经过分析和研究后写成的反映市场现状、揭示市场发展规律的报告性文书。

市场调查报告由两个词组成："调查"与"报告"。所谓"调查"，就是对市场现象进行一番了解，弄清市场信息以及相关具体情况；"报告"则是对调查过程中得到的事实材料进行综合分析，以书面材料形式阐明其意义，揭示市场的本质、规律。

二、市场调查报告的特点

1. 针对性

市场调查报告是决策单位的重要依据之一，必须有针对性、有选择性地进行。①要针对市场经营中某一方面的问题，抓住市场需求、供给、销售等某一环节展开调查，写成调查报告；②要明确阅读对象，在市场调查中才能明确写作侧重点，提高报告的指导意义和作用。

2. 真实性

市场调查报告必须从实际出发，通过真实材料的客观分析，以求真务实的态度对待市场调查的全过程。只有通过市场调查获得真实的、符合市场实际情况的信息材料，才能完成反映市场发展趋势的市场调查报告，为决策者做出正确决策提供真实可靠的依据。

3. 时效性

市场变幻莫测，市场竞争更是残酷激烈。市场调查报告只有及时、迅速和系统地发现和反映市场的新情况、新问题，才能让经营决策者及时掌握信息，不失时机地做出相应的决策，调整经营方向，提高企业的应变能力和竞争能力，确保产销对路，避免和减少风险。

4. 深刻性

市场调查报告不是材料的罗列，也不是对调查对象的简单描述。它通过运用科学的方法收集材料，在对大量客观材料进行分析和综合的基础上，得出结论性意见。因此，市场调查报告应该用资料说明问题，围绕对调查材料的介绍，通过分析研究，逐步上升到理论认识。这样才能真正发挥市场调查报告指导决策的作用。

三、市场调查的常用方法

1. 现场调查法

现场调查法指调查人员到现场直接观察、记录调查对象的行为和言辞等情报，向消费者直接了解购买意向，了解对商品的意见的方法。这种调查法简便易行，但适用范围较小。

2. 访问调查法

访问调查法指根据事先确定的调查问题，用口头或书面的方式向被调查者询问，以获取

有关情报资料的方法。这种调查法要求准备好所要询问的问题或设计好问卷，调查方式有个人访问、开座谈会、电话询问、邮件调查等。

3.实验调查法

实验调查法多以试行销售的方式进行。常见的如试销会、展销会、订货会、博览会等都属该类。

4.统计调查法

统计调查法指利用企业的销售情况表、会计报表等现成资料进行统计分析的调查方法。这种调查法带有总结本企业目前的产品及现行的经营策略是否能适应市场的因素，适用范围较为广泛。

四、市场调查问卷设计

（一）市场调查问卷的定义

市场调查问卷是指在调查研究中，调查者运用的一种统一设计的综合测量工具，用来向调查对象了解情况或征询意见。市场调查问卷主要用来量度市场现象的状况。

（二）市场调查问卷的基本结构

1.封面信

封面信也称导语，主要是在调查时向调查对象介绍市场调查基本情况的信函。封面信本质上是一种宣传说明，通过对调查目的和调查内容的解释，使调查对象认识到调查研究的意义，从而愿意接受调查。封面信主要包括如下内容：

（1）调查对象的称谓、问候及谦辞　称谓一般根据具体调查对象而定，语气应该亲切。例如，对一般调查对象可用"尊敬的市民"；对大学生或青年人可用"青年朋友"；对老年人调查可用"老人家"。问候一般使用"您好"，接"抱歉打扰"等谦辞。

（2）调查机构及调查员的身份　介绍调查研究的单位和调查员身份可以显示调查的正当性和合法性，容易取得调查对象的信赖。

（3）调查目的和调查内容　介绍调查目的和调查内容可以引起调查对象的兴趣。

（4）保密承诺和致谢　说明问卷调查是匿名调查，并对调查对象的合作表示感谢。

2.调查问卷标题

统计调查问卷的标题是对调查主题的高度概括，一般位于市场调查问卷表最上方中央。标题设计既要简明扼要，又要能激发调查对象的兴趣。

标题通常要求具体化，例如，"××牌方便面满意度调查问卷"。

3.调查问卷填表说明

调查问卷填表说明是对填表的要求、方法、注意事项等总的说明，一般是以文字和符号形式对要作答的题目提出要求，也可以单独进行统一说明，并放在市场调查问卷正式调查问题之前。通常比较大型的问卷调查有单独的填写说明，一般小型问卷这部分内容大都简要归并至问候语中，或分散在问题的题干后面。填写要求一般是针对某些较特殊的问题所做出的特定指示，例如"答案可多选""请按喜爱程度进行排序"等。总之，统计调查问卷中的每个有可能使回答者不清楚、不明白、难理解的地方，以及有可能使回答者回答统计调查问卷有障碍的地方，都需要给予某种指导。

4. 调查对象的基本情况

该部分主要介绍调查对象的基本情况，包括但不限于其性别、民族、职业、收入、文化程度等。

5. 正表

正表是问卷的主体，是问卷最主要的部分。正表主要包含问题表和编码两大部分。

（1）问题表　问题表是直接用来询问调查对象的，或由调查对象自己填写的。问卷的主体是问题和答案。问题，也称条目，即问卷中向调查对象提出的问题，是获取调查对象信息的工具。问题内容应与研究目的相符，表达要简洁明了。从设计的角度来看，问卷包含问题的形式可以分为开放式问题、封闭式问题和半封闭式问题。

1）开放式问题。开放式问题是指只提出问题，不规定答案供调查对象选择，由调查对象根据自身情况自由作答。其优点是灵活性大、适应性强，有利于调查对象自由表达意见（适合尚未弄清可能性答案的问题，如答案类型很多、答案比较复杂的情况）。其缺点是标准化程度低，难以整理分析；容易出现无价值的信息（回答不准确，答非所问）；影响回收率和有效率；对调查对象的文化程度要求高；需花费较多时间填写。

例如，您购买计算机主要考虑的因素是什么？您对这款产品在改进方面有什么建议？

2）封闭式问题。封闭式问题与开放式问题正好相反，是指提出问题后设计好若干答案，由调查对象在规定的答案中选择符合自己情况的选项。其优点是容易进行编码和定量分析，回答问题节省时间，以及容易取得调查对象配合。其缺点是缺乏弹性，容易造成强迫性回答；有可能造成不知道如何回答或具有模糊认识的调查对象乱填答案。

封闭式问题主要有以下几种形式：两项式，即只有 A、B 两个答案；多项式，有两个以上答案；顺序填写式或等级式，即已列出多种答案，要求调查对象列出先后顺序或不同等级矩阵式或表格式，同一类型的若干问题共用一组答案。

例如，你购买手机主要考虑的因素是什么？

    A. 价格　　B. 品牌　　C. 功能　　D. 款式　　E. 其他

3）半封闭式问题。半封闭式问题也叫复合式问题，是开放式和封闭式问题的折中，既提供了答案选项，也提供了可自己答题的项目，使调查者获取更全面的信息。根据具体情况，部分问题可以选用此法设置题目和选项。

例如，你最近两个月内使用的牙膏品牌是什么？可以在答案中列出四个品牌选项并增加自填选项。

（2）编码　编码是指对市场调查问卷中的问题和答案用数字所表示的代码，是实现计算机数据处理的中介和桥梁。编码既可以在设计统计调查问卷时就同时编好，称为事前编码；也可以在调查完成后再进行编码，称为事后编码。在实际调查中，研究者大多采用事前编码，因此事前编码也成了统计调查问卷中的一部分。例如，调查的第一个问题编码为1，调查的第二个问题编码为2。

（三）市场调查问卷设计的原则

1. 问卷设计首先要考虑市场调查目的

以市场调查目的作为问卷设计的指导，是指问卷中所包含的问题要与市场调查的目的相符合，要紧紧围绕调查对象和调查的最终目标，确定调查项目并提出问题。例如，研究课题为"农村地区人才市场调研"，目的是了解农村地区人才现状。围绕人才现状展开的问题主要包括人才规模、人才年龄分布、人才学历情况、人才就业情况等。因此，在设计问卷时就要围绕上述问题提出。

2. 问卷必须能够取得调查对象的配合

问卷设计要考虑是否能取得调查对象的配合。因此，设计问卷的另一个原则是站在调查对象的立场上，思考提出的问题其是否愿意回答。与这一原则相关的影响因素主要有以下方面：

1）提出的问题不能超出调查对象的知识背景。例如，在针对老年人的问卷中，如果包含青少年流行文化的词汇，会超出部分老年人群的认知范围。

2）避免有关个人隐私或敏感性问题。例如，针对离婚群体询问有关婚姻状况的问题就较难取得调查对象的配合；涉及个人利害关系的问题不容易获取真实信息；涉及信仰的问题比较敏感。

3）避免提出诱导性问题。例如，您愿意增加收入吗？增加收入可以说是每一个人都希望的，因而是一个无须提出的问题。较好的提问是"在您的单位中，您的收入大致处于什么位置上"。

4）避免提出模棱两可或容易产生歧义的问题。例如，您认为××牌汽车的油耗和提速能力怎么样？这是一个典型的一题两问。

五、市场调查报告的结构和内容

市场调查报告的写作目的、类型不同，以及读者对象的有异，其写作格式和要求应有所区别。一般来说，调查报告的结构由标题、前言、正文和结尾四部分组成。

（一）标题

标题可分为公文式标题和文章式标题两种：

（1）公文式标题　通常由"事由 + 文种"组成，如《关于化妆品市场调查报告》等。公文标题写法的优点在于能使人一下子明确文种，并了解调查对象和调查报告的目的；但采用公文式标题写法容易写得过于冗长，同时也会比较平淡，不利于激发读者阅读兴趣。

（2）文章式标题　通常由市场调查报告的基本内容、主题、观点等概括而成，如《短视频消费未来之路》等。文章式标题的优点在于能写得生动有趣，吸引读者兴趣，除此之外，还具备可长可短、可严肃可幽默、可描述可设问等优点；但其也有不利的一面，如不能让人由标题一眼看出文种、调查对象和调查报告的目的。因此，若采用文章式标题应准确概括调查报告的主题思想，概括全文的基本内容。

（二）前言

前言是调查报告的开头部分，要高度概括、提纲挈领、简明扼要、紧扣主题。它可用来交代调查的时间、地点、目的、对象、范围，也可以用来概述调查的主要内容、取得的主要成果，还可以交代调查工作的背景以及通过调查所获得的结论。导言的写法较灵活，常用的形式有以下几种：

（1）概括介绍式　介绍调查对象的基本情况，以及交代调查时间、地点、范围及调查方法等。

（2）点题式　在前言中先点明基本观点，直接宣布结论或研究的意义和价值，再阐述主要事实。

（3）议论式　针对调查的问题说明意义，做简要的评述，再叙写事情的经过。

（4）提问式　开门见山，抓住中心提出问题，引起读者的思考和兴趣。

导言不管运用何种方式开头，都应该统领全文、开门见山、言简意赅。

（三）正文

调查报告的核心是正文。正文是前言之后的内容，重点用于呈现调查的结果，因此也是结论的依据所在。其主要包括两方面的内容：①调查到的事实情况，包括事情产生的前因后果、发展经过、具体做法、存在问题等；②研究材料所得出的具体观点，以及作者所做的评价等。正文主体部分的内容以叙为主、叙议结合，有步骤、有次序地表达主旨和内容。

主体的结构形式多种多样，常见的有如下几种：

（1）横式结构　也称并列式，即按主要经验或问题或各部分之间的逻辑关系安排层次，根据事物的内在联系，分别归纳成几个问题、几条经验、几个原因来写。这种结构方式的好处是逻辑性强，有概括性，且条目清楚，便于抓住要点，显示事物间的内在逻辑联系。总结经验和反映、分析情况的调查报告常采用这种结构形式。

（2）纵式结构　即按事物发生、发展的先后顺序，层层分析，说明事件的来龙去脉。这种结构方式脉络清晰，有助于对事物发展做全面深入了解。纵式结构较简单，所以内容单一。事物本身的发展过程的阶段性强或规律性特征明显的调查报告常采用这种形式。

（3）综合式结构　这种结构形式兼有横式和纵式的优点，但较复杂，往往以一种顺序为主，交叉使用、穿插配合、纵横交错。

一般是在叙述和议论事理（问题—原因—结果）的发展过程时，用纵式结构；谈经验教训、体会、收获时，则常用横式结构；当二者有机结合、夹叙夹议时，则采用综合式结构。

（4）对比式　即把两个不同对象加以对比来写。它用对比的方式组织和安排材料。

以上结构形式在实际写作中不是一成不变、一贯而终的。多数情况是在一篇报告中，以一种顺序为主，交叉出现；也有的调查报告边叙边议、纵横交错。这都要根据内容与需要来决定，不能拘泥于某种固定的形式。

（四）结尾

调查报告的结尾形式也是多种多样，大体分为三种形式：

①结论式结尾，即总结全文，对调查对象作出判断，并从理论角度进行简述，深化

主题。

②补充式结尾，即补充说明正文未提到的情况、问题，从而使内容更加丰富和全面。

③建议式结尾，即针对调查问题，通过作者分析给出恰当建议，提出未来努力方向。

当然，部分调查报告也可以没有结尾。是否使用结尾，主要根据文章内容来定。

六、市场调查报告的写作模板与注意事项

（一）市场调查报告的写作模板

市场调查报告的写作模板如图 3-1 所示。

×××× 年 ×××× 方便面市场调查报告	标题
××× 方便面的产品布局是以红烧牛肉面为核心产品，发展多种定位不同的副品牌，以吸引不同人群。"福满多"系列定位为农村市场；"亚洲精选"定位为年轻人；"福香脆"则针对中小学生	前言
（一）市场概况及营销环境分析 数据显示，××× 方便面在市场上所占份额约为 42%，在方便面市场中占据着领导者地位…… （二）产品及竞争对手分析 从整体竞争格局上看，方便面市场的集中度很高，仅康师傅和统一两个品牌就占据了整个市场份额的 70%……（图 + 表） （三）消费者分析 方便面的主流消费者是 15~35 岁的年轻群体，这部分人是方便面的忠实消费群体。其中全时性固定工作的白领占总消费人群的 46%，学生群体占总消费人群的 17%…… （四）市场分析总结 通过分析，可以先对产品进行定位……	调查 分析
结合以上分析报告，对此做一个全面的总结，主要有以下结论……	结尾

图 3-1　市场调查报告的写作模板（示例）

（二）市场调查报告的注意事项

（1）客观真实　市场调查报告必须符合客观实际，引用的材料、数据必须是真实可靠的，要用事实说话。

（2）观点明确　市场调查报告是以调查资料为依据的，即调查报告中的所有观点、结论都有大量的调查资料为根据。在撰写过程中，要善于用资料说明观点，用观点概括资料，二者相互统一，切忌调查资料与观点相分离。

（3）突出主题　市场调查报告要突出市场调查的目的，并围绕市场调查的目的进行论述。

（4）简明准确　市场调查报告的语言要简明、准确、易懂，避免使用过于复杂的语言或过多的专业术语。

（5）结构清晰　市场调查报告的结构要清晰完整，包括标题、前言、正文和结尾。各部分内容之间要有逻辑性、层次分明，使读者能够快速理解报告的主要内容。

例文 3-1

20××年共享单车发展调研报告（框架）

一、引言

（一）调研背景和目的

（二）调研范围和方法

二、共享单车市场概述

（一）共享单车的定义与分类

（二）市场规模与增长趋势

（三）主要参与者和市场份额

（四）市场发展的驱动因素和瓶颈

三、用户调研与分析

（一）用户画像与骑行习惯

1. 用户年龄、性别、职业分布

2. 骑行频率、时长和距离

3. 出行目的和使用场景

（二）用户需求与偏好

1. 用户对共享单车的认知与态度

2. 用户对骑行体验和服务质量的评价

3. 用户对价格、安全性等方面的需求和期望

（三）用户行为与反馈

1. 用户对单车的选择和忠诚度

2. 用户对停车点、维修保养等方面的反馈与建议

3. 用户对新型服务的接受程度和需求预测

四、竞争格局分析

（一）主要竞争对手分析

1. 品牌竞争者分析

2. 新兴技术竞争者分析

（二）竞争策略与差异化竞争

1. 各品牌竞争策略比较

2. 品牌间的差异化优势与劣势分析

（三）新进入者威胁与市场变化趋势

1. 新进入者的威胁分析

2. 市场变化趋势与机遇分析

五、技术发展与趋势分析

（一）共享单车的技术现状与突破点

1. 智能锁、GPS 等关键技术的应用现状

2. 技术瓶颈与创新点分析

（二）技术发展趋势与市场影响

1. 物联网、人工智能等技术在共享单车领域的应用前景

2. 新技术对市场格局、用户体验的影响预测

（三）技术发展风险与挑战应对策略

1. 技术安全风险与防范措施分析

2. 企业技术投入与战略规划建议

六、政策环境与法规影响分析

（一）国内外政策法规概览与比较

1. 国内外政府对共享单车的政策支持与限制措施比较分析

2. 国际政策交流与合作的现状及趋势分析

（二）政策法规对企业发展的影响分析

1. 政策支持对企业发展的推动作用评估

2. 政策限制对企业发展的制约因素分析及其应对策略建议

（三）政策环境变化趋势与企业应对策略建议

1. 未来政策环境变化趋势预测与分析

2. 企业应对策略制定与实施建议，如合规运营、社会责任承担

……

（报告框架供参考，细节根据具体调研补充；要求论据充分、观点鲜明、图文并茂）

第三节

市场预测报告

北京理工大学能源与环境政策研究中心在北京举行"2023 年能源经济预测与展望研究报告发布会"，对外发布《2022 年中国能源经济指数研究》《省级能源高质量发展指数研究（2012—2022 年）》《中国电力部门省际虚拟水流动模式与影响分析》《2023 年国际原油价格分析与趋势预测》《中国碳市场回顾与最优行业纳入顺序展望（2023）》《我国 CCUS 运输管网布局规划与展望》《全球变暖下区域经济影响评估》《迈向中国式现代化的能源发展图景》等八份研究报告。该系列报告是由北京理工大学杰出教授魏一鸣领导的研究团队，根据上一年度国际和国内能源经济与气候政策形势的变化，选择特定主题开展针对性研究所取得的研究成果。自 2011 年以来，北京理工大学已连续 13 年发布报告，赢得了广泛的社会关注。

一、市场预测报告的定义和特点

（一）市场预测报告的定义

市场预测报告是依据已掌握的有关市场的信息和资料，通过科学的方法进行分析研究，从而预测未来发展趋势的一种预见性报告。它是在市场调查的基础上，综合调查的材料，用

科学的方法估计和预测未来市场的趋势，从而为有关部门和企业提供信息，以改善经营管理、促使产销对路、提高经济效益。市场预测报告也可被认为是调查报告的一种特殊形式。

（二）市场预测报告的特点

（1）前瞻性 对市场的判断应该尽可能富于预见性，尽可能对市场供求变化的各种因素进行分析研究，从而预见其发展趋势。

（2）科学性 对当前的市场状况及其相关资料的掌握，在预测过程中所使用的方法必须是科学的。

（3）参照性 市场预测对生产企业的生产管理和经营管理并不具备直接的使用价值，只具有参考价值。

（4）时限性 市场预测报告的效用是具有时限性的，如5年、10年。

（5）近似性 预测值不可能与实际值完全一致，只能是一个近似值，且存在误差的可能。

（三）市场预测报告与市场调查报告的联系和区别

1. 联系

市场调查报告是在对调查得到的资料进行分析整理、筛选加工的基础上，记述和反映市场调查成果并提出作者看法和意见的书面报告。

市场预测报告是根据已有市场调查结果，对市场未来趋势做出预测的书面报告。市场预测报告随市场调查结果的深化而不断深入。

2. 区别

（1）工作重点不同 调查报告回答"怎么样"的问题。如某种产品原料供应、消费需求、价格变化、产品质量、花色品种等；市场预测报告回答"会怎么样"的问题，即根据调查情况预测，根据预测提建议。

（2）工作方法不同 调查报告关键在"调查"，具体可以通过实地考察、开座谈会、问卷等形式进行；预测报告关键在"预测"，方法有定性分析和定量分析。

（3）正文结构不同 调查报告正文包括前言和主体两部分；预测报告正文包括前言、情况、预测和建议四部分。

小案例   日本企业战后的迅速崛起

第二次世界大战后，日本经济迅速崛起并发展成为世界经济强国，得益于其对市场情报信息的重视和搜集，也得益于其对未来商业市场的全面分析和预测。

20世纪60年代中国大庆油田的采油设备招标日本捷足先登；80年代日本家电快速出击中国市场，并在竞争中出奇制胜；丰田公司准确地把握着全球汽车市场……20世纪80年代，三菱商社的情报专家曾根据从欧美各国汇集的综合情报做出预测：正遭受西方国家严厉制裁的伊朗将在近期内获得全面解禁。据此，三菱商社做出了一个重大举措：在伊朗获得全面解禁之前的一个月，其总裁率代表团秘密飞往伊朗，协商商业、工程、运输、机械等部门的贸易与投资合作，并以"防止美国人阻挠"为由，要求谈判秘密进行。饱受

多年制裁和禁运之苦的伊朗人欣喜若狂，在谈判中全面合作，并提供各种优惠条件，仅一个星期，双方就签署了数十亿美元的项目协议。三菱商社率先抢占伊朗市场，使全球商界为之震动。

二、市场预测报告的结构和内容

市场预测报告一般由标题、正文和结尾三部分组成。

（一）标题

1. 公文式标题

这种标题直接由期限、范围、对象和文种构成，文种可以叫"预测""走势""趋势""分析""研究""展望""前瞻""发展前景"等。这一类标题最为常见，如《20××年全国水果市场预测》《20××年四川省能源需求预测研究》。

2. 结论式标题

这种标题直接在标题中表明预测的主要观点，如《生态纺织品：纺织市场竞争的新热点》《医药零售市场前景广阔》。

3. 正副标题

它由主、副标题两部分组成。主标题为预测得出的主要观点或预测事项概述，副标题则交代预测的期限、范围、内容等，如《全球智能手机市场预测报告——2025—2030年市场规模、技术趋势与消费者需求》《经济运行高增低胀，景气回升稳中求进——二季度经济景气动向分析》《技术驱动下的家居市场变革——2025—2030年中国智能家居市场预测报告》。

但值得注意的是，与市场调查报告相比较，复合式标题在市场预测报告中较为少见。

（二）正文

1. 前言

前言典型的写法是对全文内容做概括，说明预测时间、对象、目的等，有时也直接点明预测结论。例如《20××年化玻市场趋势预测》的开头：近两年化学试剂、玻璃仪器市场不景气，除少部分地区和企业销售增长、效益提高外，全国绝大部分地区的销售和效益均呈下降态势。去年以来，化玻市场仍在低谷徘徊。据统计，上半年全国化学试剂类购销分别比上年同期下降16.34%和13.7%，玻璃仪器类则比上年同期分别下降9.91%和11.49%。全国大多数地区均呈负增长。20××年化玻市场总的形势是希望与困难同在：既有有利条件，也有不利条件；资金依然偏紧，竞争更加激烈；销售可望适度增长。

有些市场预测报告没有开头，直接进入主体。例如《成都市保健品市场分析》，全文共两部分：预测依据、预测结果。

2. 主体

主体一般包括基本情况、预测和建议三部分。

（1）基本情况（预测依据）　这部分是预测的基础，要求根据收集的市场信息，运用数据资料，说明预测对象的历史情况和现实状况。例如《我国电池产销预测报告》的开端部分，对现状的表述是：

　　"近些年来，我国电池生产取得了较大的发展。截至目前全国生产电池的工厂已达××家，年产量××亿只，品种也从锌、锰单一品种扩大为锌银、镁铜、镁银、镉镍和锌铜等50多个品种。目前，由于各地新厂上马较多，产量增长幅度较大，全国电池产销从总量上说已处于饱和状态。"

　　从以上例子看出，交代现状的基本手法是边叙边议，重点在于找出问题、指明矛盾，为下一步的分析预测打下基础。

　　该部分的写作要求如下：

　　1）资料和数据充分、确凿，有代表性。

　　2）写作手法上运用概括叙述的方法，以全面了解预测对象的历史和现状。

　　3）情况全面、事实准确、符合客观，以保证预测的准确性。

　　（2）预测（核心部分）　这部分是对市场的发展趋势做出明确的分析推断，可采取定性预测法和定量预测法。

　　定性预测法也称直观判断法，是市场预测中经常使用的方法。它主要依靠预测人员所掌握的信息、经验和综合判断能力，预测市场未来的状况和发展趋势。这类预测方法简单易行，特别适用于那些难以获取全面的资料进行统计分析的问题。因此，定性预测法在市场预测中得到广泛应用。定量预测法是利用比较完备的历史资料，运用数学模型和计量方法，来预测未来的市场需求。定量预测法基本上分为两类：一类是时间序列模式，另一类是因果关系模式。所以在写作上表现为不仅要结果，而且要有推算过程，故多采用层层递进的形式，可以按时间序列一层一层地表述，也可用先讲结果后讲原因。

　　（3）建议　这部分是在预测的基础上，有针对性地提出改进生产经营的意见、建议和措施。在写作上一般采取分条列项的方法，一条一条地表述，条与条之间属平行的并列关系，在内容上切忌不同建议之间重合。以《我国电池产销预测报告》为例，它所列的建议主要有两点：①调整品种价格……；②采取措施扩大出口……。

（三）结尾

　　结尾可对预测结论进行归纳，提出应注意的问题；可照应前言，重申观点，以加深认识；也可自然结束，不设结尾。

　　总之，一篇符合要求的市场预测报告，要运用数据资料，准确说明现状；通过分析数据资料，科学推断未来；依据分析预测，提供可行建议。

三、市场预测报告的写作注意事项

　　要写好一篇市场预测报告，需要做到以下方面：

　　1）做好预测前的定向工作，明确预测目的。在开始预测之前，首先要明确预测的目的和目标。这有助于确定预测的范围、重点和方向。预测的目的可能包括了解市场趋势、预测销售额、预测市场份额等。

　　2）认真做好市场信息资料的调查、收集工作。这包括竞争对手的情况、市场需求、消费者行为等方面的信息。

3）把握好写作的角度，突出对未来的预测，体现"预测"未来的特征。市场预测报告的核心是对未来的预测。因此，在写作时要突出对未来的预测，避免过多的历史数据或现状描述。同时，要体现预测的特征，即基于当前数据和趋势对未来进行推断。

延伸阅读：
几种典型的市场预测方法解读

4）学会正确使用预测方法。常用的方法有判断性预测法、统计预测法、因果预测法、调查综合预测法、图解计算预测法等。在选择预测方法时，要根据预测的目的和所收集的数据类型来选择合适的方法。同时，要学会正确使用这些方法，确保预测结果的准确性和可靠性。

5）做到数据、图表与文字陈述有机结合，准确、精练地表述预测结果。在市场预测报告中，数据、图表和文字陈述是相互补充的。数据可以提供客观的依据，图表可以直观地展示数据和趋势，而文字陈述则可以对数据和图表进行解释和说明。

例文 3-2

2023 年中国民用无人机市场的四大发展趋势

随着科技的不断发展，无人机技术逐渐成熟，应用领域不断扩大。中国作为全球民用无人机市场的重要一极，其发展态势备受关注。本报告将预测 2024 年中国民用无人机市场的四大发展趋势，为相关企业和投资者提供决策参考。

一、无人机市场发展现状

依据世界无人机大会上提供的数据，截至 2022 年年底，中国无人机运营企业 1.5 万家，年产值达到 1170 亿元，注册无人机 95 万架，无人机实时飞行约 3.86 亿架次，飞行时长约 1668.9 万小时。根据深圳市无人机行业协会预计，到 2024 年，无人机在国内的市场规模将达 1600 亿元。

（详细资料和图表略）

二、目前国内民用无人机市场的四大发展趋势

1. 民用无人机市场持续扩大，发展潜力巨大

由于人口老龄化，劳动力不足，而无人机技术可以降低拍摄、录制、运输、农业用途等的难度，减少人力资源的使用。同时，娱乐业发展，对航拍、无人机表演等需求也增加了。此外，随着居民消费能力提升，人们对无人机技术的认知程度提高，尝试体验无人机技术的意愿上升，民用无人机管理法规日益完善等因素，推动无人机需求增加。

受益于行业技术发展及国家相关政策的支持，我国民用无人机市场得到高速发展，逐渐成为全球无人机行业重要的板块之一。国家统计局相关数据显示，我国民用无人机市场规模由 2017 年的 295 亿元增至 2020 年的 602 亿元，2022 年达到 1120.3 亿元。民用无人机市场始终在持续扩大，未来持续发展的潜力巨大。

2. 无人机的智能化持续升级

随着无人机技术的成熟和市场扩大，普通的无人机可以提供的利润上升空间逐渐被压缩。无人机厂商为了未来的持续发展，深挖无人机技术，将无人机技术和新兴的计算机视觉、AI、大数据等技术相结合，已经是一种必然的趋势。

比如，2021年5月，亿航智能发布长航距自动驾驶飞行器VT-30，运用了大量智能测绘、AI学习模拟、智能操纵等技术，可以实现智能识别障碍、自动行驶等功能。

近年来，深圳大疆发布精灵（Phantom）4，引入"计算机视觉"和"机器学习"技术，具备"障碍感知""智能跟随""指点飞行"三大特色。精灵4将能够识别周边物体、判断飞行环境，并在一定条件下实现自主飞行。

2023年，大疆发布大疆Matrice 350 RTK旗舰无人机。该机配备O3图传行业版，支持三路1080p传输，传输距离远达20千米，还可与4G网络共同协作，应对城市楼宇等复杂环境中的信号遮挡状况。该机还搭载六向双目视觉系统和红外感知系统，拥有六向环境感知、定位和避障能力；机身飞行相机拥有夜视能力，可呈现夜间环境和障碍物，配合打点定位功能，进一步引导安全飞行。

全球无人机市场专业研究公司DRONEII的调查数据显示，大多数接受调查的公司都致力于制造数据分析的无人机软件。在受访者中，有37%的公司表示已经全面使用人工智能算法，但仍有63%的公司还在使用传统算法和AI算法结合的方式。未来，"AI+无人机"的应用场景将会越来越多，智能化的无人机产品将越来越多地被研发出来。

3.特殊应用场景的无人机产品会进一步受到市场青睐

无人机最初研发的很重要的一个目的就是代替人类进行特殊场景的危险工作。而随着无人机技术的成熟、人口老龄化、用工成本上升等因素的影响日益凸显，无人机这一功能越发受到人们重视，特殊应用场景的无人机也就越发受到市场青睐。

……

2022年2月，中共中央、国务院印发《关于做好2022年全面推进乡村振兴重点工作的意见》，提出应提升农用无人机装备研发应用水平，将高端智能无人机研发制造纳入国家重点研发计划并予以长期稳定支持。另一方面，为农业无人机购置提供补贴。在《2021—2023年农机购置补贴实施指导意见》提出，我国将全面开展植保无人驾驶航空器购置补贴工作，进一步强化财政支持力度。

2016年9月，臻迪发布专业级无人机产品PowerEye黄金眼，配备红外可见光一体相机、PowerEye通用挂载，在电力巡检、安保安防、森林防火、环境监测、监控等场景可以发挥独特用处。

2022年11月23日，大疆发布了T50和T25农业无人飞机，用于智慧农业方面。

从以上材料可以看出，国家和企业都越发重视特殊场景的无人机产品研发和应用。未来，此类产品将是民用无人机市场的一片很大版图。

4.更多无人机企业的生产研发从消费级转向工业级发展

这一结论可以从外因和内因两方面来解释。

外因是劳动力不足，无人机代替人力存在优势。

我国人口老龄化日趋严重，劳动力严重不足，招工难、用工贵的问题日渐凸显，尤其是一些枯燥、高危和特别辛苦的工作，在农业植保、电力巡查、商业拍摄等场景下，工业级无人机可以比人力更加快捷、优质地完成工作目标，在同等范围和工作量下，花费的资金也更少。

内因是消费级无人机市场的发展空间有限，工业级无人机的发展潜力巨大。

根据权威市场研究机构 IDC 数据，全球无人机市场的支出预计达到 90 亿美元 其中，工业级无人机解决方案将提供超过一半的无人机支出，另一半则来自消费级无人机解决方案。而企业无人机将增加其在总开支中的份额，5 年内的复合年增长率为 36.6%。随着消费者对无人机技术的新鲜感日益消失，以及政策法规对无人机使用的注册和区域限制要求等因素，消费级无人机的行业规模增长开始放缓。而与此同时，同属民用领域的工业级无人机，订购用户多为政府、企业，需求大、利润空间大、技术水平要求高、技术深挖和未来发展空间大，因而企业也就越愿意将研发能力和生产力集中往这个方向发展。

……

三、总结

民用无人机四大发展趋势的存在，推动民用无人机的市场规模持续扩大，民用无人机正向着智能化、特殊场景应用化、工业化的方向不断发展。

（资料来源：根据 https：//zhuanlan.zhihu.com/p/638102977 整理编写）

第四节
可行性研究报告

某知名大学博士生在校期间便对编程如痴如醉，曾多次获得国家级软件编程奖项。毕业后他选择了一位非常精明的商人做合伙人，创业成立了明星软件开发有限公司。可好景不长，只短短一年，本想大干一番事业的博士却遭遇创业失败，公司最终夭折。痛定思痛之后，当事人总结了其创业失败的原因：①年轻气盛，在不具备条件的情况下，想一下子做成石破天惊的事情，没有在公司成立之前对经济与技术进行可行性分析；②没有以市场为中心开发软件，以为自己喜欢的软件，大众也一定喜欢，不知道市场有多大、市场到底需要什么，没有对市场前景进行可行性分析；③不懂基本商业知识，对社会缺乏了解，在与合伙人签订合同时被忽悠。这一场景告诉我们，要投资某一项目或创办公司至少需要具备哪些能力。

一、可行性研究报告的定义、特点和种类

（一）可行性研究报告的定义

可行性研究报告是指从事一种经济活动（投资）之前，对项目实施的可能性、有效性和技术方案等进行具体、深入的可行性论证和经济评价，以求确定一个在政策上、技术上、经济上合算的最优方案，为决策提供依据而写出的书面报告。

（二）可行性研究报告的特点

（1）严密的科学性　可行性报告的科学性体现在三个方面：①可行性分析的科学性；②

报告书写的科学性；③可行性研究报告的审批的科学性。

（2）论证的全面性 针对"可行"与"不可行"的分析内容要尽可能详细，只有经过详备地研究论证，项目获得批准的可能性才会更大。

（3）内容的真实性 可行性报告所运用的大量数据、资料，必须是真实的，它们是以科学的方法阐明拟建项目在技术上和经济上是否合理和是否可行的前提。

（三）可行性研究报告的种类

可行性研究报告可按项目目标、项目产出属性、项目的投资管理方式、项目与企业原有资产的关系、项目的融资主体分为五类，如图3-2所示。

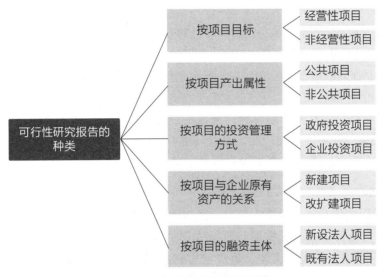

图 3-2 可行性研究报告的种类

1. 按项目目标分类

按项目目标分为经营性项目和非经营性项目。

1）经营性项目主要指的是以营利为目的的项目。这类项目在实施过程中会关注市场需求、竞争环境、投资回报等多个方面。经营性项目的可行性研究报告通常会详细分析项目的市场需求、潜在客户群体、市场规模、销售渠道、竞争对手、风险管理等因素，以及项目的投资规模、资金来源、盈利预测等内容。通过综合评估这些因素，经营性项目的可行性研究报告旨在确定项目是否具有营利潜力，以及投资者可能获得的经济回报。

2）非经营性项目主要指的是不以营利为目的的项目，通常是由政府或社会组织发起的，旨在满足公益需求或推动社会进步。这类项目的可行性研究报告会重点关注项目的社会效益、环境影响、政策支持等方面，如提高居民生活质量、促进就业、推动社会进步等，具体如环境保护、资源利用等。

2. 按项目产出属性分类

按项目产出属性分为公共项目和非公共项目。

1）公共项目通常是指那些产出的服务或产品具有公共性质，旨在满足社会大众的需求或利益的项目。这些项目通常由政府或公共机构发起和资助。

2）非公共项目则是指那些产出的服务或产品主要满足特定群体或个体的需求或利益的项目。这些项目通常由私人企业或个人发起和资助。

3. 按项目的投资管理方式分类

按项目的投资管理方式分为政府投资项目和企业投资项目。

1）政府投资项目是指主要由政府出资或提供资金支持的项目。这些项目通常涉及基础设施建设、公共服务、环境保护等领域，旨在满足社会公共利益和推动社会经济发展。

2）企业投资项目是指主要由企业自主决策、出资并管理的项目。这些项目通常涉及产业发展、技术创新、市场拓展等领域，旨在实现企业的利润目标和市场竞争优势。

4. 按项目与企业原有资产的关系分类

按项目与企业原有资产的关系分为新建项目和改扩建项目。

1）新建项目是指从无到有、平地起家、新开始建设的项目。这些项目不涉及对既有资产的利用或改造，而是在新的地点或区域内进行全新的建设，侧重于项目的市场需求、选址布局、技术选择和经济评价等方面。

2）改扩建项目是指对企业原有的设施或资产进行改造、扩建或升级的项目。这些项目旨在提高现有设施的效率、增加产能、改善环境或适应新的市场需求，更关注与现有设施或资产的整合、改造升级方案的选择以及投资效益的评估。

5. 按项目的融资主体分类

按项目的融资主体分为新设法人项目和既有法人项目。

1）新设法人项目是指为实施项目而新成立的项目法人所承担的项目。在这种模式下，项目通常作为一个独立的法律实体，负责项目的融资、建设、运营和管理。新设法人通常由项目发起人（如企业、政府机构、投资者等）共同出资设立，并承担项目的全部风险和收益。

2）既有法人项目是指由现有企业法人或事业法人承担的项目。在这种模式下，项目的融资、建设、运营和管理通常由现有法人负责。现有法人可以利用其现有的资源、技术和管理经验来实施项目。

二、可行性研究报告的结构和内容

（一）封面

封面一般包括可行性研究报告的名称、可行性研究报告编写单位的名称、负责人的姓名和编写时间等。

可行性研究报告的名称即标题，一般由项目单位、项目名称和文种组成，如《××市关于扩建高新开发区的可行性研究报告》；也可省略项目单位，强调项目名称，如《农产品出口基地建设项目可行性研究报告》。

（二）目录

内容较多、篇幅较长的可行性研究报告，一般都需要将报告的纲目性内容列出，放在报告正文的前面作为目录，方便读者阅读。

根据可行性报告的不同分类，某些可行性研究报告的目录也可以省略。

（三）正文

正文一般包括总论、主体和结论三部分。

1. 总论

总论也可称项目总论或总说明，一般介绍立项的依据、原则、目的、背景以及实施该项目的意义，承担可行性研究的单位、项目负责人、实施单位的简要情况等。具体可从以下六个方面介绍：①项目名称；②项目承办单位介绍；③项目可行性研究工作承担单位介绍；④项目主管部门介绍；⑤项目建设内容、规模、目标；⑥项目建设地点。

总论还可以从项目可行的主要结论、主要技术经济指标表，以及存在问题及建议等方面进行介绍。

2. 主体

主体是可行性研究报告的核心内容，也是系统论证项目可行性的主要部分。这部分要求以大量的数据和资料为依据，以经济效益和社会效益为中心，对项目的可行性展开论证和分析。因可行性研究报告的内容较多、涉及面广，不同的项目又有不同的特点，故其主体内容有不同的模式和要求。一般来说，可围绕项目落地实施的七个方面来论证：

（1）投资的必要性　主要根据市场调查及预测的结果，以及有关的产业政策等因素，论证项目投资建设的必要性。

（2）技术的可行性　主要从项目实施的技术角度，合理设计技术方案，并进行比选和评价。

（3）组织的可行性　设计合理的组织机构、选择经验丰富的管理人员、建立良好的协作关系、制订合适的培训计划等，保证项目顺利执行。

（4）经济的可行性　主要从资源配置的角度衡量项目的价值，评价项目在实现区域经济发展目标、有效配置经济资源、增加供应、创造就业等方面的效益。

（5）财务的可行性　主要从项目及投资者的角度，设计合理财务方案，从企业理财的角度进行资本预算，评价项目的财务盈利能力，进行投资决策，并从融资主体（企业）的角度评价股东投资收益、现金流量计划及债务清偿能力。

（6）社会的可行性　主要分析项目对社会的影响，包括政治体制、方针政策、经济结构、法律道德、宗教民族、妇女儿童及社会稳定性等。

（7）风险因素及对策　主要是对项目的市场风险、技术风险、财务风险、组织风险、法律风险、经济及社会风险等因素进行评价，制定规避风险的对策，为项目全过程的风险管理提供依据。

3. 结论

这部分应包括结论和建议。通过主体部分的论证，对项目建设的必要性和可行性做出判断，得出可行或非可行的结论。另外，在得出结论的同时还可提出建议。

（四）附件

附件指附在正文后面的必要的有关资料和说明性文件，一般包括可行性研究委托书、项

目建议批准书、有关协议意向书、地址选择报告书、环境影响报告、有关图表等。

（五）落款

有些可行性报告还要在正文右下方署名并写明写作日期。如标题中已有单位名称，此处可以省略不写。

三、可行性研究报告的写作注意事项

（1）数据和资料的真实性　确保所使用的数据和资料是真实可靠的，避免使用不准确或过时的数据。对于预测的数据，需要采用科学的方法进行预测，并说明预测的依据和可信度。

（2）分析和论证的严密性　在分析和论证项目的可行性时，需要采用严密的分析方法，确保结论和建议的合理性和科学性。同时，要注意逻辑的严密性，避免出现逻辑上的矛盾或漏洞。

（3）语言表达的清晰度　报告的语言要清晰简洁，避免使用过于复杂的词汇或语句。对于专业术语，有时需要进行解释说明，以便读者能够理解。同时，要注意语法和拼写的正确性，避免出现低级错误。

（4）格式和结构的规范性　报告的格式和结构要规范统一，符合行业标准和惯例。同时，要注意排版的整洁和美观，以便读者能够轻松地阅读报告。

（5）客观性和公正性　在撰写报告时，需要保持客观公正的态度，避免主观臆断或偏见。对于不利的信息，需要进行充分的讨论和分析，以便读者能够全面了解项目的可行性。

（6）参考资料的完整性　在报告中引用的参考资料要完整、准确，避免引用不完整或过时的资料。同时，要注意引用方式的规范性，按照规定的格式进行标注和引用。

例文 3-3

赖坊古民居旅游开发项目可行性研究报告

一、项目概述

1. 项目名称：赖坊古民居旅游开发
2. 项目地址：福建省清流县赖坊镇
3. 投资概算：2000 万元人民币（首期投资 1500 万元）
4. 承办单位：清流县赖坊镇人民政府
5. 开发时间：20××—20×× 年

二、项目背景

近年来，我国加快了旅游业的发展步伐，旅游业已经成为国民经济的又一支柱产业。清流县也适时提出了建设生态旅游名城的旅游发展目标，为我县旅游业的发展绘制了宏伟蓝图。赖坊镇党委、政府历来重视旅游业，提出发展有赖坊特色的旅游业，制定了"一山、一庙、一居、一公园"的赖坊观光旅游业发展规划。特别是大丰山国家级森林公园的建设开发，为全乡旅游市场的进一步发展打下了坚实的基础。赖坊镇环境优美、历史悠久、民风淳朴、文物独具特色，文化底蕴丰厚，古村落形成于宋，

繁荣于明、清时期，保存较好。其选址于山间盆地，依山傍水；空间布局凸显乡土建筑特色，以村落沟渠相贯通。其建筑以砖木结构为主、土木结构为辅，以各家族聚居为主要形式，总体体现了客家先民以人为本、崇山敬水、和谐万物的朴素人生观和价值观，显示出特有的传统乡土建筑文化，是闽西北客家民居建筑的杰出代表之一。其中有被列为县级文物保护单位的"彩映庚""翰林第"等近百座明清时代基本完好的祖庙、家祠和民居建筑，列入保护的控保建筑48处，以及基本完整的街巷结构和水系。现存古街区面积10万余平方米，三条古街、九条古巷道、学宫、商铺、码头、戏头坪及祠坊宫庙均分布于此。赖坊古民居于2007年被福建省政府批准为第三批省级历史文化名乡，2008年10月被住房和城乡建设部、国家文物局授予"中国历史文化名（镇）村"称号，是清流县"十一五"旅游业发展规划"一湖、一洞、两泉、三山、四景"中的"四景"之一，有良好的旅游开发基础和较好的发展潜力。

古村落内各类古建筑按功用有序分布，交通、商贸、学校、城门、山寨等社会性基础设施和宫庙堂、祖屋、民居等各建筑单元不仅保存完整，大多至今仍在发挥着社会功用，堪称古代西客家建筑的"活化石"。

构成明清时期客家村落骨架的街巷、水网系统布局完整、保存完好，至今格局仍是整个村庄条块的界限。

作为组成客家古村落的各个建筑单元，样式多样化，既有围屋式典型客家宅院，还有府第式、楼式和吊脚楼式等各式建筑模式，可称为客家村落建筑样式的博物馆。

各建筑单元外表风格素朴，但装饰手段及技法多样化，以木雕、砖雕、石雕等为主的"三雕"艺术，图案设计精妙、技法娴熟、功力遒劲，其内容和形式表现了赖坊人朴素而独到的美学意趣和理想愿景。另外，灰塑、壁画、彩绘等装饰手段也有突出表现。它们与"三雕"艺术一起，共同构成赖坊古民居装饰艺术的长廊。

古村落充分利用依山傍水的地理特点，由山前阶地至河岸谷地，房舍依序排开，山环水抱，后山林木葱葱，前溪水流清澈、人工建筑与自然景观高度和谐。

古村落内生活着以赖姓为主的3000多名村民。这些赖氏后裔继承着传统的原汁原味的客家文化，如狮龙会、火把节、摆五方、走古事等民俗活动，绚丽而神秘、狂热而独特，体现了客家人守正、至理而又炽热、果敢的文化特质。

三、项目优势

1.资源优势

赖坊古民居是目前福建省保存最完整的明清古村落，在整个华东地区来说也是非常少见的，具有重要的历史文物价值。赖武、赖安两个村庄明清时期的古民居密集分布，成规模。保留下来的整个村落原始布局完整，延续以真武街、楼房下街、镇安门街为骨，以众多里巷小弄为支脉的街坊布局。沿着这些里巷小弄分布有彩映庚宅、翰林第、来青宅、迎薰宅、攸叙宅、棠棣竞秀宅、赖氏家祠等在内的40多幢座明、清时期的古民居，面积近2.5万平方米。其中以彩映庚宅、翰林第、赖氏家祠等为代表。

这些古建筑多根据所在方位卜古而建，讲究风水地理，一般以上堂为中心，配以门楼，下堂、厢房及护厝等，堂前有天井，天井多用卵石铺衬花卉纹、钱纹及太极图案，大门前有前坪及池塘，体现了闽西客家建筑因地制宜、就地取材、体量小巧、朴素实用的特点。其产生及发展的过程是整个客家民系在闽西地区垦荒拓植、发展壮大的缩影。这片古民居群落具有非常高的研究价值。

2. 区位优势

赖坊镇及其周边拥有非常丰富的人文资源和自然景观，是清流县规划的宗教民俗旅游板块的中心。以大丰山、灵台山等为主的寺庙群涵盖了西北到三明市，南到龙岩、广东，东到江西的大部分香客市场。大丰山森林公园也逐渐成为西北观光原始生态旅游的美好去处。具有典型清代建筑风格的古村落是三明市保存最完整、规模最大的古民居，面对的是巨大的市场空白，在三明市乃至在闽西北地区几乎没有竞争对手，既有较强的垄断性，又有极大的市场吸引力，以"访古寻古"为主要内容的赖坊古村落必将成为闽西北民俗观光生态旅游线路上的有益补充，一定会吸引较大的客源。

3. 交通优势

赖坊镇位于清流县南部，县道余李线横贯南北，距省道洋万线仅 25 千米，到永宁高速 25 分钟车程，到永武高速仅 30 分钟车程，与连城冠豸山机场相距 35 千米，仅 30 分钟车程。城区内和周边城镇相通的大灵线、北沙线、余李线已经升级改造竣工，四通八达，交通非常便利，完全具备发展旅游业所必需的交通条件。

四、配套情况

开发以"访古寻古"为主要内容的赖坊古民居观光旅游项目，属于绿色环保无污染产业，对当地环境不会造成影响，相反，修缮、保护赖坊古建筑群将会促进周边环境的改善。赖坊境内有 35kV 变电站，电力来源充足。在赖坊镇南山村建有日供水 1000 吨的自来水水厂一座，可以保证全天候充足的自来水供应。

五、项目投资

（1）资金总额。以"访古寻古"为主要内容的赖坊古民居是集观光旅游、购物、住宿、度假为一体的综合服务项目。在保护现有建筑的基础上修缮、还原、开发古民居工程量大，需要大量的资金。据估算，整个项目总建筑面积 2 万余平方米，总投资额 2000 万元人民币。可以本着"循序渐进、分期开发"及"边开发、边受益"的原则进行，首期可投资 1500 万元。

（2）资金来源。合资、合作或独资。

（3）分配形式。按投资比例、合作约定比例或股份制形式进行利润分配。

六、开发步骤

赖坊古民居旅游开发项目工程量大，开发建设需要较长的时间，因此应一边开发、一边经营、一边完善，逐步完成各项服务设施的建设。具体将分为以下三个阶段进行：

（1）完成赖坊赖安主体建筑物及配套基础设施的拆迁安置工作。目前，赖坊古民居内还有 38 户村民居住。赖坊古民居在村中部，与余李线相距仅仅 200 米，但没有一条宽敞道路与余李线相通，必须改扩出一条与余李线直接相通的主干道，或者按照赖坊古民居的设计风格铺设观光道与外界相通。在设计规划中，村南有一个池塘可以修建为休闲观光荷花池，两边建造古色古香的古建筑，成为进入景区的大门。根据设计规划，共需完成32户村民的搬迁、赔偿等基础性工作。

（2）在规划认证的基础上对赖坊古民居进行合理修缮、还原及配套基础设施建设。请建筑专家、学者对现存的七个院落进行考察认证，绘制出赖坊古民居全部建筑规模的效果图。建设停车场、进入景区的大门及两边商品房，形成接待能力。对现存的建筑进行系统的修缮，恢复门楼、门庭、巷道出入口等主建筑；对巷道、古围墙进行修缮、维护，初步形成从正门进入，通过巷道、夹壁墙与各个院落连接起来的几条经典的线路；同时，对室内家具、字画等摆设进行复原并配以古陶瓷展览，给游客一种全方位的悠久古宅感觉，对外开放。

（3）完成并完善全貌的赖坊古民居还原等开发建设工作。对赖坊古民居其他倒塌的建筑、花园、过街楼、商铺等进行恢复，使赖坊古民居还原成刚刚建成时的规模，重现赖坊古民居的昔日风采。将规划要求中的各个项目配套完整，到2012年整体开发基本结束。

七、市场分析

1. 客源预测

赖坊古民居开发项目根据设计的服务项目和功能，客源可分为外来游客、本地消费者、古建筑专家，以及画家、学者、摄影爱好者等专业群体四类。具体如下：

（1）外来游客。赖坊古民居位于热点交通通道上，附近有三明、福州、厦门、龙岩、赣州、漳州等地，客源非常丰富，开发潜力巨大。如果能够按照规划要求将赖坊古民居的各项服务项目功能配齐，将市场着眼于周边地市和旅游景区，加大宣传促销力度，估计可吸引1%的客源，一年就可吸引游客4万人。

（2）本地消费者。三明市现有人口380万人，如果按照全区2%的消费者计算，每年参观赖坊古民居的消费者可达6万人以上。

（3）古建筑专家和爱好者。赖坊古民居具有深厚的历史文化底蕴，是研究明清时代客家古建筑风格的活"标本"，是明清时代我国乡村建筑文化的"缩影"和古街区、村落繁荣的重要见证，可以建成明清古建筑建设风格研究的重要基地和古代乡村建筑风格考证的实践基地。

（4）画家、学者、摄影爱好者等专业群体。赖坊古民居具有典型的清代建筑风格，古色古香、青砖灰瓦，将成为这些专业人士采风、写生的一个重要基地，也是研究清代建筑风格的活标本，如果宣传到位，每年估计可吸引3万人。此外，营造的轰动效应也大大有助于吸引外来游客。

综上所测，预计赖坊古民居每年接待的各类游客可以达到20万人以上。

2. 效益分析

（1）基本情况。项目占地5万余平方米，总投资2000万元，其中拆迁、配套基础设施建设1000万元，修缮、恢复、维护800万元，展品投资征集资金等30万元，流动资金170万元。

（2）营业收入。根据市场预测估算如下：

1）容量预算：20万人；消费标准：50元/人；年收入：1000万元。

2）商品房出租、工艺品出售等收入，预计100万元。

营业总收入可达到1100万元。

（3）营业成本。

1）管理费。按照营业收入2%计算：1100万元×2%=22万元。

2）建筑折旧。按30年计算：1100万元÷30=36万元。

3）维护维修费：10万元。

4）工资：20人×12000（元/人）=24万元。

5）水电费：3万元。

6）税金：1100万元×5.5%=60.5万元。

（4）利润预测。

1）税后利润：1100万元–（22+36+10+24+3+60.5）万元=1100万元–155.5万元=944.5万元。

2）所得税：944.5万元×33%=311.85万元。

3）税后：944.5万元–311.85万元=632.65万元。

（5）投资回收期。2000万元÷633（万元/年）=3.3年。

八、结论

根据市场预测，赖坊古民居旅游开发项目投资回收期仅需要3.3年，是经济效益比较理想的开发项目。同时，赖坊古民居的建设可以弥补清流旅游市场的不足，促进我县旅游业发展。而且，赖坊古民居的开发建设将会不同限度地激活人们对古建筑文化的探索需求，刺激人们的消费和生活观念的改变，推动当地第三产业快速发展。因此，仅此普遍意义的市场定位，赖坊古民居的旅游开发是十分及时和正确的，是极具开发前景的。

（资料来源：赖坊镇人民政府网，作者整理编写）

例文 3-4

××县柳蜡工艺品出口基地建设项目可行性研究报告

一、总论

（一）项目提出的背景、必要性及目的意义

柳蜡工艺品生产是××县的传统项目。目前，全县年生产能力达×××多万元，花色品种达5000多个，远销欧美、东南亚、日本和中国香港等30多个国家和地区。××县工艺美术公司是一个以出口柳蜡工艺品为主的外向型企业，现有职工××××人，专业技术人员占职工总人数的29.3%，其具有高级职称的有××人，中级职称的有××人，初级职称的有××人。厂区面积×××平方米，建筑面积×××平方米，固定资产原值×××万元。该公司有6个独立的核算分厂，年出口柳蜡制品××××万元，年创汇×万美元，出口创汇占全县出口创汇的40%以上，是省外贸工艺重点联营企业。该企业的柳制品在全省质量评比中获第一名；蜡杆家具在全国独树一帜，××××年获得首届中国国际博览会银奖。

××县柳蜡工艺品虽已占领了较大的国际市场，但是当前还存在一些问题：

1. 生产工艺落后。车杆、弯曲定型、磨光等关键工序均为手工操作，生产效率低，劳动强度大，也影响产品质量的提高。

2. 厂房狭窄。目前柳蜡制品生产已形成年产××××万元的生产能力，而成品仓库却仅有百余平方米，有时大批产品露天存放。

3. 原料缺口较大。目前虽有××××公顷柳蜡原料基地，但仍不能满足生产需要，原料缺口较大。

这些问题严重阻碍了××县工艺品生产的发展。为此，特提出拟建柳蜡工艺品出口基地项目，在××县工艺美术公司现有基础上扩大厂房，增添部分先进专用设备，以提高生产效率和产品质量，增强生产和出口创汇能力。

（二）研究依据及范围

本项目可行性研究报告主要是依据调查、咨询和收集的与项目有关的基本资料，从市场需求、生产能力、基本条件、经济效益和社会效益等方面进行分析论证。

二、柳蜡工艺品市场预测

××县柳蜡工艺品集艺术性、实用性于一体，国内外市场十分广阔。据《工艺品信息》透露，仅美国、加拿大、日本、中国香港等几个国家和地区每年就需要进口×亿元的柳蜡工艺品，而我国内地每年的出口能力只有0.6亿元，远远不能满足市场需要。××县柳蜡工艺品从产品质量、花色品种到生产出口能力均居全国首位。（略）

国际市场对××县柳蜡工艺品的市场容量表（略）

三、建设规模

（一）引进设备

引进设备15台（套）（产自日本、意大利），国内配套设备21台（套）。

（二）扩建厂房

扩建厂房5200平方米，其中生产车间3000平方米，产品仓库2200平方米，柳制品自然干燥货场3200平方米。

（三）扩建原料基地

扩建柳条原料基地××××公顷，年产柳条××××万吨；扩建蜡杆原料基地××××公顷，年产蜡杆××××万条，以满足柳蜡制品年产值××××万元的需要。

四、建设条件

××县建设工艺品生产出口基地具有多方面的优势。

（一）充足的劳力资源

××县总人口43万人，其中农业人口40万人，拥有劳动力18万人，农林牧副渔业劳动力仅用13.2万人，而生产柳蜡工艺品，男女老少甚至残疾人员都能做。

（二）雄厚的技术资源

目前，全县掌握各种工艺品生产技术的达 8 万余人。近几年来，我们举办了各类培训班，共计 2000 多期，大大提高了生产人员的技术水平。

（三）理想的编制材料

柳条的质量受气候等影响较大。东北地区气温低，柳条生长期长，条质硬度大，易折断；南方气温高，柳条生长期短，条质粗糙，芯大易劈裂；××县一带，由于气温适宜，生产的柳条表面光滑、质地柔软，是编制工艺品的理想材料。

（四）成熟的种植经验

在长期的种植实践中，××县一带的农民积累了成熟的柳树种植经验，许多地区每公顷年产柳条达××××吨。

（五）丰富的管理经验

近 10 年来，我们坚持"龙头"在县厂、"龙尾"在乡村，形成了一套完整的工艺品生产管理体系。××××年，省委在全省推广了我们的"一条龙"经验。

（六）具备燃料、电力、水等条件

项目所需的煤、电、水均保证供应（见××县燃料公司、电业局、水资源管理委员会的证明）。

（七）交通运输便利

××县工艺美术公司位于县城东郊，厂区紧靠××公路和××铁路，原料、燃料的输入及产品的输出非常便利。

五、设计方案

（一）项目构成范围

本项目是在××县工艺美术公司的现有基础上进行扩建和改造，主要是引进、配备部分先进设备，改进家具生产工艺，彻底改变手工生产的落后状态，从原材料处理到成品组装，实现机械化或半机械化。

（二）引进设备及国别

计划增添 36 台（套）专用设备，其中从日本、意大利等国家引进专用设备 15 台（套），在国内购置生产设备 21 台（套）。

国内配套设备情况一览表（略）。

引进设备一览表（略）。

（三）设备用途及重点解决的工艺技术问题一览表

（略）

（四）主要生产工艺流程

（略）

六、环境保护

在蒸汽锅炉房安装消烟除尘器，做到达标排放，不造成环境污染；在生产车间安装吸尘器，扬尘点达到卫生要求。本项目的建设不会造成环境污染（见××县环境保护局证明）。

七、生产组织

（略）

八、项目进度

（略）

九、投资概算及资金筹措

本项目共投资 ×××× 万元（含 ×× 万美元额度）。申请国家扶持资金 ×××× 万元，地方配套 ×× 万元，所需 ×× 万美元额度，由省工艺品进出口公司给予解决。

十、效益分析

（一）经济效益分析

项目建成投产后，每年新增产值（即销售额）×××× 万元（其中，柳制品 ××× 万元，蜡杆家具 ×××× 万元）；年新增利润 ××× 万元（其中，柳制品 ×× 万元，蜡杆家具 ××× 万元）。

1. 项目建成前后生产规模对照表。（略）

2. 商品销售成本计算表。（略）

3. 开发试验项目投资现金流量表。（略）

4. 投资回收期。通过计算可知，从投资年份算起，柳制品约 4 年可收回投资，蜡杆家具约 3.59 年可收回投资。

5. 盈亏平衡分析。如果项目设计能力销售额大于盈亏平衡点，企业就盈利；小于盈亏平衡点，企业就亏损。所谓盈亏平衡点，就是不盈不亏时的销售额。通过计算可知，柳制品的盈亏平衡点为 ×× 万元，该项目设计能力销售额 ×××× 万元，大于 ×× 万元，企业年盈利 ×× 万元；蜡杆家具的盈亏平衡点为 ×× 万元，项目设计能力销售额 ×××× 万元，大于 ×× 万元，企业年盈利 ×× 万元。

通过对柳蜡制品盈亏平衡分析可知，该项目建成后，年盈利总额可达 ×× 万元，效益显著，方案可行。

6. 净现值动态分析。净现值是指将项目寿命期内逐年发生的净收益用基准收益率折算成项目建设开始时的价值。净现值大于零，说明项目在整个寿命期内收入大于支出，投资效果好；如果净现值小于零，说明投资效果很差。这里我们对 5 年收益进行分析。

通过计算可知，蜡杆家具按 17% 的收益率折算，3.59 年后可偿还全部投资，并盈利 ×× 万元；柳制品按 15% 的收益率折算，4 年后偿还全部投资，并盈利 ×× 万元。由此可见，该项目在财务上是可行的。

（二）社会效益分析

项目建成投产后，可为 6500 名农民提供创业岗位，每年使农民增加收益 ××× 万元。此外，引黄济青渠道废弃地可得到利用（种植柳蜡），不仅可扩大原料基地，而且可为附近农民解决因引黄济青渠道占地而造成的生活困难。本项目建成投产后，国家、企业、农民皆受益，具有明显的经济效益和社会效益。

十一、结论

通过多方面的分析论证，我们认为，××县工艺美术公司建设柳蜡工艺品生产出口基地项目，建设条件与生产条件均已具备，技术上先进，经济效益和社会效益显著，是切实可行的。

（资料来源：根据 https：//www.laowenmi.com/ 整理编写）

本章小结

商务调研文书是在商业实践活动中，对经济生活和商务活动中的典型事件、情况、经验等进行深入细致的调查，对调查所获得的信息资料进行系统、科学和周密的整理，根据实际需要进行分析、归纳、综合后，透过现象揭示事物的本质，找出带有规律的东西，从而引出正确的结论，在材料与观点统一的基础上，根据内容的特点，认真构思后撰写的书面报告。

本章概述了商务调研文书的基础知识；详细介绍了市场调查的方法，特别是市场调查问卷的设计思路；重点介绍了市场调查报告写作的方法与注意事项，还在辅修部分选取使用频率较高的几种调研类文书展开介绍，如市场预测报告和可行性研究报告。本章需重点掌握市场调查的方法和市场调查报告的基本架构及写作运用。

综合训练

一、客观题（由任课教师提供）

二、主观题

1. 简答题

（1）什么是调查报告？

（2）市场调查报告有哪些特点？

（3）设计市场调查问卷，如何让调研对象信任调研活动？

（4）写市场调查报告时应注意什么问题？

（5）可行性研究报告的论证一般可以从哪几方面展开？

（6）市场预测报告写作的注意事项有哪些？

2. 应用写作题

（1）设计一份有关在校大学生消费情况的调查问卷，定位您感兴趣的某一消费领域。

（2）试对"××大运会期间旅游消费市场"这一主题进行实地调查并完成市场调查报告。

（3）试着展开调研，并预测你家乡某品牌产品销售的发展趋势，撰写一份市场调研预测报告。

（4）搜集几份可行性研究报告资料，阅读与分析；组成小组团队，试着展开某创业项目的可行性分析，并列出简要的可行性研究报告提纲。

第四章
营销类商务文书

口碑的真谛是超越用户的期望值。

——著名企业家 雷军

好广告不只在传达讯息，它能以信心和希望，穿透大众心灵。

——广告大师 李奥·贝纳

任务导入

孙林是一家制药企业的职员，刚参加工作一年，最近公司准备生产一款乙类 OTC 药品板蓝根，技术、材料和设备层面公司已经完成准备工作。两周前公司取得相关部门的审批，获取本药品的执行标准××××和批准字号××××。在公司板蓝根即将上市之际，需要写一份产品说明书，这个任务安排给了孙林。孙林打算在自己积累的从业经验基础上，进一步琢磨琢磨说明书的写法，按时保质完成任务。

上述场景中，孙林需要写一份药品的产品说明书，以介绍产品、指导消费者如何使用。如果你是孙林，如何完成任务？

内容认知

营销是企业经营过程中不可或缺的活动，所有的商务营销活动都会使用文字载体记录、传达产品信息，或通过文字与消费者进行沟通。营销类商务文书的质量对营销活动的成效有着直接影响。在撰写此类商务文书之前，若具备相应的现代营销基础知识，将会为其锦上添花。营销类商务文书的种类多样，文种不同，所以长短不一、适用场景各异，在写作过程中应多加思考、灵活处理。

学习目标

知识模块四	能力维度	重难点
商业广告文案	创新写作与拓展应用	重点：商业广告文案、产品说明书、营销策划书
商业广告策划书	掌握与写作	
产品说明书	创新写作与拓展应用	
营销策划书	理解与掌握	难点：营销策划书和创业计划书的结构设计与细节撰写
电商文案	选择掌握与应用	
创业计划书	了解	
综合素养提升：政策分析能力、逻辑思维能力、构思布局能力、跨学科思考能力、锤炼文字能力		

☑ **主修模块**

第一节　商业广告文案
第二节　商业广告策划书
第三节　产品说明书
第四节　营销策划书

☑ **辅修模块**

第五节　电商文案
第六节　创业计划书

第一节
商业广告文案

"使用 A 品牌双效炫白牙膏，只需一天，牙齿真的白了。"生活中是否有似曾相识的广告文案出现？

2015 年 3 月 9 日，上海市工商局发出虚假违法广告公告，对 A 品牌双效炫白牙膏的广告处以 600 多万元罚金，成为截至当时最大的虚假广告罚单。该广告里某艺人的白牙被认定是 PS 效果，而非使用广告产品产生的效果。

一、商业广告文案概述

（一）广告和商业广告文案的定义

广告是商品经济的产物，自从有了商品生产和交换，广告就随之出现。世界上最早的广告是通过声音进行的，叫口头广告，又称叫卖广告，这是最原始、最简单的广告形式。早在奴隶社会初期的古希腊，人们通过叫卖贩卖奴隶、牲畜，公开宣传并吆喝出有节奏的广告。我国是世界上最早拥有广告的国家之一。早在西周时期，便出现了音响广告。《诗经》的

《周颂·有瞽》一章里已有"箫管备举"的诗句，据汉代郑玄注说："箫，编小竹管，如今卖饧者所吹也。"唐代孔颖达也疏解说："其时卖饧之人，吹箫以自表也。"可见西周时，卖糖食的小贩就已经懂得以吹箫管之声招徕生意。

广告是一种传播信息的说服艺术，是一种商业和非商业信息的传播和宣传工作。"广告"一词，从字面意义推演，可以将其看作"广而告之"的简语，也可以直观地理解为"广泛劝告"。广告的目的是影响广大公众，使他们认同广告倡导的价值观念和介绍的商品与服务，并按照广告主的期望进行社会活动、消费活动。

广告有广义和狭义之分。广义广告包括非商业广告和商业广告。非商业广告指不以营利为目的的广告，又称效应广告，如政府行政部门发布的广告、社会组织发布的公益广告等。狭义广告仅指商业广告，是指以营利为目的的广告，通常是商品生产者、经营者和消费者之间沟通信息的重要手段，或企业占领市场、推销产品、提供劳务的重要形式，主要目的是扩大经济效益。本书认为，广告是为了某种特定的需要，通过一定形式的媒体，公开而广泛地向公众传递信息的宣传手段。商业广告首先要合法设计和播出，受《中华人民共和国广告法》的约束。

商业广告存在的最终目的是宣传品牌、促进产品销售。一则优质的商业广告依赖多重要素的有机融合，其中文案尤为重要。商业广告文案特指已经定稿的商业广告作品中的全部语言和文字部分。其中，语言是指有声语言或者口头语言；文字是指本则广告中呈现的所有书面语言。

（二）商业广告文案的特点和作用

1. 商业广告文案的特点

商业广告文案的创作效能决定了产品信息的传播效率。优质的商业广告文案一般应具有以下特点：

（1）科学性　广告设计的所有内容都必须有可靠的科学依据，所设计的广告要符合产品特质。特别是运用数值表达广告内容的时候，不能违背事实。《中华人民共和国广告法》第四条指出："广告不得含有虚假或者引人误解的内容，不得欺骗、误导消费者。广告主应当对广告内容的真实性负责。"第五条指出："广告主、广告经营者、广告发布者从事广告活动，应当遵守法律、法规，诚实信用，公平竞争。"

小资料　　　　　　　　　　　虚假广告的四种典型情形

1）推销的商品或者服务不存在的。

2）推销商品的性能、功能、产地、用途、质量、规格、成分、价格、生产者、有效期限、销售状况、曾获荣誉等信息，或者服务的内容、形式、质量、价格、销售状况、曾获荣誉等信息，以及与商品或者服务有关、能够影响购买行为的允诺等对合同订立有重大影响的信息，与实际情况不符的。

3）使用虚构、伪造或者无法验证的科研成果、统计资料、调查成果、文摘、引用语等信息做证明材料的。

4）虚构使用商品或者接受服务的效果的。

（2）思想性　商业广告不仅要以经济效益为目的，也要以社会效益为指导。因此，商业广告的制作要有利于精神和物质文明的传播，有利于市场经济的有序发展。

思想性是指广告不能全盘照抄、因循守旧、墨守成规，而要与时俱进、敢于创新、独辟蹊径、动人心弦。同时，商业广告的设计和播出都与经济权益相关。创作商业广告应将感性思维和理性行为相结合，抄袭、模仿竞争者广告或贬低竞争者商品和服务等情况，一经法律认定，将承担相应的责任。

小资料　　　　　　　　　**广告创意的核心原则**

优质的广告文案可给消费者带来情感的共鸣性。在进行广告创意时应把握以下核心原则：

（1）原创性　根据需求进行有效创作，创意的原创性是第一原则，创作中应杜绝剽窃抄袭行为。

（2）新颖性　这一原则主要体现在立意新、语言新或画面新等方面，尽力在创作中做到"人无我有，人有我优"。

（3）关联性　广告的设计和演绎都必须与品牌战略具有强关联性，播出广告的同时，也是品牌价值的宣传与传承过程；同时，广告的具体设计过程还必须与产品特质或服务本身密切相关、互相协调、融合统一。

（4）操作性　在明确广告的主体对象和欲表达的主题后，可精心打磨广告的细节内容，如需考虑技术能达到的效果和公司预算内的费用，广告的品位和效果要与产品本身以及公司的品牌定位相契合。

（3）传播性　广告天然具有传播性，由商品的生产或经营机构将商品信息传递给特定的消费者。商业广告是有计划、连续的传播活动，具有说服性，力求在传播的过程中让消费者获取有价值的信息。商业广告文案通过各种形式达到最直接的传播作用，是广告全部信息的核心和关键。

广告的传播性特点需要广告设计者和发出者特别留意广告文案的质量与合法合规性。《中华人民共和国广告法》第三条规定："广告应当真实、合法，以健康的表现形式表达广告内容，符合社会主义精神文明建设和弘扬中华民族优秀传统文化的要求。"如果广告内容不合规，则可能造成意想不到的后果。

（4）艺术性　早期的广告主要是简单的物物交换服务，体现为叫卖广告、实物广告。随着经济的发展和技术的进步，商品交易活动不断发展扩大，现代商业广告更强调精准定位和精致内容，艺术性的融入能让商业广告更加引人入胜。

商业广告的目的就是在茫茫人海中寻找"购买商品和服务的人"。现代商业广告不仅大量使用绘画、摄影、微电影、歌曲等形式展现，在文字运用上更加生动、有趣、富有感染力，同时，在广告媒介的选择上也更有针对性。具有艺术性的广告蕴含强烈的吸引力，不仅能够宣传品牌，而且能激发目标消费者的购买欲望。

小案例　　　　　　　　**迪士尼的广告发展之旅**

1926年，迪士尼注册成功；20世纪纸媒狂热的时期，迪士尼的广告大量出现在报纸和杂志上；1954 年第一台彩色电视诞生，迪士尼文化从此快速走进每个家庭；21 世纪初，数字化营销模式的全面爆发，迪士尼来到全世界的眼前；2011 年，迪士尼以 AR 技术施展魔术，占据了整个纽约街头，引发了人们的情感共鸣……

一个品牌能源源不断地传承与商业宣传是息息相关的。迪士尼与时俱进，在广告上精益求精，对每个家庭都非常具有吸引力。当所有品牌变得会"讲故事"的时候，迪士尼转而将技术融入广告吸引客户。这种出其不意的艺术设计正是其长久不衰的原因之一！

2. 商业广告文案的作用

（1）宣传产品、指导消费　随着现代商品经济日益发展，中国大市场的优势明显、潜力无限。"酒香不怕巷子深"的观念在当今社会一定程度上较为过时，现代企业必须借助商业广告、深耕文案，将自己产品的特点、差异、性能、价格和创意等要素展现出来，吸引消费者，指导消费者购买心仪的产品。

（2）引起竞争、活跃市场　商业广告的播出一般基于新产品的面世或新战略的实施，各类广告极力展示产品特色的同时，也在引起行业内竞争者的关注。往往竞争者会根据行业内的产品面世情况调整本企业的竞争对策，寻求自身独到的竞争力。企业间的良性竞争极大地激发了市场的活力和企业本身的潜力。例如，针对饮品行业的竞争，有人说："没有比可口可乐和百事可乐更加激烈以及更扣人心弦的市场争夺战了。"而这场旷日持久的商业大战却成就了彼此，可口可乐和百事可乐双方都发展成了世界性的饮料巨头。

（3）管理企业、树立品牌　商业广告播出的效果会直接通过消费者的购买活动来体现，购买结果反馈给企业管理者，有利于其在经营企业的过程中顺应消费者需求、把握市场趋势，及时调整经营管理的思路和方针。众多优质的商业广告在时间的洗礼下，能助力塑造企业的品牌形象，让消费者愿意为品牌买单。

小资料

苏炳添牵手小米

2021 年 8 月 10 日，小米集团与男子百米赛跑亚洲纪录创造者苏炳添签约，苏炳添成为首位小米品牌代言人。小米公司创始人、董事长兼 CEO 雷军在微博发文，恭喜苏炳添在全运会男子百米夺冠，并称"不论何时，你都会拼尽全力，你是小米精神的最好代言"。

雷军谈到，苏炳添的奋斗历程和小米的发展历程非常相似，请苏炳添代言品牌，是看重竞技运动彰显的创新和突破，以及苏炳添展现出的坚韧和执着。这一代言行为也突出了小米一直以来的创业价值观和精神内核，预示作为民族优秀企业的小米公司即将扬帆起航。

二、商业广告文案的结构和形式

（一）商业广告文案的结构

商业广告种类繁多、涉及内容范围广，对文案的撰写没有固定的格式。但一般而言，一

份完整的商业广告文案包括标题、正文、广告口号和随文四个部分。

1. 标题

标题是商业广告文案的文眼，即一篇文案的主旨可通过标题展现。标题是对商业广告文案全篇内容的高度概括，它统领整个广告，具有提示广告内容、激发阅读兴趣、说服消费者购买的作用。广告标题要求新颖、独特、醒目、简短，可分为直接标题、间接标题和复合标题。

（1）直接标题　这种标题直截了当点明主题，大多用企业名称或商品和品牌名称命题，明确、具体，使人一目了然。例如，"××市××家具城招商""××牌自行车""最美的风景在××旅游城"。可点名直接提供商品名称或厂家名称，如"市五缘商业街隆重招商"。

（2）间接标题　这种标题不直接点名商品或公司名称，而是间接选用文学描写方式加工文字，引起消费者的关注和好奇，表达方式委婉却不失引导、耐人寻味。例如，"击碎朦胧的感觉，描绘清晰的世界""好火好生活""成功在于运用时间的精确"。间接标题激发兴趣的根本目的是引导读者阅读正文。

（3）复合标题　复合标题一般由正题和副题组成，虚实结合，强化表达效果。例如，"正题：闻到酒香吗？副题：若无开坛人，岂能醉三家""正题：天府花生；副题：越剥越开心""正题：××公司高标准海内外招才引智；副题：最高可获百万元年薪"。

部分复合标题包括三部分，采用新闻标题写法，即引题、正题和副题。引题又叫眉题，用以说明产品、服务的意义或交代背景；正题用来说明广告的内核；副题是对正题的补充。例如，"引题：销售进入第二年；正题：××变频式空调的使用者越来越多；副题：这么多的笑脸是舒适性和令人信赖的质量之证明"。

2. 正文

在商业广告中，标题是为了吸引人，而正文则是为了留住人。正文是广告的要核，是标题的延伸和说明，其质量直接决定了广告播出的效果。

正文一般包括商品或服务的名称、质量、规格、特点、价格等，应做到介绍清晰、重点突出、结构紧凑、材料充实。正文可分为开头、主体和结尾三部分。

（1）开头　开头部分紧接标题，主要任务是做好铺垫，引出广告的中心内容。需注意，并不是所有的广告都需要设计引入式的开头。

（2）主体　主体是广告正文的核心，又称中心段。这一部分是对广告标题及开头所提及的事项和内容展开具体说明和解释。解释说明的过程也是广告宣传的过程，欲在短时间内说服消费者认可广告内容、产生购买欲望，则需用具有说服力的事实或材料，宣传商品或服务的优点或特质。

主体部分的撰写没有固定的模式，根据选择的被宣传对象，可以写几句话，也可以创作一段话或几个段落，最终帮助消费者提出购买理由，刺激消费者产生购买行为。

（3）结尾　结尾可提醒消费者注意事项，也可委婉含蓄地提出建议，一般要用简洁有力的鼓动性语句促使消费者采取购买行动。

3. 广告口号

广告口号又叫广告语，是在广告中反复出现的简明扼要的语句，是经过艺术化、口语化加工，适合企业长期使用的宣传语。广告语需简洁有力、富有内涵。一方面，独特和凝练的广告语融入了企业的文化，向消费者输出产品的同时也加深了对企业文化认知，使其提高对公司品牌和公司旗下产品的认可；另一方面，优质的广告口号朗朗上口，具有强大的冲击力，便于传播和记忆。例如，"农夫山泉有点甜""海尔，真诚到永远""钻石恒久远，一颗永流传"。

4. 随文

随文又称附文，是广告文案中传达购买商品或服务的基本信息，促进或方便消费者采取行动的语言或文字，一般放在广告文案的结尾部分。

广告随文主要包括企业名称、地址、联系人、电话、传真、网址、开户银行、银行账号等内容，目的是方便消费者识别与联系；也可提出诚挚的希望，号召消费者购买该产品或服务。

（二）商业广告文案的常见形式

在追求广告创意的今天，广告的内容越来越灵活多样，立足作者的独特创意和构思，在合法合规的前提下，能吸引消费者是关键。根据文案的侧重点差异，正文部分可以选择以下几种常见的表达形式：

（1）直陈式 即以平实的语言介绍产品。它主要介绍产品的名称、用途、性能、规格、价格、服务等。

（2）问答式 即在广告正文中以对话问答的方式解读有关商品的情况。它往往针对消费者的心理，或形成悬念或自问自答，目的是步步引导、吸引消费者感到好奇，通常用于介绍知识性比较强的产品或技术。

（3）论述式 即叙议结合，在事实的基础上展开理性的分析，不仅告诉受众本广告传播的"是什么"，而且进一步告诉受众"为什么"，把产品的内在要素运用极具逻辑性的语言表达，以打动受众。

（4）幽默式 即用不拘一格的语言对广告内容和受众可能从广告中获取的利益，进行生动、风趣的描绘，吸引受众注意，以加大广告宣传的力度。它常用诗歌、相声、故事、动画或小品等形式展现，引人入胜。

（5）剧本式 即设计较短的剧本，将商业广告以微电影的形式展现在消费者面前。这种形式的文案更关注剧情及系列广告的连载性，引起消费者的好奇心，增加广告品牌在消费者面前的曝光率，进而提升销售量。

小资料 文字的"花样"

小米公司的广告营销设计一直都颇受好评，不管是在产品的宣传用语上，还是广告创意设计上，都有其出彩和打动人的地方。

比如，小米曾经在进击精品电商领域时发布的小米有品的广告文案：

智能指纹挂锁——只有你的指纹可以打开我的心门。

牛皮自动扣皮带——这层皮是真的牛。

保温茶垫——人走，茶不凉。

三、商业广告文案的写作注意事项

文案是对产品的介绍或宣传，一流的广告文案不仅能让人记住企业和产品的名称，还能给人直观的体验。其创作并不简单，需要做好全面的准备工作。撰写商业广告文案需要关注以下要点：

（1）真实合法　广告文案的内容首先应保证合法并真实，以文字形式真诚地与消费者交流，不凭空捏造、不欺骗和误导消费者。如果违背了真实合法的要求，广告自然会丧失其可信度，失去消费者。虚假广告给消费者带来损失和伤害的，广告主应该首先承担法律责任。

（2）新颖生动　广告的设计要力求新颖、语言生动，切忌俗气、平淡。一方面，广告文案的内容要符合时代的特点；另一方面，也要追求形式的新颖和内容的创意。商业广告文案不同于行政事务应用文，对结构和写法要求非常严格。因此在进行创作的时候，其多站在消费者的视角，将语言文字、营销基础、配套元素有机融合，不拘泥于固有形式，以能引起受众心灵共鸣、达到动人心魄的效果为佳。

（3）定位准确　在设计广告及配套文案时，应确定广告的主题是否符合企业的长期战略规划和短期经营决策。优质的广告文案既能树立企业的良好形象，又能宣传企业的产品和服务；与此同时，不仅要突出商品的优势，也要满足受众的需求。

例文 4-1

华为广告文案两则

1. 华为全球旗舰店宣传片文案

不知道从什么时候开始
世界筑起了高墙

我们从墙的一侧，走到另一侧
成为一个又一个独立的个体

我不断敞开内心，却常常四处碰壁
渴望交流，却从未得到回应

我想保持亲密，世界却与我保持距离
当我们在人群里遗忘，或被遗忘

我有时一个人，有时想要拥抱世界
因为独立，不代表孤立
疏离，也终将不敌亲密

我温柔地对待世界
世界，也会温柔地对待我

沿途经历的所有风景
都会成为抵达终点的奖励

所有内心的呐喊

终究会有回音

当我迈出脚步，奔跑

跨过人与人之间的距离

在这里，生活的间隙

终将被抚平

每个人都有自己的路

每条路都有重逢的方向

2. 华为某款手机广告文案

这是精准抓取琐碎生活场景中的温情与感动，并向用户展现了手机拍摄效果的三则广告短片，或许可以从华为的镜头中找到品牌与消费者交流的方式。

故事一：母亲的"谎言"。

大雪纷飞，当女儿看见在车站外接自己的母亲后，便问道"冷不冷"，母亲满不在乎地说不冷。可当女儿仔细看两人的合照时，照片中母亲冻得红肿的手清晰可见，让人为之动容。于是视频出现了"从小教我们别说谎的人，差一点就骗到了我"的文案。其潜台词是幸好有手机的记录，才让我们感觉到母爱更加珍贵。

故事二：妹妹的"倔强"。

即将出嫁的姐姐与妹妹在闺阁谈心。姐姐调侃道"你等这一天好久了吧"，妹妹却倔强地说"你可终于走了，以后你这房间就归我啦"。可在姐姐手机的记录中还原了妹妹的谎言：嘴上说期待姐姐走，暗地里却红了眼眶。"比起说出来的祝福，我更珍惜你的忍住不哭。"

故事三："暗恋"的悸动。

在很多人的意识中，毕业就印证着离别。当女生鼓起勇气与喜欢的男生拍照时，她试探性地触碰了一下男生的手，他没有回避，却脸红了一大片。此时画面配合文案"藏不住的脸红，藏着说不出的喜欢"。

此系列广告的广告语：还原影像，还原真实色彩。

例文 4-2

安踏公司广告文案两则

1. 安踏广告经典文案

我很平凡

没有过人的天分

没有命运的恩宠

现实总把我和理想隔开

世界不公平

但我知道

有一个内在的我

不甘平庸

渴望自由

无所不能

我坚信

只要执着和努力

总有一天

一个真正辉煌的我会离我越来越近

让伤痕成为我的勋章

让世界的不公平

在我面前低头

广告语：安踏，永不止步……

2. 安踏冬奥会广告文案

22个奥运会项目，中国国家队穿安踏；

275次奥运会领奖，中国健儿穿安踏；

连续8届官方合作，中国奥委会选安踏。

安踏，支持奥运和爱运动的每个人！

爱运动，中国有安踏！

第二节

商业广告策划书

M公司是一家主营策划运营业务的公司，广告类策划是该公司的核心业务，每年订单量巨大。S公司主营家居生产和销售，发展约10年，公司业务稳定。S公司近一年战略升级，正在着力打造公司品牌，塑造其在消费者心中的中高端家居形象，准备将部分资金用于广告中。S公司市场经理调研了策划行业市场，发现M公司在业界口碑较好，成功案例数量众多，准备花30万元投入到近一年的广告中，便找到M公司业务部经理洽谈此事。最后，M公司承接了此项业务。

一、商业广告策划书概述

在《汉语大词典》中，"策"字有多达19种解释，如指驱赶牲畜的鞭子，也指拐杖、拐棍，还可以表示记事用的竹片及书简等。《吕氏春秋·仲秋纪》第三篇"简选"中有"此胜之一策也"，对"策"的解释已经是"策，谋术也"，即指计谋、谋略。《孙子兵法·虚实篇》中有"故策之而知得失计"，其中"策"是指谋划，"划"即筹谋。

策划是对未来将要发生的事情所做的当下谋略，需要对未来活动进行规划并制定方案，具有明确的目的性。策划包括两个层面，即总体宏观的策划和具体操作的策划。前者对全局性、战略性的方针、走向进行谋划；后者为完成某一具体活动而进行策划，往往体现为计划方案等。策划书是策划活动的文字规划和成果，具有很高的应用价值。

商业广告策划书是在一系列商业经济活动中，由广告公司或独立策划人对广告主委托的广告标的进行事前性和全局性的广告创意，并以文字、图片或影片等形式进行表达的书面材料。商业广告策划是以追求经济效益为目的的活动，任何一则广告的播出都应讲究实际效果。优质的商业广告策划书，需要策划团队通过周密的市场调查及系统分析，利用已掌握的知识、情报和手段，合理并有效地布局广告活动的进程。

广告主通过阅读广告策划书，可以了解策划的具体内容，审核策划工作的结果，并以此作为评判广告策划质量的参考依据。

二、商业广告策划的一般步骤

商业广告策划既要关注社会效益，也要关注经济效益，才能取得长远成功。科学地筹备策划工作有利于提高策划书的质量。商业广告策划一般包括以下几步：

1. 分析阶段

通过细致、有针对性的市场调研，对营销环境、消费者、产品、企业和竞争对手进行全面系统的分析。

2. 规划阶段

制定商业广告目标，确定每一则广告的定位，展开广告诉求点、广告创意表现、广告媒介选择、促销等一系列广告策略的研讨和决策，同时制订广告计划，确定费用预算，研讨并确定广告效果预算和审核的方法，撰写商业广告策划初稿，并不断修改完善。

3. 执行阶段

这一阶段是对前期广告策略计划的落实。营销环境是复杂多变的，所以在具体实施广告策略时要进行过程控制和调整。

4. 反馈阶段

这一阶段往往是被忽视的环节。在广告策划执行后，需要对广告效果进行阶段监测与评估，展开对广告策划的总结与反思。

三、商业广告策划书的结构和内容

商业广告策划书没有绝对固定的写作范式，写法较为灵活。一般而言，一份完整的广告策划由标题、导入部分和正文组成。下文所述结构和内容供读者参考，广告策划更需要依据具体情况展开设计和规划。

（一）标题

策划报告的标题能反映整份策划的主要内容，由策划单位、策划对象和文种组成，如 A 品牌剃须刀广告策划书；也可以省略品牌或单位，直接写策划对象和文种。

（二）导入部分

导入部分不直接展开广告设计，而是把产品或服务名称、策划编号、策划单位、策划人和策划完成日期等信息写出。

部分策划书也会直接将标题和导入部分融合，设计为精美的封面。

（三）正文

1. 目录

若策划内容较多，则需要在开篇部分清晰地展现策划的主体内容及框架。列出目录，将各部分内容的小标题逐一呈现，有利于读者知晓整篇策划的基本脉络。

2. 前言

前言通常简明扼要地说明制定本策划的缘由、目标和任务概况，有时还可以介绍企业并说明组织营销的战略。营销策划要符合企业的长期战略规划和短期管理策略，为企业的产品或品牌服务。前言部分不宜太长，数百字即可。

3. 主体

正文的主体部分是策划书的核心内容，直接决定了策划的效用和价值。其主要包括以下几点：

（1）环境和市场分析　环境主要包括营销的宏观和微观环境，重点阐释微观中的竞争对手的情况。对于环境分析，常用 SWOT 分析法确定企业所处环境的优势与劣势、机会与威胁，当然，也可以选用其他可行的分析方法。市场分析主要涉及定位分析、企业经营实力与市场选择的分析、产品和服务分析、消费者需求分析等。环境和市场分析是广告策划的先导和前提，需要花费人力和物力探索，在不了解环境和现实市场的情况下，不可贸然展开广告策划。

（2）广告战略和传播策略　广告战略和传播策略必须匹配企业经营的战略。首先，要根据前期调研和市场定位，阐明广告的定位；其次，要根据定位确定广告策略的内容和重点；最后，则是列出传播的具体策略，说明以何种方式使广告产品在消费者心中树立深刻的优质形象。

在撰写传播策略的时候，说明广告传播的目标、对象、诉求重点、广告地区、创意表现及广告展示的媒介等，策略介绍越详细越好。

（3）广告策划预算及分配　根据广告策划的内容，详细列出达成广告目标所需的费用，如媒介选择费用、调研支出、广告制作费用和每次播出的价格等。

在广告策划过程中，往往会涉及选择多种媒介组合展现广告、选择不同材质呈现广告、选择不同时间播出广告等情况。这就需要考虑资金使用的机会成本和时间成本，权衡各种情况的选择比例分配，达到"成本低、效果好"的目标。

（4）广告实施步骤及安排 广告策划的实施需要精心安排，实施的步骤需符合广告整体设计的逻辑和脉络，如投放频率、媒介排期以及广告实施日程都需要根据当下的情况进行设计。例如，有的景区和游乐园将广告设置在国庆前夕，有的商家将广告安排在春节期间播放，以应景的广告刺激消费，增加销量。

（5）广告效果预测与评估 这部分主要预测此番安排的广告能达到的预期效果，并说明如何对广告发布情况进行监督与效果评估。广告效果应以广告主的合理需求为准绳。在撰写这部分时，应关注是否与前面的目标任务相呼应。企业评价一份广告策划书的好坏，不能仅以内容多少、装帧是否精美作为标准，而应看其实质内容和效果。

4. 尾部

附录和封底不是必需的部分，但大部分较为正式和完整的策划书都会设计有力的尾部。封底的设计可灵活安排。在策划的附录中，可以包括为实施策划而做的调查文书、人口数据资料等，总之，附加的资料是为了更好地解释策划并证明其有效性。

小资料

商业广告策划的 6M 法

（1）Market（市场） 对广告目标市场的选择及其特征的把握。

（2）Message（信息） 广告的卖点、诉求点，确定广告中的正确信息。

（3）Media（媒体） 选择什么媒体将广告中的信息传播给目标受众。

（4）Motion（活动） 使广告发生效果的相关营销和促销活动。

（5）Measurement（评估） 对广告的衡量，包括事后、事中和事前的各种评估。

（6）Money（费用） 广告活动所需投入的经费。

四、商业广告策划书的写作注意事项

1. 符合社会价值和企业战略

商业广告策划的目的无疑是获取经济利益，但广告播出后影响面较广，所以获取经济利益的前提是广告内容应符合社会核心价值观念，广告设计也必须满足企业战略发展的需求，并不仅仅关注当下的利益。

2. 策划量力而行，忌主观言论

广告策划的内容应根据企业的实力和定位展开设计，即使是具有创意的广告也不能完全脱离实际。在广告策划用语方面，语言表达风格要保持前后一致，不可随意更改，也不可主观臆断。

3. 策划逻辑清晰并突出重点

广告策划的逻辑应在最初做好整体规划，达到逻辑清晰、层次分明、操作性强，既要考虑不同媒体的效用，也要有针对性地选择受众和广告展示时间。撰写时突出重点、有的放矢。策划书应围绕课题中的重要内容、重点问题和重要策略进行论证及阐述。

小资料

商业广告策划自审表

序号	自查内容	自查结果（符合即打✓）
1	策划书是否以解决问题为导向和具有明确的目标	
2	策划书是否有清晰的定位和合理的财务预算	
3	策划书内容是否具体、可量化	
4	策划书是否符合市场和产品实际	
5	策划书是否具有可操作性	
6	策划书是否简洁清晰、重点突出	
7	策划书的结构是否完整、系统	
综合评价：		

例文 4-3

中国移动的经典广告策划

动感地带是中国移动通信市场从无到有、完全从消费者形态细分出的品牌。中国移动是先看到市场机会，然后再去打造，并且没有把它限制在通信类别里，而是让它与所有的年轻时尚品牌一道竞争。

从传播上，动感地带的策略路线非常清晰，每一个声音都是针对品牌当时的状况。从诞生到代言人，再到特权，显现了品牌的成长。其中，对代言人周杰伦的选择也很有新意。

一、上市背景

15～25 岁的年轻人已成为推动中国移动通信市场发展的一支迅速膨胀的重要力量。他们有属于自己的沟通方式、族群语言和通信消费习惯。

在 M-ZONE 出现之前，还没有哪一家通信供应商按年龄细分通信市场，更不用说针对 15～25 岁人群的"只属于年轻人"的通信品牌了。

中国移动通信服务市场的 ARPU（每用户平均收入）持续降低，产业的机会在于吸引新用户入网。

几个通信服务商之间的竞争主要集中于价格和促销。中国移动的主要竞争对手中国联通选择了 NBA 球星姚明担任 CDMA 的代言人，通过代言人的确立逐步获得了消费者的认可，开始为品牌树立"年轻和创新"的品牌形象。

二、目标群体选择

从"lifetime value"（终身价值）的角度思考，移动通信是一个黏性很强的产业，消费者一旦使用，几乎终身难以脱离。一个 20 岁的新用户将比一个 40 岁的新用户为企业多创造 20 年的价值，更何况，他们的 ARPU 随着步入社会、开创事业将有稳定的绝对增长。也因此，为争取一个 25 岁以下的年轻人入网而进行的营销投入应该更高。

三、定位分析

但年轻人目前可支配收入有限，能够分配给移动通信的消费也有限。年轻人追赶时尚潮流、兴趣广泛，必须把有限的消费支出拆分为多种分配：书籍杂志、网络游戏、名牌运动鞋、学习班、漫画书、汉堡、可乐……一个都不能少。如果将动感地带限制在运营商的竞争圈中，它必将被局限。如果将竞争的范畴锁定在年轻人的"钱包"，道路更广阔。

所以，动感地带将品牌定位在"年轻时尚品牌"的行列。

中国移动希望未来的动感地带用户可以每个月少喝一瓶可乐、少吃一个蛋筒、少买一本漫画……通过移动通信，多与父母朋友沟通，尝试更多的移动娱乐、资讯，聊出更多新朋友，享受更多外出游走的新乐趣……现实中，移动通信正在努力从语音时代向数字时代跨越，日新月异的新产品所提供的服务正是如此。

四、目标群体洞察

15~25 岁的年轻人（主要是大学高年级或刚毕业的学生，其次是中等学历和较早进入社会的年轻人及家庭条件好的中学生），崇拜新科技，追求时尚，对新鲜事物感兴趣。

他们凡事重感觉，崇尚个性，思维活跃，喜欢娱乐休闲社交，移动性高，有强烈的品牌意识，是容易互相影响的消费群体。

五、市场挑战和目标

"动感地带"（M-ZONE）是中国移动第一个为年轻市场量身定做的移动通信品牌。

（1）通过建立针对年轻市场的通信品牌，摆脱"价格战"，在细分市场上保持中国移动的领导地位，培养年轻用户成为移动未来的忠诚客户，为中国移动赢得"未来市场"。

（2）让 M-ZONE 成为针对年轻族群的通信品牌领导者。

（3）让 M-ZONE 不仅成为一个年轻通信品牌，还成为一个时尚品牌，成为一个"只属于年轻人的通信与流行文化空间"。

六、阶段性传播及财务预算

M-ZONE 自 2003 年 3 月在全国上市以来，其传播共分为三个阶段：

（一）第一阶段（3~4 月）——品牌初始化阶段（预算：略）

与消费者沟通品牌的基础要素为名称、LOGO、口号、广告格式等，并根据年轻人的语言特征发展了使他们有所共鸣的语音语调，并相应地创造了系列广告，包括 5 则电视广告、4 则平面广告、一版广播及相应的渠道制作物。沟通的重点在于讲解涂鸦效果的 LOGO 内涵——"我的地盘，听我的"的品牌主张和超值短信、铃声图片下载及移动 QQ 三项主要业务。

1. TVC 部分

（1）《喷画篇》——推出 M-ZONE 新 LOGO，宣告上市。

（2）《拆墙篇》——M-ZONE 主题广告，突出"我的地盘"。

（3）《明星篇》——短信数量多到超乎想象。

（4）《企鹅篇》——移动 QQ 到哪里都能发。

（5）《办公室篇》——只属于年轻人的铃声。

2. 平面部分

（1）《自治区路牌篇》（主题）。

标题：欢迎进入年轻人的通讯自治区。

将 M-ZONE 比作"年轻人的通讯自治区"，上市就好像亮出了通行路牌。

（2）《薯条篇》（短信套餐）。

标题：超值短信，多少条都吃得消、借"条"的谐音和"吃得消"的类比，体现短信数量多到超乎想象。

（3）《校园铃声篇》（个性铃声图片下载）。

标题：铃声图片下载，只要我喜欢。

校园的下课铃，就是学生特有的铃声；同时，将品牌主张中"听我的"态度自然而然地引出来。

（4）《企鹅篇》（移动 QQ）。

标题：移动 QQ，走着玩。

使用企鹅对 QQ 的象征意义，将 M-ZONE 比成移动 QQ 的启动者，直接传达产品特征。

3. 网络部分

通过门户网站和微型网站，沟通动感地带的标识和概念含义。

4. 广播部分

通过声音烘托气氛，推出 M-ZONE，说明它的时尚价值。

（二）第二阶段（4~9月）——品牌认知增强阶段（预算：略）

推出酝酿已久的品牌代言人周杰伦，利用他的超高人气和魅力，引发 M-ZONE 的新一轮流行。让他充当实践品牌主张的带头人，让受众更多地了解"时尚、好玩、探索、新奇"的品牌内涵。传播的沟通重点仍然在品牌主张和两项主要业务上。系列广告包括 3 则电视广告、4 则平面广告及渠道系列制作物。配合代言人的推出，大型新闻发布会及落地活动相继展开。

在此阶段，一些基于"年轻人通讯自治区"的新业务，如 12586、12590、百宝箱等也陆续推出。活动方面，全国大学生街舞大赛拉开帷幕。

1. TVC 部分

（1）《诊所篇》——推广业务：超值短信套餐。

（2）《咖啡馆篇》——推广业务：个性铃声图片下载。

（3）《演唱会篇》——推广业务：移动 QQ。

2. 平面部分

（1）《自治区篇》。

标题：玩转年轻人的通讯自治区。

用年轻人的语言"玩转"。代言人周杰伦的宣告更增加了目标消费者对 M-ZONE 是属于"年轻人通讯自治区"的认同感。

（2）《超值短信篇》。

标题：超值短信，一发不能罢手。

创意概念和周杰伦的造型同时也是电视广告《诊所篇》的延伸。内文的开头与其他 3 个特色业务广告一样，以周杰伦的歌词开头，加强品牌与代言人之间的关系，取得目标消费者更大的共鸣。

（3）《移动 QQ 篇》。

标题：移动 QQ，走到哪里都能 Q。

以周杰伦巡回演唱会为线索，带出移动 QQ 与周杰伦的联系，周杰伦的造型同时也是电视广告《演唱会篇》的延伸。

（4）《铃声图片下载篇》。

标题：铃声图片下载，数量多到想不到。

周杰伦以指挥家的造型出现，带出可以下载的多种不同风格的铃声。

制作物：贴纸、CD 等。

街舞大赛是动感地带上市以来主要的地面活动。对于我们所定义的年轻人群，街舞主题对他们有足够的吸引力，街舞的时尚和探索精神与品牌契合，街舞活动也帮助动感地带深入校园。

（三）第三阶段（10~12 月）——"特权"建立阶段（预算：略）

在这一阶段，利用品牌代言人深化 M-ZONE 赋予用户特权身份的宣传。沟通的重点是强调"M-ZONE 特权"的建立，深入解释动感地带对于年轻人到底意味着什么。从一个 SIM 卡、一个动感地带门号，就可以带来一系列特权！而且，这就是动感地带人的生活。

在这一阶段，创作 2 则 TVC 广告、5 则平面广告进行沟通。

1. 特权系列 TVC 部分

《M-ZONE 人篇 & 飞贼篇》——全面表现动感地带用户的特权，并引出"M-ZONE 人"这一族群的概念。

2. 特权系列平面部分

（1）《亮出特权身份篇》（主题）。

标题：亮出特权身份，就在动感地带。

（2）《花样繁多篇》（特权一）。

标题：谁敢和我玩花样。

通话只是一个基本功能，这里还有各色新奇好玩的东西：个性铃声图片下载、移动 QQ、游戏百宝箱、12586、12590……

（3）《话费优惠篇》（特权二）。

标题：说了和没说一样。

M-ZONE 的话费优惠特权，让我情话、废话、长话、短话、真话、假话、大话、胡话都得说的需求统统满足！

（4）《换机篇》（特权三）。

标题：换机狂热分子。

M-ZONE 系列定制手机的推出，不仅给我机会享受业务优惠，购买手机也优惠——旧的没去，新的就已经来了！

（5）《联盟篇》（特权四）。

标题：别人的地盘，正在变成我的地盘。

与麦当劳的联盟带给我的"动感套餐"只是一个开始，以后还有吃、喝、玩、用等各种特权等着我。

这一阶段的另一个重点，就是与麦当劳的合作。

动感地带诞生的最初，理应有一个明确的说法：这是一个年轻时尚品牌，在年轻人心中应该和他们喜欢、熟悉的"大气"品牌站在一起，比如麦当劳、SONY 等。在与这些品牌接触的时候，也有动感地带出现，这不仅仅是接触点的拓展，也是在建设有共同主张和精神的品牌阵营。

麦当劳和动感地带走到了一起。经由协同营销，麦当劳借助动感地带个性中的放任不羁、我行我素，形象不再"老少皆宜"，很好地辅助了"我就喜欢"的尖锐年轻形象的树立；动感地带增加了国际感，拓展了传播渠道，并补充了"M-ZONE 人"的务实特权。共同开发了年轻人自己的套餐，以移动的方式选择麦当劳产品自由组合成套餐，不再被既有固定的套餐所限制，"M-ZONE 人"享受优惠优先权。

在这一部分，创作 1 则 TVC 广告、3 则平面广告、1 则广播广告进行沟通。

（略）

七、传播效果评估

动感地带于 2003 年 3 月在全国上市，仅半年时间，在目标用户（15～25 岁）中的知名度攀升至 71%，在学生中的知名度更高，达到 83%，美誉度 73%；2003 年年底，用户数量过千万人；短信普及率达到 97.8%，新业务 ARPU 达到 30 元。

媒介称 M-ZONE 是一场"新文化运动"；"M-ZONE 的诞生意味着一种新的通信文化的出现"；"M-ZONE 不仅仅是一种新的服务或者应用，它还创造了一种独特的生活方式"。

这个品牌代表着"时尚、好玩、新奇和探索"，它改变了我们对通信的看法。

（资料来源：改编自王吉方，《广告策划与实务》，中国经济出版社）

第三节
产品说明书

某年 10 月，消费者易某以 3180 元的价格在株洲芦淞区某车行购买了一辆两轮电动车。

次年6月，驾驶员郭某驾车经过荷塘区红旗南路时，恰巧遇到易某正在驾车绕行躲避路边的违停车辆，结果郭、易二人驾驶的车辆发生碰撞，导致易某倒地受伤。接下来，易某的医药费、伙食补助费、营养费、后续治疗费等费用超过了200万元。

经认定，本次交通事故中郭某负50%的责任；违停车辆车主负25%的责任；易某由于未戴头盔，且在绕行违法停车的车辆时未注意安全，所以在此次交通事故中承担25%的责任。

之后，法院按照上述比例判决了赔偿。但后续经鉴定，易某当时所驾驶的"轻便两轮摩托车"属于机动车，可厂家在随车用户手册却将该车写成了非机动车。于是，易某又将生产厂家与经销商告上了法院，要求生产厂家与经销商为交通事故进行赔偿，并按照购车款进行3倍赔偿。

最后，法院将此产品责任纠纷案判决为说明书误导消费者，构成消费欺诈。

法院审理认为，本案中易某所驾驶的肇事车辆属于机动车。生产厂家在用户手册中误导消费者，称该车辆属于非机动车，使消费者误以为无须取得驾驶证就可以直接上路行驶。上述产品警示说明方面存在明显缺陷，增加了肇事车辆使用中潜在的危险性，而作为一种交通工具，肇事车辆存在的产品缺陷显然增加了发生本案事故的可能性。同时，生产厂家明知商品存在缺陷，仍然向消费者提供，造成消费者残疾的后果，构成消费欺诈，应向消费者进行3倍赔偿，且经销商作为销售者应承担连带赔偿责任，遂依法做出了上述判决。

一审判决后，生产厂家不服判决，上诉至市中院。二审认为一审认定事实清楚，适用法律正确，程序合法，遂依法驳回了上诉，并判决某品牌车辆生产厂商与相应经销商赔偿消费者11万余元。

（资料来源：根据《潇湘晨报》新闻整理编写）

一、产品说明书概述

（一）产品说明书的定义

产品说明书也叫商品说明书，是指导消费者正确使用商品的说明性应用文书。产品说明书是人们日常接触较多的一种文书，被销售的产品不能缺少全面、明确的说明。

一般而言，产品说明主要是企业以文字或图片的形式对商品的性能、规格、用途、使用、保养及注意事项等方面的内容做书面介绍。产品说明书种类多样，应根据产品的具体情况确定撰写产品说明书的内容；产品说明书多随商品赠送，简单的产品说明书可以直接印刷在商品的销售包装上。

产品说明书是营销类的文书。优质的产品说明书可以达到介绍宣传产品、引起消费者购买欲望、促进商品流通的效果；同时，在交换和消费的环节中，产品说明书还可以普及科学文化知识，指导消费者合理使用该商品，促进信息传播、交流和反馈。

（二）产品说明书的特点

1. 实用性

产品说明书的主要作用是方便读者了解产品、认识产品及使用产品。所以，介绍产品

的信息应实用，如说明产品的性能、操作技能和注意事项等，提高消费者认知和购买产品的效率。

2. 专业性

产品说明书必须客观、准确地反映产品的特质。撰写内容必须实事求是，不能为了推销而夸大其词，语言运用要准确，数据部分力求精准无误。如果产品说明书里的参数与产品本身相差甚远，就是一种欺诈行为，不仅误导了消费者，还损害了品牌形象，得不偿失。

3. 通俗性

产品说明书的受众广泛，文化和理解水平不一，所以应尽量避免使用专业词汇，需以通俗的语言和说明性文字风格将产品介绍清楚。同时，在撰写产品说明书时，应注意把握语言活泼与严肃之间的度量。

小资料

产品说明书和商业广告的异同

名称	相同	不同		
		使用场景和时间	内容和结构	艺术加工程度
产品说明书	都必须依法撰写：都有对商品或服务介绍的价值：起到不同程度的营销宣传作用	对产品的功能、构造、使用等方面说明介绍。产品说明书一般与产品本身相伴而存，作用贯穿始终	要求说明详细且全面地介绍产品的用途、性能、使用、维修，一般要求图文并茂	更偏向写实，具有平实性
商业广告		通过特定的媒介，在固定的时间向消费者介绍产品和服务，以激发消费者的购买欲望	要求在较短的时间内概括产品或服务的大致情况，以活泼的语言或创新的形式展现，以打动消费者	更偏向提升艺术感染力

二、产品说明书的结构和内容

产品说明书类别多样，写法不同，没有固定的模式。一般而言，一份较为完整的产品说明书包括封面、标题、正文和封底四个部分。

（一）封面

一份产品说明书一般会设计简洁的封面，将产品名称、标准、型号、实物图片等印于其上。封面不是必备的内容，需要在实际撰写过程中进行规划权衡。

（二）标题

产品说明书的标题需要比正文的字体稍大，醒目、简洁。

标题写法多样，可以直接使用商品名称做标题，未见"说明书"几个字，如"×××绿茶""×××智能台灯"；可以用商品名称加上"说明书""说明""介绍"等字样，如"×××话筒介绍""×××眼霜说明书"；还可以将商品名称、说明内容与文种组合，如"×××汽车保养说明""×××书桌安装说明"。

（三）正文

正文是产品说明书的核心部分，主要详细介绍产品的材料、用途、性能、参数、使用方法、保养及注意事项等。由于说明书需要说明的内容千差万别，有的说明功能、有的说明构造，有的强调使用方法，达到的说明目的也有所差异，因此内容侧重点不同。

正文篇幅可长可短，在结构上可采用一段式、多段式、表格式、对话式或条款式等。一般情况下，一段式和多段式使用频率较高；需要介绍清晰、言简意赅，必要的时候可以用图片、表格等形式结合说明。

（四）封底

封底主要标明落款内容，一般包括商标、生产单位及联系方式、联系人等一系列信息。必要的时候，消费者可以直接在封底处寻找联系方式。

不同的商品说明书封底内容设计有所不同。例如，有的产品说明书会将封底设计得较具艺术创意，呈现形式更为活泼，加深品牌在消费者心中的印象。

总之，产品说明书的结构可参照以上部分，具体撰写需根据产品实际确定。日常用品不需要长篇大论，而高精密仪器、有危险的产品、刚入市的高尖端产品需要详细说明。

对较为简单的产品，其说明书只有寥寥数字或一页，将所有信息写全写清即可。对复杂产品，特别是技术含量较高的产品，产品说明书可能是一本小册子或一本书，这时就需要在标题后列出目录，并清晰地匹配页码，方便读者翻阅。如果文字较多，还可以在标题和目录附近写上摘要或前言，让读者在最短的时间内了解产品的关键内容。

有的产品直接将说明文字印于产品包装上，如洗面奶；有的产品会把说明的文字分别印于内包装和外包装上，如盒装巧克力；也有的产品说明书不止一份，如某些品牌的洗衣机会给两份产品说明，一份是使用说明，另一份是常见的故障排查说明。

三、产品说明书的写作注意事项

（1）真实全面 撰写产品说明书切忌虚假，写作态度必须是理性、冷静的，不带主观的感情色彩。既要关注说明内容的客观真实性，又要力求说明和介绍尽量全面，勿漏掉关键的信息。如数码相机的产品说明书，不能误写或漏写参数等重要内容。

（2）条理清晰 产品说明书不管是介绍哪类产品，都应按照说明产品内在规律和结构的思路展开，先介绍什么，再介绍什么，需在写之前做好规划。只有撰写逻辑正确，才能将产品的特点、性能介绍清楚。

（3）简明易懂 产品说明书的内容尽量少用或不用专业的词语，说明的语言尽量简洁易懂，才能适应不同层次的消费者。特别是受众范围很广的产品，更加需要考虑消费者的理解能力。

例文 4-4

×× 洁面乳产品说明书

×× 洁面乳 100mL

英文名称： ×× Cleansing Milk

专为孕产期肌肤、敏感肌肤设计的高耐受配方。

创新清洁基质——珍珠白丝质乳液，使肌肤倍感柔滑舒适、不紧绷。

适用对象：

适用于中、干性敏感肌肤，可用于孕、产妇肌肤。

产品特点：

特别精简的配方，只含必需的有效成分（无香料、色素等添加），不含油性成分。

接近皮肤生理 pH 值，经测试，同样可用于眼部肌肤。

成分及功效：橄榄油、柠檬酸酯、甘油。温和的清洁成分，彻底清洁、避免刺激。

使用方法：

每日早晚，取少量涂于面部，用指尖轻轻按摩，直接用棉片拭去或清水洗净。

效果及感受：

可以彻底清洁污垢甚至防水彩妆，同时不使皮肤有缺水紧绷感，用后皮肤柔软。

经过 20 名敏感皮肤者测试使用，评价有良好的清洁能力、卸妆功能、抗干燥能力，能保护皮肤水脂膜。

执行标准：QB/T1645

生产批号及限期使用日期见产品包装

卫生许可证：GD.FDA（2019）卫妆准字 29-XK-××××号

生产许可证：XK16-108××××

委托方：广州×××化妆品有限公司

地址：广州市××××××

被委托方：广州××××化妆品制造有限公司

地址：广州市××××××号　邮政编码：510000

（资料来源：根据太平洋亲子网相关资料整理编写）

第四节
营销策划书

某网站是一个综合型数字化企业服务平台，可满足商业活动中各类常见业务的专业服务需求，提供各类解决方案，将创意、智慧、技能转化为商业价值和社会价值。平台业务面广，如网站建设、工商财会、品牌营销设计、兼职服务等。H 公司发现此网站中策划服务业务交易频繁，恰好其近期想要上市一系列新产品，欲规划一份详细的营销策划方案，所以在该网站寻找合适的合作伙伴，进一步洽谈业务。

一、营销策划书概述

（一）营销策划书的定义

策划是现在商业经济活动中必不可少的内容，营销策划书也是策划书的一种。

营销策划是以获取企业经营中的更多优势和利益为目标，通过调研分析市场现状，融入创造性思维以形成的营销方案。营销活动的成败与活动方案的策划有密切的关系。

营销策划书是企业根据市场变化和自身实力，对企业的产品、资源及产品所指向的市场进行整体规划的计划性应用文书，是营销策划活动正式开展前的系统书面表达。可以说，营销策划书既是策划工作的归纳总结，也是不断优化的经营理念。企业按照营销策划书的指导，全面细致地开展营销活动，并加强过程控制，有利于提高营销活动的成功率。

营销策划书的内容能否准确地传达策划者的真实意图，极为重要。同时，营销策划书以正式的书面语和系统的营销思路提供意见与创意，有利于说服决策者接受营销建议，更加有的放矢地开展经营活动，为组织的经营目标服务。

（二）营销策划书的种类

营销策划书按照不同的标准可以划分为不同的种类。

（1）**按照营销对象不同划分**　营销策划书可分为商品销售策划书、商品促销活动策划书、市场推广策划书、新产品开发与上市策划书、营销定位策划书、品牌宣传策划书等。

（2）**按照内容范围不同划分**　营销策划书可分为综合营销策划书和专项营销策划书。

（3）**按照营销时间不同划分**　营销策划书可分为长期营销策划和短期营销策划书。

（三）营销策划书的特点

1）**策划的针对性**　在撰写营销策划书之前，首先应全面思考此次营销策划的目的，明确营销对象，有针对性地实施策划　如商品促销活动策划书和新产品上市的营销策划，侧重点差异较大。

2）**明确的效益性**　营销策划书的实施环境复杂且多变，要以敏锐的嗅觉洞察市场，思考如何利用有限的资源，最大限度地发挥企业优势，力争在行业竞争中获胜，获取丰厚的经济利益。

3）**内容的系统性**　营销策划是实践性较强的活动，要求用周密、科学的思维和语言展开分析。营销策划书的内容一般较多，欲合理规划系列营销活动并有效实施，必须提前关注其系统性，不能随意安排。营销策划书的内容必须有严密的逻辑，营销活动开展的顺序以及营销重点都应在策划书中予以反映。

二、营销策划书的结构和内容

市场经济飞速发展，营销活动的涉及面也非常宽广，所以，营销策划书的种类多样。虽然营销的产品或活动有不同的要求，策划的详略和篇幅不同，但大部分策划书都是先确定其基本结构，再根据具体的营销策划内容丰富和优化细节。营销策划书的主体结构包括：封面和标题、前言和目录、正文、结尾四部分。

（一）封面和标题

此部分标题是必备要素，一般写作"××新品营销策划书""××新品营销策划书——××区域上市策略"等，需要在明显的位置展现。

在营销越来越专业化的今天，策划的封面引起了很多人的关注，封面的质量一定程度上

会影响宣传的效果。美观优质的封面具有强烈的视觉冲击，能给人留下深刻的印象，有助于加深对策划内容的理解。封面设计应尽量简洁，忌花哨冗杂，字体和字号需要考虑艺术设计效果，体现一定的专业性。

营销策划书的封面可以撰写以下内容：将标题融入封面，做到简洁、醒目；在必要的时候做好策划编号管理与撰写；如果是承接客户的项目，则需要写清客户的名称，一般在策划封面的正中靠下的位置写明策划机构或策划人的名字；策划的工期，特别是策划完成的时间，应具体到日期，明确写出。

（二）前言和目录

前言即计划的序言，是策划的开头部分，一般概述策划的背景、目的、方法、意义等内容。前言一方面是对整篇策划的初步概述和说明，另一方面是要在最短的时间内吸引读者关注策划的内容，有兴趣进一步阅读正文的内容。前言部分的编写需要简明扼要、重点突出。

目录是整份策划的基本架构，从目录基本可见整篇策划书的逻辑和基本观点。目录是读者对策划书全貌的了解，同时也为读者查找相关内容提供了便捷的途径。目录一般在最初做好构思与规划，待营销策划书撰写完成之后需要修改完善，严格把关质量。高质量的营销策划目录也能引起读者进一步阅读正文的兴趣。

（三）正文

正文是营销策划书最重要、最丰富的部分。正文部分需要全面阐述营销策划的环境和市场、目标和意义、策略和方案、费用及评估等相关内容。在撰写时不拘泥于固定结构，可以按顺序撰写，也可以基于逻辑融合撰写，将观点表达清晰明确即可。

1. 营销策划的环境和市场

这部分是制定后期营销决策的前提，需要进行全面的调研和分析。只有对环境和现实市场分析透彻、营销定位准确，才能为营销策划书的具体策略提供可靠、有力的依据。

针对环境调研和分析，可以选用相应的辅助工具，如 SWOT 分析法、PEST 分析法、波特五力分析等。不管调研环境的范围多大，客观全面的环境分析都是后续工作的基本保障。

撰写营销策划书前，需要对当前市场状况及市场前景展开全面分析，既要迎合现实市场需求，也要探索市场未满足的需求。如产品和服务目前处于生命周期的哪个阶段，针对不同地域的市场应该做何调整等内容，都需要在分析的过程中考虑周到。寻求目标群体的营销机会是市场分析的关键，要敢于正视目前企业产品存在的问题和不足，也要善于扬长避短，以最小的经济代价突出企业及产品的优势，把握市场机会。

2. 营销策划的目标和意义

策划的目标是营销策划要到达的明确终点。在前文分析的基础上，提出企业可实现的营销目标。营销策划的目标往往是营销实现的直接经济效益目标，或营销市场占有率等可量化并且与企业经营目标相匹配的具体目标。

小资料

SMART 原则

策划的目标需要遵循 SMART 原则。SMART 原则是为了保证高效率完成目标而制定的执行准则，即目标是具体的（Specific）、可以衡量的（Measurable）、可以达到的（Attainable）、具有相关性的（Relevant）、具有时限性的（Time-based）。

在这一部分概述营销策划的意义，有利于明确方向，以便于提高后期执行的效率。可以撰写此策划设计内容对社会的意义、对企业的意义、对员工的意义以及对消费者的意义。

3. 营销策划的策略和方案

企业达成营销目标的策略主要包括产品策略、价格策略、渠道策略和促销策略，四个部分密切相关、缺一不可。在当今的营销环境下，有更多企业会关注关系营销策略、绿色营销策略、整合营销策略等。总之，根据具体的项目和营销目标分析，选择恰当的策略确有必要。

营销行动方案是根据策划期内，各项目活动时间长短及重要性综合考虑而安排的具体内容，需要有保证活动顺利开展的人力、财力和物力等安排的实质性内容。营销行动的系列方案既要周密完善，也要切实可行，还需具有可操作性。

4. 营销策划的费用及评估

营销策划的预算费用要按活动数量及其重要性进行分配，一般分为总费用、项目费用、阶段费用。进行费用预算的原则也是后期评估营销策划效果的标准之一，即以最少的投入匹配最佳的策略取得最优的效果。

策划书要写明工作开始及结束的时间。同时，在营销策划实施过程中，很可能出现与预计情况不符的情形，因此需要随时根据市场现状进行控制和纠偏。做好应急准备，一方面能及时止损，另一方面也有利于及时寻找新的营销方向。

（四）结尾

结尾部分可以对全篇做总结性概述，一般还需要附上与策划相关的资料。这些资料有利于读者理解、认可和支持策划的具体行动方案。

有的营销策划书还会设计一份封底，与封面呼应。

三、营销策划书的写作注意事项

（1）逻辑有序　营销策划是为了解决企业经营中面临的突出问题，实现企业长期或短期营销目标，因此，营销策划书首先应保障逻辑有序、观点和措施明确。一般首先交代背景和确定目标，再分析环境和企业实力，接着详细阐述具体的策划内容以及策划的预算等，最后必须明确地指出解决问题的行动方案。可以说，营销策划书的思维准备质量直接决定了后期的撰写质量，在正式编写前应设计清晰的逻辑，保持策划内容的井然有序。

（2）论据充分　一系列营销策略的施展必须建立在充分的论据之上。论据越充分，营销

策划书的内容可信度越高，越有利于说服读者认可并执行营销策略。同时，在分析系列现状及应对措施时，尽量分析得具体深入，丰富数据论据。

（3）图文并茂　图表是撰写营销策划书不可缺少的内容。图表不仅有助于读者理解策划的内容，还能增加策划书的美观性。选择统计图表用以比较分析、概括归纳或者深度解读，是一种非常好的方法。如涉及一些工作流程或对比的内容，选择以图表的形式表达，更直观也更便于读者记忆和理解。

（4）操作可行　营销策划书是用于指导企业营销活动开展的书面方针，涉及人员多、活动多，因而策划具有可操作性非常重要。不具备可操作性的策划，再好的创业也没有实际价值。营销策划活动参与者在阅读策划书时，应清晰地知道所属职责和任务，并了解任务进度安排及原因，避免各自为政、扰乱策划活动的正常实施。

（5）客观系统　营销策划书的准备及撰写一定不能天马行空，而要以现实客观情况为依据，通过观察分析，列出确有必要的营销策略。同时，整篇营销策划书一定是环环相扣、自成体系的，任何一部分内容都要为营销目标服务，为策划主旨服务。对于一些综合性很强的大型营销策划项目，还需要注意分策划和总策划之间的系统关联和衔接。

例文 4-5

比亚迪 G3 汽车营销策划书

摘要：略

正文：如下

一、市场分析

（一）当前市场状况和战略描述

1. 当前市场状况

比亚迪汽车是一家新生汽车民营企业，是国内自主汽车企业，旗下的 G3 品牌汽车是集团的第一代汽车。如何能够让集团生存下去，重点是让比亚迪 G3 汽车在拥有众多竞争对手的汽车市场中占据一定的地位。一个营销策划方案对一个汽车企业来说是很重要的。

比亚迪 G3 汽车作为具有卓越性价比的国内经济型家庭轿车，其车主多集中在家庭年收入 5 万～8 万元、25~45 岁的男性消费群体；职业最多为中层管理人员，其次是私营业主和营销商务人员。客户购买比亚迪 G3 汽车主要出于理性需求，代步成为主导，工作、业务需要处于其次。客户群集中在一些收入不是很高的二线城市，特别是现在的油价高涨，比亚迪 G3 作为小排量汽车特别消费者的青睐，所以客户群很大。

2. 战略描述

G3 作为比亚迪首款数字智能中级轿车，集高品质、超越同级车的高端豪华配置、高性价比于一身，同时兼顾环保低碳理念，成为引领车市绿色汽车风尚的代表车型。同时，2010 年 2 月在"2009CCTV 中国年度汽车评选"中，比亚迪 G3 的绿色理念受到评委及消费者的认可，从众多车型中脱颖而出，荣获"2009CCTV 中国年度绿色汽车"大奖。

（二）外部环境分析

1. 经济

比亚迪汽车公司在所公布的分析报告中，根据中国汽车工业协会的统计数据，2011 年第三季度国内汽车市场的销量为 430.83 万辆，同比增长约 4.51%，增速仍处于较低水平。期内，乘用车销量同比增长 7.89%，其中多功能乘用车（MPV）与运动型多用途乘用车（SUV）分别同比增长 16.92% 和 14.32%，成为成长最快的细分市场。

2. 法律法规

政治法律环境是法律、政府机构、影响或制约社会上各种组织与个人的压力的集合。下面主要讨论两种主要政治法律环境对比亚迪汽车公司发展的影响：

（1）约束企业营销活动的立法日益增多。

（2）政府执行机构力量不断增强。

3. 技术环境

2008 年 12 月 15 日，全球第一款不依赖充电站的双模电动车比亚迪 F3DM 在深圳上市，吹响了解决能源紧缺、二氧化碳减排和环境污染三大问题的号角。在比亚迪双模电动车的过渡下，纯电动车时代已不再遥远。

4. 竞争

比亚迪 G3 的价格主要在 7.5 万～11 万元，其主要竞争对手有吉利帝豪 EC718、奇瑞 A3、奔腾 B50、中华骏捷等。比亚迪 G3 与奇瑞 A3、中华骏捷相比较，在产品平台以及外观、内部空间、动力等各个方面都更具优势。

5. 社会文化环境

（略）

（三）内部环境分析

1. 优势

（1）内饰温馨舒适的家居风格。比亚迪 G3 智能版采用了时下流行的浅色内饰，仪表台以圆形轮廓设计加上 LED 液晶显示仪表组合。黑色多功能方向盘的音响控制区域采用了银色装饰，具有科技感的同时也达到护眼的目的，左边的显示圆环内是转速表、水温表和油量表，右边则显示了速度和车辆行车电脑所反映出的即时信息，边上的红色小图标则显示了更多车辆状况，还有安全带未系声光提醒，科技感与人性化十足。一键式启动系统设置在方向盘右侧，中间和两侧的四个空调出风口同样以银色装饰，出风口的风门可以完全关闭，既保证了整体内饰的风格统一，也保证了风道系统的清洁卫生。

（2）空间安全实用的造车理念。比亚迪 G3 的长、宽、高分别为 4600mm、1705mm 和 1490mm，轴距 2610mm。如此宽大的车身提供了同级车中较宽裕的驾乘空间和行李舱空间。比亚迪 G3 采用整体钢板冲压侧围，高刚性车身，不仅提高了整车精度，而且极大地增加了比亚迪 G3 的整车强度，为比亚迪 G3 练就品质金身提供了强大的技术支撑和保障。四轮碟刹、四门防撞钢梁、ABS＋EBD 等安全配置，对比亚迪 G3 来说都是全系标配，极大地保障了驾乘者的人身安全，凸显了现代轿车的安全理念。

（3）动力平顺畅快的驾驶感受。比亚迪 G3 的动力配置主要有两种排量。1.8LCVT 车型搭载比亚自主研发的 BYD483QA 发动机，该系列发动机的良好性能已经在成熟的车型上得到了印证。比亚迪 G31.8LCVT 车型动力系统 6000r/min 时最大输出功率为 90kW，4000r/min 时最大扭矩为 160N·m。

（4）配置平民价格的豪车装备。许多高科技配置在几年前还是高档豪华独享的"专利"，现在已经出现在 10 万元左右的比亚迪 G3 智能版上，这不能不说是引领了汽车的高科技风潮。其中最值得一提的是比亚迪 G3 智能版全系标配研制的无钥匙进入系统（Keyless Entry System，KES）和 CAN-BUS 电子智能管家：采用当时最先进的 RFID（无线射频）识别技术的 KES 能够对驾驶员的身份进行智能识别，主动开闭车门，发动机一键启动，锁定电路、油路，保证安全。CAN-BUS 电子智能管家犹如汽车的神经系统，可以快速精准地检测到汽车的当前状态、信息、故障等，并迅速地通过仪表盘即时显现，确保车主可以及时了解汽车的情况。

2.劣势

（1）刚推入市场，知名度低。

（2）比亚迪作为一家新生的汽车企业，市场了解不足，市场占有量也不是很大，特别是现在的汽车市场竞争激烈，比亚迪 G3 汽车很容易被淘汰。

（3）售后和质量方面有待考验。

二、目标市场描述

目前，中国车市正处于一个不断扩大的时期，中国人对汽车的需求也越来越大，市场空间很大。比亚迪 G3 汽车类型多，性价比高，外观设计也时尚美观。所以，相信比亚迪 G3 汽车可以抢占市场。

三、营销策略

（一）营销目标及预期

目前，在 10 万元级别的中级车市场中，新凯越、悦动等月销量在 2 万台左右的中级车型正处在"近身肉搏"的态势中。作为比亚迪首款高端精品中级家用轿车，横跨 10 万元价格区间的 G3 责无旁贷地担负起在这一区间内挑战合资品牌垄断地位的任务。据了解，比亚迪汽车对 G3 在 2010 年的销售预期为 10 万台。

（二）营销组合描述

1.产品策略

（略）

2.定价策略

（略）

3.分销策略

（1）比亚迪的销售网络已从 2005 年的 100 多家发展到 800 家，其中 4S 销售店超过 500 家。2022 年数据显示，比亚迪国内经销商数量超过 1400 家，渠道布局国内整车厂领先，各线城市中渠道布局相对完整。

（2）移动 4S 店等或成另一主要销售渠道。

4. 促销策略

（1）在初期采用"低价高享受"的策略。其原因如下：

1）绝大多数中国消费者对比亚迪的认知度低，企业要承担开拓中高级车市场的任务，必须在宣传上花费较大的支出，取得尽可能高的市场占有率。

2）中、高端市场的消费者对价格并不非常敏感，只要提供令他们满意的产品和服务，高价格能够提高产品的声誉和知名度。

（2）在产品推出中期主要采用"加大固定资本的投入"策略。其原因是加大固定资本的投入，可使资本投入具有承诺价值，使竞争对手在决策上做退让性考虑。

（3）在产品推出后期只采用"信用、服务"策略。其原因是在产品推出的后期，产品的全方面都与客户形成了一种定性关系，这时客户注重的是信用和服务，所以在后期加大信用度和售前与售后服务。

四、活动计划
（一）活动简介
（略）
（二）活动目标
（略）
（三）活动流程
（略）
（四）费用预算
（略）

（资料来源：改编自刘大鹏等，《财经应用写作》，同济大学出版社）

第五节
电商文案

在某电商平台上有两款几乎完全相同的儿童运动鞋，但它们的文案不同。一款的文案内容为"一双鞋重 208 克，×××童鞋助力儿童健康成长"；另一款的文案内容为"孩子成长路上的每一步都很重要，父母的责任就是选一款安全的运动鞋。×××专业儿童运动鞋，通过×××安全认证，每一步，都让孩子脚踏实地"。最终从销量及客户转化率上看，后一款是前一款的几十倍，而造成这种结果的原因之一正是其文案内容的不同。

一、电商文案的定义

"电商"一词是业内人士对电子商务活动的简称,所有从事电子商务活动的企业或个人也被称为电商。电子商务的起步是从 1990—1993 年的电子数据交换时代开始的,1997 年,广告主开始使用网络广告,这就产生了最早的电商文案。电商文案是商业广告文案在电子商务场景下的细分领域。

传统的文案是指广告作品中的所有语言文字,即在大众媒介上刊发出来的广告作品中的所有语言文字。而电商文案是随着电子商务时代和社交新媒体时代的到来,逐渐发展为基于互联网平台传播的文案。电商文案以商业目的为写作基础,除了通过各类电商购物平台发布,还在普通网站、论坛、微博和微信等交流平台进行发布,达到让浏览者信任并引起其对某些商品购买欲望的目的。

传统的文案是以报纸、杂志、宣传单、书籍和直接邮寄广告等方式,进行广告信息内容表现的一种形式,它在发布时间、传播力度、宣传媒介、投放渠道等方面具有一定的局限性。电商文案拥有更加丰富的表现形式和传播途径。电商文案的创作可以辅助视觉设计解决电子商务的流量问题和转化问题,优秀的电商文案可以提升产品价值、促进销售,同时还可以提升店铺的信任度、增强品牌力。

在各种电商平台中,每天都会出现销量 10 万个的双肩包、30 万台的烤箱等"爆款"产品,但很多同类产品可能只有这些"爆款"一半的价格,销量却不足这些"爆款"的十分之一。是什么原因造成了这种销售情况呢?其实,可能这些产品的质量、售后服务、营销平台、宣传手段、销售渠道等都是相同的或相似的,实际上拉开销量差距的关键因素就在于它们的文案,很多"爆款"都是通过文案来"说服"消费者购买自己的产品的。

据 App Growing 追踪到的 2019 年"618"电商购物节期间的电商广告数据中,电商文案风格更多采用引导尝试类及震惊感叹类,占比均为 18%;其次为强调优惠类,占比约 17%。由此可见,引导尝试、震惊感叹、强调优惠等风格是电商文案用得最多的套路。电商文案工作者已经意识到文案对产品销售起到至关重要的作用,并开始融合市场营销学、网络经济学、消费者行为学、消费心理学等众多领域的专业知识进行文案策划与创作。

小资料　　　　　　　　"618"电商购物节

刘强东在 1998 年 6 月 18 日创立了京东,所以每年的 6 月 18 日就是京东的店庆日,即"618"。京东会在"618"前后推出各种优惠促销活动。2021 年 6 月 1 日,京东"618"创吉尼斯世界纪录荣誉:空调、笔记本计算机双双刷新销量纪录。2021 年 6 月 1 日 0 时至 6 月 18 日 24 时,"京东 618,18 周年庆"累计下单金额超 3438 亿元,创下新纪录。

从传统零售角度来看,6 月中旬与 11 月中旬都正值零售业的相对淡季,电商在此时"造节"事半功倍。从市场发展角度来看,"618"如今也不单单只是京东的店庆日了,它与"双十一"一样,成为电商行业一年一度的节日。因为各大电商平台也趁此加入这场"大战",像天猫推出了"618 理想生活狂欢节",而苏宁易购也联动 4000 家门店共同开启年中大促,除此之外,唯品会、网易考拉海购、洋码头等电商也纷纷在

"618"期间发力。所以，可以说"618"就是一个全民的年中购物节。对于消费者来说，性质上跟天猫的"双十一"活动差不多，因为在特定的日期会有各种优惠，是购物最实惠的时段之一。同时，"618"也是各电商平台及电商企业竞争最为激烈的购物节之一。围绕着不同的电商购物狂欢节，各平台都会涌现大量以优惠活动为营销主题的电商文案。

二、电商文案的特点

电子商务交易具有多品种、小批量、多批次、短周期的基本特点，因此，电商时代信息更新迭代的节奏非常快，且随着互联网技术和网络营销的不断发展，商家与消费者之间的信息透明度提高，消费者对营销宣传的"免疫力"逐渐增强。如今想要写出深入人心的电商文案十分不容易，仅凭借几句"鸡汤文"就能让消费者感动的时代已经一去不复返。那么，在策划与撰写电商文案时，一定要掌握电商文案的几个特点，才能发挥其最大的营销效用。

1. 创作目标市场化

电商文案创作的主体一般是商品本身或品牌。人们的理性消费行为是由消费心理与消费观共同决定的。而在新时代，消费者不仅注重商品本身的信息，还越来越看重企业或品牌是否具有良好的形象。因此，电商文案的市场化目标主要包括两项指标：①使消费者了解文案中的商品信息，明白商品与自身利益的关系，有效地促进商品销售；②有力打造品牌形象，增强商品的品牌力，为商品在电商平台内的长期销售奠定基础。

2. 平台渠道互联网化

与传统文案不同，电商文案的媒介平台是互联网。互联网的兴起给营销文案带来了重要转折，它改变了传播的媒介，使传播手段、传播模式、传播链条都发生了明显的变化。

以传播模式为例，传统的广告营销文案是 AIDCA 模式，即 Attention（注意）——Interest（趣味）——Desire（欲望）——Conviction（确信）——Action（购买行为）。而在互联网环境下创作电商文案时，更多地运用了网络营销中的"4Cs 营销理论"。4Cs 营销理论（The Marketing Theory of 4Cs）是由美国营销专家劳特朋教授（R. F. Lauterborn）在1990 年提出的。它以消费者需求为导向，重新设定了市场营销组合的四个基本要素，即顾客（Consumer）、成本（Cost）、便利性（Convenience）和沟通（Communication）。它强调企业首先应该把追求顾客满意放在第一位，其次是努力降低顾客的购买成本，然后要充分注意到顾客购买过程中的便利性，而不是从企业的角度来决定销售渠道策略，最后还应以顾客为中心实施有效的营销沟通。4Cs 营销理论的第一个要素强调"顾客"或强调顾客的真实需求，即企业提供的不仅仅是产品和服务，更重要的是由此产生的顾客价值。第二个要素是顾客在产品或服务上所花的"成本"，包括为购买产品和服务所花的时间、精力，以及购买、使用后可能会产生的风险等。企业在成本这个要素上需要追求的是让包括货币成本在内的所有成本构成的顾客总成本最低。第三个要素"便利性"就是要为顾客提供最大的购物和使用便利。这个因素强调企业始终要把顾客方便、容易理解的产品和销售信息，以及更容易获得产品和服务放在首位。例如，通过更好的售前、售中和售后服务，让顾客在购物时处处都感受到方便。第四个要素强调企业与顾客之间的关系应该是一种持续的双向"沟通"，从而建立起一种更加紧密的信任关系。

小案例　　　　　　　　江小白"表达瓶"互动文案

江小白致力于传统重庆高粱酒的老味新生，以"我是江小白，生活很简单"为品牌理念，坚守"简单包装、精制佳酿"的反奢侈主义产品理念，坚持"简单纯粹，特立独行"的品牌精神，以持续打造"我是江小白"品牌IP与用户进行互动沟通。表达瓶文案是指消费者可以将创作的文案印在江小白瓶身上，给消费者一个表达自己观点的机会，放大了消费者的倾诉欲望，调动起消费者的参与积极性，加强了消费者与江小白之间的沟通，真正实现了消费者与商品之间的交流。

江小白表达瓶以"我有一瓶酒，有话对你说"为基础语录，鼓励消费者扫描江小白瓶身上的"扫一扫"二维码，进入表达瓶H5互动页面。在该页面中，消费者可以写下任何想说的话，也可上传自己的照片。如果消费者的表达内容十分出彩，极有可能被江小白采用，从而使消费者拥有属于自己的"定制表达瓶"。很长一段时间，表达瓶为江小白贡献了超过80%的营收。从数据来看，江小白在2017年的销售收入达到10亿元，售价20元的100mL表达瓶成为销量主要来源。这也是江小白文案的主要展示阵地之一。媒体发布的数据显示，2018年，江小白主推的100mL"表达瓶"小酒出货量将超过1000万箱，营业收入接近20亿元。

（资料来源：根据不凡智库相关资料整理改编）

3. 内容表现多媒体化

总体而言，传统的广告文案主要通过文章内容或以图文并茂的形式进行传播，是静态的；电商文案拥有更加丰富的内容表现形式和传播途径，是动态的。多媒体是会组合两种或两种以上媒体的一种人机交互式信息交流和传播媒体，包括文字、图片、照片、声音、动画和影片等多种形式，以及程式所提供的互动功能。互联网是一种新兴的传播媒体形式，它能够多方面、多层次地将信息整合发布。与传统文案的呈现形式相比，电商文案最终的呈现形式是各类网页界面，它们能够在网页的组织编排下给用户以多媒体形式展示内容。这些内容在网页这种信息载体形式下能轻松实现与访问用户的互动，吸引其继续浏览或者采取其他相应行动，具有较强的视觉营销效果。

4. 广告效果可测量化

延伸阅读：
互联网广告收费的
典型方式参考

电商文案的投放效果可以通过呈现产品曝光率、淘宝转化率[⊖]等实际数据，在企业网络服务器中进行分析评估。一方面，这些数据可以形成庞大的数据库资源；另一方面，也方便文案创作者适时进行文案创作的修改和调整。在大数据平台背景下，商家及文案工作者能利用电商广告的互动性特点，实时监测电商广告的实效性。数据分析平台，如淘宝的

　⊖　淘宝转化率就是所有到达淘宝店铺并产生购买行为的人数占所有到达该店铺人数的比率。

"量子恒道"平台可查看买家点击的商品、跳转情况等，以此精准地优化商品页面，调整文案及广告图等，提高店铺转化率。

三、电商文案的类型

电商文案的类型大致可分为网店内页文案、网络推广文案和内容电商文案，不同类型的电商文案所适用的互联网场景不同，所达到的营销效果也大不相同。不同类型的电商文案均有各自的撰写方式与表达特点。

1. 网店内页文案

（1）商品标题文案　消费者在淘宝、京东等传统电商平台内通过搜索商品标题中的关键词，可以获得所有相关商品的信息。而搜索关键词的结果与商品标题的内容有密切关系，在不考虑商品其他因素的情况下，商品标题文案与消费者搜索关键词之间的匹配度越高，搜索结果中出现该商品的概率就越高，商品也越有可能排在搜索结果中靠前的位置，那么消费者通过搜索结果进入商品内页查看的概率也就越高。例如，在淘宝网搜索关键词"可爱小熊毛绒玩具"，可获取到商品标题文案中与之匹配度较高的商品，其展示在搜索结果中靠前的位置。

（2）商品促销文案　商品促销文案的目的是刺激消费者产生或增强购买商品的欲望，从而提升商品的浏览量与销量。其一般位于商品详情页最显眼的位置，以吸引消费者注意力。商品促销文案的具体内容常以口号的形式号召消费者参与购物，具有感染力，内容简明扼要，以突出商品亮点、优惠价格、促销力度、主题活动等内容为主。例如，安踏在某电商平台上的"双十一"购物节促销文案："双十一"安踏××旗舰店，运动潮流狂欢节！限时特惠，满额赠礼，让你尽情释放活力！

（3）商品描述文案　商品描述文案是用于在商品详情页进行商品具体信息说明的文案。它向消费者详细解释说明商品的功能、性能、规格、参数、使用方法等信息，用尽可能精准的描述让消费者全面了解商品。商品描述文案主要围绕商品信息进行写作，其内容一般较多，涵盖了商品的许多细节，贯穿在整个商品展示页面，要注意描述语言的风格统一和用词准确，也切忌赘述或出现不真实的描述。例如，TCL某款塔扇的商品描述文案，对产品的各类参数进行了详细说明。

（4）品牌故事文案　品牌故事文案的重点是"故事"，但最终的目的仍是促进商品交易。它通过一定的描写手法来塑造具有感染力的故事，让消费者融入故事情节中产生共鸣，从而更好地感染消费者，打动消费者的内心，使其认可品牌，从而对品牌旗下的商品产生好感和信任。品牌故事文案写作不能过于天马行空，可以从品牌历史、品牌文化、品牌理念、创始人经历等角度出发，以故事叙述的方法，赋予品牌精神内涵和灵性，使其具备历史传承和独特文化，完成品牌塑造、升级、发布等不同阶段的营销需求。例如，京东平台内海尔某款冰箱在其详情页中加入了海尔品牌故事文案。

2. 网络推广文案

电商文案可以传播于所有互联网平台。为了推广并宣传自己的商品、品牌或服务，商家可以通过多种网络渠道进行宣传，尽可能覆盖更多的消费者群体。电商文案创作者要在更多的平台中写作并发布推广文案，如目前使用率较高的微信、微博、抖音等社交平台、新媒体平台、资讯类网站以及社群，并且还会采用信息流广告、开屏广告等方式提升推广曝光率。在不同平台下，可以根据不同的功能来体现出推广文案的特色。例如，在微博平台，品牌商家往往会寻求用户积极进行二次宣传，如通过转发、评论、@好友、发布话题微博等形式参与活动。在此类网络推广文案中，常附带着品牌的一些礼品以激励消费者参与推广活动。例如，百草味在微博平台内的推广文案，强调了其产品的多样性和实用性，宣传精选原料、送礼推荐，旨在吸引和满足不同消费者的需求。

3. 内容电商文案

内容电商是指在互联网信息碎片时代，通过优质的内容传播，进而引发兴趣和购买，其采取的手段通常为直播、短视频、推文等。内容电商文案通常采取文章的形式将需要营销的内容转化为向用户提供的有价值的服务，进而吸引用户点击、阅读，引起购物兴趣并付诸行动；同时，又使企业与消费者之间建立起了强有力的互动，为企业品牌与形象的建立提供了更直接的途径。例如，某个为手机用户提供使用技巧等技术服务及手机资讯内容的微信公众号内发布了引起消费者购物欲的推文，消费者能够直接在公众号内下单商品。

四、电商文案的效果

1. 增强信任、促进销售

营销界有一句名言：成功始于合作，合作始于信任，信任始于理解，理解始于沟通，沟通带来成功。成功的营销始于消费者对商家产生信任，而互联网的虚拟性特点让许多消费者并不能直接对电商销售的商品产生信任感。电商文案是一种带有销售性质的互联网文案，它的主要目的是让消费者信任文案中所描述的商品，并产生购买欲望。此外，消费者可以跟随商品文案去寻找商品形态，想象自身能够从商品中获得的收益，甚至试图与它进行交流。在此过程中，消费者的潜在需求可以被激发，产生共鸣，促进其产生购买动机。

2. 整合互动、宣传推广

被誉为"现代营销学之父"的菲利普·科特勒（Philip Kotler）说过："真正的广告不在于制作一则广告，而在于让媒体讨论你的品牌而达成广告。"电商文案创作的根本目的在于促使商品成交，其常用的手段就是提高消费者的参与度。电商文案基于互联网平台发展，文案的整合互动、宣传推广都可以通过各种平台完成，以扩大文案的效果。电商文案可以利用QQ、微信、微博、抖音、小红书等社交平台进行整合营销传播，且及时与消费者沟通互动，形成讨论话题，实现二次传播。许多商家都在不断试图抓住契机，通过策划一些新颖的创意文案在社交媒体中传播，以实现"病毒式营销"。

3. 树立品牌、积累资产

网络品牌是针对网络虚拟市场实施营销策略的结果，包括一个以网络为平台进行品牌塑造、品牌推广以及品牌维护的完整过程。无论是创造或留住顾客，其根本在于企业能让顾客产生品牌认同感，而非让顾客编撰太多理由说服自己购买这个品牌的产品。因此，在塑造网络品牌的阶段，提高顾客的感知价值尤为重要，只有充分考察消费者的消费习惯、消费心理及行为方式等，才能成功塑造品牌形象。品牌资产是与品牌、品牌名称和标志相联系，能够增加或减少企业所销售产品或服务价值的一系列资产与负债。它主要包括五个方面，即品牌知名度、品牌认知度、品牌联想度、品牌忠诚度和其他专有资产（如商标、专利、渠道关系等），这些资产通过多种方式向消费者和企业提供价值。品牌资产五星模型的具体内容见表4-1。

表4-1　品牌资产五星模型

组成结构	具体内容
品牌知名度	消费者对一个品牌的记忆程度，可分为无知名度、提示知名度、无提示知名度和第一提及知名度四个层次
品牌认知度	消费者对某一品牌在品质上的整体印象，包括功能、特点、可信赖度、耐用度、服务度、效用评价、商品品质的外观等。它是品牌差异定位、高价位和品牌延伸的基础
品牌联想度	通过品牌而产生的所有联想，是对产品特征、消费者利益、使用场合、产地、人物和个性等方面的人格化描述
品牌忠诚度	在购买决策中多次表现出来的对某个品牌有偏向性的（而非随意的）行为反应，也是消费者对某种品牌的心理决策和评估过程。它由五级构成：无品牌忠诚者、习惯购买者、满意购买者、情感购买者和承诺购买者
其他品牌专有资产	品牌有何商标、专利等知识产权，如何保护这些知识产权，如何防止假冒产品，品牌制造者拥有哪些能带来经济利益的资源，如客户资源、管理制度、企业文化、企业形象等

促进品牌资产的积累也是所有企业和商家长期进行的营销工作。通过文案创作，商家可以将商品的品牌以形象生动的形式表达出来，让消费者了解品牌的形成过程、品牌所倡导的文化精神、品牌所代表的意义等，从而增加对品牌的好感度和信任度。长此以往，商家就可以逐渐累积起品牌美誉度，使消费者对该品牌的质量可信度、社会公信力、市场竞争力、服务诚意、致力公益和回报社会等方面具有良好的印象和评价，这样消费者在购买时就会首先考虑该品牌的商品。

电商文案的以上效果是企业在经营管理中开拓市场资源与维持消费者关系的基础，也是电商文案创作者在策划与写作的过程中需要不断追求的目标。因此，企业对电商文案创作者有较高的综合素质要求。

五、电商文案的写作准备

（一）分析市场

市场起源于古时人类对于固定时段或地点进行交易的场所的称呼。陕西省武功县是中华农耕文明始祖后稷的故里。相传上古时期，每年春季，后稷在教稼台前教农稼穑，除草间苗，授民农耕技术。每年农历十一月初七，四方百姓聚于武功县武功镇东教稼台下，纷纷带来各自的收获以答谢后稷，并开始以物易物。我国最早的市场即发端于此。

现在的市场泛指商品交换的领域，如国际市场、国内市场、农村市场等。市场在其发育和壮大过程中，也推动着社会分工和商品经济的进一步发展。可以说，市场是商品和服务价格建立的过程，市场促进贸易并促成社会中的资源分配。

市场通过信息反馈，直接影响着人们生产什么、生产多少以及上市时间、产品销售状况等。因此，在策划与创作电商文案的准备工作中，首先需要对商品进行电子商务市场调研和市场环境分析，达到认识与分析市场的目的。

1. 市场调研

市场调研是一种把消费者与市场联系起来的特定活动——这些信息用以识别和界定市场营销机会和问题，产生、改进和评价营销活动，监控营销绩效，增进对营销过程的理解。因为市场营销的观念意味着对消费者的需求应该予以满足，电子商务市场给企业带来的最大影响是使市场由原来的以产品为中心变成了以消费者为中心，所以企业一定要通过市场调研，"倾听"消费者的声音。作为市场营销活动的重要环节，市场调研给消费者提供了一个表达自己意见的机会，使他们能够把自己对产品或服务的意见、想法及时反馈给企业或供应商。通过市场调研，该产品生产或提供服务的企业能够了解消费者对产品或服务质量的评价、期望和想法。当然，市场营销调研信息也包括除消费者之外的其他实体的信息。

小资料

市场调研在电商文案策划与创作工作中的具体作用

（1）为电商文案策划提供科学依据　市场调研是文案策划的依据和参考，是整个电商营销活动的基础。

（2）为电商文案的创意和设计提供实际素材　只有深入社会、深入市场进行广泛的调研，才能获得贴近消费者生活实际的好创意。

（3）有利于测定电商文案的效果　市场效果调研是评估电商文案效果的重要评测方法，有利于文案的更新与优化。

例如，电商企业通过调研大学生对微商产品的消费情况，才能有效地完善微商产品在大学生消费群体中的市场细分等信息，从而对不同类型的产品制定差异化的网络营销策划方案，其中就包含了商品电商文案策划与写作的整体构思与具体细则问题。企业常用的市场调研方法见表 4-2。

表 4-2　常用的市场调研方法

市场调研方法	具体内容
观察法	调研人员以直接观察调研对象的方式对其进行考察并搜集资料。例如，市场调研人员到被访问者的销售场所去观察商品的品牌及包装情况
实验法	调研人员用实验的方式将调研对象控制在特定的环境条件下，对其进行观察以获得相应的信息。控制对象可以是产品的价格、品质、包装等。这种方法主要用于市场销售实验和消费者使用实验
访问法	分为结构式访问、无结构式访问和集体访问。结构式访问是实现设计好的、有一定结构的访问；无结构式访问没有统一问卷，由调查人员与被访问者自由交谈；集体访问又可以分为专家集体访问和消费者集体访问
问卷法	通过将调研的资料设计成问卷，让被调研者将自己的答案或意见填写入调研问卷的方式获取信息。互联网问卷因其传播速度快、覆盖范围广、搜集信息便捷被企业广泛采用
资料法	通过对二手资料的收集、整理和分析，主要渠道是网上资料搜索和图书馆等书籍信息搜索，并结合以往的经验，对自己的企业或产品做出预估和比较

2. 市场环境分析

市场环境是指影响企业营销管理部门发展和保持与客户成功交流的能力的组织营销管理职能之外的个人、组织和力量。这些因素与企业的市场营销活动密切相关。因此，进行市场环境分析是企业开展经营活动的前提。按系统论和生态学的观点，企业内部与外部环境共同形成一个大系统，两者必须相互配合，才能产生系统效应。但从企业的角度来看，外部环境这一子系统是企业不能控制的客观条件，时刻处于变动之中，市场环境的变化既可以给企业带来市场机会，也可能形成威胁。因此，企业必须对自身系统进行动态调整，才能适应外部环境的变化，正如生态学中生物体与外界环境关系一样，也遵循"适者生存，优胜劣汰"的原则。而电商文案正是处在企业内部与外部市场环境下进行创作和改进的，也是为了适应市场的变化，在各种市场环境因素的动态发展下尽量为产品寻求占据一定的市场份额的网络营销机会。

市场环境分析可分为宏观环境分析与微观环境分析，主要方法有 PEST 分析法、SWOT法、价值链分析法、波特五力分析等。

宏观市场环境是指企业无法直接控制的因素，是通过影响微观环境来影响企业营销能力和效率的一系列巨大的社会力量，包括人口、经济、政治法律、科学技术、社会文化及自然生态等因素。由于这些环境因素对企业的营销活动起着间接影响，所以又称为间接营销环境。在企业进行宏观市场环境分析时，常用的方法有 PEST 分析法等。

微观市场环境是指与企业紧密相连、直接影响企业营销能力和效率的各种力量和因素的总和，主要包括企业自身、供应商、营销中介、消费者、竞争者及社会公众等因素。由于这些微观环境因素对企业的营销活动有着直接影响，所以又称为直接营销环境。

小资料　　　　　　　　　**挖掘新领域核心价值**

所有的市场环境分析工作与数据采集都是信息收集，目的是形成解决方案与建议。针对新领域，尤其是新产品的研发，可以从以下几方面着手：

1）行业机会在哪里？如何切入？

2）用户群体特征如何？应用怎样的形式去满足怎样的需求？

3）在众多竞品中怎样做到差异化？

4）如何利用资源发挥优势？从哪些角度入手？

以上问题正是电商文案策划与写作中突出商品核心价值与卖点的依据。因此，在电商文案写作的准备工作中，做好市场环境分析是一项必不可少的流程，要求电商文案工作者对市场环境具备较为全面的洞察力和较高的敏锐度。例如，通过 SWOT 分析法得出，"三只松鼠"的产品优势主要在于品牌、服务和客户累积。那么，电商文案工作者在写作文案时就要突出这些内容，以达到营销目的。

（二）熟悉产品

世界顶级 4A 广告公司恒美广告（DDB）曾经的创意总监托尼·考克斯在《全球 32 位顶尖广告文案的写作之道》一书中提到，广告文案有一个其他任何形式的写作都不能替代的特

点：广告的目的并非自身，而是超乎其自身的东西——产品。

电商文案都是以产品为基础的，写作目的也是促进产品销售。凡是拥有好文案的电商品牌都非常重视对自己产品特色与形象的打造。电商文案创作者必须首先对广告的客体——产品有比较透彻地了解和认识，才能写出对路的文案。电商文案创作者要善于研读市场调查资料，如果条件允许，最好直接参与市场调研，即使不能参与调研，也应全面了解产品的情况，以增加对产品的理性与感性认知。电商文案创作者在撰写文案时要突出并放大产品卖点，以促成销售。

1. 产品的独特卖点

产品卖点是指产品具备的一些前所未有、别出心裁或与众不同的特点。这些特点一方面是产品与生俱来的，另一方面是通过营销策划者的想象力、创造力来"无中生有"的，例如，通过文案促使消费者感受到对某产品迫切的需求。不论它从何而来，只要能落实于营销的战略、战术中，并在文案内转化为能被消费者接受、认同的利益和效用，就能达到产品畅销、建立品牌的目的。

广告学中有一个知名的 USP（Unique Selling Proposition）理论，它要求广告创作应向消费者表现出产品"独特的销售主张"，包括三个方面：具备独特性、提出利益承诺、说辞强有力。在电商文案中，应当合理运用 USP 理论，以及结合多媒体技术发挥视觉营销的特点，最大限度地展现产品卖点，撰写出独具一格的文案。

（1）具备独特性　独特性一定是该品牌所独具的，是其竞品不具有或不曾提出的，可以从不同的视角、细节来表达。

（2）提出利益承诺　每则电商文案不仅靠文字或图像表达出来，还要对消费者提出一个利益承诺，即购买本产品将得到的明确利益，减少消费者的选择成本。

（3）说辞强有力　文案中的建议等语句必须具有足够的力量吸引、感染广大消费者，最终促成产品销售。

产品卖点的展现角度可以从产品的品质、功能、性价比、售后服务、独特利益、品牌等方面进行思考。需要注意，在文案写作过程中，卖点并非"多多益善"，而是应当尽量在有限的文案篇幅内选取产品最具独特性和核心利益价值的卖点进行宣传，做到详略得当、取舍合理。

小资料

用 FAB 法则分析产品卖点

FAB 法则，即属性（Feature）、作用（Advantage）和利益（Benefit）法则。它是一种说服性的销售技巧，在产品卖点提炼中也十分常用。

F：产品有什么特点？

A：产品特点所呈现出来的作用是怎么样的？

B：它具体能给消费者带来什么利益？

一般来说，从产品的属性特点来挖掘消费者所关注的卖点是最为常用的方法。每个产品都能够很容易地发现 F，每一个 F 都可以对应到一个 A 和一个 B（见图 4-1）。需要注意的是，消费者最关注的往往是产品的作用和直接收益。

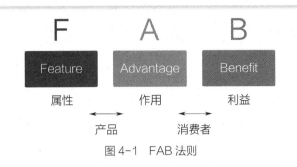

图 4-1 FAB 法则

以一款不锈钢炒锅为例，该炒锅使用具有良好耐热性、耐蚀性的 304 不锈钢生产而成，钢体结构有 7 层，包括最底层的菱形纹蜂窝不粘层和纳米钛黑生物膜，可以让这款不粘锅的不粘无烟效果达到全新的高度。这是因为在蜂窝保护层的分隔作用下，减少了食物与锅面的接触面积，从而形成了气体悬浮，达到真正的自离式不粘锅。通过 FAB 法则进行分析后，可得到的信息为 F：材料优质、工艺先进；A：不粘锅、少油烟；B：易清洗、健康节能。文案工作者则能以此进一步创作出产品卖点突出的电商文案。

（资料来源：廖敏慧、吴敏、李乐，《电子商务文案策划与写作（第 2 版）》，人民邮电出版社）

2. 产品的生命周期

产品的生命周期是指产品自进入市场到最终被市场所淘汰的整个过程。一般来说，产品的生命周期包括萌芽期、成长期、成熟期和衰退期四个阶段。不同产品有其自身的特性和市场需求，因而其生命周期也不一样。

文案创作者在撰写电商文案时，必须明确该产品所处的生命周期，进而采取不同的宣传策略。一般而言，当产品处于萌芽期时，电商文案要突出产品的新特点、新功能，可以使用一些具有时尚感和新奇感的语句，引起消费者的注意；当产品处于成长期时，电商文案要侧重宣传产品的优势和品牌实力等；当产品处于成熟期时，电商文案要注重宣传产品的售后服务、附加值等，以培养消费者对品牌的忠诚度；当产品处于衰退期时，就可以适当减少广告宣传，把精力集中到新一轮产品的广告宣传中。例如，同样是碧浪品牌的洗衣液，其新款产品与传统款产品的电商文案突出的重点截然不同。

3. 产品的市场定位

电子商务中的产品种类繁多，消费者在进行网络购物时有更为广泛的选择空间。因此，为了更好地找到目标消费群体，商家需要准确地进行产品的市场定位。

定位理论是由艾·里斯（Al Ries）和杰克·特劳特（Jack Trout）提出的："定位是你在未来潜在顾客心智上所下的功夫，也就是把产品定位在你未来潜在顾客的心中。"定位理论的内涵已把原来企业内部的产品定位扩展到市场和消费群体领域，并把确定产品在消费者心目中的位置作为广告定位理论的主要内容。电商文案创作者在文案创作前需要明确产品的市场定位，才能够达到良好的广告宣传效果。

4. 产品的品牌形象

品牌形象可以是由文案策划者根据产品独有的个性及其消费群体的审美情趣设计出来

的，而电商文案中所展示的正是这种由创作者设计出来的形象。因此，消费者在很多时候购买产品不仅是为了满足某种使用需要，更是为了享受该产品所展示出来的形象，追求心理的愉悦和满足，与自身产生共鸣。

产品的品牌形象策略，即在文案宣传中通过表现消费者享用这种产品时的风度、形象或氛围，给予人心理上的冲击，从而吸引消费者。当同类产品出现大量不同的品牌之后，每种品牌的产品属性大同小异，商家已经很难在文案中强调自己与众不同的特色。因此，大卫·奥格威（David Ogilvy）提出了产品的品牌形象策略，即产品独具一格的形象特征。例如，方太集团专注于高端厨电领域，坚持"专业、高端、负责"的战略性定位，不仅在文案中称自己的产品为"高端厨电领导者"，还暗指购买其产品的消费者为"高端领导者"，以此品牌形象获得了消费者认可。

（三）了解受众

对消费者的了解、熟悉和洞察是电商文案产生良好营销效果的前提之一。美国商业公司Marketing Evolution 的研究报告表明，因未能吸引目标受众而浪费的广告费用高达 370 亿美元。目标受众是指最有可能购买某产品或服务的特定消费者群体。目标受众是所有营销活动的基础，只有了解受众，才能更好地回应其真实的需求，让营销更具针对性。

因此，在创作电商文案的准备工作中，为达到最好的销售效果，首先要了解并圈定目标受众。电商文案不一定要有标准的文体、华丽的辞藻、优美的诗韵等，但不可缺少的是能表达出消费者的内心真实情感。文案创作者要将自身带入"受众视角"，既要知道受众到底是谁，又要知道他们到底在想什么、渴望什么，从而撰写出能挑起他们欲望、打动他们情感、唤起他们情绪的文案，促使他们选择购买该商品。

要了解什么消费群体会成为产品的目标受众，首先需要了解你的产品或服务可以为他们解决什么问题。一方面，要能精准地捕捉到消费者的内在需求，定位到消费者的痛点；另一方面，要突出产品价值的展示。痛点是指消费者对产品或服务的期望没有被满足而造成的心理落差或不满，这种不满最终使消费者产生痛苦、烦恼、欲望等负面情绪，为了解决痛点，就需要能解决以上问题的产品或服务。比如，一款移动充电宝的竞争优势是大容量，那么它可以解决消费者外出时手机电量不足的棘手问题；由此反推，什么样的消费者经常外出且需要重度使用手机？户外工作者？旅行爱好者？

建立目标受众的画像，可以使电商营销更加精准。具体来说，画像就是根据消费者的基本统计信息、心理学信息和消费行为定量数据等信息抽象出的一个标签化用户模型。在构建画像时可以从多个维度分析目标受众，事实上并不可能保证模型面面俱到，因此需要拟定最关键的信息标签。

 小资料 　　　　　　常用的信息标签

（1）基本统计信息　年龄、性别、地域、职业、受教育水平等。

（2）心理学信息　价值观、观念、行为、生活方式、人格特质等。

（3）消费行为定量数据　购买频率、购买渠道、购买动机、品牌偏好、客户满意度、价格敏感度等。

接下来可以从企业内部积累客户数据，例如，通过用户在网站里的浏览行为和触点收集并分析数据，也可以借助社媒倾听的方式收集互联网上关于产品或服务的全面反馈，甚至可以在有代表性的消费者群体间组织焦点小组座谈会或深度访谈，深入了解他们的购买动机和价值观等心理因素，或是通过定期的客户满意度调查收集每位客户的信息。例如，三只松鼠通过互联网零食消费者相关数据分析，结合用户画像，得出以下结论：在网购坚果零食的人群当中女性多于男性，以青少年为主，他们的消费层次属于中等水平，职业多为白领和学生，家庭主妇占比也较大。针对该画像包含的消费人群压力较大的特征，以拟人化小松鼠卡通形象和可爱的文案语言为主题策划了风格统一的电商文案。当消费者进入店铺看到这样的文案时能轻松一笑，减轻压力，治愈一天的疲惫，因此对三只松鼠品牌的好感度也随之提高。

电商文案也像一款产品，需要经过文案创作者的精心设计和反复打磨才能获得目标受众的关注，进而提升好感度，促使消费者积极互动、主动参与，并最终达到商家的网络营销目的。

六、电商文案的创作要点

（一）确定电商文案主题

电商文案主题的含义可以理解为电商文案向受众传达的"中心思想"。文案人员在撰写文案前需要明确，主题是始终贯穿整个文案创作过程的，统筹文案策划和创作的方向。主题对电商文案的最终呈现效果有着很大的影响：对内能影响文案的撰写方法、传播渠道和投放偏好；对外担当着传播者的角色，使消费者能够通过文案表达的主题获取商品宣传推广的重点信息，激起消费欲望。可以说，电商文案写作的目的就是向消费者传达产品、服务或品牌的某种信息，这种信息就是文案所要表达的主题，如商品卖点、促销优惠、企业精神、品牌理念等。

在确定电商文案主题时，创作者必须明确一点——文案是为电商服务的，是为了促进消费者购买产品的。因此，创作者在撰写文案时要注意分析产品的受众群体、电商的整体风格、营销活动的目的，以及产品与竞争对手相比的差异化优势等，这样才能引起消费者的关注，刺激其购买欲望。此外，文案创作者要从消费者维度确定电商文案主题，直击消费者的内心需求，洞察消费者、购买者和使用者的心理。电商文案创作者通常运用以下公式来确定电商文案主题：

$$电商文案主题 = 目标产品 + 个性信息 + 消费心理$$

例如，鸿茅药酒的电商文案以"父母身体好，儿女没烦恼""药酒治病，选鸿茅"以及主治功能等语句为主。通过分析可得知，鸿茅药酒电商文案主题围绕以下几个方面：产品对中老年人具有良好的保健作用，能滋补身体还能治病；儿女将它作为礼品送给父母可以尽自己的一份孝心，同时也希望它能为父母带来健康。

（二）选择电商文案的诉求方式

文案创作者在确定了电商文案主题后，可以结合产品的特点，采用不同的诉求方式来撰写文案。电商文案通常有三种诉求方式，即理性诉求、感性诉求及情理融合。

（1）理性诉求 理性诉求通过展现事实、阐明道理的方法为消费者提供购买产品的理由，或者有理有据地直接论证产品的优点与长处，以便消费者自己判断，形成有意识的购买行为，也就是"以理服人"。在选择理性诉求方式时，要根据产品自身的特点来考虑，通常越是科技含量高的产品、越是有独特配方的产品、越是需要受众理智判断的产品，越适宜采用理性诉求方式。理性诉求的关键是给消费者提供有价值的、具体的信息，这些信息必须客观、可信、有逻辑性，并且主要侧重于对功能性和实用性的描述。例如，××美白去渍功效牙膏的电商文案，直接陈述产品的成分与功效，便于消费者理性选购。

（2）感性诉求 感性诉求根据消费者的兴趣、嗜好、性格、习惯等心理特点，运用特定的情感诉求方式向消费者传递信息，使消费者对产品或品牌产生特有的情感，从而诱发其购买行为的电商文案表达形式。感性诉求的文案需要通过感情的渲染、情绪的激发，让消费者的心灵产生波动或反应，因此应该注重在文案整体上呈现出色彩鲜明、富有一定美感的特有风格，通常会采用反问、号召、惊叹等方式以达到"以情动人"的效果。

感性诉求分为正面情感诉求和负面情感诉求。正面情感诉求主要利用人的正面情感，如爱情、友情、亲情、乡情、同情等，唤起消费者的愉悦情绪，并将这种愉悦情绪延伸到产品上，从而使消费者对产品产生好感。例如，哈根达斯冰激凌的经典文案"爱她，就请她吃哈根达斯！"深入人心，因此哈根达斯贩卖的不再只是冰激凌，而是爱情的浪漫感。而负面情感诉求则相反，它主要利用人的愤怒、恐惧、不安等情感，非常容易吸引眼球，并产生强烈的冲击力，在消费者脑海中留下深刻的印象。例如，某款消毒用品以"细菌无处不在 你还敢坐视不理？"创作了一则引发消费者恐慌的电商文案。

（3）情理融合 在撰写文案，单纯进行理性诉求，容易存在语句平淡、生硬、乏味的缺点；单纯进行感性诉求，又不容易直接传递有效信息，论述不够充分。因此，越来越多的电商文案开始将理性和感性诉求相结合，采取"理性＋情感"的情理融合诉求方式。

在情理融合诉求方式中，有些电商文案是以情感诉求为主、辅以理性诉求的；有些是以理性诉求为主、辅以情感诉求的。无论以哪种诉求方式为主，文案创作者在进行整体构思时都需要厘清主次、合理安排，并且在文案的创作中围绕同一个主题以及保持统一的风格，切忌出现"散打"的现象。

（三）明确电商文案的写作风格

创作电商文案的大忌就是千篇一律、互相雷同，而独特的风格可以让你摆脱同类型产品的竞争对手，博得消费者更多的关注。

1.电商文案风格的概念

风格也称调性，文案调性是由品牌调性所决定的，同时也会被阶段性的营销目标与媒介形态所影响。所谓文案风格，就是能以一种与众不同的调性、文体吸引更多注意力和产生更强说服力的写作方法。其实风格是无处不在的，并且不局限于某种特殊的写法，只要能够达到凸显自我的效果，就是商家或品牌的独特风格。例如，苹果公司总是在其文案中玩各种文字游戏，它的文案风格就形成了苹果体，富有时尚感与趣味。

2.电商文案风格的形成

电商文案风格是商家或品牌经过长时间的积累形成的，一直坚持按一种调性创作文案，就产生了风格。例如，某网店一如既往地使用短句，每句话都不超过 7 个字，这样看上去有些偏执的写作行为，就逐渐使它的文案风格成型了。又如无印良品，总是用干净简单的图片和文案，长期以来就形成了自己简约、清冷的文案风格。再如耐克，文案的语句都非常简短，正好符合其产品理念——不多想，不多说，只要做了就对了，正如它的广告语"Just Do It"。

商家或品牌必须坚持自己的电商文案风格，如将特有的写法贯彻到底，否则无法形成消费者眼中的独特风格。

3. 电商文案风格的确定

如果为某个品牌（产品）创作电商文案前不了解其文案风格，那么最直接的办法就是找出它之前所发布的广告、产品型录、包装、网站等一系列宣传资料，从中寻找和总结风格上的一些共同点，然后在新的文案创作中继续沿用。一般来讲，成熟品牌的风格是比较稳定的，包含由品牌所发布的所有广告、视觉设计、产品造型、包装等各种元素综合起来的、在用户的认知中所构成的固有的印象，除非在特殊情况下才会做出明显的调整。例如，提到可口可乐，消费者自然会联想到活力、畅爽、热情、红色，这些关键词就是可口可乐文案所要传达的调性。不同品牌的文案风格一般都存在差异，以下两个服装品牌具有不同的产品定位，呈现出差异明显的文案风格：

（1）优衣库（UNIQLO） 其品牌文化和产品理念就是摒弃不必要的装潢或装饰，其文案总是表现出城市上班族的干练与实效。

（2）美特斯邦威 其产品主打年轻化、活力、时尚，文案总是在表达不同寻常、追求个性的理念。

4. 电商文案风格的类型

如果要对电商文案的风格进行细分，可以按情感、韵味、语气等方式分成几十种甚至上百种，但从通用的意义上讲，大体集中在七个维度，其对应品类及品牌案例见表 4-3。

表 4-3 电商文案风格的类型

风格类型	对应品类	品牌案例
激情体	越野车、白酒、饮料、运动品牌	JEEP、红星二锅头、可口可乐、耐克
生活体	日用品、家具、家电	奥妙、舒肤佳、海尔
文艺体	时装、化妆品、书店	茵曼女装、花西子、诚品书店
冷淡体	数码、科技、家用品	无印良品、小米
幽默体	快餐、休闲零食	肯德基、三只松鼠
强调体	名车、名表、名酒	路虎、劳力士、芝华士
庄重体	银行、房地产、保险	招商银行、万科、中国人寿

根据电商文案风格的类型划分，不同类型的品牌或不同主题的活动应该配合不同的文案风格。例如，游戏类文案要体现出酣畅淋漓的感觉，可以选择豪放或者幽默风格；美食类文案要体现出食物的特性，可以选择朴实型风格；情人节专场类文案则要体现出甜蜜、浪漫，

可以选择煽情风格等。总之，电商文案创作者要根据品牌的整体策略和具体产品或主题活动的创意选择电商文案风格。

没有规定一款产品、一个专场必须用某种特定的风格来创作其电商文案，有时候选择反差十足的风格会有奇效。但是，在学习创作文案初期，尽量不要太过于"出其不意"，例如，选择冷淡体来写作节日文案、庄重体写作运动服饰等，容易导致宣传效果不佳。创作者在熟练掌握了电商文案的写作技巧后，可以尝试一些"前卫"的风格。

（四）找到电商文案的写作切入点

电商文案创作者在撰写产品文案时，往往会采用一些技巧，尽可能激发受众的特殊情感，如好奇、恐惧、同情、疑惑等。这些常用的技巧也称为写作切入点，主要包含蹭热点、激好奇、傍权威、造冲突、反其道、列数据、搭场景等，可以发挥各自的特点，产生不同的文案效果。

1. 蹭热点

热点是指比较受大众关注或欢迎的新闻和信息，也指某时期引人注目的事物或问题。热点通常能吸引大量的关注，为商品推广或销售提供大量的目标基础。如果一个热点事件一直被大众所关注，则与此有关的文案就很容易得到传播；如果能在 8 小时之内抓住热点写出文案，则其传播会更快。热点通常可分为常规型热点、突发型热点及预判型热点。文案创作者可以根据其特征有选择地"借题发挥"。

（1）常规型热点　常规型热点就是一些比较常见的热门话题，如大型节假日、大型赛事活动等。这类热点准备周期长，可以尽早选题策划拍摄，待热点一出便能及时发布。

（2）突发型热点　突发型热点是指那些不可预测的突发事件。这类热点出现得比较突然，如某个地方的自然灾害，或者社会事件、娱乐新闻等。这类热点一般流量比较大，但留给创作者反应和准备的时间极短，十分考验及时反应和快速创作的能力。

（3）预判型热点　预判型热点是指能够人为判断会成为热点的某些事件。比如，一场演唱会将要举办、一部电影即将上映，可以通过分析演唱会、电影的受众群体和话题本身热度（可在各大社交平台查看），来预测其能否成为热点。

例如，淘宝某款手表"蹭"热播电视剧《欢乐颂》人物 IP 热点；某款抽纸"蹭"热门卡通 IP "小黄人"的热点。

文案创作者可以随时关注百度热点、微博热点、知乎热点、百度贴吧热点、抖音热榜、网易新闻、豆瓣热点等热搜榜，把握流量动向；也可以关注一些热点导航网站，同步获取最新资讯信息，对文案创作很有帮助。

在蹭热点时，文案创作者一定要保持理智，对涉及法律法规、道德伦理、国家政治、民族利益等方面的内容尽量要避免触碰，不要因为蹭热点产生负面影响。热点是一把双刃剑，用得好短时间就能够带来巨量曝光；如果用得不好，也能让一个品牌形象一落千丈。

2. 激好奇

如果消费者看到产品文案时毫无兴趣，何谈后面的消费欲望以及行动呢？美国广告人刘易斯提出一种消费心理模式——AIDMA 法则，总结了消费者在购买商品前的心理过程。消费者先是注意商品及其广告，对商品感兴趣，并产生需求，最后是记忆及采取购买行动，即

"Attention（注意）——Interest（兴趣）——Desire（消费欲望）——Memory（记忆）——Action（行动）"。其中，最关键的一点是要唤起消费者的好奇心，引起消费者的注意，让消费者产生想尝试的心理活动，可以采取反问句、设问句等句式来进行创作。例如，××甜品利用激好奇的手法来撰写出吸引消费者对其新品配料一探究竟的文案。

3. 傍权威

文案创作者在撰写文案时，经常利用最新研究、权威人物、名人效应来增强说服力，并引发共鸣。一方面，某个领域内的权威人物具有很高的可信度，因此他们提出的观点易于获得广泛的认可。很多消费者认为权威人士已经研究某个问题多年，因而当自己存在一定的困扰时，都愿意听从权威人士的意见，并认为这样的做法也是大众的普遍行为，即形成了所谓的从众效应。另一方面，名人相关的事件一般都是大众所关注的，无论是他们的工作还是生活，甚至是他们的兴趣爱好，都能吸引较大的流量。好奇心始终长存于人性之中，如明星在社交媒体上的一句话、一张图，哪怕只是一个表情，都能引起粉丝的关注。例如，×××硅藻泥利用其首席技术专家的名号进行了电商文案的创作，突出产品具有速效、长效除醛的特点，起到了傍权威的效果。

近年来虚假广告、虚假代言事件频发，如一天之内换3个身份的"假专家"被群众曝光等，国家相关部门高度重视。文案创作者应具备足够的辨识能力，先明确文案所写的到底是不是"真权威"，并切忌把事实夸大其词，否则只会引起消费者的怀疑和顾虑。

4. 造冲突

在撰写文案时，文案创作者有时会根据需要有意制造冲突性话题，利用与常理不同的矛盾突破人们的心理预期，在人们的思维碰撞中产生很好的吸睛效果。例如，某洗衣机清洗剂产品的电商文案中写道："你知道吗？洗衣机比马桶脏64倍，也许你正在使用这样的洗衣机……"看到这样的文案，人们马上会产生警觉与焦虑，并反思自家的洗衣机是否真如文案所写一般肮脏不堪，进而对产品产生兴趣并进一步浏览。

文案创作者制造的这种矛盾冲突要与受众息息相关、贴近受众的生活，最好能直击消费者的忧虑所在。例如，大容量手机的文案"假如这个世界上没有了充电宝"，营养狗粮的文案"狗狗为什么越吃越瘦"，等等。买家在看到时就会被商家故意制造的冲突所吸引。

5. 反其道

反其道而行之的文案撰写切入点是运用"反常规、反传统、反顺向"的思维方式，构思出一个意想不到的文案创意。这样的写作方式需要创作者具有开阔的思维，往往可以通过团队的头脑风暴法，以集思广益的方式得到一反常规的点子。

小案例　　　　　　　　　加多宝凉茶"对不起"系列文案

2012年，加多宝在与广药集团的商标争夺战中输了官司，广药集团收回鸿道有限公司的红色罐装及红色瓶装王老吉凉茶的生产经营权。为了延续此前在消费者心目中的形象，加多宝通过文案技巧向消费者暗示，现今的加多宝凉茶就是从前的王老吉凉茶，但是这种打"擦边球"的模糊说辞遭到广药的起诉。2013年1月，法院判决加多宝停止使用"王老吉改名为加多宝""全国销量领先的红罐凉茶改名加多宝"或与之意思相同、相近似的广

告等宣传语。

眼看大势已去，2013 年 2 月 4 日 14 时，加多宝官方微博开始"泪流满面"，连发四条哭诉微博，以"对不起"表明自己的立场。每张"对不起"图片上都有一句话、一个哭泣的小宝宝。这 4 张"对不起"图片调侃对手、正话反说，表面上是道歉、自嘲，实际上是喊冤、抗议。这种向公众示弱、向对手示强，笑着自揭伤疤示人的风度，博得了大众的同情。

"对不起！是我们太笨，用了 17 年的时间才把中国的凉茶做成唯一可以比肩可口可乐的品牌。"

"对不起！是我们太自私，连续 6 年全国销量领先，没有帮助竞争队友修建工厂、完善渠道、快速成长……"

"对不起！是我们无能，卖凉茶可以，打官司不行。"

"对不起！是我们出身草根，彻彻底底是民企的基因。"

自己在与广药集团这家国企的争斗中输了官司，还收获了一肚子的苦水和委屈，却仍然向消费者表示歉意，没能"保护"好这个凉茶品牌。这是一个准确抓住受众心理的案例。加多宝的"悲情牌"一经打出，立刻博取了大量网民的同情。新浪数据显示，发布后短短数小时内，"对不起"系列微博的转发量已超过 17 万次，覆盖粉丝数逾 3 亿人。加多宝也一举将输掉官司的负面新闻扭转为成功的公关营销事件。

（资料来源：根据营销宝网站资料整理改编）

另外，有些商家在商品形象代言人方面打破常规。通常在习惯思维下，男性用品用男性代言人，女性用品用女性代言人，但如果反其道而行之，有时能收到意外的效果。例如，现在很多女性化妆品使用男性作为代言人，这样的行为看起来不符合逻辑，但其实施后的效果表现不俗：帅气的男性代言人容易吸引女性消费者，而当看到某化妆品的男性代言人的皮肤都可以保养得光洁细腻后，她们更增强了对该化妆品的信心。例如，某款女士化妆品请男明星作为形象代言人，引发了众多女性消费者的追捧。

6. 列数据

电子商务中充满了各种数据，数据不仅是电商运营的重要工具，也是电商营销的一大妙招。从"9.9 元包邮"到"19.9 元最后 2 小时"，从"线上销量 30000 件"到"全网销量第 1 名"，从"直降 100 元"到"立减 60 元"，在电商领域几乎可以说"无数字，不文案"。

在商品的促销文案中，列数据早已是一项司空见惯的撰写手法；在商品的介绍、描述类文案中，数据同样发挥着重要的作用。文案创作者可以根据自己出售的产品类型，在文案中将数据信息尽可能地介绍清楚，有时候数字发挥的作用远超文字的效果。数字能给人最直观的感受，既让消费者能在详情页中剖析产品特性，还能增加文案的真实性，也能起到降低消费者理解成本的作用。例如，某款维生素 C 在其详情页文案中便使用了列数据的方法，利用"一片含 100mgVC=5 个橘子 VC 含量"的图文展示，直观明了地向消费者描述了其 VC含量。

7. 搭场景

在电商文案的创作中，有一种可以给受众带来独特感受的撰写方法，就是利用文案为消费者搭建一个能够身临其境的"场景"。场景感就是某个特定的场合、某些特定的情景带给受众的感受。都说"人类是感觉动物"，有些文案说不出哪里好，但就是谁也替代不了，究其原因，正是场景感的塑造，给受众带来了无法替代的感受。

场景感文案是从卖方视角走向买方视角的一大步，通过场景的塑造，植入品牌调性、产品卖点，直达受众的使用场景和使用感受，让文案具备了更强的穿透力与共鸣，在占据受众眼球的同时，占领受众的心智，让文案深入人心，带着情感产生消费的冲动和欲望。

小案例　　　　　　　　　　**南方黑芝麻糊温情场景文案**

夜晚的麻石小巷，挑担的母女走进来，油灯悬在担子上，晃晃悠悠。小男孩吸着那股香气，伴着木屐声、叫卖声，跑到担子前。"小时候，一听见芝麻糊的叫卖声，我就再也坐不住了。"男孩搓着小手，神情迫不及待。卖芝麻糊的母亲将大铜勺提得老高，往碗里倒芝麻糊。小男孩埋头猛吃，碗几乎盖住了脸。小男孩将碗舔得干干净净，小姑娘捂着嘴笑了。卖芝麻糊的母亲爱怜地又给小男孩添了一勺，并轻轻抹去他脸上的残糊。小男孩抬起头，露出羞涩的感激。

"一股浓香，一缕温暖。"这则文案用古朴的街道、橘红色的油灯、熟悉的叫卖声，共同构成了一幅生动的画面，很容易引起消费者的共鸣。

七、电商品牌命名

不管什么领域、什么行业，都讲究品牌效应，电商也不例外。品牌名称是指品牌中的标志性文字及其读音，是品牌的核心要素。它给消费者以整体印象和基本评价：一提到某一品牌名称，人们很快就会对该品牌所代表的产品质量、技术、服务等有一个整体概念。品牌名称十分重要，艾·里斯和劳拉·里斯（Laura Ries）在《品牌22律》一书中指出："从长远的观点看，对于一个品牌来说，最重要的是名字。"而且电商品牌往往直接与其文案相关联。

电商品牌命名一般都包含以下特点：商家的性质、经营范围、产品属性、易于传播和推广的关键词；配置汉字的文化传承、形义韵、五行属性、法人命运意向；运用审美基础、地域风情、经典创意，进行综合分析，准确定位；参考营销、消费心理、广告、品牌等。文案创作者将根据商家特色，精心打造一个大气、贴切、易识别、朗朗上口、让消费者难忘、有利于企业蓬勃发展的电商品牌名称。

例如，"淘宝"的命名侧重于筛选好东西、选择好宝贝，消费者上淘宝网就是去选择自己喜欢的东西、选择自认为好的宝贝。又如，"麦包包"的品牌命名与"买包包"谐音，让消费者自然而然地联想到企业的产品以及产品的属性，并且品牌名能够立刻在消费者的头脑中占据一席之地。同时，通俗易懂又便于记忆的品牌名，更容易让目标顾客对麦包包进行传播。

小资料　　　　　　　**电商品牌命名需要遵循的基本原则**

（1）简单响亮，产品相关　例如，"鲜橙多"直接与橙汁相关联，"疯狂小狗"直接与狗粮相关联。

（2）通俗易懂，突出特色　例如，"楼兰蜜语"突出了新疆特色食品的特点，"宝宝巴士"突出了儿童读物的特点。

（3）新颖易记，便于搜索　例如，"好想你"枣、"武大郎"煎饼，具有新意且便于消费者记忆和搜索。

（4）避免生僻，易于传播　在命名时，首先要尽量使用中文，避免用外语，尤其不要用中英夹杂的名字，这样非常不利于品牌的传播；其次要尽量少用术语；最后要避免生僻字；此外，要谨慎使用多音字。

（5）尚未被注册过　文案创作者在进行品牌命名时，需要确认该命名是否已被他人抢先注册，如已被注册则不可使用，避免违反《中华人民共和国商标法》，引发争议或法律纠纷。

现在已进入品牌时代，消费者在购买产品时更倾向于选择知名品牌。一个产品从开发到生产，再到宣传推广，历时弥久。商家要想建立自己的品牌，不是一朝一夕的事情。其中，品牌命名是品牌建设的第一步。起一个既符合产品性能特征，又能满足消费者心理需求的名字，无疑会增加产品的知名度和竞争力。因此，可以说品牌命名是一种微型文案写作。

品牌命名对于一个企业市场的发展至关重要：它不仅关系到企业在行业中的影响力，还关系到其产品投放市场后消费者对企业的认知；如果品牌名称符合行业特点，具有深厚的文化底蕴，既能展现产品的优质特色，又能为消费者所熟知和记忆，如品牌名称具有中国特色或地方特色，就会像一把金钥匙，能迅速打开市场大门，为企业打下坚实的基础。品牌命名也体现了生产技术实力和企业文化。好的品牌命名不仅是企业文化的象征，也是产品质量的展示，是活的广告，是企业的凝聚力。

小案例　　　　　　　　　　　农夫山泉的品牌命名

延伸阅读：
电商品牌命名参考
方法

农夫山泉股份有限公司成立于 1996 年，其理念是坚持水源地建厂，水源地生产。其中，"农夫"二字给人以淳朴、厚道的感觉，进而联想到产品本身，给人一种产品绿色、安全的感觉；"山泉"二字会让人联想到清澈、甘洌的山泉水，山泉水都是在大山中流淌，没有工业污染，天然纯净，更加让人放心。因此，农夫山泉饮品一直受到大众的青睐。其次，搭配上经典广告语"我们不生产水，我们只是大自然的搬运工"，更加强化了农夫山泉绿色、环保、安全的形象，便于记忆的同时，也更展示了产品的良好形象。

八、商品关键词及标题写作

（一）商品关键词的意义

电子商务时代的消费节奏很快，许多消费者是带着较为明确的购物意向或者一定的购买目标范围来选购商品的。因此，在购买商品的时候，消费者做得最多的事情应该就是根据想买的物品，首先输入与商品相关的词语，然后才会弹出一系列想要的商品，再从中挑选。而消费者所搜索的这些词语就是商家所设置的商品关键词，能由此更加迅速地找到商品。例如，在京东商城内以"儿童毛巾"为关键词进行搜索，会出现诸多类似的产品信息。

淘宝卖家在分析和设置商品关键词时，一般会用到千牛工作台里面的两个应用——生意参谋和直通车。很多卖家在开店的时候，都会使用一个付费推广工具——直通车。直通车的计划数据是帮助卖家找关键词的好帮手。还有一个专门的数据分析工具——生意参谋。在生意参谋里可以分析店铺各种数据，还可以借助插件拆解竞争对手的动作。在生意参谋里根据市场行情可以对关键词进行市场分析，判断该关键词是否能推广，还能查看竞品的引流词和成交词。

关键词在任何一个电商平台上都非常重要，无论是淘宝、拼多多还是天猫、京东……平台商家都需要知道自己店铺的产品。①关键词的搜索能反映出消费者的购物行为，让大数据清楚消费者的需求；②关键词是表达产品最精准的词语，用不同的关键词能表达出产品不同的特点；③商家推广时需要添加不同的关键词，增加关键词推广的全面性；④选择关键词时，需要选择突出产品卖点的关键词，在用户搜索结果中展示更高的产品匹配度。

（二）商品关键词的具体作用

1. 引入精准流量

关键词第一个也是最重要的作用就是为商品引入精准的流量，这一作用无论是在自然搜索还是直通车中都是一样的。搜索流量获得展现的前提是用户搜索相关的关键词。如果商品中有与用户搜索一致的关键词，系统就会根据商家商品的权重来进行匹配展现。当然，商品标题中所涵盖的关键词与用户搜索的关键词是否一致，只是商品能否获得流量的第一步。第一步关乎的是商品的初次展现，而第二步用户是否会点进某商品的详情页进行浏览，则需要根据商品的属性与标题中的关键词是否一致来决定。

例如，商品 A 是一款吊扇，但标题中设置了"落地扇"这一关键词。在这种情况下，即使用户搜索"落地扇"时，商品 A 也能够获得展现。但宝贝本身与这一关键词还是有所区别的，与用户搜索的宝贝需求不同，即使商品 A 获得了展现，用户可能也不会点击它。

这一点很重要但被很多商家所忽略，并且还有很多商家会将点击率低这一情况，归咎到主图方面，就完全是找错方向了。并且，不精准关键词引入的流量，不仅仅关乎点击率，收藏加购率、转化率这些数据也会直接被影响到，所以这就是商品关键词必须精准的原因之一。

2. 实现关键词权重

除了关乎流量的精准性外，关键词本身还有权重，即关键词权重。关键词权重也是直接影响商品在搜索结果中展现的指标。当用户搜索某一关键词与商品的关键词匹配时，系统就会根据以往商品通过该关键词引入流量的点击数据、收藏数据、加购数据以及转化数据来判断，商品能否接住这一流量，能否将这一流量转化成为订单，为平台增加 GMV（商品交易总额）。

再用落地扇进行举例。如果商品 B 是落地扇，标题中的关键词也是落地扇，那当用户搜索"落地扇"时，商品 B 就有更多机会获得展现。而系统就会根据以往商品 B 获取"落地扇"这一关键词流量的转化数据来评判将其展现在什么位置。而针对这一关键词所获得的数据，就是通常所说的"关键词权重"。如果在之前，用户通过搜索"落地扇"这一关键词时，看到商品 B 点击的概率远高于同行其他商品，并且转化的概率也高于同行，那商品 B 在这一关键词下的关键词权重就越高，反之则越低。关键词权重越高，商品所获得的展现位置自然也越高。如果某商品是同类商品中在这一关键词下数据最好的，那在不考虑其他外部影响因素的情况下，它就自然能够获得第一位的展现。当然，商品的关键词权重是仅仅针对某一特定关键词搜索下的权重，同一款商品在"落地扇"关键词下的权重高、展现位置高，不一定在"吊扇"这一关键词下的展现也很高。

再回到关键词引入精准流量的作用来看，关键词选择得精准与否，直接关乎商品在关键词下的各项数据，也就关乎商品的关键词权重高低。所以，只有选择了精准的关键词，才能在该关键词下获得好数据，从而实现高权重，高展现，形成商品流量的良性循环。

（三）商品关键词的种类

1. 泛关键词

泛关键词是指范围比较广的关键词，可能是某个行业或产品的类别。例如，iPhone14 的泛关键词可以是"手机""电子产品""通信设备"等，仅仅是搜索"手机"这一泛关键词就可以有很多种商品，其中的 iPhone14 只是一款产品。又如，洗发水的泛关键词可以是"洗护用品""日化产品"等，都是指代一个大类产品的关键词。

2. 核心关键词

核心关键词是指描述产品最基本属性和特征的关键词。可以运用核心关键词把一个产品设计成一款有特色的产品。比如，一款连衣裙商品可以用一些具有特色的关键词修饰成"2022秋季羊毛衫连衣裙"，或者一款鞋子可以修饰成"新款潮男运动鞋"等，使它们更加符合商品的特点。

> **小资料**
>
> **核心关键词一般遵循的原则**
>
> （1）相关性　核心关键词一定要与文案的宣传侧重点紧密相关，可以参照 FAB 法则、九宫格法等提炼出的商品核心卖点来进行设置。要告诉搜索引擎该文案主体内容是什么，宣传的是哪一款商品，可以为用户提供什么样的服务，解决什么样的问题等。
>
> （2）定位准确　核心关键词的范围应该比泛关键词更加具体，否则不利于用户精准地找到商品，例如，商家可以根据实际情况，在核心关键词中体现出品牌名称、经营类型、风格、特色等。
>
> （3）符合搜索习惯　商家在设置关键词时需要换位思考，如果用户想要买某件商品，大概会搜索什么样的关键词，根据关键词数据分析结果进行整合，以此来设置更符合用户搜索习惯的核心关键词。
>
> （4）关注竞争程度　热门关键词经常被搜索，商业价值很高，但是容易导致部分品牌排名不高，且成本不易控制；冷门关键词竞争小，但是用户搜索的频率低，不易曝光商品。因此，商家需要分析商品关键词数据来考虑关键词竞争程度。例如，可以通过关键词工具和百度指数等工具观察较为详细的数据，或查看竞价排名的动态数据，以判断关键词的竞争程度。

另外，商家可以在淘宝网随时查询"卖家中心"页面的相关数据，观察当前店铺的交易数据。当打开"重点诊断"页面时，可以看到店铺最近 30 天、最近一周或者自定义分析天数的店铺流量统计数据。还可以查看店铺的 PV 值（页面浏览量，也就是点击打开店铺首页的次数）、UV 值（访问 IP 数量，也就是进入店铺的顾客人数）以及转化率（最终成交订单数与进入店铺浏览数的比率）等。此外，还可以搜索到"行业热门搜索词 TOP10"等实时数据，查看搜索词的热门榜及上升榜等作为参考，据此确定商品的最优关键词，如"连衣裙"的搜索热门排行。

3. 辅助关键词

辅助关键词是一些本身与产品推广并不直接相关的词语，但用户在搜索这些辅助关键词时往往会浏览到产品相关信息，产生进一步了解的欲望，甚至出现购买该产品的想法。例如，华为手机的辅助关键词可以从品牌角度考虑，如"华为客服""华为新品发布会""华为手机直营"等，或从已有用户角度考虑，如"华为手机维护""华为手机售后"等，还可以从对产品不熟悉的人群角度考虑，如"华为手机特点""华为手机选购指南""华为手机报价"等。受众在搜索这些辅助关键词时，很有可能成为华为手机的潜在消费者。在相关文案中附加商品的网购链接，如果用户点击就可以直达商品详情页面或商家店铺，实现精准引流，最终促进商品销售。

4. 长尾关键词

长尾关键词是指对一个产品原有的关键词进行细分，它具有可延伸性、针对性强、范围广的特点。电商平台存在大量长尾关键词，其带来的总流量是非常大的。通常长尾关键词可以与泛关键词配合使用。例如，泛关键词是鞋，其长尾关键词就可以是女士鞋、男士鞋、凉鞋、户外运动鞋等。

当产品关键词是"服装"时，它的长尾关键词可以分为很多类，如男性服装、女性服装、夏装，以及它的品牌拓展，还可以按材质分类，如棉质、羊毛等。选择长尾关键词进行优化明显更有转化价值，这是因为一般搜索某产品的细分品牌的用户，其购买的目的性都非常强，可以对用户进行多维度的筛选，提高用户转化率。

5. 借力关键词

借力关键词是指某品牌商品可以借助知名人士或知名大品牌标签来提高自己商品的档次。例如，某品牌手机可以说是与 iPhone 一样配置的手机，借助 iPhone 的品牌来宣传自己的商品，或者某款手机数据线可以说是华为手机专用，或者某款鞋子可以说是与某明星的同款运动鞋，借助明星的知名度来宣传自己的商品。例如，在京东商城搜索栏输入"×××同款"，则会出现许多商品的借力关键词，如"×××同款羽绒服""×××同款鞋"等。

在设置商品关键词时要注意的是，用户在搜索关键词时，一般会搜索由两个或三个字组成的短语或词组，因此商家在进行关键词优化设置时要进行合理组合。另外，需要舍弃的关键词包括三种：一是拼写错误率比较高的关键词；二是停用的关键词；三是类似"最好的""疯狂地"等主观修饰型的词语。

（四）商品标题的基本要素

商品标题要素中包含的商品基本属性要求信息完整、正确和真实。例如，一件羽绒服的商品属性，其商品标题为"鸭鸭（YAYA）羽绒服男短款连帽厚款保暖青年秋冬季休闲外套男 DSZ47B0050 黑色 180"。通过分析可知，该商品的标题中包含了品牌、商品名称、货号、衣长、厚度、适用人群、领型、风格、颜色、尺码等信息，属于反映羽绒服基本属性的必备要素。不同的商品在撰写其标题时，非必备要素则无须在标题中展现，以免降低商品的标题与用户搜索关键词的关联性，可以放在商品详情页内进行描述。

一个好的商品标题包含的基本要素有商品名称、商品所属店铺名称 / 品牌名称、同一商品的别称、商品必要的说明。

小资料

商品标题写作小技巧

商品标题写作通常有些小技巧，主要有以下几类：

1）商品名称是商品标题的基本要素，告知买家所售的是什么商品。在商品前加上店铺名称或品牌名称有利于宣传自己的店铺。特别是对一些已经在买家心中留下良好印象或有一定名气的店铺和品牌，加上品牌信息后，能够使买家一目了然地找到他们所需要的商品。

2）有时同一个商品可能会有不同的称呼，为了让买家尽可能地找到所需要的商品，应该尽可能将别称写上去。例如，薯片需要写上别称"土豆片"或"红薯片"，便于买家进行区分。

3）对于特卖型商品，在标题中加上如"清仓""断码"，可以让买家感受到优惠。

4）某些特殊类型的商品需要在标题中加一些必要的说明信息（商品的形式和数量），比如虚拟货币等商品就需要标明商品的具体实现方式。例如，流量充值的商品标题，需要说明充值的地区、充值的流量有多少、是否可以叠加使用、是否可以跨月使用等。

（五）商品标题的写作模板

小案例

WIS 护肤品淘宝标题的写作格式

WIS 是一个专注于解决年轻人受损肌肤问题的护肤品品牌，成立于 2010 年，通过引进瑞士 RAHN 集团的先进技术与原料，以药品作为化妆品原料，以满足肌肤有问题的目标消费人群。WIS 提倡"科学""天然""安全""健康"等理念，致力于为消费者提供全面、安全的肌肤解决方案，以科学且有效的方式来修复和调理受损肌肤，恢复肌肤健康，通过一系列的宣传推广手段成功打响了品牌知名度，使品牌在竞争激烈的护肤品市场中占有一席之地，拥有部分忠实的目标用户。

在已有品牌知名度和粉丝基础的前提下，WIS 的一系列商品在拟定标题内容时，通常都会加上品牌名称，方便消费者直接通过品牌名称搜索商品。WIS 的商品标题基本以"品牌名 + 功效 + 规格 + 适用人群"的形式进行写作。这样可以让消费者通过标题快速了解商品的相关信息，判断是否适合自己使用，进而产生点击行为，进入商品详情页中查看商品的详细信息。

（资料来源：廖敏慧等，《电子商务文案策划与写作（第 2 版）》，人民邮电出版社）

商品标题与消费者搜索关键字的匹配度是决定流量的重要因素之一。一个好的商品标题能在吸引消费者注意力的同时，给店铺带来更多的流量。观察并分析一些销量较高的店铺，可以发现这些商品标题在撰写的格式上有一定的规则，即"品牌名＋名称＋宣传语＋属性"，组成了商品标题的基本模板。

（1）品牌名　有一定名气或较为成熟的品牌应展示自己的品牌名；如果是自创品牌名称则要谨慎考虑是否放入标题，当品牌没有名气时搜索的人自然就少，会导致关键词权重低，而且品牌名字会占据标题字数，减少其他关键词在标题中的展示机会。

（2）名称　标题中一定要包含商品的完整名称，否则可能会导致消费者误解或商品不受关注。例如，同样是销售大闸蟹产品的商家，有的销售鲜活大闸蟹，有的销售大闸蟹提货卡或礼品券，必须在商品标题中明确清楚，避免因歧义造成纠纷。

（3）宣传语　多用"特价""包邮""超值""门店同款"或"新品上市"等促销属性的宣传语来吸引消费者的眼球。

（4）属性　属性也是消费者在搜索商品时最容易输入的一系列关键词，应当结合商品卖点选择最关键的词汇在标题中展示。例如，服装类产品可以在标题中添加风格、材质和款式细节等属性；数码产品则要有品牌名称、型号和规格等属性；食品则需要产地、规格等属性。

商品标题写作模板中的这些词汇的顺序并不是一成不变，卖家可以自由组合，使标题能更加吸引消费者。下面以一款高跟鞋的标题组合为例讲解组合关键词的思路：

1）以商品的名称确定主要关键词"高跟鞋"。

2）分析高跟鞋的品牌、属性、材质、功能等。在分析这些关键词时，可以查看"高跟鞋"搜索结果页上方的属性栏，或通过发布商品页面的属性设置选项来确定商品的属性，如该商品的属性为"法式、细高跟、纯色、尖头、浅口、米色"等。

3）确定商品的品牌，如"Tata 他她"等。

4）根据用户的搜索习惯加入一些比较有人气的长尾词，如"商场同款、时尚、职业款"等。

5）选择该品牌常用的标题模板的表现形式，最后再对关键词进行组合，形成商品标题，如"Tata 他她 2023 秋商场同款法式细高跟时尚纯色尖头高跟鞋浅口单鞋女职业新款女鞋 7DDM7CQ2 米色 35"。再检查是否超出字数限制（一般限定为 60 字符，即 30 个汉字）或有其他不符合平台规范的，进行优化和调整，以免影响商品发布。

九、网店中商品详情页文案

详情页是指网店卖家所出售商品的详情页面。例如，淘宝网中商品主图页下拉进入"详情"页面，展示的就是商品的详情，由若干张商品海报组成。描述的信息一定要真实、准确，图文并茂地向买家介绍商品的功能、特点、质量、优势，帮助买家快速地理解商品价值。商品图片实物拍摄，美观、整洁、大方的页面排版设计，都会吸引买家的眼球，增加商品成交的机会。

好的详情页可以提高商品的支付转化率，并且可以让客户更好、更详细地了解商品详情。另外，详情页要抓住买家的心理，让买家更加理性地购买，在促进商品销售的同时尽量减少退款率。

（一）商品海报文案的基本要素

海报最早是用于戏剧、电影等演出活动的招贴。海报相比其他广告具有画面大、内容广泛、艺术表现力丰富、视觉效果强烈等特点。对于电商来说，海报是"图片 + 文字"的结合，两者相辅相成，图片通过平面设计表达出来的效果美观、具有层次感，并更容易吸引消费者的眼球，而文字则用来表现或突出主题，因此图文并茂的海报对于每一家网店而言都必不可少。文案创作者主要是撰写海报文案中的文字，用来展示商品的宣传要点；网店美工人员则负责将文案与配图进行设计与融合，呈现最终的商品海报，并投入商品的详情页中使用。

电商海报起着吸引消费者视线、激发消费者购物欲、引导下单的重要作用。一张完整的商品详情页海报中，文案包含的基本要素有品牌、主标题、副标题、辅助说明、产品卖点和精美的图片。但是在撰写详情页文案时，商品的每一张海报所要宣传的侧重点不同，因此，有时候在一张海报中可能不会涵盖所有要素，这是文案创作者需要根据实际情况进行取舍的。例如，对"伊利金领冠的幼儿配方奶粉"的商品详情页中的一张海报所包含的基本要素进行分析：

（1）品牌 "金领冠"及其商标广告语"中国专家配方"。

（2）主标题 "满足妈妈的期望"。

（3）副标题 "创新蛋白组合营养好吸收"。

（4）辅助说明 "甄选 1% 专属牧场新鲜生牛乳"。

（5）产品卖点 "4 倍益生菌""珍稀 OPO 结构脂""α + β 创新蛋白""专利核苷酸组合"。

（6）图片 商品实拍大图加上精美的平面设计，金色作为海报主色调，大气又美观。

（二）商品海报文案的创作技巧

1. 写好主标题

大卫·奥格威曾说过："阅读标题的人数是阅读正文人数的 5 倍。除非你的标题能帮助你出售自己的产品，否则你就浪费了 90% 的金钱。"在电子商务时代，人们每天会从互联网接收到海量的信息，而阅读的时间和兴趣都是有限的，因此商品海报的主标题作为信息"概览"发挥了极大的作用，好的主标题会激发消费者的好奇心，从而让其继续深入阅读正文。商品海报主标题是文案的中心思想，也是文案的灵魂。文案要想引人关注，主标题应当具备主题鲜明、简明扼要、个性独特、利益承诺、契合网络等优点。

小案例 　　　　　　　　**《会飞的照相机》文案分析**

一篇好的电商文案不仅能为商品带来流量，还能带来真正的销量，而标题正是文案制胜的关键因素之一。下面是一则航拍飞行器的详情页文案：

会飞的照相机

云帆 A14+ 是市面上的新型大众级航拍飞行器，它能让每个人都享受到航拍的乐趣，让你"飞"得更高，"看"得更远。

（1）易操作 飞行器搭载 1400 万像素摄像头，配合智能手机 App，空中拍照、录像都不在话下。

（2）自动化　有成熟、稳定的飞行控制系统，能实现自主悬停、自动返航等功能。

这则文案的标题"会飞的照相机"通过设置悬念和打破消费者常规思维的方式，新颖又独特，成功吸引了消费者的注意力。照相机是不能飞的，会飞就打破了人们的固有思维。什么样的照相机才能飞呢？这又带给消费者进一步探索的理由，为文案的内容设置了悬念。从标题到正文，短短的篇幅内利用多种写作技巧，完成了吸引消费者注意力并介绍产品的目标。若是再为文案配上产品图片，并进行美观的排版设计，将成为一个完美的电商详情页文案范例。

（资料来源：孙清华，吕志君主编，《电商文案写作与传播》，人民邮电出版社）

主标题是消费者第一眼接收到的文案信息，其内容的好坏直接决定了消费者是否会对文案内容产生兴趣并继续浏览。在写作标题前，文案人员要站在消费者的角度来思考，保证标题满足真实、有趣、有痛点等原则。通常，商品海报的主标题可以从提供给消费者好处、提供优惠感、提供新消息等角度来吸引消费者的注意力：

（1）提供给消费者好处　主标题要体现出消费者能够直观看到的好处，或帮助消费者解决某些疑难问题。如"清除家中 99% 的细菌""帮助孩子轻松击败蛀牙"等主标题，不仅含有消费者容易存在的痛点，还将产品可以带来的好处明确地表达出来了。

（2）提供优惠感　商品或服务的价格折扣、优惠活动等是消费者比较感兴趣的内容，在主标题中体现出超高的性价比或优惠信息，可以快速吸引消费者的注意力，提高文案流量。"免费""秒杀""仅此""限时"等词语常用来提升表达内容的优惠感，如"限时免费领取保温杯""仅此 1 天，5 斤柠檬仅售 9.9 元"等都有良好的效果。

（3）提供新消息　新消息总能引起人的好奇心与注意力，如"小米新款智能手机全球首发，限时预售""元气森林两款新口味全新上市"。"最新""全新""首发""预售"等词语都是提供新消息的常用词语，在标题中添加这些词语会让标题更有吸引力，也更容易使消费者因为好奇心而浏览正文。

2. 融入好创意

电商海报的文案撰写中，创意要简单、意外、具体。

首先，创意要简单。好的创意或观点，必须是便于大众理解的、简约或简单的。文案提出的创意，必须准确找到其核心，并提炼出来，在有限的海报篇幅中摒弃无效的修饰语和干扰因素。消费者没空去理解和学习复杂的东西，他们需要的是简单的观点，因为"选择过多会导致决策瘫痪"，所以，文案创作者切忌使用晦涩难懂的专业术语或冗杂的描述。当然，简单不是追求至简，而是努力提炼精要，表达简短深刻，以迅速抓住消费者的注意力。

其次，创意要意外，即让创意或观点与众不同，找出其中与直觉相悖的部分。消费者每天面对那么多海报，但大部分都难以记住，原因就在于大部分信息、观点、创意都缺乏新意，只有制造一些意外的事物，才能让消费者印象深刻。例如，设置悬念，在文案开头布下疑阵，令消费者造成一种猜疑和紧张的心理状态，如"家中真正危害老人和孩子健康的真凶……"，在心里掀起层层波澜，产生夸张的效果，驱动消费者产生强烈的好奇心，进一步探明题意，然后通过详情页的后续文案使悬念得以解除，给人留下难忘的心理感受。

最后，创意要具体。简单和意外的目的是吸引消费者关注，而要想让消费者记住并理解文案的创意，需要对细节描述得更加具体。每一则优秀的商品详情页中都有展示商品细节的海报。人脑天生对具体的事物有好感，记住具体事物的能力远超抽象的事物。除此之外，描述细节的事物、场景化的表达、情境化的营造，也会让大脑留下深刻的印象，同时赋予创意或观点被更好传播和理解的可能性。可以在海报中直接如实地描述商品核心卖点，充分运用摄影或绘画等技巧的写实表现力，细致刻画并着力渲染产品的质感、形态和功能、用途，给人以逼真的现实感，使消费者对所宣传的产品产生强烈的亲切感和信任感。

3. 借力借势

在前文的电商文案写作切入点中提到过"蹭热点""傍权威"的撰写方法，在进行商品详情页海报创作时可以加以应用，还可以通过"借名人""借流行"的技巧来为海报增强吸引力。

（1）借名人　在进行文案撰写时，要学会利用名人效应，如果商品有关于名人的宣传信息则一定要提到，如明星同款、明星推荐、专家认证等。如果没有相关的直接信息，也可想办法利用，如引用名人名言等。例如，"××年轻20岁的秘密""××的创业故事"等，都是利用了这种技巧。"老滇凰蜂王胎"的商品海报便利用了"明星同款"的相关信息进行借力宣传。

（2）借流行　在网络世界中，每隔一段时间就会出现一些新的流行词语，也就是人们常说的网络热词。在进行海报文案的撰写时，适当使用一些频率高的流行词语可以在一定程度上吸引消费者的关注。例如，"你也想拥有A4腰吗？保持魔鬼身材的秘诀在此""我用三生三世才寻找到单身狗的你"等文案都借用了当时流行的网络语言，传播效果很好。如某款零食产品的海报便使用了"单身狗专享豪华套餐"等语句，吸引大批追求新潮的年轻消费者。

4. 好文配好图

商品海报往往都以商品的直接受众为重点进行分析，最终形成一个由点到面再到立体的文案策划思路。如果文案写得很用心，务必找到合适且美观的配图设计成最终海报。好图的搭配十分重要，每一个产品特征配上一张细致的图，效果会比纯粹的文字强得多。如果有必要，还可以制作动态图、拍摄宣传短视频。用文案说明细节，详细展示产品信息，用图片则可以提高直观性，帮助消费者缩短理解的时间。因此，在电商文案和配图的基础上，加上优秀的海报美工，就能产生加倍的视觉营销效果，为商品带来更加可观的销量。

小资料

电商海报文案的排版方式

对齐、对比、分组是电商海报文案常用的三种排版方式。文案创作者需要精心考虑每一张海报中包含的元素，尽量易于进行海报的排版和美工。文案的内容和排版方式都是服务于海报效果和商品销售效果的。

（1）对齐　电商海报文案排版的对齐方式分为左对齐、右对齐、居中对齐。①采用左对齐的排版方式符合一般消费者的浏览习惯。左对齐的海报文案会给人以稳重、力量、统一、工整的感觉，是使用最广泛的排版方式之一。②右对齐的海报文案不符合消费者的阅读习惯，信息读取较慢，但可以放置不太重要的多段落信息，从而突出其他元素。右对齐文案给人的感觉是安静和稳定，采用该方式的海报较少。③居中对齐的排版方式适合各种类型的商品或品牌海报文案，给人正式、大气、高端、有品质的感觉。在电商海报文案中，居中排版的文案经常直接叠放在商品上面，文案的遮挡会与后面的商品营造出前后层次感，会让整幅海报画面的空间感提升许多。

（2）对比　文案中需要从视觉上强调和区分哪些内容才是重点，如加大字号、改变字体等方式。通常标题或副标题会进行突出展示，以及采用疏密对比来着重凸显关键信息，如优惠折扣等消息；如果要进行不同产品或细节的对比，字体的颜色和粗细的对比可以让消费者一眼就能看出两者之间的对比关系。

（3）分组　将商品海报中的文案分组，将相同信息的文案摆放在一起，这样可以使整个页面显得富有条理性，看上去更加美观，更加有利于消费者阅读。例如，很多海报采用了型录要点延伸法进行商品卖点展示，便会在排版时对文案进行分组，产生更好的视觉效果。

（资料来源：孙清华，吕志君主编，《电商文案写作与传播》，人民邮电出版社）

（三）商品详情页的框架

商品详情页是商品信息的主要展示页面，文案创作者在规划设计具体的页面框架内容时，存在一定的规律可循。总体而言，商品详情页的框架可按照吸引消费者注意力、聚焦商品核心卖点、综合展示商品品质、消除消费者顾虑、营造购物紧迫感的思路来进行构建，如图4-2所示。在实际创作详情页时，各个部分之间的顺序安排并不一定固定，往往需要创作者根据具体内容和发布文案时的需求合理排布。

图4-2　商品详情页框架构建思路

1. 吸引消费者注意力

吸引消费者注意力最简单的方法就是通过文案让消费者意识到，这是一件值得浏览详情并可能对它具有需求的商品，从而充满兴趣地继续浏览页面。文案创作者应站在消费者的角度去思考，深入分析消费者产生购物行为时的心理活动，找到消费者最关心的问题，如赠送礼品、新品上市、特惠折扣、精品推荐等信息，将这个点以醒目的形式展示在商品详情信息的最上方。例如，京东商城中，格兰仕家用平板光波炉以"此产品已入选京东家电爆品标杆计划"的文案醒目地展示在详情页顶端，使消费者首先对它的品质有了信任感，很愿意进一步了解商品详情。

2. 聚焦商品核心卖点

商品卖点在电商文案前期策划阶段已经进行了全面的分析，可以从外观、质量、功能、规格、服务、荣誉等方面进行提炼。每一款商品都应该在详情页中展示其最核心的卖点，旨在让消费者能够凭借核心卖点提供的价值快速做出购买决策。例如，格兰仕家用平板光波炉在详情页中以"速效杀菌"的功能作为核心卖点，并附带相关测试报告，凸显了该功能的强大和有效。

3. 综合展示商品品质

对商品的核心卖点进行聚焦展示之后，也要向消费者描绘商品的基本特性，从各个方面进行综合阐述，为消费者刻画出一个完整、具体的商品形象。在展示参数、性能、工艺等数据时，不要直接使用枯燥烦琐的文字或专业性过强的语言来描述，最好使用简单直白的图片搭配关键信息文案进行展示，让消费者能够一目了然，提高阅读理解效率；也可以引导消费者咨询网店客服获取精准服务，从而进一步提高订单转化率。在展示功能、细节、性价比等信息时，通常使用图片搭配简约文案，即图片为主、文案为辅，并且注意详情页的整体视觉效果，突出商品本身。例如，格兰仕家用平板光波炉在详情页中全面展示功能时，以"早起的你，别忘了微波炉里正加热一杯牛奶"展示商品的预约加热功能，以及用"宅家也能撸串，和大排档一个味儿"展现商品的光波烧烤功能。海报图文精美，文案简洁且有温度，达到了较好的宣传效果。

4. 消除消费者顾虑

消除消费者顾虑是商品详情页中不可或缺的部分，是为了增强消费者对商品的信任感，在消费者因某些原因犹豫是否购买时可以促使其放心地下单，进一步将消费者的购买欲望转化为行动。商品资质证书、质量安全认证、防伪查询、售后服务、消费保障等都是切实消除消费者顾虑的有效方式。对于知名品牌来说，品牌实力展示也是一种很好地消除消费者顾虑的方式，可通过品牌故事、实体店铺展示、获奖证书、工艺生产流程、明星代言等方式进行展示。例如，格兰仕家用平板光波炉在详情页中利用工厂生产照片及相关文案展示其品牌实力，并通过京东家电品质保障进一步说服消费者。

最后，对消费者所困惑或容易产生疑虑的内容，可以采用买家真实评价、相关新闻报道等进行展示，并且说明客服可提供详细解答，尽可能全方位消除消费者顾虑。

5. 营造购物紧迫感

营造购物紧迫感的目的是将消费者的"心动"彻底转化为"行动"，最终对商品下单支付。营造购物紧迫感的方法很多，可在文案中通过"限时折扣""限量秒杀""限量优惠""前××名下单赠送礼品""××后恢复原价"等措辞使消费者产生购物紧迫感。一定要注意强调名额的有限性，让消费者感到没有过多犹豫的时间了，错过下单就是一次损失。例如，格兰仕家用平板光波炉在详情页中利用"新品上市限时抢""恢复京东价"等文案，为消费者营造了一种限时低价抢购新品的紧迫感，起到较好的促销效果。

根据以上商品详情页框架构建的思路，可以得到网店中商品详情页的基本框架，如图4-3所示。但是对于不同的行业、不同的商品，要根据具体情况进行分析和优化调整详情页框架，同时要考虑发布文案时是否有主题活动、宣传重心等信息，以决定详情页海报的排列顺序和展示位置。

（四）商品详情页的表现方式

1. 图文并茂

在商品详情页中，消费者痛点、商品核心卖点、商品功能、商品品质、商品细节描述等内容必须通过文字进行相应的描述，而图片的巧妙搭配更是必不可少的：一方面可以解决大篇幅文字所带来的枯燥感，提升消费者的阅读体验；另一方面能更加完整、明确、真实地呈现商品的这些信息，增加消费者对商品的信任度。一般来说，商品详情页中的内容应该以图片内容为中心，辅以文字说明，达到相辅相成、相得益彰的效果。商品详情页中的图片应该遵循图片清晰、贴合文字描述、美观性的原则。

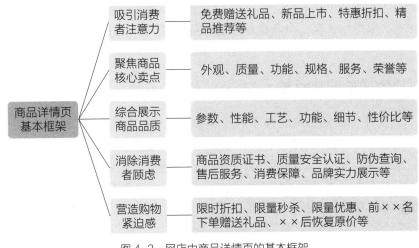

图 4-3　网店中商品详情页的基本框架

2. 场景化

电商文案的场景化表达方式就是设计一个产品使用场景，让消费者通过这个场景进一步认识产品，当消费者遇到同样的场景时，脑海里能立刻想到这款产品。产品的场景化就是给产品定位，场景化表达有时虽然只是几行字，却可以产生强大的感染力去影响消费者。这主要是因为站在消费者的角度，将消费者在现实生活中所遇到的问题、痛点进行场景化表达。将产品带入消费者熟悉的场景，让消费者自己感知到相关需求，而使用该产品或服务正好可以解决，那么就会心甘情愿地下单支付。例如，"怕上火就喝王老吉"，它的使用场景就是去火。当某人在吃香喝辣又怕上火的时候，第一时间想到的可能不是祛热药，而是王老吉凉茶。王老吉凉茶如今围绕"怕上火"创作了内容更加丰富的场景化文案，搭配上精美且应景的图片，起到了良好的宣传效果。

场景化表达往往会通过图片和视频来呈现商品说明信息。例如，家装等类目的商品会在商品详情中展示大量的商品摆放和装修效果图；服装类目的商品会在详情页中展示大量的模特实拍图；美妆类目的商品会在商品详情页中以视频的方式展示商品的使用方法、使用效果等。同时也需要通过文字来构建场景化的画面，打造出具有人情味的场景，特别是商品的卖点、宣传广告文案、品牌故事等内容，还可以打造出触动消费者情绪的场景。

3. 对比

商品的尺寸、功能、成分和服务等都可以作为对比的对象。文案创作者应该从消费者关心的角度出发，结合产品的基本特性，对可能引起消费者关注的问题进行对比分析，从侧面突出自己商品的优点，起到促进消费者做出购买决策的效果。例如，食品类商品可从产地、包装、密封性、新鲜程度、加工、储存等方面进行比较；服装类商品可从做工、面料、质地等方面来进行对比。但应注意切忌通过贬低竞争对手来强调自身实力，避免引起商家之间的纠纷或恶性竞争。

4. 实物参照

对于一些需要明确尺寸、容量的商品，不仅需要通过文字来进行说明，还要在画面中标注出商品的实际尺寸。例如，通过参照背包所能容纳的物品来展示其真实容量、苹果 iPhone 手机同系列产品不同型号的屏幕参照大小，以及通过参照模特的身高体重数据来展示某款服装的试穿效果等，以更加真实、具象化的描述，提升消费者在虚拟的网购环境下对商品的感知程度。

十、商品的评价回复文案

做好商品真实评价回复是网店管理的一项日常工作。商品的评价回复文案也称为回评文案，是电商文案中一种特殊的形式，应运用恰当的文案模板，结合买家的具体情况加以撰写。体现出商家真诚、耐心、贴心的回评文案同样能够对商品销售起到积极的作用。买家看到他人的好评，并有商家真挚的感谢型回评文案，能让还在观望的买家看到商家用心经营的态度以及商品的品质保障；而买家看到他人给出的负面评价时，可能会对下单有所迟疑，但此时如果有买家诚恳、负责的解释型或引导型回评文案，提供了令人满意的答复，也会使买家感到商家的责任心与可信度，即便商品出现问题也有坚实的售后保障服务，从而安心下单。

1. 感谢型回评文案

当商家收到买家给出的好评时，代表此时买家正处于享受商品的愉悦心情中，如果商家用一些"话术"评价回复，真心实意地表达出感谢买家的支持惠顾之情，能够加深买家对店铺的好感度，提升客户忠诚度与回购商品的转化率，甚至有可能将商品或店铺推荐、分享给他人。因此，对买家的好评，商家应撰写并发布真诚的感谢型回评文案，会对商品销售起到良好的促进作用。

感谢型回评文案一般包含浓厚的喜悦与憧憬，在表达感谢之余，还提出了希望顾客再次光临和惠顾的愿望。例如，"感谢您一如既往的支持，感谢您和我们一起见证 ×× 店的辉煌，我们将不断完善，争取做得更好，回报您的厚爱，谢谢！""亲，非常感谢您的支持，您的支持是我们 ×× 店成长发展的基石、提供优质服务的动力，我们承诺会以更快更好的服务与更好的产品回馈我们的顾客，也期待您在将来为我们的发展提出宝贵意见。有些感谢型回评文案中展示了商家的用心经营，以及对消费者衷心的祝福，在买家好评的基础上对商品销售起到了锦上添花的效果。

2. 解释型回评文案

消费者在购买商品并收货之后，可能会对实物的材质、外观、功能、效果等出现一些疑虑或误解，甚至在评价中提出"实物与商品描述不同"的看法，此时商家需要在评价回复中对相关问题进行合理的解释。一方面，解释型回评文案可以消除买家对商品的误解，提高消费者满意度后有可能使其提高对商品的星级评价，并促进商品的再次销售；另一方面，它也可以为其他买家提供参考，既能消除一部分顾虑、促进下单，也能避免其他消费者收到商品后出现同样的疑惑。

解释型回评文案中首先应对消费者的支持表示衷心的感谢，之后对具体问题进行解释，消除消费者对商品质量及其他方面的疑虑或困扰，最后再表达对消费者的美好祝愿。例如，有消费者购买某家网店的皮鞋，收到货后在评价中提出鞋底防滑性不佳。此时商家在回评文案中写道："您好，首先非常感谢您的支持！此款皮鞋穿着舒适，不易闷脚，质量都是有保障的。鞋底有设计防滑纹路，有良好的防滑效果，但是在有水的光滑地面上还是要注意，基本鞋款在有水的地方都不能绝对防滑哦，还请您小心慢行、注意安全。我们希望带给客户最好的产品，祝亲身体健康，生活愉快！"这样的回复便能令消费者满意，放心地去使用和享受商品。

3. 引导型回评文案

消费者在使用或体验商品时，可能会出现对一些用法、功能或注意事项不清楚的情况，在评价中往往会表现出对商品整体满意度有所欠缺。引导型回评文案中首先对消费者的支持表示衷心感谢，然后对具体问题进行解释，并引导消费者采取正确的方式使用商品，解决现有问题，最后再表达对消费者的祝福。例如，有消费者在评价中指出某款保温杯使用时有异味，此时商家在回评文案中写道："亲，感谢您对 ×× 品牌保温杯的厚爱！咱们的产品都是有质量检测的，对人体无毒无害。新的保温杯在收到货后都会有一些轻微的味道，这是正常现象，您可以多清洗几次，在通风的地方放置一段时间，或者在杯中放点茶叶，味道很快就会消失。祝您阖家欢乐，还希望亲多多支持！"这样负责任、贴心的回复既能够帮助消费者解决问题，又强调了商品自身的质量保障。又如，×× 运动鞋的引导型回评文案中对消费者提出的鞋底偏硬问题进行了说明，并引导消费者搭配柔软厚实的袜子来应对新鞋的适应期，体现了商家的专业性和对消费者无微不至的体贴。

另外，对消费者的中差评，特别是在评价中消费者情绪激动或对商品品质存在严重不满时，商家的回复文案更要谨慎撰写，以维护商品及品牌形象，一般可以采用以下形式：**感谢消费者支持 + 请求消费者谅解 + 对问题做出相应解释或说明 + 提出可实现的解决方案 + 做出承诺 + 美好祝愿。**

当然，客服也可以做出有创意的"神回复"，往往还能在幽默诙谐中不卑不亢地解决问题。需要注意的是，解释型和引导型回评文案必须保证答复的真实性，切忌用空话、套话敷衍消费者或给出不合理的错误解答，否则可能加重消费者的不满情绪，对商品销售和品牌形象产生更恶劣的影响。

十一、微博与微信推广文案

微博推广文案与微信推广文案都是移动电商文案的种类，其写作手法类似。例如，在写作时都需要对品牌、产品、受众及其心理等进行调研，以便写出符合受众需求、吸引受众注意的文案。微博与微信推广文案都具有可读性强、易于传播的特点，要善用流行语言、轻松活泼风格、图文配合等。

同样作为社交平台，微信用户需要添加商家账号为好友才能收到对方发的消息和看到其朋友圈，私密性较强，为避免引起用户反感而被删除好友或拉黑，一天发布推广文案次数应不多于 5 次，且以朋友圈文案为主，使用户可利用闲暇时间查阅。微博文案则可随意查看，属于完全公开的内容，且微博基本每分每秒都在刷新，用户刷微博很多时候是打发时间随意浏览，因此文案创作者频繁发布文案信息不会招来很大的反感，有些微博账号甚至一天发 10 条以上的微博。在碎片化阅读占主流的平台中，推广类的长文章不占优势，使用率较低，所以要尽量写作短文案，用简短精练的话语突出重点，文字无法表述完整的内容可以通过图片来弥补。

（一）微博推广文案

微博从开放使用到现在，因为操作简单、快捷、方便，能在平台内一键转发文案、图片、视频，还能一键转发至微信聊天、QQ、朋友圈等应用，产生了一大批"微博控"。这些用户热衷于利用碎片化时间刷新微博，了解每天发生的大小事，也时常评论、转发、点赞自己认为有价值的内容。微博内一般是新闻、事件、热点为导向的快速信息流产品，发布这种内容相关的推广文案比较符合微博的特征。微博的火热发展，让众多的企业、商家也把网络营销的目光放在微博上面。为了在微博这样一个公开的社交门户网站上获取更好的推广效果，企业都想尽办法提高其微博热度。

微博是一个即时的信息传播平台，文案写作人员发布的消息可以在瞬间引起受众的关注和转发。因此，一定要经常保持与粉丝、受众之间的积极互动，这样才能增加粉丝黏性，不至于让其觉得无趣并产生取关的念头。常见的互动方法有很多，例如，在微博中直接提问，吸引粉丝参与讨论与回复（同时自己也要积极参与其中）；发起讨论、投票和有奖互动活动，在活跃气氛的同时，还能通过了解粉丝的想法来优化未来的文案内容；多看受众的留言、评论，特别是粉丝的反馈意见，及时做出正确的回应，以保证粉丝的忠诚度；转发粉丝评论也是一种有效的互动方法，这会让粉丝产生惊喜感，继而调动其积极性。

互动性是微博推广文案的核心价值，微博文案创作者应掌握并合理应用提高互动性的三要素。微博文案主要是通过对微博进行转发、评论和点赞等互动行为进行传播，因此在写作文案的过程中，适当地添加以下三个要素可以增加文案被受众查看的概率，扩大文案的传播范围和提升互动效果。

（1）话题 "#" "#" 代表参与某个热点话题，在文案中添加话题，可以让微博自动与话题连接，让微博被更多受众搜索到。这样可以提高微博文案被更多受众看到的概率，也易于引导用户思考该话题或参与该话题的讨论。

（2）提及 "@" "@" 相当于一个传送带，微博用户可以 @ 你关注的人或其他人，这也是微博的核心交互功能之一，在进行内容推广时有利于二次传播。被 @ 的用户将会收到通知，单击就能看到你发送的那条原微博内容。在微博文案中 @ 其他用户能够直接提高对方的关注度和互动性，常见于企业 @ 粉丝进行评论的回复、通知用户中奖或其他活动信息、品牌联名营销文案、明星代言与宣传文案等广泛场景。

（3）链接 微博文案中除了可以放置文章、视频的链接，更重要的是放置店铺商品的下单链接，跳转至微博小店、淘宝、京东等商城页面完成购买。如果文案本身的内容引起了用户的兴趣，大部分受众都会单击链接查看更多的信息，起到精准商品推广的效果。

同时，含有三要素的相应内容会改变文字颜色，如蓝色、橙色，更容易引起用户的关注。例如，一条推广陈皮白茶的微博文案，其中添加了 "# 大妈的精选" "# 这个好物闭眼入" 与 "# 球迷尖货盛宴" 等话题，以及商品的店铺下单链接，合理地应用了微博文案写作三要素，且文案中运用了多种撰写技巧，整体推广效果较好。

许多知名品牌常利用微博开展趣味营销活动，虽然不直接推广商品，但是能够在活动中很好地宣传品牌、吸引粉丝关注，为未来进行商品促销积累流量和造势。在发布活动推广微博时，要注重文案的趣味性，以及体现出用户参与其中可获得的明确益处。例如，"转发微博并 @ 好友 + 关注""带 # 话题打卡发布图片、视频微博"等参与抽奖，并在活动期间持续更新相关内容。

> **小案例**
>
> **元气森林与奥比岛联动微博推广文案**
>
> 　　元气森林官方微博在 2022 年 11 月与奥比岛官方微博联名举办限时活动，用户转发该活动微博并关注两个官方账号即可参与联动礼盒抽奖，还可以通过奥比岛游戏获取更多礼品。"前方高能剧透！快来看看奥比岛即将发生什么变化？""穿上靓熊必备的元气森林卫衣，做全岛最靓的熊！还能带上朋友一起去元气森林美味巴士分享元气森林哦～""每天登录免费领取【元气瓶】，小奥比们一起元气 UP ～"推广文案妙趣横生，充满童趣的文案引起了用户对童年的情怀和回忆，光是微博抽奖活动就吸引了无数用户参与，取得了较好的品牌联名推广效果，后续由官方微博及时公布了抽奖结果并 @ 中奖用户。
>
> （资料来源：根据元气森林官方微博文案整理改编）

　　另外，发布微博的时间段是有一定规律可循的，一般最佳发微博的时间在 7：30—9：00、11：00—12：30、17：30—20：00 这三个时间段。因为此时很多用户处于上下班通勤、午间休息和下班之后的空闲时间，是浏览微博人数最多的时间。同时，发微博要把控文案质量，不能为了刷屏获取关注而降低文案质量标准，否则会适得其反；还应该注重更新原创内容，切忌照搬、抄袭其他账号的文案或全为转发他人的微博，否则会被认为是劣质营销账号，毫无吸引力和价值输出，导致被取消关注。

> **小案例**
>
> **博物杂志官方微博宣传**
>
> 　　博物杂志官方微博创建于 2009 年 12 月 28 日，初期内容为《博物》杂志的一些宣传，以及自发性科普一些博物方面的知识，早期转发量和评论量都在个位数。
>
> 　　目前阶段的内容大多数为回答用户的科普，少部分为与《博物》杂志本身有关的内容，转发量和评论量少则上千、多则上万，拥有粉丝 1300 万人以上。现从以下几点关注博物杂志官方微博的宣传运营：
>
> 　1. 用户为什么关注博物杂志
>
> 　　主要有三个目的：本身是《博物》杂志的读者；能够从博物杂志里面认识很多东西；喜欢博物杂志诙谐"高冷"的风格。
>
> 　　第二点非常重要：能够从这个微博号里面学到很多东西。用户关注你，是希望得到需要的东西。就像用户在手机上下载一个 App，只有认为这个 App 对自己有用，才会让其保留在自己的手机里。
>
> 　2. 博物杂志的内容运营
>
> 　　博物杂志平均每天发 2～5 条微博，内容以回答用户提出的问题为主，也有少量与《博物》杂志本身相关的信息，所以博物杂志的用户互动性其实表现得非常高。博物通过问答形式，既了解到用户需求，又让用户感觉受到重视。
>
> 　　同时博物杂志高冷诙谐，给人一种看科普也可以轻松愉悦的效果。

3. 关于博物杂志宣传的总结

作为一个官方微博，博物杂志起到的不仅仅是对企业的信息形象传递，更做到了对用户有用，从而形成了一种品牌价值。

（资料来源：根据互联网新闻、博物杂志官方微博等相关内容整理编写）

（二）微信推广文案

微信推广文案一般具有浓厚的生活气息，在商品推广文案中加入对某些特定群体有帮助的内容，非常容易受到微信读者的欢迎和持续关注。因此，微信里很多商家还会树立自己的特有人设，长期发布定位明确的推广文案，做到精准的网络营销。在微信中，商家通过私信聊天和朋友圈两种方式发布推广文案，一般会在文案中附带微信小程序链接，或者商品在其他电商平台的下单链接等，便于消费者阅读文案对商品产生兴趣后直达购买页面。

微信推广文案的写作方法与微博推广文案类似，但是需要注意，微信里双方必须成为好友才能进行推广。商家应避免一味地用冰冷的文字宣传商品或活动，否则容易造成用户流失，一定要从用户的角度出发，做到文中有情，深入人心。创作文案时，应当从用户体验的角度出发，将自己视为产品用户，在描述使用体验时自然更换场景；代入真情，贴近生活，不要太文艺或过于专业，多多营造分享好事好物的轻松氛围，唤起用户的消费欲望。例如，大希地企业官方微信号"小希"通过微信私聊信息和朋友圈发布商品推广文案，温柔贴心的言辞对用户很有吸引力。

最后，好的微信推广文案需要搭配出色的图片。微信里几乎没有长篇大论，一张有说服力的图片也很重要。图片有多种来源，一些微商经常发布自己在生活中实拍的商品图片并分享亲身使用感受，此时应当注意文案不能过于夸张，图片调色不要偏差太大，特别是粉底、彩妆这一类商品，以免用户对商品推广内容的真实性产生怀疑。

温馨提示

互联网从业人员必须严格遵守《中华人民共和国数据安全法》《中华人民共和国网络安全法》《互联网信息服务管理办法》《互联网新闻信息服务管理规定》《互联网信息内容管理行政执法程序规定》《互联网新闻信息服务许可管理实施细则》《互联网新闻信息服务单位内容管理从业人员管理办法》《网络信息内容生态治理规定》等法律法规。

第六节
创业计划书

"大众创业、万众创新"，纵然这已经成为大家耳熟能详的口号，但对于很多人来说，走出创业第一步的阻碍并不是面临"没有好点子"的思维枯竭，也不是遭遇"没有商业价值"的创业窘境，而仅仅是"不敢"：对自己不自信，认为自己不具有创业的能力。不敢尝试又何谈能否成功？因此他们的创业大门只能一直关闭。但现实生活中不乏一些创业成功的大学生，他们用自己的实例证明了，大学生创业者也可以拓展自己的一片创业天地。

超级课堂联合创始人杨明平是典型的大学生创业者和连续创业者。杨明平毕业于中欧国际工商学院。大三在读时他接手了学校旁边的一家川菜馆，现已发展成为一家大型火锅店，为他赢得了第一桶金。之后，杨明平决定向更大的方向发展，进军在线教育领域，打造超级课堂。

聚美优品CEO陈欧也是一名典型的大学生创业者。他的大学创业经历可以追溯到他上一个创业项目GG游戏平台。陈欧16岁进入新加坡南洋理工大学，作为资深游戏爱好者，大四时陈欧决定在游戏领域创业，在资源有限的情况下创立了GG游戏平台。当时作为一个没有资金的大学生创业者，当时的创业经历非常艰难。后来，陈欧卖掉了GG游戏平台，赚取了千万元的收益，为他随后的创业之旅铺平了道路。

生活中，大学生创业的案例有很多，如果你有着一腔热血和一股冲劲，再加上智慧与毅力，相信自己，也一定能探索出属于自己的一条道路。

一、创业计划书概述

（一）创业的定义

"创业"一词在我国可以追溯到千年以前。上海辞书出版社出版的《辞海》（1986年版）对其界定为："创业，创立基业。"这里的"创业"是广义的"事业的基础、根基"，既可以理解为"帝王之业、霸王之业"，也可以理解为百姓的家业和家产。汉颜师古注："创，始造之也。"《孟子·梁惠王下》有："君子创业垂统，为可继也。"诸葛亮的《出师表》曰："先帝创业未半而中道崩殂。"这里的"创业"即指开拓、开创新的业绩，恰好与"守成"相对应，"守成"是指保持前人已有的成就和业绩。

从"创业"这个概念的汉语使用来看，其一般用于以下三种状况：第一种强调开创的艰辛和困难；第二种突出过程的开拓和创新；第三种侧重于在前人的基础上有新的成就和贡献。而对"业"的范围没有什么限制。这样，各种主体、各行各业都可以在最一般的、普遍的意义上使用这个概念。而"创业"一词在英文中主要有两种表达方式：一种是"Venture"（冒险），另一种是"Entrepreneurship"（创业活动）。

创业是一个跨越多个学科领域的复杂现象，不同学科都从其特定的研究视角出发，运用本领域的概念和术语对其进行观察和研究，并付诸实践的探索过程。这些学科包括经济学、心理学、社会学、人类学、管理学等。

小资料　　　　　　　培养创新思维的五个方法

1.用"求异"的思维看待和思考事物

我们在学习工作和生活中，应有意识地关注客观事物的不同性与特殊性，不拘泥常规，不轻信权威，以怀疑和批判的态度对待一切事物和现象。

2.有意识从常规思维的反方向去思考问题

如果把传统观念、常规经验、权威言论当作金科玉律，常常会阻碍创新思维活动的展开。因此，面对新的问题或长期解决不了的问题，不要习惯于沿着前辈或自己长久形成的、固有的思路去思考问题，而应从相反的方向寻找解决问题的办法。

3. 用发散性的思维看待和分析问题

发散性思维是创新思维的核心，其过程是从某一点出发，任意发散，既无一定方向，也无一定范围。

发散性思维能够产生众多可供选择的方案、办法及建议，能提出一些独出心裁、出乎意料的见解，使一些看似无法解决的问题迎刃而解。

4. 主动、有效地运用联想思维

联想是在创新思考时经常使用的方法，也比较容易取得成效。人们常说的"由此及彼、举一反三、触类旁通"就是联想中的"经验联想"。

任何事物之间都存在着一定的联系，这是人们能够采用联想的客观基础。因此，联想的最主要方法是积极寻找事物之间的关系，主动、积极、有意识地去思考它们之间的联系。

5. 学会整合，宏观思考问题及本质

很多人擅长"就事论事"，或者说看到什么就是什么，思维往往被局限在某个片区内。整合就是把对事物各个侧面、部分和属性的认识统一为一个整体，从而把握事物的本质和规律的一种思维方法。整合不是把事物各个部分、侧面和属性的认识，随意、主观地拼凑在一起，也不是机械地相加，而是按它们内在的、必然的、本质的联系把整个事物在思维中再现的一种思维方法。

（二）创业计划书的定义和编写步骤

1. 创业计划书的定义

创业计划书是创业者为了展现项目价值及企业发展潜力而系统全面撰写的书面文书。

众所周知，建筑高楼大厦要先设计工程图，然后才能施工。策划书的撰写即是为后期的具体创业活动奠定逻辑及纲领基础。当创业者确定了自己的创业项目，也明确了项目的发展模式之后，就需要将整体创业想法以文字的形式展现出来。通常情况下，创业计划书要保证重点突出、详略得当，并针对投资者的侧重点给出倾向性的表述。一份优秀的策划书可以吸引高价值的投资人与合作者。

2. 创业计划书的编写步骤

（1）明确创业计划书的形式　不同的阅读者对创业计划书有不同的兴趣和侧重点。因此，创业者撰写创业计划书的第一步就是确定读者是谁，他们想要的是什么，必须将哪些问题有针对性地呈现给他们，进而明确创业计划书的形式。

（2）确定创业计划书大纲　拟定创业执行纲要，主要是创业的各个项目的概要。大纲应该确定创业计划的目标和战略，制订创业计划书的编写计划，确定创业计划书的总体框架和主要内容。

（3）收集创业计划书所需要的信息　根据创业计划书大纲，创业者需要收集撰写计划书要用而目前尚不清楚的信息。创业计划书的内容涉及面很广，因此需要收集的信息也非常多。具体来说，创业者需要收集行业信息、生产与技术信息、市场信息、财务信息等。信息的收集是一个十分重要的过程，信息的质量直接关系到创业计划书的质量。创业者可以通过现有资料的检索、实地调查、互联网查找等方式来收集信息。

（4）起草创业计划书　依据创业执行纲要，对新创企业的项目背景、产品技术或服务、市场分析、营销策略、投资（融资）分析与财务分析、公司管理、风险分析与控制、风险资本的退出等内容进行全面编写，形成较为完整的创业计划书初稿。

（5）修改并完善创业计划书　创业计划书的初稿完成以后，创业者必须从目标读者的角度来检查创业计划书的客观性、实践性、条理性和创新性，看其是否能够打动目标读者。创业计划小组在这一阶段对创业计划进行广泛调查并征求多方意见，进而提出一份较为满意的创业计划方案。

（6）创业计划书定稿　对创业计划书进行定稿，并印制成正式创业计划文本。

二、创业计划书的结构和内容

一份完整的创业计划书至少包含以下内容：执行总结、项目背景分析、产品技术或服务、市场分析、营销策略、公司管理（公司战略、管理团队、人力资源、生产组织、采购供应等）、投资分析、财务分析、风险分析与控制、风险资本的退出、附件及其他等。

（一）执行总结

执行总结是整个创业计划书的浓缩和精华，涵盖计划书的要点，叙述要简洁、清晰、客观、逻辑性强，使人一目了然。执行总结应该就公司性质、产品技术、应用领域、产品与市场定位、核心竞争优势、公司成长性、预计投资收益、公司愿景与战略进行归纳阐述。控制好执行总结的字数（一般不超过 3 页）。核心内容要用一句话说清楚，能让人记住并想看后面的内容，可以根据项目的特点进行补充与删减。

（二）项目背景分析（产业或行业分析）

主要描述提出项目的原因：你准备进入的是一个什么样的行业？评价所选行业的基本特征，描述该行业的现状及存在的问题、行业竞争状况、该行业的发展方向、我国发展该行业的政策导向等。其主要包括如下内容：

1）市场结构分析。

2）行业的性质分析。

3）行业的生命周期分析。

4）行业稳定性分析及其他有关因素分析。注意，一定要结合你的产品技术（服务）、目标市场、竞争对手及竞争优势进行分析。

（三）产品技术或服务

主要对产品技术或服务做出详细的说明，说明既要准确，又要通俗易懂，使非专业人员（投资者、其他行业的管理人等）也能看得明白、听得明白。

产品技术类项目一般从以下六个方面加以论述：

1）产品技术的概念、性能及应用领域，产品定位清晰。

2）产品的核心技术及由来，技术的成熟度（处于研发阶段（样品、小试、中试）、工业化还是商业化阶段）。

3）产品技术的先进性（在国内或国际处于先进、领先水平，创新性、唯一性、填补空白）。

4）产品技术的市场核心竞争力（竞争优势明显，在产业链上所处位置等）。

5）产品技术的市场前景。

6）产品技术的知识产权要清晰等。

例如，文化创意与服务咨询类项目从以下四个方面进行阐述：

1）对公司的服务性质、对象、特点、领域进行介绍。

2）提供的服务满足了客户的什么需求？为被服务者创造了什么价值？

3）你的服务具有什么独特性、创新性？市场竞争力与核心竞争优势有哪些？服务目标的市场前景。

4）涉及知识产权的，如商标权、软件著作权等要清晰。

（四）市场分析

市场分析一定要聚焦目标细分市场与目标客户群，定位要准确清晰，即需要界定目标细分市场，市场的切入点，市场进入门槛，市场特征分析、目标市场的规模（容量）、市场占有率、增长率，目标细分市场的主要竞争对手分析及竞争优势比较（定性与定量分析比较）。

（五）营销策略

不同的产品技术或服务针对不同的市场、不同的客户会有不同的营销策略。根据对细分目标市场、客户群特征与竞争对手等的分析，在目标确定之后，制定有针对性的营销策略。随着互联网的诞生与快速发展，营销策略与营销创意日新月异、层出不穷。对细分目标市场与细分客户群分析得越到位、市场切入点越清晰明朗（即做细、做小、做实），营销策略就会越有针对性。

（1）传统营销策略——4P营销组合策略　产品策略主要包括产品的实体、服务、品牌、包装等，它是指企业提供给目标市场的产品、服务的集合。价格策略主要包括基本价格、折扣价格、付款时间、付款方式、借贷条件等，它是指企业出售产品所追求的经济回报。渠道策略主要包括分销渠道、储存设施、运输设施、存货控制等，它是指企业为使其产品进入和实现目标市场所组织、实施的各种活动，包括途径、环节、场所、仓储和运输等。促销策略包括广告宣传、人员推销、营业推广、公共关系、事件营销等，主要指企业利用各种信息载体与目标市场进行沟通的传播活动。

（2）新营销模式　主要包括微博营销、微信营销等。例如，"品牌及产品曝光""微柜台""电子商务及售后管理""植入式营销"等新营销模式。

（六）公司管理

公司管理主要从四个方面展开。

（1）公司使命　公司的宗旨、愿景。

（2）公司总体战略 战略规划或战略目标及战略实施、公司核心竞争力等。

（3）创业团队 专业知识、经历经验等优势互补型，分工合理、职责明确。

（4）生产经营管理 公司选址、组织架构、厂房设备安排、工艺流程与质量管理、生产计划、人力资源、薪酬与激励、采供与物流、企业文化等。

（七）投资（融资）分析与财务分析

（1）投资分析 包含以下内容：

1）注册资本、股权结构与规模（股东出资比例）、投资总额、资金来源与运用。

2）投资假设，包括经营收入与成本预测、投资收益（回报）分析、项目敏感性分析、盈亏平衡分析、投资报酬率分析、投资回收周期分析、投资回报政策等。

（2）财务分析 包含以下内容：

1）主要财务假设及说明，包括成本费用表、资产负债表、损益表及利润分配表、现金流量表。

2）财务指标分析，包括预计营业收入（销售收入）及趋势分析、预计营业额（销售额）分析、杜邦财务分析体系、财务比率分析、分析结论。

小资料

关于财务分析，也可根据需要选择国家《企业财务通则》中为企业规定的三种财务指标里的部分指标来分析。

（1）偿债（短期）能力指标 这包括资产负债率、流动比率、速动比率、现金流量比率。

（2）营运能力指标 这包括应收账款周转率、存货周转率、流动资产周转率、固定资产周转率、总资产周转率。

（3）盈利能力指标 这包括资本金利润率、销售利税率（营业收入利税率）、成本费用利润率、资产报酬率、净资产报酬率、销售净利率、主营业务利润率。

（4）发展能力指标 这包括营业增长率、资本积累率、总资产增长率、固定资产成新率。

（八）风险分析与控制

这是对进入目标市场将面临的最主要风险与防范措施的描述，如市场风险、技术风险、管理风险、财务风险、政策风险、进出口汇兑的风险等。

（九）风险资本的退出

风险资本的退出主要是退出的时间与方式，如果注册资金里没有风险资本就无须描述。

（十）附件及其他

附件部分就是为创业计划书提供必备的补充资料。不必把所有东西都放入附件，只放那些能真正增强正文说服力的资料。例如，专利证书、技术鉴定、结题（结项）报告、查新报

告、市场实际调查结果、荣誉证明；已创业企业还需要工商注册、税务登记等相关材料，表目录、图目录，国家、省竞赛规则里的具体要求等。如果还有其他需要放在计划书里的内容，可根据具体需要选择撰写。

创业观点

对创业的理解和认识，向来是仁者见仁、智者见智。

达尔文说："能够生存下来的物种，并不是那些最强壮的，也不是那些最聪明的，而是那些对变化做出快速反应的。"

联想集团董事长兼 CEO 杨元庆认为："具有创新精神的创业家才能为企业制定完美战略，不满足于现状，不满足于已有成绩，不断挑战自己。"

管理大师彼得·德鲁克认为："创业是'冒险的'，主要是因为很少有所谓的企业家知道他们在做什么。他们缺乏方法论。"

三、创业计划书的写作注意事项

1. 做好充分的调研与准备

创业活动是非常复杂且系统的活动。在展开正式的创业活动前，应进行一系列工作的准备，其中设计调研方案是必不可少的环节。一般情况下，创业调研主要考虑调研背景、调研目的、调研问题等，并根据科学可靠的调研活动撰写调研方案，以供创业策划参考。调研方案主要包括调研对象、调研内容、调研方法、调研地域范围、调研费用预算、调研时间规划。

2. 以市场和目标顾客需求为导向

创业计划书的撰写必须关注市场动向，以真实的市场现状为根基展开创业，可以查询国家或地区关于"创新创业"的扶持政策。同时，创业策划的内容无论是产品还是服务，均需关注目标顾客的现实需求，甚至挖掘潜在需求。

3. 写作应简洁清晰

创业计划书内容涉及面广，撰写书面的策划是为了创业团队厘清创业思路，也是为了让其他读者（如投资人）在最短的时间内了解此项目的可行性，所以无论是排版还是措辞都应尽量简洁，力求表意清晰。

4. 项目可行性及投资回报需明确

策划中的项目能否付诸实践，最主要的两项指标就是项目的可行性判定和投资回报预估，所以这两部分内容可以重点分析和阐述。项目可行性及投资回报论证越明确具体，越能提升投资人及创业者的信心。

5. 盲目乐观和只关注产品是大忌

盲目乐观和只关注产品是创业失败的常见原因。不少人认为创业即意味着成功、名利双收。而事实上，虽然创业是一个探索未知、追寻理想，并将理想变为现实的过程，但很多创业活动都未能成功。有的创业者选择放弃，有的创业者选择转向其他创业项目。创业失败的原因多样，创业成功也需要天时、地利、人和的保障。撰写创业计划书，应对创业风险大小、竞争对手情况等详细阐述。商业环境复杂多变，应提前预判创业失败的概率，既做好失败的心理准备，也做好创业成功的下一阶段规划。

例文 4-6

A 公司创业计划书

摘要：略

正文：如下

一、执行总纲

1. 创业计划的背景及概述

我们创业计划的公司名称为 A 公司，地点为上海，主要从事光频域反射仪（OFDR）及相关产品的开发、大规模生产和市场销售。

在所有的光纤测量技术中，具有超高空间分辨率的光频域反射仪（OFDR）是唯一可以实现将上万个具有同样反射波长的传感器信号精确读出和测量的技术。本项目的创新之处是找到了新颖可行的技术方案，突破了目前市场产品测量光纤系统长度有限的瓶颈，将可测量的光纤系统距离从目前的百米测量级提高到千米以上测量级。这一突破使光频域反射仪的应用更为广泛。同时，由于世界范围内该类产品的稀缺性，新产品的推出必将填补中国以及世界范围的空白。

2. 竞争优势与机会概述

目前随着光纤化进程的推进，从工信部到各个地方政府都非常支持光纤相关的高科技企业，特别是对一些具备了先进专利技术的创业型企业，政策扶持的力度相当大。我们拥有的创新技术，不仅可以开发生产具有上千米量级测量距离的长程光频域反射仪，填补国际和国内空白，还可以开发生产满足不同市场需要的中程和短程产品，加之高分辨率、大动态范围和高灵敏度等产品性能，该产品将成为一种理想的、适用市场范围更广泛的系统测量、调试和诊断工具。同时，汽车、飞机和舰艇内的光纤通信系统，光纤传感网络系统，光纤到户工程，以及硅光电子业（Silicon Photonics）等新型产业刚进入起步阶段，市场发展空间巨大、潜力无限。

3. 团队概述

介绍主要团队成员及其相关的工作经验、能力与资源。

周泂——总负责人兼销售部负责人，上海外国语大学工商管理学硕士在读，现就职于新加坡电信集团有限公司。曾就职于中国电信、日本电信，在国内以及亚太通信行业有着丰富的人脉资源，具备广泛的行业渠道关系以及行业销售经验。

Dr. Steven Wang——市场部负责人，美籍华人，现任职于美国海光公司。曾出任美国 OFS Fitel 公司（原朗讯科技的光纤解决方案子公司）亚太区副总裁，为公司光纤产品在大中华区和整个亚太地区的市场拓展做出了重要贡献，并在国际通信领域的同行中建立了广泛的联系。

Dr. Peter Fang——R&D 研发部负责人，美籍华人，现任职于美国高科技公司，美国光学学会和电机电气工程师学会的高级会员。在光纤系统检测和测试仪表的开发等领域有六项美国发明专利和专利申请，在美国《光学快报》等著名专业期刊和专业会议上发表了十多篇学术论文，有十几年直接的光电子测试和监测仪器仪表的设计和开发经验。其手下的四人研发团队将直接参与新公司的产品开发与更新。

4. 目标市场的概述与预测

光频域反射仪主要目标市场为通信和数据网络、商用和军用航空电控、医疗成像和光纤传感等系统中的短程光纤系统。根据测量距离的不同，不同光纤系统的划分见表4-4。

表4-4　测量距离与不同光纤系统的划分

测量距离	长度/m	系统	应用领域
中~长程	50~5000	通信和数据网络	接入网、企业网等
短~中程	1~50	航空电控系统和光纤传感网络	军事、国防、物联网、传感网
短程	0~1	光电子元器件及模块的设计、调试	硅光电子

我们的目标市场就是生产和销售这些短程光纤系统的公司、企业，直接使用这些系统的终端用户，以及负责这些系统安装、调试和故障诊断、检修，现场支持和维护、保养的单位与个人。对测量距离大于500m的情况，我们的产品在国内独此一家，没有其他竞争者。在国际上将面对美国光纤技术公司Luna的竞争。我们将凭借世界领先的技术、最好的性价比，在国际市场上争取25%的市场份额，并最终争取达到50%的市场份额。由于美国将高分辨的光频域反射仪列为对中国禁运产品，我们将要生产的光频域反射仪在中国基本上无竞争对手，这意味着我们在国内拥有100%的市场份额。

5. 主营业务及盈利模式

我们的主营业务是光频域反射仪（OFDR）及相关新应用平台上的后续相关产品。虽然相关技术壁垒的攻克已经完成，但是样机的试制依然会花费一段时间。所以在这段时间里，我们会首先生产一些国外已经相当成熟，而国内市场依然比较罕有的光纤检测设备。这样一来可以开始建立渠道与销售网络；二来也可以完善工厂管理，为后续的大规模生产打下基础。

该项目所开发的光频域反射仪系列产品将填补国内空白，在国内几乎没有竞争者，获利方式主要通过产品的销售实现，技术的先进性将是获利的主要来源。在产品过了保修期以后，还可以通过产品售后服务、软件更新换代、配件提供、性能提高等途径获取一定的利润，利润率估计在30%~50%。因为我们将采取直接销售和分销商销售两种模式，还可以根据对分销商业绩的评估、分级和淘汰等机制获得一定的利润分成。当然，取决于产品整体市场销售情况，也存在结合分销商让利的可能，鼓励他们销售更多的产品、提供更好的服务。在国际市场上，因存在同类产品的竞争，我们计划利用我们产品性能与成本的优势，首先通过价格优势打开市场，同时在主要市场设立专门的售后服务机构，提高服务质量，占领、保持和逐步扩大我们的市场份额。

6. 五年内的发展战略

公司计划在五年的时间内，将新创立的企业建设成为年销售额超过3亿元人民币、行业领先的高科技公司，为中国基于光电子技术的现代测试和监测产业的技术创新、技术积累、产品创新与市场成长做出自己的贡献。

公司成立后的第一年主要从事产品的具体设计、开发、样品制作和测试。虽然没有任何销售，但市场开发工作与产品开发同步进行。同时，构建起完善的企业组织框架也是第一年的重点任务。第二年起，将有五种前期产品（光功率计、光源、光纤识别器、可见光光源、可调光衰减器）开始批量生产、投放市场。国际上，除了重点客户以外，主要通过分销商进行销售；国内以直接销售为主、代理商为辅助。第三年，将新产品光纤端面检测系统和清洁仪投放市场。计划在增加已有五种前期产品销量的基础上，推进新产品的市场营销。同时，重点产品的样机基本在第三年可以完成，在进行市场样机演示推广的宣传下，进一步完善相关销售网络与渠道建设，为即将到来的主力产品销售打下基础。第四年，将另一个新产品（便携式OTDR）投放市场。该产品是重点产品OTDR的类似产品，关键特点在于便携。针对这一特点加强对电信行业的推广营销力度，并且进一步扩大相关的售后服务机构，争取以品质占领扩大市场份额。第五年，该项目重点开发的新产品（便携式OTDR）将批量投放市场。每月产品销量目标争取达到80100台，销售额目标1500万元，全年销售额目标2亿元，确保公司的主要收入来源。之后，保持自主研发的优势，将光频域检测技术引入更多、更丰富的应用领域，针对每个领域的不同需求开发出有特点和针对性的产品，继续保证科技研发与知识产权的领先位置，实现公司的长期目标。

二、新创企业介绍

1. 企业的理念

经营理念："知识改变世界，创新持续梦想。"

企业愿景："解决所有的光纤检测难题，让光纤连接到世界的每一个角落。"

企业使命："以科技与创新改变世界。"

企业的核心价值观：

1）以客户为核心目标。我们不只是用最好的产品与服务来让客户满意，我们要与客户站在同一个高度，尝试协助客户解决所面对的难题。

2）知识是第一生产力，只有保持自身科技的领先与创新，企业才能够不断成功。

3）员工是我们最宝贵的财富。我们鼓励员工给企业带来创新的理念，改变从每天、每个细节开始。

4）尊重事实，一切业务管理与决策都从事实出发。

5）建立人与人之间完全信任的工作环境，可以直截了当地说出自己的想法，而不介意想法从何而来，只关注想法是否合理。

6）挑战自我极限，面对不可能创造可能，面对极限突破极限，面对突如其来的变革，不言放弃，并视之为机会。

7）追求完美，追求最好，成为世界上最好的企业之一。

2. 企业组织架构

A公司的组织架构设想如图4-4所示。

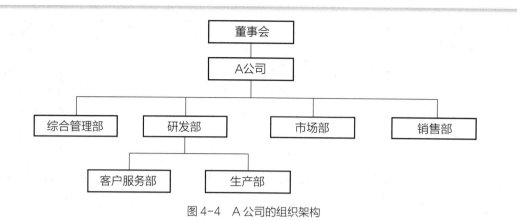

图 4-4　A 公司的组织架构

3. 企业五年计划表

根据市场预测与需求，拟订企业五年内的计划见表 4-5。

表 4-5　企业五年计划

年度	项目实施阶段	投资额度（万元）	投资主要用途
2013	产品设计和开发；样品制作和测试	1000	产品开发仪器设备的购买或租用，样机研发所需原材料、元器件的采购，前期市场开发培育费用，员工工资
2014	第一条生产线的建设，前期五种产品（光功率计、光源、光纤识别器、可见光光源、可调光衰减器）的批量生产	1000	建设一条生产线，添置生产线必需的生产设备，批量生产所需原材料，元器件的采购，产品市场开发和销售费用，员工工资等
2015	第二条生产线的建设，新产品（光纤端面检测系统和清洁仪）和应用的开发、量产和销售	1000	建设一条新的生产线，添置生产线必需的生产设备、新产品生产所需原材料，元器件的采购，相关产品和应用的开发、量产和销售费用，员工工资等
2016	第三条生产线的建设，新产品（便携式 OTDR）和应用的开发、量产和销售	1000	建设一条新的生产线，添置生产线必需的生产设备、新产品生产所需原材料，元器件的采购，主力产品的渠道和销售网络扩张费用，员工工资等
2017	第四条生产线的建设，新产品（便携式 OTDR）和应用的开发、量产和销售	2000	建设一条新的生产线，添置生产线必需的生产设备、新产品生产所需原材料，元器件的采购，主力产品的市场推广，售后服务网络的扩张，后续升级产品的研发费用，员工工资等

三、产品介绍

（一）产品规划及定位

1. 产品规划

A 公司的产品规划是光纤检测设备。产品规划是：2013 年—2014 年，五种已经技术成熟的前期组合产品，即光功率计、光源、光纤识别器、可见光光源、可调光衰减器；2015 年，为便携式主力产品做铺垫的光纤端面检测系统和清洁仪；2016 年，技术成熟、使用广泛的便携式 OTDR 设备；2017 年，主力便携式光频域反射仪 OFDR 设备；2018 年及以后，医疗造影系统设备（将光频域反射仪与光传感器结合的设备），桥梁、管线、电力等基础设施的监控系统（光纤传感系统）电子器件间的硅光电子业的研发设备商用和军用的电子航空系统的控制设备。

2. 产品定位

（1）产品功能定位：①验证、调试和维护，维修飞机、舰艇、轮船和汽车上的光纤网络；②验证光纤光缆组件、连接器、短程网络的连接质量；③诊断、区分宏弯、熔接点、连接器和断点等，精确寻找插损点的位置；④检测验证光纤组件中多点的回损等。

（2）产品应用领域定位：①光纤总长度相对短（从数米到 5000m 左右）的系统；②通信和数据网络；③商用和军用航空电子系统；④医疗造影系统；⑤监控桥梁、大坝、输油管线、电力线路等基础设施的光纤传感网络系统；⑥硅光电子产业。

（二）产品开发方案

1. 现有产品原理

开发方案依据光纤结构的光频域反射仪原理。现有光频域反射仪主要由三部分组成：光源、接收器和迈克尔逊干涉仪。其中，采用的光源必须是高相干的可调激光器；接收器是由光电探测器和相应的电子线路组成的；迈克尔逊干涉仪则由一段待测光纤和另一段固定长度的参考光纤经 3dB 光耦合器接入系统组成。

2. 开发产品方案

我们的独特之处是对现有光频域反射仪进行结构创新。与现有的光频域反射仪相比，本项目将系统从一个局域振荡器增加到 N 个（N 为大于 1 的整数）。这样系统里就有 N 个参考臂。这 N 个参考臂的长度是不相等的，且一个振荡器的位置与下一个振荡器位置的距离差等于激光相干长度。这 N 个振荡器通过一个 $1 \times N$ 光学开关连接到系统中。通过 N 次激光扫描测量，每次接通一个振荡器，每次测量距离是待测光纤中的一段。然后将 N 次测量、N 段待测光纤叠加，从而实现增加仪器测量距离的目的。

3. 产品开发的可行性

理论依据在基本的光频域技术中，激光光源有限的相关长度是制约测量长距离光纤的主要因素。本项目的新颖之处是通过同一光源的相干长度，分别使用多个（N 个）不同长度的参考臂，从而分别对被测光纤的不同部分进行干涉测量。然后将这多次测量的结果，经软件程序进行叠加处理，由此获得长程被测光纤的距离。

技术实现依据在基本的 OFDR 系统结构中，它包含一个迈克尔逊干涉仪，此干涉仪的一臂称为参考臂，参考臂的终端是一个具有反射率的局域振荡器。本项目里的 OFDR 系统有多个（N 个）局域振荡器，即有 N 个参考臂。两个相邻参考臂的距离差等于光源的相关长度。这 N 个参考臂通过一个 $1 \times N$ 光学开关连接到系统中，构成了一个等效的 N 个参考臂迈克尔逊干涉仪。

4. 研究与开发计划

主力产品光纤频域反射仪的研发计划拟订如下：

（1）第一阶段——研发阶段，12～24个月，解决研发中剩余的问题。订购元器件；光学器件组装；找出线性调制可调半导体激光器的曲线，根据此曲线设计软件块，然后由此软件块进行线性调控；设计并组装迈克尔逊干涉仪，用以测量激光器的相关长度；设计反馈电路来控制极化控制器，用于解决极化导致的光信号衰减的问题；分析各种噪声的来源，以便采用优化系统设计来降低噪声。

（2）第二阶段——样机开发阶段，8～10个月，开发出3～5台样机。光路设计包括可调激光器、光探测器、迈克尔逊干涉仪和极化控制。电路设计包括PCB、显示器控制、面板键盘控制、电源电路和通信接口。机械设计：外壳体设计包括颜色、形状和材料的选择，以及壳体内的空间限制；软件设计：线性调控可调激光器，采集频域信号，并将此信号通过FFT处理转成时域信号，最后将多次扫描的数据叠加成一个完整合成的扫描曲线。

（3）第三阶段——试投产阶段，6～12个月，生产约20台市场演示机型。

（4）第四阶段——正式生产阶段，接受订单，正式批量生产。

（5）第五阶段——根据产品在各行业与领域的实际应用，研发满足不同需求的升级型号。

四、市场及行业分析

（一）行业现状与趋势分析

1. 行业现状

传统的光时域反射技术由于动态范围与空间分辨这一对矛盾，加之其时间盲区的限制和空间分辨率差，因而导致大批科研人员自20世纪90年代初就开始寻找新的技术来弥补光时域反射技术的不足。而目前最有前景的技术就是光频域反射仪。与光时域反射技术使用脉冲光信号相比，光频域反射仪使用了连续光信号，这决定了光频域反射仪的动态范围不取决于空间分辨率。这一重要特性使光频域反射仪在不牺牲动态范围的前提下获取了极高的空间分辨率。光频域反射仪与相干探测技术相结合又会获得另一大优点：极高的灵敏度。采用光频域反射仪，使技术指标达到低于100dB的灵敏度和毫米量级的空间分辨率成为可能。

2. 行业趋势

随着光纤时代的来临，光频域反射仪开始从过去单纯的军用目的到被应用于光纤网络的电信行业，从而获得了极大的发展。

（二）目标市场现状与趋势分析

1. 目标市场现状

目前主要的目标市场还是电信行业，具体就是指每个国家实际的网络运营商，如中国电信、美国电信（AT&T）、英国电信（BT）等。由于光纤网络的普及化，传统的人工排错与时域光纤检测技术已经远远不能满足电信行业的需求了。前文提到国外生产光频域反射仪的企业——美国Luna公司，其现有产品直到2010年5月之前，由于体积过大而无法被实际使用在除实验室以外的任何行业领域。最新的便携式OBR 4200

型号由于测试距离为 500m 以内和高达 8.5 万美元的售价，大部分的电信运营商依然无法承受。因此，开发一款既能够弥补测量长度缺陷，又经济实惠的设备成了目前电信行业市场的需求。我们的产品可以达到测量距离 5000m 的范围，对于运营商而言，只要在每个光纤汇集节点处设置一台我们的光频域反射仪，就可以即时监测整个 FTTX 网络的使用状况。当故障被发现的时候，修复人员可以直接抵达故障点进行修复，大大提高了修复的效率。加上我们产品的销售价格至少比 Luna OBR 4200 低 1/3，在市场竞争上有着相当大的优势。以中国为例，3 年内新增光纤用户将超过 5000 万户。按照单根光纤到 32 户、每台设备 5 万美元来计算，设备的新增市场超过 780 万美元。

2. 目标市场趋势

在不久的将来，光频域反射技术可以用来设计更好的光纤系统，保证它们在制造过程中运行在最佳状态。同时，国防机构、承包商、军用和民用飞机制造公司也能使用该技术来改善系统性能。在这套系统投入使用的过程中，也能进一步降低其使用、维护、保养与故障诊断、排除的费用和时间。

（三）宏观环境分析（PEST 分析）

PEST 分析是对宏观环境的分析。宏观环境又称一般环境，是指影响一切行业和企业的各种宏观因素。对宏观环境因素做分析，不同行业和企业根据自身特点和经营需要，分析的具体内容会有差异，但一般都应对政治（political）、经济（economic）、社会（social）和技术（technological）四大类影响企业的主要外部因素进行分析。

（1）政治因素。中国政治大环境稳定，近年来随着信息时代的来临和光纤网络日益普及，光纤相关产业成为国家大力扶持的行业之一。

（2）经济因素。中国改革开放以来的成就举世瞩目，过去 10 年经济持续走强，保持中高速持续发展。即使世界经济放缓，国际贸易增速回落，国际贸易保护主义抬头，我国依然保证了经济发展目标任务，可见整个国内的经济形势是非常乐观的。

（3）社会因素。虽然中国人的传统观念比较含蓄，但是交流时比较欣赏同步的方式，也就是相对于邮件而言，中国人更愿意选择面对面交流或者电话、视频等更直观的方式，因此对光纤网络与通信网络的要求也一直在提高。另外，现今社会环境中人与人之间的距离变得越来越远，无数的"宅男宅女"由于孤独开始依赖于网络上的虚拟社会与即时通信交流，这更加速了光纤网络的发展。

（4）技术因素。在国内，真正的自主研发公司数量不多，可以说"拿来主义"依然是国内部分高科技企业的做法。同时，由于自身没有研发阶段，因此最终的产品技术指标始终与原厂正品有一些差距，加上没有技术核心竞争力，升级产品的开发自然也无法完成。

（四）目标市场设定与进入策略

1. 目标市场设定

根据前文对市场现状与趋势的分析，现阶段我们的主要目标市场依然设定为电信行业。由于光纤频域反射仪的主要应用依然是在数据与通信网络的故障检测领域，我们会将开发便携式光纤频域反射仪作为第一个主力产品，将目标市场锁定在国内与国际电信行业。这个市场的特点主要有以下三点：①对数据与通信网络的故障检测仪器存在刚性需求；②对产品的技术要求较高，不同于一般企业客户；③具有长期的、大量的设备采购需要。

2. 进入策略

对于国内与国际电信行业，我们会采取比较不同的进入策略，原因是国内外行业的生存环境、需求内容以及可承受价格都有着比较大的区别。对于国外电信行业，由于其人工成本较高，加上光纤网络的发展已经基本完成，相关检测设备需求的急迫性显而易见。因此，我们就大举技术王牌，展现自身产品与现有产品相比的巨大科技优势与参数差别，应该可以保证打入市场。

五、竞争策略

（一）目标客户分析

针对光纤频域反射仪的主要目标客户，根据二维四象限分析法，将其根据地域的不同和行业的不同分为四类。

（1）Ⅰ类（中国电信行业）：现阶段五年计划中最为重要的关键客户。其特点如下：①对数据与通信网络的故障检测仪器存在刚性需求；②对产品的技术要求较高，不同于一般企业客户；③具有长期的、大量的设备采购需要；④相比同类外国企业，人们对具备优秀技术的中国企业存在好感；⑤若能够签署长期合作协议，可以在获得大订单的前提下，进行特殊需求开发，可获得极高的利润。

（2）Ⅱ类（外国电信行业）：现阶段五年计划中第二重要的关键客户。其特点如下：①对数据与通信网络的故障检测仪器存在刚性需求；②对产品的技术要求很高，相比中国需求已经迫在眉睫；③具有长期的、大量的设备采购需要；④由于国外电信行业与中国电信行业有很多实际需求上的区别，比如国外更希望在故障发生时首先由自己检测到，所以相关设备会有一些特殊定制；⑤由于同类的国际企业只有一家，且技术参数不如我们的设备，可以通过高价格的销售策略获得最大利润。

（3）Ⅲ类（外国非电信行业）：五年计划以后最为重要的关键客户。其特点如下：①对产品的技术要求极高，一般需要针对客户的需求进行特别定制开发；②由于主要应用高新技术开发，因此设备利润率会很高；③产品在技术领先于竞争对手的前提下，将是非常稳定的客户资源；④这些前端行业的需求将会转化为未来的一般需求，对开发有指导性作用；⑤拥有与高新科技企业合作的背景，可以缔造品牌形象。

（4）Ⅳ类（中国非电信行业）：重要度最低的客户。其特点如下：①由于国内的研发需求相对较低，因此技术要求会较低，将面对低价竞争者；②大部分企业级客户难以直接接触，需要靠代理与渠道来开拓；③针对大量的低级别产品服务，需要通过外包来解决并控制服务质量。

（二）主要竞争对手分析

目前的竞争对手在世界范围内仅有一家，是美国 Luna 公司的 OBR 4200。但是，其测量距离仅局限于 500m 之内，不仅价格昂贵，每台达 8.5 万美元，而且被禁止向中国出口。就中国国内而言，除了戴基智教授指导其研究生顾一弘在近年内对相关技术做了一些研究工作之外，还未见任何商用产品开发工作的报道。所以国内可以说几乎不存在竞争对手。并且据我们的了解和分析，在可预见的将来，国内暂时不会出现有竞争力的对手。总而言之，由于该产品技术先进、技术条件要求高、技术壁垒坚固、难以模仿和复制，我们认为短时间内，国内外都难有新的竞争对手出现。

（三）竞争优劣势分析

根据产品的特性与目前的竞争对手和市场环境，我们使用 SWOT 分析法对竞争优劣势进行了分析。SWOT 是一种分析方法，用来确定企业本身的竞争优势、竞争劣势、机会和威胁，从而将公司战略与公司内部资源、外部环境有机结合。因此，清楚地确定公司的资源优势和劣势，了解公司所面临的机会和挑战，对制定公司未来的发展战略有着至关重要的意义。

1. 自身的优势

①产品技术世界范围领先：目前公司技术在市场上处于绝对领先，特别是国内市场，由于技术研发较缓慢，预期在 3～5 年内没有竞争对手。②产品存在科技壁垒难复制：需要攻克的技术与生产要求高，遏制了山寨风；加上后续革新产品或者特殊定制产品的需求，可以树立行业品牌形象。③具有高度的价格控制权：对刚性需求且技术指标要求高的部分行业与企业，由于没有竞争对手，公司可以获取极大的利润。④具有广阔的新兴市场前景：在医学成像系统、桥梁与发电设备的监控系统、硅基光电子行业等有着非常强的市场需求预期。

2. 自身的劣势

①初期需要投入大量资金：由于需要进行科研应用产品化并且建设自主研发生产的团队，初期的资金需求会比较大，主要投资于光学研发设备、生产设备、团队人员。②要构建自主研发的团队：要拥有持续的科技优势作为核心竞争力，就必须构建自己的自主研发团队，只有不断创新才能够不断保持优势。但是，随之而来的代价是显而易见的——需要花费大量的金钱和时间，还要注意人才保护，防止人才流失。③供应链保证有一定困难：由于在国内进行产品化研发工作，对于相关的元器件以及其他原材料的供应链保证变得极为重要。因为是高新科技的产品，对使用的原材料也有较高的要求，目前大部分依然需要进口，这样当大批量生产时，可能遇到供应链保障的问题。

3. 外部的机遇

①全球范围存在大量刚性需求：随着光纤网络的普及以及其他众多新兴行业的发展，光频域反射仪成为解决目前光纤故障检测的最佳手段。②中国国内无竞争对手：由于国内光学科技的发展相比国外仍有一定差距，预计在 3～5 年之内不会出现有竞争力的对手。③国际市场对手产品极少：目前在全球范围内只有 Luna 公司一家在售光频域反射仪的同类产品，但其参数性能还不及我们的目标产品。

4. 外部的威胁

①尚未拥有品牌效应：面对国际市场，可能有些企业依然会选择花大价钱去购买性能不如我们产品的 Luna OBR 4200。其根本原因就是我们是新兴企业，尚未创造品

牌形象，也没有与国际性大机构或者政府企业合作的经验。②新兴竞争对手出现：虽然目前尚未出现除了 Luna 公司以外的竞争对手，但是这并不表示光纤频域反射技术的研发没有人在做。在 2016 年 1 月瑞典的光学会议上，就有许多的机构和研究人员在进行技术壁垒的突破工作。③人才流动性大：这一点是最大的威胁，如果想要保证企业长期的技术核心优势，就必须有非常稳定的研发团队，但是人才流动性大的问题会导致这一关键要素的薄弱化。如何留住人才是我们面对的最大威胁与挑战。

（四）营销战略与计划

公司将采用直接销售和分销商销售两种模式结合的方法从事产品的销售。对已经建立合作关系的国内外战略性重点客户，将采取直接销售的方式：一方面，可以更好、更直接地了解他们对产品的要求，帮助我们更快、更好地设计生产满足他们需求的产品，同时也可以为他们提供更好、更直接的售后服务，维持长久、稳定的合作关系；另一方面，会尽快使产品进入市场，占据比较大的市场份额。将与已有联系的 100 多家分销商合作，利用他们现有的市场渠道和客户资源，同时采用新颖的市场策划销售理念，充分利用现代信息网络的优势，在国际知名的社交网站，如 Facebook、Twitter、Linkedin、YouTube、阿里巴巴、腾讯、百度等发布产品信息，使产品能在较短的时间内为更多的相关人员所熟悉和了解。

（五）研发战略与计划

光频域发射仪产品的关键技术的基础开发工作已经完成，包括相关的原理分析和实验论证工作。在工作的过程中，与关键的元器件供应商建立了可靠的联系和沟通渠道；同时，同国内外多个潜在客户进行了接触，了解他们对产品的具体要求及将来可能的需求量，使我们对具体产品的开发和生产做到心中有数。这些是我们开展此项目的优势。项目启动后，我们可以马上开始产品的具体设计工作（这些工作包括光路设计、控制电路设计、主机结构与外壳机械设计、控制软件、用户界面软件和系统软件设计等），争取在 3 年的时间里完成 3~5 台样机的开发和生产。在这个过程中，主要的子系统将在国内协同精心选择的战略客户共同进行测试和验证，然后花半年左右的时间进行样品的测试和验证工作；同时，一方面进行小批量产品生产的准备工作，另一方面根据测试结果和客户反馈对产品的设计和性能做进一步的改善和提高，从而实现 4 年左右时间将产品投放市场的目标。

（六）生产战略与计划

我们将在项目启动的同时，在国内外开展相关技术的专利申请，以确保产品的知识产权得到保护，在满足市场需求的同时，维护产品的市场竞争力。在企业管理过程中，公司营运的每个环节将贯彻"质量第一"的理念，严格按照 ISO 9000 规定的质量控制流程组织设计和生产，消除"Made in China"产品的低廉误区。

六、财务分析与风险控制

1. 资金需求分析

根据企业拟订的五年计划，总资金需求大约 6000 万元，这是在不计算相关销售利润的前提下计算的。相关的需求依据见表 4-6。

表 4-6　资金需求分析表

年度	项目实施阶段	投资额度（万元）	资金主要用途
2013	产品设计和开发；样品制作和测试	1000	人员支出 300 万元 / 年 办公室与生产用房租金 100 万元 / 年 初期设备投资 300 万元 / 年 元器件、原材料采购 300 万元 / 年
2014	第一条生产线的建设，前期五种产品（光功率计、光源、光纤识别器、可见光光源、可调光衰减器）的批量生产	1000	建设一条新生产线 100 万元 新增人员设备、市场营销 200 万元 / 年 固定支出 700 万元不变（人员 300 万元 + 材料采购 300 万元 + 房租 100 万元）
2015	第二条生产线的建设，新产品（光纤端面检测系统和清洁仪）和应用的开发、量产和销售	1000	建设一条新生产线 100 万元 新增人员设备、市场营销 200 万元 / 年 固定支出 700 万元不变（人员 300 万元 + 材料采购 300 万元 + 房租 100 万元）
2016	第三条生产线的建设，新产品（便携式 OTDR）和应用的开发、量产和销售	1000	建设一条新生产线 100 万元 新增人员设备、市场营销 200 万元 / 年 固定支出 700 万不变（人员 300 万元 + 材料采购 300 万元 + 房租 100 万元）
2017	第四条生产线的建设，新产品（便携式 OTDR）和应用的开发、量产和销售	2000	建设一条新生产线 100 万元 新增人员设备、市场营销 200 万元 / 年 固定支出 700 万元不变（人员 300 万元 + 材料采购 300 万元 + 房租 100 万元） 下一代产品研发费用 1000 万元

2. 资金来源分析

资金来源分析见表 4-7。

表 4-7　资金来源分析年表

项目融资 5 年计划，以五年内投资资金总量 6000 万元作为前提					
年度	项目实施阶段	团队自筹（万元）	银行贷款（万元）	政府拨款（万元）	总需求（万元）
2013	产品设计和开发；样品制作和测试	500	0	500	1000
2014	第一条生产线的建设，前期五种产品的批量生产	500	200	300	1000
2015	第二条生产线的建设，产品和应用的开发、量产和销售	500	200	300	1000

（续）

项目融资 5 年计划，以五年内投资资金总量 6000 万元作为前提					
年度	项目实施阶段	团队自筹（万元）	银行贷款（万元）	政府拨款（万元）	总需求（万元）
2016	第三条生产线的建设，产品和应用的开发、量产和销售	500	200	300	1000
2017	第四条生产线的建设，产品和应用的开发、量产和销售	1000	500	500	2000

3. 财务收入预期

财务收入预期见表 4-8。

表 4-8　财务收入预期年表

企业创办头 5 年的财务收入预测					
内容	年度				
	2013	2014	2015	2016	2017
每月销售数量（台/套）	0	1500	2000	2200	2300
服务用户数量（家）	0	100	150	200	300
年销售收入（万元）	0	7500	10000	15000	35000
总成本（万元）	1000	1000	1000	1000	2000
企业人数（人）	30	45	75	125	200

七、风险控制

根据美国 IGIc 公司于 2010 年 11 月发表的分析报告，光纤系统仅在军用和民航电子控制系统中的使用将从 2009 年的 3 亿多美元增长到 2013 年的 7 亿多美元。市场增长 2 倍多。随着光纤网络应用向其他领域的不断渗透和深入，潜在的市场空间和客户群会不断扩大。因此，光频域反射仪产品基本不存在市场风险。由于其技术含量高、利润空间大，价格波动的影响将微不足道。随着关键元器件逐步由自身研发、提供，未来市场价格可能波动的影响会进一步降低。

来自竞争者的风险主要在国际上。美国 Luna 公司推出了一款测量距离小于 500m 的产品 OBR 4200。但是，由于美国高技术及其产品对中国的出口管制措施，该产品不能出口到中国，更不用说到中国生产了，因此为我们实施该项目赢得了时间。同时，该项目采用我们独有的先进专利技术，一方面将测量距离增加到 500m 以上，达到 5000m；另一方面，结合经济的国产原材料和劳动力，不论是产品性能还是产品成本我们都具有竞争力，从而更为我们进行该项目赢得了空间。产品一方面可以打破国际上的垄断和对中国的封锁，填补国内外空白，同时可以为更多的客户提供服务，促使光纤技术得到更快、更广泛、更深入同时更经济的应用。我们的最终目标是凭借我们产品的技术优势和性价比，战胜国际上的竞争对手，使我们的产品成为世界市场的知名品牌和业界龙头。

资金来源方面的风险还是存在的，因此在商业模型的资本运作方面，我们拿出了3个不同的方案来应对。根据目前调研和一些开发区的接触情况来看，方案1能够获得中央课题支援和地方对企业以及人才引进的支援的可能性是很大的。目前选定的南京、苏州、无锡、常熟开发区都比较适合创业计划的开展，所以即使一个地点的支援力度削弱，企业还是可以选择迁移到另外3个候选点进行发展。当然，万一出现方案1无法实现的糟糕情况，我们也可以选择让银行融资、第三方风险投资入股的方式来缓解资金压力。最坏的情况是放慢研发力度、减少人员数量，在获得国内市场份额之后再更新设备冲击国际市场。（略）

（资料来源：改编自彭四平等，《创新创业基础》，人民邮电出版社）

本章小结

本章是该课程的核心章，内容丰富且各具特点。营销类商务文书在商业活动实施过程中发挥着极大的作用，商业活动的成败一定程度上取决于组织是否能用更经济、更高效、更迎合消费者和投资者需求的文案或规划打动对方。确切地说，营销类商务文书是商业活动顺利开展的必需品，优质的文案能助力品牌宣传，实现企业和品牌的可持续发展。

本章内容层层递进：①剖析了商业广告文案的写作技巧，在此基础上进一步探究商业广告策划书的写作与规范；②产品说明书伴随产品本身而存在，发挥着明显的说明和解释作用，适用面很广；③营销策划书相较前面的文种更具系统性，只要有营销活动，就应该全面思考营销策划活动如何开展，现代营销思维支撑下的营销策划更具价值；④电子商务是网络经济时代下企业竞争与发展的重要领域，而电商文案是原始广告文案和电子商务业态融合的诞生物，在当下较为实用也更具针对性；⑤创业计划书是展开创业活动或融资时必不可少的文书，有创业意愿的读者可进一步深入研究。

新时代的营销类商务文书创作者应当站在消费者的角度撰写出激发消费者兴趣、参与感和购物欲望的文案，让文字有温度、有情感，充满正能量与时代生命力，帮助消费者尽可能理性地购买到称心如意的好商品或好服务。营销类文书既求创意，更讲诚信，虚假宣传、文字陷阱、故意误导消费者均是不能触及的写作红线。

营销类商务文书看似简单，其实内藏学问，需要全面学习和了解管理学、经济学、心理学、消费者行为学、网络营销学、投资学等知识，才能深刻掌握具体场景下产品文案创作的精髓。

综合训练

一、客观题（由任课教师提供）

二、主观题

1. 简答题

（1）简述商业广告的作用。

（2）简述营销策划书需注意的撰写要求。

（3）营销策划书正文部分的内容主要有哪些？

（4）电商文案写作的切入点有哪些？

（5）电商文案的商品详情页文案可以通过哪些表现方式来突出商品特点？

（6）微博推广文案和微信推广文案在撰写时分别有哪些注意事项？

（7）简述创业计划书的编制步骤和主要结构。

2. 应用写作题

（1）为自己家乡的某一产品代言，撰写广告文案或完整的广告投放策划。

（2）孙川是一家中小型电商企业的运营总监，这个季度准备带领公司运营部推出系列面膜新品，以拓展市场。在"用产品说明吸引和留住消费者"的规划上，部门做足了功夫……团队初步商定将产品说明分为三部分：①面膜直接的包装袋，②面膜的10片礼盒装，③高档礼盒装。所有包装均设计为淡雅中国风，不同包装上需撰写与主题相关但有所侧重的说明文稿。于是，运营部门选出了几位得力干将展开讨论、策划写作。

（3）请根据要求完成以下任务：

1）确定商品的电商文案主题并撰写情理结合的文案。

轻奢，顾名思义，即"轻度的奢侈"。近年来，所谓的"轻奢生活"在年轻人中颇为流行，成为许多年轻人所追求的一种生活品质。现有一款床品套件，材质为棉麻纤维，天然取材，绿色环保，采用高支高密织布工艺。请以轻奢风格确定这款商品的电商文案主题，再撰写一则合适的、情理结合的文案。

2）分析商品的详情页架构，并以此进行文案创作。

在淘宝、京东、拼多多等电商平台中查阅某个商品分类下销量前几名的商品详情页，选择其中你认为最具参考价值的一款商品详情页进行架构分析，按照详情页中文案的排布顺序画出树状结构图，表示它的整体框架。在此基础上进行合理的优化调整，构建适合你的商品特点的完整详情页框架，接着以此进行文案和海报的创作。注意保持整体风格的统一，并突出当下的宣传重心。

（4）假如你的团队计划参加今年的电子商务"创新、创意及创业"挑战赛和"互联网+"大学生创新创业大赛，请根据团队项目规划，写一份符合比赛要求的策划书。（二选一）

第五章
契约类商务文书

> 人无信不立，事无信不成，商无信不兴。
>
> ——民间俗语

> 言无常信，行无常贞，惟利所在，无所不倾，若是则可谓小人矣。
>
> ——《荀子·不苟》

任务导入

　　王星星（身份证号：42100420020304××××）同学为大四应届毕业生，已经在成都市高新区找到一份工作。王星星同学经过实地考察，准备租赁成都市高新区××路100号昌盛园小区4栋302室为自己工作期间的临时居住之处。经过朋友联系，王星星准备和房东高环宇（身份证号：42100419880808××66）签订房屋租赁合同，计划租两年。

　　请思考一下，如果你是王星星同学，打算怎么拟定这则租房合同。

内容认知

　　契约类商务文书主要包括招标书、投标书商务合同、协议书、委托书等内容。契约类商务文书是双方或多方为了各自的利益，在平等商洽的基础上，在遵守相应法律、法规的前提下签订的一种平等互利的文书。现代经济活动中，一般在大型商务合同签订前，往往伴随着招投标活动。

学习目标

知识模块五	能力维度	重难点
招标书、投标书	理解与掌握	重点：招标书、投标书、合同以及委托书的相关法律条例和写作要素
商务合同	写作与应用	
商务合作意向书	了解	
商务合作协议书	理解	难点：招标书的写作；商务合同的写作及应用
授权委托书	理解与掌握	
综合素养提升：政策分析能力、逻辑思维能力、构思布局能力、跨学科思考能力、锤炼文字能力		

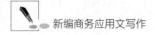

☑ 主修模块

第一节　招标书、投标书
第二节　商务合同

☑ 辅修模块

第三节　商务合作意向书
第四节　商务合作协议书
第五节　授权委托书

第一节
招标书、投标书

1782 年，关于民众对官员贪腐的举报、税收用途的质疑，每个月都要填满政府的邮箱。为此，英国政府成立文具公用局，规定此后凡是政府公文的印刷、用具的购买，均由文具公用局负责，以此规范市场，杜绝不平等交易。这便是招标投标的雏形。

接下来的几年，市场环境明显改善，贪腐问题也被有效控制。1830 年，文具公用局的那一套采购流程逐渐演变成一种更为规范的招标投标制度，被英国政府全国推行。文具公用局也升级成为物资供应部，负责整个英国政府的采购。

招标投标是一种市场交易行为，包括招标和投标两个阶段。在招标阶段，招标人通过发布招标文件，提出采购需求和条件，邀请众多潜在投标人参加投标；在投标阶段，投标人根据招标文件的要求和规定，提交投标文件，提出自己的供货方案、服务承诺和技术方案等。以下分别介绍招标书和投标书的相关内容。

一、招标书

（一）招标书的定义

招标书又称招标通告、招标启事、招标广告，是招标人为择优选择合作伙伴，在法律法规许可的条件下，根据自己的招标事项和要求，通过不同的媒体方式向社会不特定的邀请对象发出的明确招标条件的公告性文书。

招标属于邀约的范畴，一般通过报刊、广播、电视等公开传播媒介发表。在整个招标过程中，它属于首次使用的公开性文件，也是唯一具有周知性的文件。《中华人民共和国招标投标法》第三条规定，在中华人民共和国境内进行下列工程建设项目包括项目的勘察、设计、施工、监理以及与工程建设有关的重要设备、材料等的采购，必须进行招标：①大型基础设施、公用事业等关系社会公共利益、公众安全的项目；②全部或者部分使用国有资金投资或者国家融资的项目；③使用国际组织或者外国政府贷款、援助资金的项目。

（二）招标书的种类

1. 按照时间可以分为长期招标书和短期招标书

（1）长期招标书　这类招标书通常涉及长期项目或合作，如基础设施建设、长期服务合同等。长期招标书为投标者提供了较长时间的准备期和实施期，通常要求投标者展示更强的综合实力和长期服务能力。

（2）短期招标书　与长期招标书相对，短期招标书针对的是短期内需要完成的项目或采购，如紧急物资采购、短期活动组织等。这类招标书往往对时间要求较高，需要投标者能够快速响应和高效执行。

2. 按照内容及性质可以分为企业承包招标书、工程招标书、大宗商品交易招标书等

（1）企业承包招标书　这类招标书主要用于选择企业作为项目或业务的承包方，通常涉及企业的综合实力评估、业务能力、管理水平等多个方面。企业承包招标书常见于大型工程项目、公共服务外包等领域。

（2）工程招标书　工程招标书主要针对各类工程建设项目，如建筑工程、道路工程、水利工程等。这类招标书详细说明了工程的技术要求、施工条件、质量标准等，要求投标者具备相应的施工能力和资质。

（3）大宗商品交易招标书　这类招标书主要用于大宗商品（如原材料、能源、农产品等）的采购或销售。大宗商品交易招标书通常涉及商品的质量标准、数量、价格、交货期等关键条款，要求投标者具备稳定的供应能力或购买能力。

3. 按照招标范围可以分为国际招标书和国内招标书

（1）国际招标书　国际招标书面向全球范围内的潜在投标者，通常涉及跨国项目、国际贸易等。国际招标书要求投标者符合国际标准，具备良好的国际竞争力，同时还需要考虑不同国家、地区的法律法规和贸易壁垒。

（2）国内招标书　国内招标书主要面向国内市场的潜在投标者，涉及国内项目、政府采购、地方合作等。国内招标书通常受到国家法律法规的严格监管，要求投标者符合国内相关标准和资质要求。

延伸阅读：
《中华人民共和国招投标法》关于招标的相关规定

（三）招标书的特点

招标书不仅仅是一个简单的邀请或提议，而且体现了招标方对项目的明确需求、期望和策略。其具有以下特点：

（1）广告性　招标书通常通过大众传媒，如报纸、网站、公告板等公开发布。这使得招标书具有广告的性质，其目的是吸引潜在投标者的注意，并鼓励他们参与投标。招标广告不仅要清晰地描述项目的需求和条件，还要有足够的吸引力，使投标者感到参与这个项目是有利可图的。

（2）竞争性　招标书的另一个显著特点是其公开竞争性。由于招标书公开邀请所有符合资格的投标者参与，这就形成了一个竞争环境。投标者必须提供最优的方案、最低的价格或最高的质量，以赢得招标方的青睐。这种竞争有助于招标方获得更好的报价和更优质的服务。

（3）紧迫性　招标书通常都有一个明确的时间限制，要求投标者在规定的时间内提交投标书，这体现了招标书的紧迫性特点。招标方需要在短时间内收集到所有投标者的方案，以便尽快做出决策。因此，投标者需要在有限的时间内准备并提交高质量的投标书，以满足招标方的需求。

（4）效益性　通过公开招标，招标方可以吸引多个投标者参与，从而形成一个竞争市

场。在这个市场中，投标者为了赢得项目，往往会提供更具竞争力的报价和更优质的服务。这样，招标方可以以最低的价格获得最优的货物或服务，从而实现项目的经济效益。同时，公开招标也有助于防止腐败和不公平交易，确保项目的公正性和透明度。

综上所述，招标书的特点主要体现在其广告性、竞争性、紧迫性和效益性上。这些特点使得招标书在商业活动中发挥着重要的作用，帮助招标方有效地吸引投标者、促进竞争、提高效益，并最终实现项目的成功实施。

（四）招标书的结构和内容

招标书一般由标题、正文和落款三部分组成，写作模板如图 5-1 所示。

×× 单位 ×× 项目招标书	标题
我单位拟招标采购一批 ××××，详细要求见附件。诚邀符合条件的公司前来参与投标。投标时需注意以下事项：	正文——前言
一、投标单位资质 投标单位需具有……资格，是能独立行使民事权利并承担民事责任的厂商或经销商。投标时须出具如下证件原件和复印件： （1）××××××。 （2）××××××。 （3）××××××。 （4）××××××。	交代清楚招标内容和依据
二、投标报价 投标方应仔细阅读招标文件的所有内容，对招标文件提出的实质性要求和条件做出响应…… 报价含 ××××、×××××× 及其他。 三、递交标书与保证金 1.标书封装要求：××× 2.保证金：×××× 元整（现金） 3.是否可以撤标：××× 4.保证金是否退回：×××	正文——主体 交代招标事项
四、开标及评标 1.开标 （1）招标文件规定的时间、地点，公开开标，开标仪式由 ××× 主持。 （2）标书内容简介。 2.评标 评标委员会将严格按照招标文件的要求，从……方面进行综合评定，确定中标单位。 五、中标通知与签订合同 六、招标时间与招标地点 若对标书有任何疑问，请联系 ××××××，电话 ××××××，传真 ××××，电子邮件 ×××××××。	正文——主体 交代招标程序
招标人（盖单位章） ××××年××月××日	落款

图 5-1 招标书的写作模板

1. 标题

标题一般由招标单位名称、招标项目内容和文种构成，如"××学院第23届大学生科技节活动项目招标书"；或是由招标内容和文种构成，如"×××工程招标书"；也可以直接写文种"招标书"三个字。

2. 正文

正文由前言和主体组成。其中，前言部分要求写清楚招标依据、原因。主体部分由招标事项和招标程序构成，翔实交代招标事项，如招标方式（公开招标、邀请招标）、招标范围、招标程序、招标内容的具体要求，双方签订合同的原则、招标过程中的权利和义务、组织领导、其他注意事项等内容。

（1）前言　一般写明招标单位名称、招标项目名称、招标范围及数量、招标目的等，让读者清楚了解对该项目是否有投标的必要。

（2）主体　一般包括招标事项和招标程序。

1）招标事项。这一部分需要写明：招标事项的具体内容和要求、中标者的相关责任和义务等写得清晰明白。招标事项可以用条款式或者表格式进行罗列。

2）招标程序。这一部分需要写明：招标的起止时间；招标文件的发送和接收方式、包括接收的时间、地点、载体；开标的时间、地点、形式；如果需要对投标者资质或投标者提供的相关资料进行审查，也需要写明资料审查时间和地点。

3. 落款

招标书的结尾，应签具招标单位的名称、地址、电话、传真、电子邮件等，以便投标者联系。

（五）招标书的写作注意事项

招标是一项严肃的工作，因此招标书的写作需要严谨求实。一份合格的招标书要做到以下几点：

（1）遵照法律、有理有据　招标书作为招标投标活动的核心文件，具有法律效应。因此，在编写招标书时，相关单位必须严格遵守国家及地方对招标工作的相关规定和办法。这包括但不限于招标流程、评审标准、合同签订等方面的规定。同时，招标书还应遵循国家颁布的各类技术规范和质量指标，确保所提出的要求和标准都是合法、合规的。

此外，招标书的内容必须有理有据，每一个条款、每一个要求都应该有明确的依据和来源。这不仅可以提高招标过程的透明度和公正性，也有助于减少后续可能出现的争议和纠纷。

（2）周密严谨、言简意赅　招标书作为实用性很强的文书，其语言表达必须精准、简洁明了。在描述项目需求、技术要求、质量标准等方面时，应尽量避免使用模糊、笼统的词语，而应使用具体、明确的语言。特别是在涉及相关技术指标、规格、数量及质量要求时，更应该力求具体不抽象，确保投标单位能够准确理解招标要求。

同时，招标书的结构要清晰、逻辑要严密，从项目背景、需求分析、技术要求、评审标准到合同条款等各个方面，都应该做到条理清晰、层次分明。这样不仅可以方便投标单位阅读和理解，也有助于提高招标过程的效率和准确性。

（3）诚恳有礼、不卑不亢　招标、投标活动本质上是一种商业交易行为，因此招标书在语言表达上应该体现出诚恳有礼的态度。在描述项目需求、提出要求时，应避免使用过于生硬或傲慢的措辞，而应尊重投标单位的权益和尊严。同时，在回应投标单位的询问或建议时，也应保持礼貌和谦逊的态度，避免给人留下傲慢或敷衍的印象。

然而，诚恳有礼并不意味着低声下气或放弃原则，在坚持自身立场和利益的同时，也要尊重和理解投标单位的合理诉求，通过平等、诚恳地沟通和协商，共同推动招标投标活动的顺利进行。

例文 5-1

CD 学院办公桌采购招标书

我校是……办学历史悠久，现有在校师生 3.2 万人。由于……的需求，现拟招标采购一批办公桌，详细要求见附件。诚邀符合条件的公司前来投标，投标时需注意以下事项：

一、投标单位应符合的条件

投标单位应具有独立法人资格，是能独立行使民事权利并承担民事责任的厂商或经销商。

投标时须出具如下证件或证件复印件：

（1）中华人民共和国工商营业执照。

（2）税务登记证。

（3）法人授权书。

（4）投标人的法人授权书和身份证复印件。

（5）关于办公桌的彩页及详细说明。

（6）投标方情况简介资料。

（7）近年来部分客户名单及销售业绩。

投标单位须有能力为我校提供长期技术和售后服务。

注：以上证件一律采用 A4 规格纸张，所有证件复印件均需加盖单位公章，由招标方留存。

二、投标报价

投标方应仔细阅读招标文件的所有内容，对招标文件提出的实质性要求和条件做出响应；否则，其投标将被拒绝。投标方报价时，应在满足标书要求的基础上，将投标办公桌的品牌、规格型号、数量、单价、总价、供货时间、售后服务等填写清楚，并由法人代表或授权代表签字、加盖公章，同时在招标现场提供投标标书的电子版（彩页要扫描），报价表用 pdf 格式，不要打乱报价清单中的顺序。

报价含主件、标准附件、安装、送到 CD 学院指定地点的运杂费、保修费及其他，并明确注明保修期限和出现故障后响应及排除故障时间。

投标人对每张办公桌的报价应与其实际价值相符，并且能允许招标人在招标后按中标结果追加部分产品。免费提供的项目，应先填写该项目的实际价格，并注明免费，此项不计入总价。

投标人不得以他人名义投标或者以其他方式弄虚作假，骗取中标。

标书中的办公桌规格型号、生产厂家等信息要同所提供办公桌产品目录上的完全一致。

三、递交标书与保证金

（1）标书封装要求：投标文件必须一式三份（正本一份、副本二份）装袋密封，并在文件袋上注明"CD 学院办公桌招标书"字样，封口处加盖公章，不合要求的按废标处理。

（2）投标时交投标保证金人民币叁仟元整（现金），与标书同时递交，否则视为废标。

（3）开标后投标方不得撤标，违者扣其投标保证金。

（4）招标结束后，落标方保证金退回，中标方的保证商品验收合格后退回，均不付利息。如出现假冒伪劣产品，保证金不予退还。

四、开标及评标

1. 开标

（1）按招标文件规定的时间、地点，公开开标，开标仪式由招标方主持。

（2）招标方根据需要要求各投标方代表在现场做公司概况、标书内容简介（限时10 分钟）。

开标前纪检人员查验投标文件密封情况，确认密封完好后拆封评标。

2. 评标

评标委员会将严格按照招标文件的要求，从办公桌性能、质量、报价、供货时间、公司信誉、服务承诺等方面进行综合评定，确定中标单位，不保证最低价中标。

五、中标通知与签订合同

未中标者退回其保证金，不做落标原因的解释，标书不退回。

宣布中标方中标后，中标方应及时与招标方签订商务合同，否则按开标后撤标处理。

中标公司应该保证在承诺的供货时间前将所有办公桌交付使用，推迟一天，罚款1000 元。

货到验收合格后付总货款的 95%，5% 留作保修金，一年后付清。

招标文件、中标方的投标文件以及评标过程中形成的重要原始资料均作为合同附件。

六、招标时间：20×× 年 7 月 18 日上午 8：30，逾期不候。招标地点：CD 学院校区办公楼 B 座 102 室。

七、若对标书有任何疑问，请联系张子轩、王文华，电话 0725-888××××，传真 66××××，电子邮件 zh××××@163.com。

CD 学院资产处

20×× 年 7 月 12 日

例文 5-2

广州大学 2024—2026 年物业管理服务招标公告

一、项目基本情况

项目编号：CZ2024-0091

项目名称：广州大学 2024—2026 年物业管理服务采购项目

采购方式：公开招标

预算金额：93960000 元

采购需求：

合同包 1（广州大学大学城校区 2024—2026 年物业管理服务）：

合同包预算金额：78960000 元

品目号	品目名称	采购标的	数量（单位）	技术规格、参数及要求	品目预算（元）	最高限价（元）
1-1	物业管理服务	大学城校区 2024—2026 年物业管理服务	1（项）	详见采购文件	78960000	—

本合同包不接受联合体投标。

合同履行期限：合同签订后 24 个月。

合同包 2（广州大学桂花岗校区 2024—2026 年物业管理服务）：

合同包预算金额：15000000 元

品目号	品目名称	采购标的	数量（单位）	技术规格、参数及要求	品目预算（元）	最高限价（元）
2-1	物业管理服务	桂花岗校区 2024—2026 年物业管理服务	1（项）	详见采购文件	15000000	—

本合同包不接受联合体投标。

合同履行期限：合同签订后 24 个月。

二、申请人的资格要求

1. 投标供应商应具备《中华人民共和国政府采购法》第二十二条规定的条件，提供下列材料：

1）具有独立承担民事责任的能力：依据投标函及以下相关证照的扫描件之一：①企业法人提供企业法人营业执照；②事业法人提供事业法人登记证；③其他组织提供其他组织的营业执照或执业许可证；④自然人提供居民身份证等。分支机构投标的，还须提供分支机构的营业执照（执业许可证）（略）、（总所）出具给分支机构的授权书。

2）有依法缴纳税收和社会保障资金的良好记录：依据投标函。

3）具有良好的商业信誉和健全的财务会计制度：依据投标函。

4）具有履行合同所必需的设备和专业技术能力：依据投标函。

5）参加政府采购活动前三年内，在经营活动中没有重大违法记录：依据投标函。

2. 落实政府采购政策需满足的资格要求

合同包1（广州大学大学城校区2024—2026年物业管理服务）落实政府采购政策需满足的资格要求如下：

本项目不属于专门面向中小微企业采购的项目。

合同包2（广州大学桂花岗校区2024—2026年物业管理服务）落实政府采购政策需满足的资格要求如下：

本项目不属于专门面向中小微企业采购的项目。

3. 本项目的特定资格要求

合同包1（广州大学大学城校区2024—2026年物业管理服务）特定资格要求如下：

（1）本项目不接受联合体投标。

（2）供应商未被列入"信用中国"网站中"记录失信被执行人或重大税收违法案件当事人名单或政府采购严重违法失信行为"的记录名单；不处于"中国政府采购网"中"政府采购严重违法失信行为信息记录"的禁止参加政府采购活动期间（以采购代理机构或采购人于资格审查时在上述网站查询结果为准，如在上述网站查询结果均显示没有相关记录，视为没有上述不良信用记录。同时对信用信息查询记录和证据截图存档。如相关失信记录已失效，供应商须提供相关证明资料）。

（3）供应商必须符合法律、行政法规规定的其他条件：依据投标函。

合同包2（广州大学桂花岗校区2024—2026年物业管理服务）特定资格要求如下：

（1）本项目不接受联合体投标。

（2）供应商未被列入"信用中国"网站中"记录失信被执行人或重大税收违法案件当事人名单或政府采购严重违法失信行为"的记录名单；不处于"中国政府采购网"中"政府采购严重违法失信行为信息记录"的禁止参加政府采购活动期间（以采购代理机构或采购人于资格审查时在上述网站查询结果为准，如在上述网站查询结果均显示没有相关记录，视为没有上述不良信用记录。同时对信用信息查询记录和证据截图存档。如相关失信记录已失效，供应商须提供相关证明资料）。

（3）供应商必须符合法律、行政法规规定的其他条件：依据投标函。

三、获取招标文件

时间：××日至××日，每天上午00：00：00至12：00：00，下午12：00：00至23：59：59（北京时间，法定节假日除外）

地点：（略）

获取方式：在线获取政府采购网 http：//×××××

售价：免费获取

四、提交投标文件截止时间、开标时间和地点

××日09：00：00（北京时间）

递交文件地点：在线提交

开标地点：在线开标

五、公告期限

自本公告发布之日起5个工作日。

六、其他补充事宜

（1）本项目采用电子系统进行招投标，请在投标前详细阅读供应商操作手册，手册获取网址：http：//×××××。投标供应商在使用过程中遇到涉及系统使用的问题，可通过020-×××××××进行咨询或通过广东政府采购智慧云平台运维服务说明中提供的其他服务方式获取帮助。

（2）供应商参加本项目投标，需要提前办理CA和电子签章。办理方式和注意事项详见供应商操作手册与CA办理指南，指南获取地址：http：//×××××。

（3）如需缴纳保证金，供应商可通过"广东政府采购智慧云平台金融服务中心"（http：//×××××），申请办理投标（响应）担保函、保险（保证）保函。

七、对本次招标提出询问，请按以下方式联系

1. 采购人信息

名称：广州大学

地址：（略）番禺区广州大学城外环西路230号

联系方式：020-××××××××

2. 采购代理机构信息

名称：（略）政府采购中心

地址：（略）天河区天润路333号

联系方式：×××；×××

3. 项目联系方式

项目联系人：王×（采购文件咨询）、黄××（项目开标、评标咨询）、何××（质疑受理）

电话：××××；××××

                                        ××××大学××

                                     ××××年××月××日

相关附件：

1. 广州大学2024—2026年物业管理服务采购项目招标文件

2. CZ2024-0091委托代理协议（盖章）

3. 实质性响应一览表（采购包1）

4. 实质性响应一览表（采购包2）

5. CZ2024-0091采购需求

6. CZ2024-0091合同模板

（资料来源：采招网www.bidcenter.com.cn整理编写）

二、投标书

投标是相对于招标而言的，是指投标人应招标人的邀请，根据招标公告或投标邀请书所

规定的条件，在规定的期限内向招标人递盘的行为。

（一）投标书的定义

投标书是指投标单位按照招标书的条件和要求，向招标单位提交的报价并填具标单的文书。它要求密封后邮寄或派专人送到招标单位，故又称标函。它是投标单位在充分领会招标文件，进行现场实地考察和调查的基础上所编制的投标文书，是对招标公告提出的要求的响应和承诺，并同时提出具体的标价及有关事项来竞争中标。

（二）投标书的种类

投标书按招标的范围可分为国际招标书和国内招标书；按招标的标的物可分为大宗商品交易投标书、工程建设项目投标书、选聘企业经营者投标书、企业租赁投标书等；按投标人员的组成情况可分为个人投标书、企业投标书、集体投标书、合伙投标书等。

延伸阅读:
《中华人民共和国招投标法》关于投标的相关规定

（三）投标书的特点

（1）真实性　投标书的内容一定要真实可信、切合实际。一旦中标并签约就具有法律效应，如果违约，对方可以要求损失补偿。

（2）竞争性　投标书是展示单位实力的书面资料，是一种可以在招标答辩会上发表意见的演说稿，是要与同行进行竞标的。所以，投标书具有竞争性。

（3）针对性　投标书需要针对招标单位提出的要求和内容进行有针对性的制作，要针对招标单位提出的条件和要求进行回复，对企业有能力达到招标单位的要求进行分析和论证，这些内容决定了中标的概率。因此，投标书具有很强的针对性。

（4）严谨性　投标文件的内容一般比较多，写作需要严谨，尽可能具体不抽象，主要用量化的指标证明能完成招标书上的各项要求。

（四）投标书的结构和内容

投标书一般由标题、正文、落款三部分组成，写作模板如图5-2所示。

1. 标题

标题一般由投标单位、项目和文种构成，如"××公司××项目投书"；也可由投标单位名称和文种构成，如"××公司投标书"；还可由项目和文种构成，如"承包××工程投标书"；也可以直接写"投标书"。

2. 正文

正文包括前言和主体两部分。前言简述投标人的基本情况，对投标的态度和投标依据及目的等进行说明。主体部分一般先阐明对投标项目的基本分析，找出最大优势和主要问题，提出指导思想；然后写清楚目标，完成目标的可行性分析；最后提出对招标单位的具体要求。

正文内容一般可分条列项，写明投标的项目名称、数量、技术要求、商品价格和规格、交货日期等。正文部分引用的数据要准确、完整；论述要条理清楚、说理透彻；目标要明确可信；措施要切实可行。

×× 单位 ×× 项目投标书 项目名称： 投标文件： 投标人：　　　　　　　　　　　　　　　　　（盖单位章） 法定代表人或委托代理人：　　　　　　　　　（签字） 　　　　　　　　　　　　　×× 年 ×× 月 ×× 日	封面
一、投标函及投标函附录 （一）投标函 （二）投标函附录 二、法定代表人身份证明 三、法定代表人授权委托书 四、联合体协议书（无） 五、投标保证金复印件 六、工程造价文件 七、施工组织设计或设计方案 八、项目管理机构 （一）项目管理机构组成表 （二）主要人员简历表 九、拟分包项目情况表 十、资格审查资料（资格后审） （一）投标人基本情况表 （二）近年完成的类似项目情况表 （三）正在施工的和新承接的项目情况表 十一、其他资料	投标书主要构成部分，可列成目录 针对招标书的要求和内容进行回复和认证
投标函 ××××××： 　　××××，在考察现场并充分研究 ×××××××× 施工招标文件的全部内容后，我方根据招标文件规定参加投标。 　　兹以：人民币（大写）：×××××××元 　　RMB ￥：××××××元（阿拉伯数字）	标题 致送单位 正文——前言 阐明投标态度、依据和目的
作为我方投标价格，承诺根据贵方招标要求，严格完成本建设工程中约定的要求和内容，并完成相应的售后服务。 　　如果我方中标，我方保证在 ×××× 年 × 月 × 日或按照合同文件规定的开工日期开始上述工程的施工，× 天（日历天）内竣工，并确保工程质量达到合格标准。我方同意本投标函在招标文件规定的提交投标文件截止时间后，在招标文件规定的投标有效期期满前对我方具有约束力，且随时准备接受你方发出的中标通知书。 　　随本投标函递交的投标函附录是本投标函的组成部分，对我方构成约束力。 　　在签署协议书之前，你方的中标通知书连同本投标函，包括其所有附属文件，将构成双方之间具有约束力的合同文件。 　　联系方式：电话 ××××××，传真 ××××，电子邮件 ×××××。	正文——主体 表述企业的实力和竞争力，标价，许诺等
投标人（盖单位章）： 　　　　　法定代表人或委托代理人（签字）： 　　　　　　　　　　　　　×××× 年 ×× 月 ×× 日	落款

图 5-2　投标书的写作模板

3. 落款

落款要写清投标人的单位名称、地址、电话、传真、电子邮件等，以便联系。

（五）投标书的写作注意事项

（1）讲究时效　投标书作为对招标文件的正式响应，具有极强的时效性。从招标公告发布到投标截止，通常会有一个明确的时间段，投标单位必须在这个时间段内完成投标书的编写、审核以及递交。一旦超过规定的截止时间，投标书将被视为无效。

（2）语言严谨　投标书的语言风格应当严谨、正式，符合商业文书的规范。在撰写时，要使用准确、专业的术语，避免使用模糊、不确定或容易引起误解的词语。每一句话都要经过仔细推敲，确保表达清晰、无误。

（3）表达全面　投标书是对招标文件的全面响应，因此必须涵盖招标文件中要求的所有内容。投标单位在编写投标书时，要紧紧围绕招标书的要求，详细阐述自己的目标、造价预算、技术方案、质量保障措施、安全计划、时间表等关键信息。

（4）实事求是　诚实是投标过程中最基本的原则之一。投标单位在编写投标书时，必须客观、公正地评估自己的技术和实力，不夸大其词，不隐瞒真相；提出的标价要切实可行，不做无法兑现的承诺；投标既要有竞争力，又要确保能够按质按量完成合同义务。

例文 5-3

CD 学院办公桌采购项目投标书

CD 学院采购办：

　　根据贵方 ××× 项目招标采购的投标邀请（标书编号 2023-30），签字代表何 ×（销售经理），经正式授权并代表投标人成都 ×× 办公设备有限公司（成都高新区 ×× 路 ×× 号）提交下列文件一式三份（正本一份、副本二份）。

（1）中华人民共和国工商营业执照。

（2）税务登记证。

（3）法人授权书。

（4）投标人的法人授权书和身份证复印件。

（5）关于办公桌的彩页及详细说明。

（6）投标方情况简介资料。

（7）近年来部分客户名单及销售业绩。

（8）开标一览表。

（9）投标价格表。

（10）投标保证金人民币叁仟元整（现金）。

　　据此函，签字代表人同意如下：

（1）所附投标报价表中规定的应交付货物价格总价为 ××× 万元。

（2）投标人按照招标文件规定履行合同责任和义务。

（3）与本投标一切相关的正式往来通信方式。

　　附件：　1：××××

　　　　　　2：××××

地址：成都市高新区建设路××号

邮编：6789087

传真：667788

投标人代表姓名：何×

职务：销售经理

投标人名称（公章）：成都××办公设备有限公司

日期：20××年8月3日

第二节

商务合同

我国历史上最早的合同（契约）是距今3000年前大约在西周时期订立的镌刻在青铜器"卫盉"上的《周恭王三年裘卫典田契》等四件土地契。卫盉是西周恭王时期公元前919年的重器，是西周时期酒器的代表作品，盖内铸有铭文12行132字，记载了西周时期的一次玉器、毛皮与土地的交易过程。铭文翻译过来如下：

恭王三年三月，王在丰邑举行建旗典礼，要接见诸侯和臣下。贵族矩伯为了参加这一典礼，便向裘卫要来瑾璋一件，价值八十朋。双方商定以十块田地偿付。此外，还取了一件赤色的虎皮、两件鹿皮披肩、一件杂色的椭圆围裙，价值二十朋，以三块田地偿还。裘卫把此事详细地报告给了伯邑父、荣伯、定伯、亮伯、单伯等执政大臣。大臣们就命令司徒微邑、司马单旗、司空邑人服到现场监督交付田地。卫为了把此事告慰已经逝世的父亲惠孟，便制作了这件器物，以祈求能保佑一万年永远享用。

裘卫用价值八十朋（货币单位）的玉质礼器和价值二十朋的皮裘礼服换取了矩伯大片耕地。裘卫把这件事情报告了执政大臣，得到了大臣们的认可，还进行了授田仪式。为了记载这件事，铸成青铜器，给我们留下了最早的契约（合同）。

一、商务合同的定义

合同是平等主体的自然人、法人、其他组织之间设立、变更、终止民事权利义务关系的协议，是适应私有制的商品经济的客观要求而出现的，是商品交换在法律上的表现形式。这些商品交换的习惯和仪式逐渐成为调整商品交换的一般规则。随着私有制的确立和国家的产生，统治阶级为了维护私有制和正常的经济秩序，把有利于他们的商品交换习惯和规则用法律形式加以规定，并以国家强制力保障实行。于是，商品交换的合同法律形成便应运而生了。

《中华人民共和国合同法》是由中华人民共和国第九届全国人民代表大会第二次会议于1999年3月15日通过，于1999年10月1日起施行。2020年5月28日，十三届全国人大三次会议表决通过了《中华人民共和国民法典》（简称《民法典》），自2021年1月1日起施行。《中华人民共和国合同法》同时废止。

根据《中华人民共和国民法典》，当事人订立合同，可以采用书面形式、口头形式或者其他形式。书面形式是合同书、信件、电报、电传、传真等可以有形地表现所载内容的形式。以电子数据交换、电子邮件等方式能够有形地表现所载内容，并可以随时调取查用的数据电文，视为书面形式。

合同是双方的法律行为，即需要两个或两个以上的当事人互为意思表示（意思表示就是将能够发生民事法律效果的意思表现于外部的行为）。双方当事人意思表示须达成协议，即意思表示要一致。合同系以发生、变更、终止民事法律关系为目的。合同是当事人在符合法律规范要求条件下而达成的协议，故应为合法行为。

合同一经成立即具有法律效力，在双方当事人之间就发生了权利、义务关系，或者使原有的民事法律关系发生变更或消灭。当事人一方或双方未按合同履行义务，就要依照合同或法律承担违约责任。

商务合同，或称商业合同，是双方或多方在商业经济活动中，为了明确各自的权利、义务和责任，经过协商一致后达成的具有法律约束力的文书。商务合同通常涉及商品或服务的买卖、租赁、技术转让、合资合作、代理分销、服务提供等多种商业经济活动。

二、商务合同的种类

《民法典》规定了19类典型合同，包括买卖合同，供用电、水、气、热力合同，赠与合同，借款合同，保证合同，租赁合同，融资租赁合同，保理合同，承揽合同，建设工程合同，运输合同（客运合同、货运合同、多式联运合同），技术合同（技术开发合同、技术转让合同和技术许可合同、技术咨询合同和技术服务合同），保管合同，仓储合同，委托合同，物业服务合同，行纪合同，中介合同，合伙合同等。其中，保证合同、保理合同、物业服务合同、合伙合同为新增典型合同，原居间合同名称变更为中介合同。

商务合同按照写作格式分可以分为条款式合同、表格式合同、条款表格相结合的合同。

> **小资料**
>
> 改革开放后，我国远洋渔业公司和美国莱恩公司签订了联营合同，同意由中方派捕鱼加工船"开创号"，进入美国阿拉斯加200海里经济作业区捕鱼，加工鱼产品。因"开创号"具有很强的鱼片加工能力，而该船自身的捕捞能力不能满足加工需要，合同中规定，"开创号"在阿拉斯加期间，由美方联系三条渔船捕鱼，供"开创号"加工。可是订了三个月的联营合同，美方所派的三艘小渔船只来了三天，说是船坏了，无法捕鱼。由于原料不足，"开创号"在海上至少白白空漂了20多天，而每天开销就达7000美元。但由于合同中只规定美方派三条船，既未规定派三条多大的船，也未规定三条船一定时间内的供鱼量是多少，因而我方无法向美方提出赔偿要求。

三、商务合同的特点

根据《民法典》规定，合同关系是一种法律关系，对当事人具有法律约束力。商务合同有以下特点：

（1）立约人限定性　立约人必须有法律行为能力。未成年人、精神病患者、被剥夺政治权利者、失语者、失智者都不能为立约人。代表经济组织签约的双方，必须有法人资格。

（2）合法性　商务合同要求按国家的法令政策签订，签订后即具有法律效力，受到国家法律的承认和保护。

（3）约束性　商务合同是制约性文书，是为保证双方经济目的的实现而制定的双方都必须遵守的协议，一经签订，双方就必须如约执行，不得随意违反；否则，就要承担法律责任。

（4）对等性　签订商务合同的双方，不论单位的大小、级别的高低，在协商时是平等的，在承担法律责任时，其法律地位也是平等的。

（5）一致性。商务合同中的一切条款，都必须在当事人双方经协商达成一致意愿后才能写入，未取得一致意见的条款不能写入。绝不允许一方把自己的意志强加给另一方，其他组织和个人无权非法干预。

（6）妥协性　为了达到双方各自的经济目的，双方都必须享有要求对方的权利，同时也应承担保证对方权利实现的义务，且明显表现为甲方的权利就是乙方的义务，反之亦然，如收货交货、付款受款等。

四、商务合同的结构和内容

商务合同一般由标题、立合同人、正文和落款四部分组成，如图5-3所示。

××××× 购销合同	标题
一、双方当事人：	
需方：（以下简称甲方）	立合同人
供方：（以下简称乙方）	
为完成 ×××××× 工作，需将 ××××× 事情，根据《中华人民共和国民法典》等法律法规，经甲乙双方协商，本着平等互利、诚实信用的原则签订如下协议条款，以资共同遵守。	正文——前言
经过双方协商一致，达成如下购销合同	
1. 货物名称：	
2. 货物数量：	
3. 货物质量要求：	正文——主体
4. 合同金额：	标的物
5. 付款方式：	数量
6. 付款条件：	质量
7. 合同生效：	价款
8. 交付时间、地点：	履行合同期限等
9. 违约责任：	
10. 解决争议的方式：	
合同一式三份，如若发生纠纷，由 ××××× 协商处理……	正文——结尾：纠纷处理，合同份数
甲方（公章）：＿＿＿＿＿　　乙方（公章）：＿＿＿＿＿	
法定代表人（签字）：＿＿＿＿　法定代表人（签字）：＿＿＿＿	落款
＿＿＿年＿＿月＿＿日　　　　＿＿＿年＿＿月＿＿日	

图5-3　商务合同的写作模板

1. 标题

商务合同的标题一般由合同内容和文种两部分构成，如购销合同、货物运输合同、工程承包合同等；也可以直接写文种"商务合同"。

2. 立合同人

写明签订合同双方或多方当事人的名称。机关、单位应写全称，企业应按营业执照上核准的名称填写，不应写简称，更不能写他人不了解的代称、代号。为行文简便，常在名称后注明甲方、乙方，如有第三方可称其为丙方。也可注明为供方、需方，或采购方、销售方，或买方、卖方。但是无论什么情况都不可称为你方、我方。

签订合同人必须有独立的民事行为能力。作为企业组织，必须拥有法人资格。

3. 正文

正文一般包括前言、主体和落款三个部分。前言主要写订立合同的依据和目的，这部分要写得简明扼要。

主体是合同的具体条款，根据《民法典》合同的内容由当事人约定，一般包括下列条款：

（1）合同标的物　标的物是合同当事人双方权利、义务共同指向的对象。

（2）数量和质量要求　数量是标的物的具体指标，是确定权利义务大小的度量，因此必须给予明确的数字，计量单位也必须精准。质量是合同的基本条件，必须从材料、质地、性能、用途、保质期等各方面进行详细约定。

（3）价款或报酬　这里主要是指合同标的物的价格，是合同双方当事人根据国家法律法规规定，对标的议定的价格。要明确标的的总价、单价、货币种类、计算标准、付款方式、结算方式等。

（4）合同履约期限、地点和方式　合同履约期限是合同双方当事人在协商订立合同过程中约定的，是用来界定合同当事人是否按时履行合同义务或者延迟履行合同义务的客观标准，是双方履行合同的时间界限，该界限经双方当事人在合同上签字生效，受法律保护，违反该约定，应承担相应的法律责任。合同履行的期限以日、旬、月、季、半年度、年度或跨年度计算。合同履行地点就是合同按照约定或者实际实施的地点。

（5）违约责任　这是指违反合同的民事责任，也就是合同当事人因违反合同义务所承担的责任。

（6）解决争议的方式　商务合同中，解决争议的方式有四种：协商是双方直接沟通，寻求共识，达成解决方案；调解是第三方中立者协助双方沟通，提出解决方案，促使双方达成协议；仲裁是双方基于合同条款或仲裁协议，同意由仲裁机构做出有约束力的裁决；诉讼是通过法院系统解决争议，法院做出具有法律效力的判决。

《中华人民共和国民事诉讼法》第二十四条规定："因合同纠纷提起的诉讼，由被告住所地或者合同履行地人民法院管辖。"那么，要确定商务合同的管辖，就应首先确定被告住所地或合同履行地。这为当事人选择诉讼地点提供了法律依据，也有助于确保合同纠纷能够得到及时、公正的处理。

（7）其他　当事人双方认为应该具备的其他条款，如合同是否需要公证、附件等。

4. 落款

落款一般包括双方的单位签章、代表签名、双方单位地址、电话、电报挂号、邮政编码、开户银行、银行账号等。

五、商务合同的写作注意事项

（1）合法合理　合同的缔约主体需具有相应的民事行为能力；合同的内容不能违反法律、行政法规的强制性规定；合同不能违背公序良俗。

（2）清晰明确　为了防止合同当事人双方对合同条款产生歧义，合同撰写语言必须清晰明确，尽量用量化的指标来规范标的物的数量质量等，不用"大概""也许"等表达不明确的词语。

（3）完整全面　订立合同正文主体的构成部分不能缺少，关键条款不可遗漏。参照《民法典》第四百七十条规定，合同主体包括：当事人的姓名或者名称和住所；标的；数量；质量；价款或者报酬；履行期限、地点和方式；违约责任；解决争议的方法。

例文 5-4

钢结构厂房工程施工合同

需方：××××（以下简称甲方）

供方：××××（以下简称乙方）

为顺利完成甲方承接的钢结构厂房工程施工工作，需将本工程所涉劳务进行分包，根据中华人民共和国《建筑法》《民法典》《安全生产法》等法律法规，经甲乙双方协商，本着平等互利、诚实信用的原则签订如下协议条款，以资共同遵守。

一、工程名称

钢结构厂房项目的车间厂房工程。

二、工程内容

土建正负零以上及图样中标明钢结构厂房工程等内容（包括但不限于吊装钢柱、钢屋架、檩条、拉（系）杆、全部构件的漆面防腐涂刷处理、屋面（墙体）彩钢瓦及隔热层安装、集水沟、天窗、安装中需要租用起重设备、上述工程所需材料进场时下车中所需的人员、施工场地内转运运输工作中所需的人员及费用等），均由乙方负责。

三、工程地点

四川成都高新工业园区内。工程面积按施工图中所标的轴线尺寸水平投影施工量计算，约为 29000m^2 左右（最终数据按实际完工量的轴线面积为准）。

四、承包方式

本工程为劳务承包，即包安装工时费、不包材料。

五、工期

从土建交付后并以甲方通知时间、主钢结构开始进场施工起 75 日历天内完成；因下雨、停电 8 小时以上、甲方的材料供给不及时等原因影响正常施工时，自影响开始之日起，到影响消除日止，做工期顺延。

六、工程单价

（1）整个工程竣工后，按建筑投影面积 26 元 /m 计算，合计约为 754000 元，最终数据以实际完工量来结算。

（2）此单价包含人工费、机械（机具、吊装）设备费、管理费、安全措施费、利润、规费、人员的住宿、饮食，进出场的相关运输等全部费用。

七、付款方式

（1）当甲方收到业主方每一次的付款的同时，甲方先按收到的金额的85%的比例支付给乙方。

（2）如果业主方在没按时按期支付工程款给甲方时，乙方不能找甲方支付款项。

（3）当整个工程完毕时，业主方在支付清工程款后，甲方除留工程总价款的3%作为质保金外，其余工程款全部结清。

（4）质保期为一年，自工程竣工经综合验收合格并交付业主方之日起算，期满无质量问题时，及时支付给乙方。

八、质量标准

（1）按图样中的设计（及变更单）要求及施工规范进行施工及验收。

（2）该钢构工程的施工及材料计划由乙方负责提出，送甲方审核同意后实施。若材料计划不当造成不合理的浪费等由乙方负责赔偿。

（3）乙方应确保工程质量合格，保证使用安全。

九、甲、乙双方的权利义务

（一）甲方的权利义务：

（1）甲方通知乙方入场施工后，应免费提供施工场地，临时用的水、电等设施，协助乙方开展工作。

（2）按乙方的施工计划及时准备施工材料并运至施工现场。

（3）对乙方的施工安全、质量、进度进行监督，根据业主方要求，有权责令乙方整改、采取有效措施、加快工作进度等。

（4）按照合同约定及时支付工程进度款、工程尾款。

（二）乙方的权利义务：

（1）乙方保证其派遣的施工人员具有相应的执业手续和执业技能；严格按照《××市建筑工地文明施工标准》及相关安全生产、文明施工法规规范进行施工管理。其他人员应服从甲方的统一组织指挥。

（2）乙方负责配备施工中需要的相关机械机具、工具设备（如配电箱、焊机、电缆线、安全帽、安全带、劳保手套、人员的配备及吃饭、住宿）。

（3）乙方应采取必要的安全措施确保其施工人员的人身安全，为其办理相应的人身意外伤害保险等，并承担因此而造成的一切人身、财产损害赔偿责任（包括第三人的人身和财产）。

（4）乙方在入场前对自身造成的经济损失负责；前述计划乙方须交甲方审核后实施。

（5）按质按量完成本合同项下的施工内容，并按业主方、甲方的要求对工程不符合设计的地方进行整改，因此产生的返工费用由甲方自行承担。

（6）按合同约定收取价款，并向甲方提供合法有效的收据（不含税费）。

（7）应做好施工中各相关数据的记录及每天的工作日志（出勤情况），并且要上交一份系统、完整的书面材料给甲方现场负责人。

（8）现场的材料堆放及使用后的余料必须按甲方指定的位置存放，如发现随意乱丢、乱放，造成材料受损的，乙方应承担全部赔偿责任，并接受甲方现场管理做出的处罚决议。

（9）乙方在每天下班时必须向甲方报告当天的人员数量及完工情况。

十、合同的终止

（一）乙方有下列情形之一的，甲方有权单方解除合同，并有权扣罚不支付其已做的工作薪金，扣罚的经费用作赔偿乙方给甲方造成的损失。

（1）乙方不履行或以实际行为表明其不履行合同的主要义务。

（2）乙方交付的工程质量经验收不合格，且拒绝修复的。

（3）未经甲方同意，将本工程再次转包或分包的。

（4）未按时完工，在甲方另行给予的宽限期内仍未完工的。

（5）未按时报签当天的人员出勤数量及完工情况，超过三天的。

（二）甲方有下列情形之一的，乙方有权单方解除合同：

（1）未按约定支付工程款的。

（2）未按约定履行协助义务，致使乙方无法开展工作的。

（三）自甲方退还乙方保证金之时起，此合同自动失效。双方同时启用××分公司签订的合同并执行其条款。

十一、违约责任和解决争议

（一）甲方未履行协助义务致使乙方无法施工的，工期顺延；未按照合同约定支付工程价款的，甲方每延误一日按应付金额的0.5%承担违约金，超过10日仍未支付的，经乙方书面催告后，乙方有权停工，所造成的损失由甲方承担。

（二）乙方不能以任何理由停工（罢工），如未按照约定时间完工，每延误一天承担违约金500元，超过10日仍未完工的，甲方有权解除合同，因停工（罢工）给甲方造成的损失由乙方承担。

（三）乙方交付的工程质量不合格，给甲方造成损失的，乙方应全额赔偿。

（四）合同生效后，双方应及时、全面履行本合同的义务，任何一方不得无故终止履行合同；若一方违约，应承担违约金100000.00元，大写：壹拾万元。因违约给守约方造成损失的，还应赔偿损失。

（五）本合同未尽事宜，甲、乙双方另行协商。

（六）本合同履行中发生的争议，双方应协商解决；协商不成的，向甲方所在地人民法院起诉解决。

　　本合同一式二份，甲、乙双方各执一份，具有同等法律效力。自双方签字或盖章后生效。

甲方（公章）：_____　　　　　　乙方（公章）：_____

法定代表人（签字）：_____　　　　法定代表人（签字）：_____

_____年____月____日　　　　　　_____年____月____日

第三节
商务合作意向书

　　2023 年 1 月 10 日至 14 日，深圳市福田区委书记黄伟率代表团，赴意大利米兰、佛罗伦萨和西班牙马德里开展双招双引，达成一系列投资贸易和教育培训、媒体落地合作意向，在高端时尚品牌引进、时尚设计教育、国际时尚杂志、双向设立时尚交流平台等方面实现突破。副区长朱江，区商务局、城管局、文广局相关负责人参加出访活动。

　　这是自 2021 年以来当地迎来的首个中国地方政府代表团，也是三年来深圳市首个出访欧洲的政府代表团，高效务实作风，赢得当地业界对"深圳速度"的点赞。

　　福田区代表团抵达当地后，密集调研走访了 Armani 米兰总部、Vivienne Westwood 米兰总部、意大利全国时尚协会、意大利国家时装商会、《Fashion Channel》电视台、中意设计交流中心、马兰欧尼时装设计学院佛罗伦萨校区、西班牙《Avenue Illustrated》时尚杂志社、荣耀终端西班牙有限公司等地，并在米兰举办 2023 深圳（福田）—意大利（米兰）合作交流会，现场签署 4 份战略合作协议，达成一系列合作意向。

　　思考：什么是合作意向？怎样把这些合作意向落地？它与商务合同有什么不同？

　　商务合作是指一切商务活动中与人、与公司合作而产生的商务活动。以营利性与商业性为目的的合作为商业合作。从事商务合作的企业或者人必须具有一定的资格，合作双方必须签订正式的合作意向，或者签订合同，必须为商务合作做好充分的准备，并为此负法律责任。

一、商务合作意向书的定义

　　商务合作意向书是商务活动中贸易的双方或多方在进行贸易或合作之前，通过初步谈判，就合作事宜表明基本态度、提出初步设想、表示缔结协议的意向，并经另一方同意的协约性文书。它主要用于洽谈重要的合作项目和涉外经营项目。商务合作意向书主要表达贸易或合作各方共同的目的和责任，是签订协议、合同前的意向性、原则性一致意见的达成，是实现实质性合作的基础。

　　商务合作意向书的制作既可以使磋商合作的步伐稳健而有节奏，避免草率从事、盲目签

约，也可以及时抓住意向、开拓发展，避免失去商机。

二、商务合作意向书的种类

商务合作意向书按照内容可以分为经营企业合资意向书、贸易合作意向书、国际工程合作承包意向书等；按照范围可以分为企业合作意向书、地区合作意向书、国家合作意向书；按照签署方式可以分为单签式意向书、联签式意向书、换文式意向书，其中最常用的是联签式意向书。

三、商务合作意向书的特点

（1）目的一致性　签署商务合作意向书，表明双方已就商业合作达成共识，根据各自的利益和诉求，明确共同目的，在进一步讨论基础上可以深入研究具体细节。

（2）内容协商性　商业合作意向书内容是协商性的，双方地位平等，因此措辞上要诚恳，可以用"希望""愿意""计划"等商讨性用词。

（3）表达概括性　商务合作意向书的语言高度概括，概括原则性意见，具体细节可待进一步讨论和完善。

（4）临时功能性　商务合作意向书是阶段性产品，直至签署合同生效，短期和临时是意向书的特性。

（5）无法律功能　商务合作意向书无法律效力，只是一个备忘录的存在，目的在于督促各方完成承诺。一旦某方违约，只是道德上的背信，不能产生法律上的约束力。

四、商务合作意向书的结构和内容

商务合作意向书由标题、正文和落款三部分组成，如图5-4所示。

××××项目合作意向书	标题
双方当事人： 甲方：（以下简称甲方） 乙方：（以下简称乙方）	
为完成×××××××工作，相关法律法规，经甲乙双方协商，本着平等互利、诚实信用的原则达成如下意向，以资共同遵守。	正文——前言
1. 合作项目 2. 合作目的和原则 3. 甲方权利和义务 4. 乙方权利和义务 5. 签订意向书后的进一步计划	正文——主体
合同一式两份，该协议是双方合作意向协议，具有指导性作用，是将来签订施工合同的依据，双方需要共同遵守。	正文——结尾：督促共同遵守
甲方（公章）：_____　　　乙方（公章）：_____ 法定代表人（签字）：_____　　　法定代表人（签字）：_____ ___年___月___日　　　　　　___年___月___日	落款

图5-4　商务合作意向书的写作模板

（一）标题

标题的构成一般为项目名称＋文种，如"××产品合资生产意向书"或者直接写"意向书"。

（二）正文

正文的构成一般为前言＋主体＋结尾。

1. 前言

写明合作各方当事人单位的全称、订立意向书的依据和双方的主要指导思想、双方接触的简要情况、磋商后达成的意向性意见，然后用"本着……原则，兴建……项目""达成意向如下"引出主体内容。

2. 主体

罗列条款写明达成的意向性意见，可参照合同或协议的条款排列，对实现意愿的条件、形式、可行性分析展开说明，以及对下次会面协商的时间、地点、任务加以说明。

3. 结尾

写明"未尽事宜，在签订正式合同或协议书时再予以补充"一语，以便留有余地。

（三）落款

落款写明意向书签订各方单位的名称、代表人姓名及日期，并加盖公章、私章。

五、商务合作意向书的写作注意事项

（1）避免不实承诺　由于商务合作意向书并不具备法律约束力，要避免在文件中做出过于具体或无法兑现的承诺，不切实际的承诺可能导致合作伙伴对你的商业信誉和可靠性产生怀疑。因此，在撰写意向书时，要谨慎评估自身的能力和资源，确保所做出的承诺与自身实力相匹配。

（2）确保合理合法　商务合作意向书的内容必须严格遵守相关法律法规和行业标准，不得涉及任何违法或不当的商业行为。在撰写过程中，要仔细研究相关法律法规，确保文件中的条款和规定符合法律要求。

（3）措辞诚恳　在商务合作意向书中，需要保持友好的语气，以便双方能够感受到诚意和合作精神。避免使用过于生硬或冷漠的措辞，可以适当加入一些礼貌用语和感谢的话语，增强文件的亲和力。

（4）准确表达文义　商务合作意向书应准确、清晰地传达合作双方的意图和期望，语句应简洁明了，避免使用模糊或含糊不清的表达方式，以免带来歧义。在完成意向书后，务必进行认真的审查和修改，重点检查其中是否存在错误、遗漏或容易引起歧义的地方，并进行相应的修改和完善。

例文 5-5

宿舍楼翻新合作承包意向书

甲方：成都嘉新工程建设有限公司

乙方：成都华发建设有限公司

双方经过友好协商，本着互惠互利的原则，就 ×× 公司宿舍楼翻新工程承包项目达成合作意向书：

双方共同组成联合体单位投标，甲方为主办方，乙方为协办方。

双方共同为项目中标方，乙方为实际承包施工单位，甲方为监督监理单位。乙方完全负责该项目的建设，甲方提供管理和监督。

乙方向甲方开发票，进行独立成本核算。甲方向业主方提供发票，按照税务部门规定进行纳税。

工程合同签订后，业主向甲方支付工程款，在三个工作日内，甲方需向乙方支付相应工程款。

甲方认可乙方选择的材料商和分包商。

该协议是双方合作意向协议，具有指导性作用，是联合体投标的前提，是将来签订施工合同的依据，双方需要共同遵守。

该意向书一式两份，甲乙双方各持一份。

甲方：成都嘉新工程建设有限公司　　乙方：成都华发建设有限公司

法人代表：王 ××　　　　　　　　　法定代表人：李 ××

20×× 年 8 月 1 日　　　　　　　　　20×× 年 8 月 1 日

第四节
商务合作协议书

第五届华为开发者大会 2023（HDC.Together）于 2023 年 8 月 4 日—6 日在东莞松山湖召开。本次大会带来了全新的 HarmonyOS 4，与到场技术专家、行业大咖和全球开发者共同开启 HarmonyOS 生态新篇章。鸿蒙致力于打造"一切皆服务，万物可分享"的极致体验，构筑全场景时代新生态。8 月 5 日，华为与近 40 家合作伙伴举办鸿蒙生态合作签约仪式，宣布在技术创新、产业应用、商业合作等领域将开展全方位、深层次的合作，通过高端简约的连续性服务为用户带来新体验，基于 AI 大模型的使能为伙伴带来新流量，共享全场景服务分发带来的新机会，共同构建开放互信、利益共享的鸿蒙生态。参加本次签约的合作伙伴包括小红书、招商银行、携程旅行、美团、58 同城、360 浏览器、网易有道词典、石墨文档、classln 应用、洪恩识字、汉王科技、作业帮、亿图脑图 MindMaster 应用、会见会议、2345 好压、宝宝巴士、喜马拉雅、讯飞听见、浩辰 CAD、掌上生活、邮储银行、钛媒体、驾考宝典、书生电子、交通银行、中信银行、兴业证券、央广网、搜狐新闻、蜻蜓 FM、京东健康、动卡空间、东方财富、天天基金、大智慧、深圳 CA 签章、中软国际、中国音像与数字出版协会等应用与服务商。这些合作伙伴在此前已与华为建立了良好的合作基础，未来将依托全场景的操作系统，在鸿蒙生态中继续驰骋。

思考：什么是商务合作协议书？一般协议书都会约定什么内容？

协议书有广义和狭义之分。广义的协议书是指社会集团或个人处理各种社会关系、事务时常用的契约类文书，包括合同、议定书、条约、公约、联合宣言、联合声明、条据等。狭义的协议书是指国家、政党、企业、团体或个人就某个问题经过谈判或协商，取得一致意见后，订立的一种具有经济或其他关系的契约类文书。本节所指的协议书是狭义的协议书。

一、商务合作协议书的定义

商务合作协议书是指社会组织或个人之间就商务合作问题或事项经过协商取得一致意见后共同订立的明确相互权利、义务关系的契约性文件。商务合作协议书的双方或多方当事人可以是国家机关、社会团体，也可以是企事业单位，还可以是自然人。

二、商务合作协议书的种类

（1）根据载体划分　商务合作协议书可以分为口头协议和书面协议。

（2）根据用途和内容划分　常见的商务合作协议书类型有以下几种：

1）服务协议。服务协议是指提供服务的一方和接受服务的一方之间达成的协议。这种协议通常用于网站、软件等服务的提供方与用户之间。

2）购销协议。购销协议是指一方将货物的所有权或经营管理权转移给对方，对方支付价款的协议。

3）版权协议。版权协议是指版权所有者与使用者之间达成的协议。这种协议通常规定了版权的使用方式、范围、期限等方面的内容。

4）股权协议。股权协议是指股权持有人之间达成的协议。这种协议通常规定了股权转让、股权份额的分配、投票权的行使等方面的内容。

5）其他。除了以上是几种常见的类型，还有租赁协议、销售协议、借款协议等。

在进行任何商业活动的合作或者交易之前，了解并制定适当的协议书非常重要。

小资料　　　　　合同和协议书的区别

（1）法律效力不同　在法律范畴内，合同比协议更有说服力。

（2）具体内容不同　合同写得比较明确、具体、详细、齐全，并涉及违约责任，即使其名称写的是协议，也是合同。

（3）含义不同　协议是签订合同的基础，合同是协议的具体化。

三、商务合作协议书的特点

（1）广泛性　商务合作协议书是在具体实践过程中形成的，双方在谈判、协商、讨论等

环节中达成一致。协议书的使用范围比较宽泛，涉及的领域也非常广泛，凡不宜签订合同的合作形式，只要当事人协商一致就可以签订商业合作协议书。企事业单位、群众团体、个人之间都可以订立。

（2）约束性　商业合作协议书是一种法律文件，双方在签署协议书时自愿承担一定的责任和义务。协议书通常约定了双方的权利、义务和责任，具有一定的法律效力。双方应当按照协议书内容履行义务。

（3）灵活性　由于商业合作的内容广泛，且没有固定统一的写作格式，因此协议书的写法比较灵活，内容安排、条款形式等都可以由当事人协商议定。在实践过程中，双方可能会遇到新的情况或需要调整协议内容，因而已签订的协议书还可以根据双方的需求和情况进行修订、修改和解除。

（4）自愿性　商业合作协议书是双方自愿达成的一致意见的记录。因而双方应当充分了解协议的内容和影响，并在签署之前进行充分的协商和谈判。

四、商务合作协议书的结构和内容

商务合作协议书的写作方式可以类比于合同，但比合同更灵活，一般由标题、立约人、正文和落款四部分组成，如图 5-5 所示。

商务合作协议书	标题
甲方（投资方）：　　　　　法定代表人： 乙方（技术方）：　　　　　法定代表人：	立约人
根据《×××××法》及相关法律法规，经甲乙双方平等协商，在互利互惠原则、共同发展的基础上达成一致，甲乙双方共同签订并自觉遵守下述协议内容：	正文——前言
第一条　合作内容与期限 　本协议所述合作项目是指 ×××× 项目。 　合作期限自 ××××× 日开始，至本合作项目完成为止。 　第二条　合作方式及条件 　针对此次商务合作，甲方为　　方，一次性向该合作项目投入资金人民币　　万元。 　针对此次商务合作，乙方为　　方，乙方应配合甲方为合作项目提供技术支持，在项目实施过程中做好技术咨询与技术顾问工作。 　第三条　利益分配方式 　第四条　合作方权利与义务 　第五条　甲方须知 　第六条　乙方须知 　第七条　保密规定 　第八条　违约责任 　第九条　争议处理 　第十条　协议其他附则	正文——主体
本协议一式两份，甲乙双方各执一份，具有同等法律效力。 　本协议自甲乙双方签字盖章之日起正式生效，双方应明确自身的权利与义务。	正文——结尾
甲方（盖章）：　　　　　乙方（盖章）： 法人代表（签字）：　　　法定代表人（签字）： 签订日期：　　　　　　　签订日期：	落款

图 5-5　商务合作协议书的写作模板

1. 标题

商务合作协议书的标题可以有以下三种写法：

（1）用文种做标题　在第一行居中写"商务协议书"。这是协议书常用的标题形式。

（2）用"事由 + 文种"组成标题　表明协议的内容和性质，如"赔偿协议书""委托协议书"等。

（3）公文式标题　即由"当事人名称 + 协议内容 + 文种"组成标题，如"中国 × × 进出口公司与法国 × × 贸易公司合资经营电子产品协议书"。

2. 立约人

在标题下面写上协议当事人（立约人）各方的名称，有时还要写上代表人、代理人姓名。为使正文行文方便，可在当事人名称后面注明"甲方""乙方""丙方"等代称。当事人名称的排列方式有三种：①左右并列；②上下分列；③前后连写。

3. 正文

正文一般包括开头、协议条款和结尾三部分。

（1）开头　开头一般比较简洁，主要写明订立协议的依据和目的，以引起下文。若正文采用条文式结构，则在总则部分写明开头的内容。

（2）协议条款　这是协议书最重要的部分，一般分条列项将当事人协商确定好的事项逐条写出来。不同性质的协议书所包括的条款也不一样。因此，协议书正文具体应写明哪些条款，要视协议书的性质和各方协商的结果而定。一般情况下，协议书的内容不像意向书那样粗线条地概括，但也不像合同那样具体、细致。

（3）结尾　正文的最后写明本协议的份数、保存方式、有效期限等，有时还要注明协议的附件。

4. 落款

落款一般包括署名、印章和日期。

（1）署名　要写明当事人的全称，并签署法定代表人或代理人的姓名。

（2）印章　要在署名上加盖公章。

（3）日期　要写明签订协议书的具体年月日。

五、商务合作协议书的写作注意事项

（1）合规性与权益保障　协议书的内容必须严格遵守国家相关法律法规和行政规章制度中的强制性规定，明确合作双方的权利和义务，厘清双方的关系和保障各方的利益。

（2）明确目标与实施路径　清楚地说明合作想要达到的具体目标，以及双方如何共同努力实现这些目标，表述内容要明确而有针对性。

（3）清晰准确表达　写作时，语言要清晰、准确、专业，言简意赅，避免模糊不清的表述，特别是不能出现带有歧义的语句。

例文 5-6

商务合作协议书

甲方：××××　　　　法定代表人：××××

乙方：××××　　　　法定代表人：××××

甲乙双方基于互惠互利的宗旨，为充分发挥各自业务优势，加强双方业务合作，经友好协商，依照平等自愿，诚实信用原则自愿达成本协议，以资共同遵守：

第一条　总则

甲乙双方均是根据中华人民共和国相关法律合法设立并有效存续的独立法人，拥有合法资质从事本合同项下的合作，在履行本合同项下的义务时，其行为不违反任何对其有约束力的适用法律的限制，也不会侵犯本合同以外任何第三方的合法权益。

第二条　合作内容及期限

乙方委托甲方在其"阿里妈妈"电商平台对乙方的"扶贫土特产"项目进行信息发布及销售；甲方愿意接受乙方委托，并提供客户资源。

合作期限：自20××年5月1日起至20××年6月30日止。

第三条　合作方式

1. 服务费用

经双方协商一致，由甲方代收乙方订单款，即第三方通过甲方线上平台或线下门店与乙方进行交易的订单，订单款项由第三方直接支付至甲方指定账户中，甲方按实际收到款项扣除20%作为服务佣金。

2. 结算方式

按季度结算（1月—3月、4月—6月、7月—9月、10月—12月）。

实际支付金额以结算数据为准，经双方核对无误后，甲方扣除服务佣金，剩余部分在5个工作日内支付给乙方。

3. 结算数据

合作期内，甲方需向乙方提供订单数据明细，结算数据统计以甲方后台及门店统计为准。如乙方对甲方提供的数据存在异议，则应由乙方提供订单数据明细以及与甲方数据明细存在差异的具体订单记录，经双方核对证实无误后，按双方共同核对确认的结算数据为准。

第四条　甲方权利和义务

（1）甲方有按照约定收取服务佣金的权利。

（2）甲方须保守乙方提供的商业秘密，不得向任何第三方透露本协议内容。

（3）甲方须保证服务平台及店面业务运营的稳定性。

（4）甲方应支持乙方展开的互动交流、促销活动等。

（5）甲方在不影响正常经营的前提下，可为乙方经营提供便利，如办公场所、联系电话、广告宣传、安全出入控制等。

第五条　乙方权利和义务

（1）乙方不得销售非法商品或提供非法服务。因违反此约定而造成的一切责任及后果，均由乙方自行承担，如造成甲方损失的，乙方须承担全部赔偿责任。

（2）乙方须提供相关服务的合法资格及确保其服务人员符合执业标准。

（3）乙方须按照协议约定向甲方支付服务佣金。

（4）乙方须向甲方提供服务项目收费的报价单，并保证在甲方平台所开展的服务项目收费不得高于市场平均价格。

（5）乙方须根据用户预约时间、服务地点和购买项目给用户提供相应的商品及服务。乙方提供服务后，经客户验收合格后，用户向甲方支付服务费，再由甲方结算给乙方；若未验收合格，未达到双方约定标准，则甲方不予支付乙方服务费。

（6）在合作期内，乙方须时刻维护甲方利益，遵守甲方的相关管理规定，积极参与甲方组织的活动。在服务中不得有损害甲方客户的言行，并为提高甲方客户满意度做义务客服等力所能及的事情。

（7）乙方有责任对甲方的客户提供保护，并保守甲方的商业秘密，不得向任何第三方透露。

（8）在合作期间内，乙方工作人员在服务过程中造成的自身及他人人身伤害及财产损失的，由乙方承担全部责任。

（9）乙方须对员工进行培训并缴纳相关保险。

（10）乙方在上门服务时，不得留任何联系方式给甲方客户，不得私下接单，一经发现，将处以 10000 元罚款，情节严重者，将终止合作。

第六条　知识产权相关约定

甲乙双方仅可在本协议约定的范围内使用对方的商标、Logo 等，不得以其他方式使用对方的商标、Logo 等。如因一方的行为不当而损害了另一方的品牌声誉，由过错方承担全部责任。

第七条　保密条款

（1）双方在合作期间获知的对方的商业信息、技术信息、经营信息等须双方保密的事项，不得向第三方透露。

（2）双方承诺并保证：其对根据本协议获知的对方销售数据、订单信息及甲方客户购买行为等严格保密，不会向任何第三方透露。

第八条　违约责任

（1）当事人一方不履行义务或者履行义务不符合约定的，守约方有权以书面方式通知并要求违约方在规定期限内有效纠正违约行为。因违约行为所造成的一切损失由违约方承担。

（2）违约方在收到守约方具体说明违约情况的书面通知书后，如确认违约行为实际存在，则应在 3 日内对违约行为予以纠正并书面通知对方；如认为违约行为不存在，则应在 3 日内向对方提出书面异议或说明。

（3）如违约方在上述期限内未能有效纠正或说明其违约行为的，守约方有权解除本协议，并要求违约方就违约事项赔偿损失。

第九条　其他

（1）本协议期满时，双方应优先考虑与对方续约合作；甲、乙双方中任何一方欲

变更、解除本合同，必须提前一个月向对方提出，采取书面形式，口头无效。

（2）本协议未尽事宜，双方应平等、友好协商，积极解决问题。如协商未果，可以选择仲裁或向甲方所在地人民法院提起诉讼解决争议。

（3）如涉及特殊服务项目，双方需另行签署补充协议，所签署的补充协议与本合同具有同等法律效力。

（4）本合同一式四份，甲乙双方各执两份，具有同等法律效力。

（以下无正文）

甲方：	乙方：
地址：	地址：
法定代表人（签字或盖章）：	法定代表人（签字或盖章）：
电话：	电话：
传真：	传真：
邮编：	邮编：
开户银行：	开户银行：
账号：	账号：

第五节
授权委托书

虎符在古代战争中曾发挥了重要的作用，也发生了很多与其相关的故事。《史记》中记载，战国时期的公元前257年，秦国发兵围困赵国国都邯郸，赵平原君因夫人为魏信陵君之姊，乃求援于魏王及信陵君，魏王使老将晋鄙率10万军队救援赵国，但晋鄙畏惧秦国的强大，又命令驻军观望。魏国公子信陵君为了驰援邯郸，遂与魏王夫人如姬密谋，使如姬在魏王卧室内窃得虎符，并以此虎符夺取了晋鄙的军队，大破秦兵，救了赵国。

据《前汉书·杨胡朱梅云传》载，朱云上书皇帝就曾说："臣愿赐尚方斩马剑，断佞臣一人以厉其余。"明代刘基也说过："先封尚方剑，按法诛奸赃。"可见持有尚方宝剑的人是皇帝最信任的人，有先斩后奏之特权。但这样先斩后奏也必须依法行事，不能胡来。

一、授权委托书的定义

授权委托书又称代理证书，是由被代理人制作的，证明代理人之代理权并表明其权限范围的证书。授权委托书内容通常包括授权人的身份信息、代理人的身份信息、授权的事务范围、授权期限、代理人的权利与义务等。有时介绍信也被作为授权委托书使用，司法实践承认其法律效力。

在商务活动中，授权委托书的应用场景非常广泛。它主要用于授权他人代表委托人进行一系列商务活动，如商务合作、代理销售、法律事务处理和财务管理等。它允许一方授权他人代表自己进行商务活动，从而简化流程、提高效率，并确保委托人的权益得到保障。

二、授权委托书的类型

（1）按照受托人划分　授权委托书可分为单位授权委托书和个人授权委托书。

（2）按照委托事由划分　授权委托书可分为民事代理授权委托书和诉讼代理授权委托书。

（3）按照范围划分　授权委托书可分为一次性委托书、特别委托书和总委托书。一次委托书即代理人只能受托某一项实务的民事法律行为的文书；特别委托书即代理人受托在一定时期内连续反复办理同一类型的民事法律行为的文书；总委托书即代理人受托在一定时期内办理有关某类实物或者一种标的物多种民事法律行为的文书。

三、授权委托书的特点

（1）主体关系明确性　授权委托书的效力要求有明确的授权人和代理人，并且两者之间的关系必须合法、正当。

（2）授权具体性　授权委托书必须具体指明授权人的要求，并授权代理人进行特定事项的一项或多项活动。

（3）权利义务清晰性　授权委托书要求授权人和代理人各自的权利和义务得到明确的表述，以保证执行过程中不发生纠纷。

（4）授权范围限定性　授权委托书应清晰规定代理人的权力范围，超出范围的行为无效。

（5）授权期限时效性　授权委托书的期限通常应与授权行为有关，如果授权行为不能在规定期限内完成，需要重新获得授权委托书。

四、授权委托书的结构和内容

授权委托协议书由标题、正文和落款三部分组成，如图 5-6 所示。

标题可以直接写“授权委托书”，也可以写“×× 事项授权委托书”。

授权委托书	标题
委托人：　性别：　身份证号：　联系电话： 被委托人：　性别：　身份证号：　联系电话：	正文——立约人
本人因 ×××× 原因，不能亲自办理 ××× 的相关手续。	
特委托 ×××（人名）作为我的合法代理人，全权代表我办理相关事项，（代理权限）对委托人在办理上述事项过程中所签署的有关文件，我均予以认可，并承担相应的法律责任。	正文——前言 正文——主体
委托期限：×××××× 委托人： 年月日	落款

图 5-6　授权委托书的写作模板

正文分为立约人、前言和主体。立约人写清楚委托人和被委托人的基本信息；前言交代委托的原因；主体写清楚委托事项、致送单位、委托范围和权限、是否可以转委托、委托期限等。

落款处委托人签字盖章，并注明日期。

五、授权委托书的写作注意事项

（1）委托事项要具体　在委托书中，应详细说明授权事项，包括委托的目的、范围、期限等，确保被委托人清楚自己的职责和权利，降低委托风险。

（2）委托期限要明确　如果一件事不知道什么时候能够办完，可以写"从×××年×月×日起至该事项办理结束为止"；如委托期限不明确，则默认为长期有效。

（3）强调法律责任　在委托书中，应强调被委托人在行使授权时应承担的法律责任，如因被委托人的过失导致委托人损失的，被委托人应承担相应的赔偿责任。

例文 5-7

授权委托书

本授权委托书说明：成都华星建设有限公司（以下简称"本公司"），地址：成都市高新区新业路 100 号。我司法定代表人高××授权委托张××为本公司代理人，以本公司的名义参加"××公司办公楼翻新"投标活动，代理人在投标、开标、评标、合同谈判及签署过程中所签署的一切文件和所处理的与之有关的一切事务，本公司均予以承认。本公司对代理人的签字负全部责任。

授权有效期限：在本公司撤销授权的书面通知以前，本授权一直有效。代理人在授权有效期限内签署的所有文件不因授权的撤销而失效。

代理人无转委权，特此委托。

单位名称：（盖章）成都华星建设有限公司

法定代表人：（盖章或签字）高××

签发日期：20××年8月1日

附：代理人信息

本章小结

契约类商务文书主要包括招标书、投标书、商务合同、协议书、委托书等。契约类商务文书是双方或多方为了各自的利益，在平等商洽的基础上，在遵守相关法律法规的前提下签订的一种平等互利的文书。

契约类商务文书的撰写和执行需要契约精神。契约精神是指在各种合同、协议、约定等书面或口头的约束下，各方都能够尊重理解、诚信履行、共赢发展的精神。契约精神的核心特点是信守承诺，它不仅仅是在合同履行过程中需要遵循的原则，更是一种价值观念、一种文化传承。在商业交易、合作伙伴和人际关系中，契约精神都是非常重要的因素，有助于建立互信的基础，增强信心，并促进商业、社会和经济发展。

契约类商务文书可以维护经济秩序，保护当事人的合法权益，促进经济建设；诚信、守约是签订文书应具备的精神品质。本章主要介绍了招标书、投标书、商务合同，商务意向书、商务协议书、授权委托书的定义、特点、种类、结构和内容，以及写作注意事项。学生在学习本章内容的基础上，可以参考《中华人民共和国招投标法》《中华人民共和国招投标实施条例》《中华人民共和国民法典》等法律法规，进一步了解契约类文书的相关规定，写出规范的契约类应用文。

综合训练

一、客观题（由任课教师提供）

二、主观题

1. 简答题

（1）简述招标书的一般特点。

（2）写作投标书应注意哪些事项？

（3）商务合同的正文主要包括哪些条款？

（4）简述商务合作协议书标题的几种写法。

（5）一般而言，什么情况可以使用授权委托书？

2. 文本诊断题

（1）病文一

交换写字楼合同

甲方：××贸易总公司

乙方：××市广告集团公司

甲乙双方为了便于在成渝两地联系业务，需交换写字楼作为各自的办事处。现本着友好合作的精神制定如下约定：

一、甲方在成都市隆兴路168号大楼中为乙方提供一单元住宅（三房一厅，实用面积不得小于80m²）作为乙方驻蓉的办事处用房。

二、乙方在重庆市为甲方提供同样的一单元住宅，规格同上，作为甲方驻渝办事处用房。

三、双方分别负责为对方上述办事处供水、供电及安装电话，以确保日常业务活动的正常开展。

四、本合同有效期为五年，是否延期届时根据需要商定。

五、本合同自双方同时履约之日起生效。

六、未尽事宜，由双方另行商定。

甲方代表签字   乙方代表签字

甲方公章   乙方公章

 年 月 日   年 月 日

（2）病文二

开办快餐食品公司意向书

　　××进出口公司××分公司和××市××公司（以下简称甲方）与××海外贸易公司（以下简称乙方），通过友好协商，双方就在××开设"××快餐食品公司"达成本意向书，内容如下：

　　一、双方同意合资开办一家快餐食品工厂和餐厅。

　　二、甲方将负责中国境内的筹备工作，乙方将负责国外的筹备工作。

　　三、甲方将提供：

　　（1）一座可建成日产10万份左右快餐食品的加工厂的厂房。

　　（2）2~3处繁华地段的可供改建成快餐厅的场所。

　　四、甲方将向乙方建议不同品种的每份快餐的零售价格。

　　五、甲方将提供加工快餐所需原料的参考价格，如肉、鱼、蔬菜等。

　　六、乙方将在甲方提供的有关资料的基础上提出初步的设计方案和所需设备及价格，以供双方制定可行性报告。

　　七、双方一致同意在双方都认为合适的时候，举行下一次会晤。

　　八、本意向书以中英文书就，两种文本具有同等效力，双方各执一份。

　　　　甲方：××进出口公司××分公司　　　乙方：××海外贸易公司

　　　　×××（签章）　　　　　　　　　　×××（签章）

　　　　　　　　　　　　　　　　　　　　　　　　　20××年5月9日

---

3. 应用写作题

（1）某校商学院和某市A公司欲签订一份校企合作意向书，初步商议人才培养和教学研究等相关事宜。请按要求拟定这份意向书。

（2）某市艺零有限责任公司欲从恒乐商贸有限公司购买500台除湿器，每台689元。经过前期商谈确定了商务合同的具体事项（略），现需签订书面合同，双方各持一份。请根据此任务完成一份商务合同的拟定，撰写时注意符合商务合同的结构、具体事项应遵循常理。

（3）李华是一家名叫"××创新科技有限公司"的软件开发公司的法定代表人。由于公司业务需要，李华需要前往国外参加一个重要的技术交流会，并签订价值300万美元的软件许可合同。由于李华即将出国，他无法亲自回国处理公司日常运营事务，尤其是签署一些重要文件。此时，李华决定授权他的好友兼公司副总经理王强，在公司法定代表人不在国内期间，代为处理公司日常运营事务，并代表公司签署一些重要文件。为了保证授权行为的合法性和有效性，李华需要撰写一份"授权委托书"。

Writing

第六章
事务性商务文书

天下难事，必作于易；天下大事，必作于细。
——道家学派创始人　老子

业精于勤，荒于嬉；行成于思，毁于随。
——"唐宋八大家"之首　韩愈

任务导入

20××年12月，某电信公司召开总经理办公会议。在会上，领导层首先肯定了公司各部门本年度的工作内容以及工作完成情况，其次对下一年度的工作提出相关建议与希望，最后在会上决定召开一次公司年终总结会议，请各部门对本年度的工作内容进行梳理、总结，并对各部门下一年度的工作任务和开展计划进行书面的整理。

对各部门整理的部门本年度工作总结和下一年度工作计划提出具体要求：

各部门提交的材料内容应该包含本年度全年的主要工作内容以及做出的相应成绩，下一年度各部门开展工作的具体构思和计划。各部门将材料提交至公司总经理办公室。

公司将根据各部门提交的材料收集整理后完成某电信公司最终的年度总结和下一年度的报告，主要从以下几方面进行总结：

① ××××年工作总结：公司的主要经营情况、本年度做出成绩的主要工作内容体现。

② ××××年工作中存在的问题。

下一年度的工作计划和对上一年度存在问题的解决方案等内容。

根据对上述场景的分析，电信公司需要用到哪些事务性商务文书？

内容认知

在实际工作中，大家都可能会遇到各种类型的事务性商务文书。例如，对一年的工作进行总结、对下一年工作制订相应的计划、处理事务纠纷时公开表明观点和立场、公司日常会议记录等情况。了解这一类文书的结构、内容以及写作方法和技巧，是相当重要且实用的。

学习目标

知识模块六	能力维度	重难点
计划、总结	写作与应用	
启事、声明	写作与应用	重点：计划与总结、启事与声明、简报的撰写
简报、述职报告	理解与掌握	难点：计划与总结的高质量撰写
会议记录	理解与掌握	
常见条据	理解与掌握	
综合素养提升：政策分析能力、逻辑思维能力、构思布局能力、跨学科思考能力、锤炼文字能力		

☑ 主修模块
第一节　计划、总结
第二节　启事、声明
第三节　简报、述职报告

☑ 辅修模块
第四节　会议记录
第五节　常见条据

第一节
计划、总结

20××年12月，某公司召开总经理办公会议，某部门经理对下一年物资部的工作进行规划。下面是该经理对物资管理工作的构思和做法：

为全面提升物资管理水平、满足未来事业发展，结合实际情况确立以下工作目标：

（1）加强物资采购　根据各部门以及相关厂家的配合，充分发挥集中采购的优势，确保各项物资的供应。

（2）以客户服务为核心，全面加强服务意识

1）内部管理：以人为本，注重员工素质培养。公司要发展，人才是关键；部门要发展，人才也是关键。公司需要建立学习团队，加强员工业务素质培训，培养出一支业务能力强的高素质的队伍。

2）工作重点举措如下：

①加强计划采购，提升采购理念。

以客户满意度为中心，全面提升服务意识。

②以人为本，注重员工素质培养。

……

一、计划

（一）计划的定义

计划是国家党政机关、社会团体、企事业单位或者个人依据实际情况对未来一定时间内要做的工作、学习、活动从目标、任务、要求到措施事先做出的筹划和安排，并且以书面形式表达的一种事务性文书。计划是一个泛称，在日常工作与生活中，"规划""打算""安排""方案""纲要""设想""要点"等都是人们对未来的工作做出的部署和安排，也属于计划的范畴。

一般说来，时间较长、范围较广、内容较概括的计划称为"纲要"或"规划"；内容较单一的计划称为"安排"或"打算"；对某项工作，从目的、要求、方式方法和进度等方面做出全面而详细的安排宜用"方案"（实施方案）；对一个时期工作提出指导原则和总的要求可用"要点"；比较粗略的打算或安排宜用"设想"。

（二）计划的特点和种类

1. 计划的特点

"凡事预则立、不预则废。"制订计划是日常工作中必不可少的环节，也是一种科学的工作方法。针对一项具体的工作来看，一般是先有决策，然后有计划，最后组织实施。所以在制订计划时，一般注意以下几个特点：

（1）内容的预见性　在撰写计划前，需要对各项工作进行全面和合理的安排，保证对各项工作都做到统筹兼顾，防止顾此失彼。在制订计划时首先必须明确目标；然后围绕整个目标制订一系列的安排和打算，对整个计划中可能出现的问题和困难进行评估分析，并针对问题提出有效的解决方案；最后将具体的策略和措施予以落实。

（2）目标的可行性　任何事物在发展的过程中都会出现各种变化，所以在计划的目标雏形已经建立后，就需要对整个目标活动中产生的问题和困难进行评估分析，确定该计划的指标是否恰当，提出的解决措施是否得力，列出的步骤是否明确，以及计划是否切实可行。

（3）作用的约束性　计划只要一经单位或企业高层通过、批准或认定后，在计划规定的范围就具有相应的约束作用。在计划规定的范围内，不管是集体还是个人都必须按照计划规定的内容开展后续的工作和活动，不得违背和拖延。

2. 计划的种类

计划的种类很多，按照不同的标准，可以将计划分为不同种类。

（1）组织计划和个人计划　计划按照范围来分类，有组织计划和个人计划。组织计划是指组织对未来各项工作制订的计划。个人计划是指个人对未来工作、生活制订的计划，如个人学习计划、个人工作计划等。

（2）短期计划、中期计划和长期计划　计划按照时间分类，有短期计划、中期计划和长期计划。短期计划一般指 1 年或 1 年以下的计划，由基层管理者制订。它是对未来较短时间内的工作安排，即一些短期内需要完成的具体工作部署，如"××××（单位）年度工作计划和月工作计划"。中期计划一般指 2~4 年的计划，一般由中层管理者制订。它的时间较长，内容较具体和详细，要求根据组织的总体目标，抓住主要矛盾和关键问题，保证总体目标的实现，如"××××（单位）人才培训计划"。长期计划一般指 5 年以上的计划，由高层管

理者制订。它对组织具有战略性、纲领性的指导意义，多为重大的方针、策略。

（3）工作计划和学习计划　计划按照性质分类，可分为工作计划和学习计划。工作计划是为了实现工作而制订的计划；学习计划则是单位或个人为了安排相关学习培训而制订的计划。

（三）计划的结构和内容

计划一般由标题、正文、落款三部分组成，如图 6-1 所示。

计划的写作模板如图 6-1 所示。

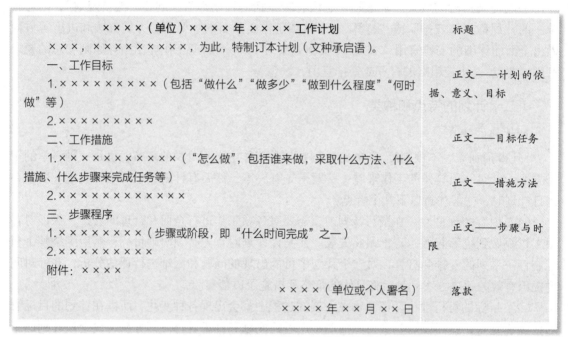

图 6-1　计划的写作模板

1. 计划的结构

（1）标题　标题又称计划题目，可以分为完整式标题、省略式标题和文章式标题。完整式标题一般由制订计划的单位名称、完成时限、计划内容和计划文种四个部分组成，如"×× 大学 ×× 学院 2024—2025 年第一学期教学工作计划"。省略式标题一般是在完整式标题的基础上省略了时限和单位，如"×× 工作计划"。文章式标题一般按照计划的主题或要达到的目标来拟定，常见于政府和主管部门的计划工作报告，如"团结动员广大职工，为实现中国梦而努力奋斗"。需要注意的是，在计划还未正式确定时，须在标题后用括号注明"草案""未定稿""初稿""供讨论用"等字样。

（2）正文　正文是整个计划的主体，包括前言、主体和结尾三个部分。

1）前言，可概括地说明制订计划的依据、意义、目标等；也可先简介前期工作的基本情况，评估成绩，分析当前总的形势，在此基础上确定今后的工作计划。前言应简明扼要，常用"为此，本年度要抓好以下几项工作"或"特制订计划如下"等过渡句转入主体部分。

2）主体，主要由目标任务、措施方法、步骤与时限组成。其中，目标任务这部分主要表明计划要达到的基本要求，一般分项写，要分清主次、突出重点、具体明确；措施方法这部分主要详细说明完成计划任务、达到目的的具体措施和方法；步骤与时限这部分主要是明确计划的进度安排和时间要求。

3）结尾，主要简略地写出在执行计划时应该注意的事项，检查或修订的办法，执行要求、执行日期等；也可以写完成计划的决心，展望前景，发出号召。

（3）落款　落款需要写明制订者、制订日期。如果属于上报或下达的文件计划，在尾部后还需加上主送抄送单位，同时加盖公章。此外，如有与计划相关的附录材料，且在正文里不便表达的，可标注于结尾的左下方，然后在正文后面附上完整的附文、附表或附图。

2. 计划的内容

在制订整个计划时，首先需要对整个情况进行分析，根据工作实际的客观形式和上级的指示、要求，考虑本部门或者本单位的实际情况，进行全方位的分析，然后确定单位在一定时期内的奋斗目标，通过计划的制订、执行和检查，确定和协调合理的资源，以取得更好的经济效益。

计划的内容首先需要明确计划的具体任务和要求，明确每一个时期的任务和工作重点；然后要明确计划的宗旨、目标和战略，并且需要论证计划的可行性；其次需要规定计划中各项工作的开始时间和完成进度，便于进行有效的控制合理安排时间；最后需要明确每个阶段由哪些部门主要负责、哪些部门协助等其他事项。

（四）计划的写作注意事项

（1）遵循科学性、可行性、具体性原则　制订计划要符合党和政府的方针、政策和有关规定。因此在撰写计划时，必须从整体利益出发，做出全面的规划，既要服从大局，又要客观地结合工作实际的需要与可能出发，广泛征求本单位或者本部门的意见，使计划能够切实可行。

（2）要有一定的灵活性　计划是一种预测和预见，精确度有限，因此制订计划应留有余地，把可能性和必要性结合起来。在执行过程中情况发生变化时，可对计划做必要的调整与修改，以适应实际需要。

（3）内容要具体，表达要准确　计划制订的目标、措施、步骤都要明确具体、可操作性强，使执行者方向明确、方法得当、工作有序、便于检查。表述要求准确、简洁，不产生歧义，以免责任不明、难以落实。

（4）既要注意全面，又要突出重点　制订计划既要考虑全面，又要突出重点。对计划的目的、任务、指标、措施、办法、步骤、负责单位和相关人员等，都应该写得具体、明确，切忌模棱两可、职责不明。并且要根据整体计划要求明确主次，突出中心工作和重点工作，不能把各项工作"等量齐观"。通常在撰写计划时，把重要的、紧迫的工作写在前面，将一般的、可缓的工作写在后面，这样既可以做到行文错落有致，又便于计划的执行。

> **例文 6-1**
>
> 某校 2021 年学生资助工作计划
>
> 2021 年是"十四五"规划开局之年，我校学生资助工作将在学校董事会、党政的正确领导下，以习近平新时代中国特色社会主义思想为指导，深入贯彻落实党的十九

大和十九届二中、三中、四中、五中全会精神，紧紧围绕立德树人根本任务，全面落实精准资助，深入推进资助育人，全面贯彻落实国家和四川省对高等学校家庭经济困难学生的各项资助政策，通过奖、贷、助、勤、补以及绿色通道等形式开展资助工作，确保每一位家庭经济困难学生都能够顺利完成学业。

一、加大力度，认真做好资助政策宣传工作

建立健全我校家庭经济困难学生资助政策体系，充分体现了党和国家对高校家庭经济困难学生的关怀，是一项极好的利民政策，也是全社会普遍关注的热点。我们要通过各种渠道，运用大学生喜闻乐见的形式，切实抓好宣传工作，使广大师生员工人人皆知国家及学校的资助政策体系，个个熟悉资助程序与办法，确保我校学生资助工作顺利有序地开展。

（1）利用入学通知、校园广播、宣传板、橱窗等方式，宣传国家各项资助政策及学校贯彻落实各项政策具体的实施办法。

（2）加强对生源地信用助学贷款政策的宣传和咨询，做好生源地信用助学贷款服务工作。

（3）通过网站宣传学校各项资助政策及工作动态，并开展经常性的交流，解决学生提出的问题，随时接受师生对我校学生资助工作的监督。

（4）开通暑假高校学生资助热线电话，及时了解更多的资助政策信息。

二、完善制度、规范程序，确保学生资助工作制度化、规范化开展

（1）紧紧抓住学生资助的贫困档次的认定环节，规范认定程序，坚持班级民主评议、各学院初审认定、学校学生资助管理中心复核、校内公示，确定贫困档次三级评审认定程序。加强认定过程的规范管理，进一步细化家庭经济困难学生贫困等级认定办法，规范认定程序，建立经济困难学生档案库，为我校学生资助工作的开展奠定坚实的基础。

（2）继续坚持"逐级认定、分段评审、分批公示、过程监督"的评审程序和办法，做好国家奖助学金的评定工作。进一步完善分批公示、全过程监督的操作程序，逐步形成具有我校特色的学生资助管理模式，使我校家庭经济困难学生资助工作真正成为惠及学生的阳光工程。

三、认真部署、扎实推进，做好 2021 年国家奖助学金的评定发放工作

国家奖助学金资金量大、涉及人员多，做好 2021 年国家奖助学金的评定发放工作是我校学生资助工作的关键。

（1）认真做好家庭经济困难学生的基本信息的收集和管理工作。9 月，学生向班级评议小组上交贫困认定申请和"四川省家庭经济困难学生认定申请表"。班级贫困生评议认定小组根据学校统一安排，对本班提出申请的学生材料进行审查核实，并侧面了解学生提供材料的真实性，结合学生的日常表现、生活消费等方面的情况对学生进行全面综合评议认定，将班级认定结果在班级内公示，并报各学院认定审核小组审查。各学院审核小组在本学院范围内进行审查公示后，报学校学生资助管理中心审核。

（2）坚持公平、公正、公开的工作原则，认真做好国家奖助学金的评定工作。在

严格规范程序的基础上，重点做好分批公示和全过程监督，通过分批公示，有效化解矛盾，实现评定工作的合理与公平；同时，要坚持对整个评定工作实行全过程监督，通过分阶段给各学院下发指导性文件，规范各学院评定程序；公布公示监督电话，及时听取师生对评定工作的意见及投诉，及时快速地对学生投诉予以协调处理；定期组织各学院就评定工作进行研讨，总结经验，形成较为系统的奖助学金评定规范和模式。

（3）加强对奖助学金发放的管理。进一步加大对奖助学金发放管理的力度，确保奖助学金及时发放到学生的手中，同时监督学生对助学金的消费情况。

四、积极做好生源地信用助学贷款管理工作

（1）对生源地信用助学贷款的政策进一步加大宣传，使学生了解政策、熟悉流程。

（2）认真做好贷款学生的摸底，做好资格审查工作；同时，要将助学贷款与收缴学费结合起来，督促贷款学生及时缴清所欠学费，形成助学贷款的良性循环机制。

（3）认真做好贷款学生的贷后管理工作。加强对贷款学生的思想政治教育、感恩教育和社会责任感教育，引导他们树立自信心、自强自立、艰苦奋斗；有针对性地开展心理健康教育，加强心理疏导，实现资助与育人的有机结合；同时，要教育贷款学生明确借贷责任，为我校学生助学贷款创造良好的诚信环境。

五、开源节流、广开渠道，统筹好校内外各种社会资源，开展多种形式的学生资助活动

（1）进一步拓宽渠道，增设勤工助学岗位，为更多需要帮助的学生提供勤工俭学的机会。

（2）依托学校的地域资源优势，充分利用周边企业，组织学生参加课外的实践劳动，既能让学生得到锻炼，又可以帮助他们获取一定的报酬。

（3）继续做好新生"绿色通道"工作，对被我校录取的家庭经济困难的新生，按照学校"绿色通道"的实施办法，由本人提出申请，出示"四川省家庭经济困难学生认定申请表"，经辅导员、书记、学校分管领导签字后办理入学报到手续。

六、认真做好应征入伍服兵役国家教育资助工作

根据《学生资助资金管理办法》《应征入伍服兵役国家教育资助实施细则》，对2021年春季、秋季应征入伍的学生，及时办理国家教育资助手续，落实国家对应征入伍学生的优惠政策。

例文 6-2

××公司综合管理工作计划

20××年是公司实现改革的关键一年，为实现规划目标，根据公司工作会议精神，结合公司经营和发展的实际，提出综合管理等相关工作基本思路。

一、健全完善各项规章制度，提高公司管理水平

（一）进一步统一思想，加大体系建设力度

由于公司正在进行改革，根据整体建设工作的需要，原本的相关制度、流程等工

作存在变化，要求相关体系建设需要在本年度6月整体变动完成并完成验收。时间紧、任务重，为此，公司上下必须统一思想，加大工作力度，统筹安排，倒排时间，全力开展体系建立实施工作。

计划在当年1月召开一次落实工作会议，各部门负责人参加会议，安排部署各阶段工作任务，进一步明确责任、统一工作思想。

（二）深化培训，加强指导

从去年整体工作来看，全方位的培训和深入的指导是体系建立实施阶段性工作保质完成的重要保证。为此，要抓好以下几个方面的培训和指导：

（1）骨干培训。对部分骨干进行重点培养，组织参加外部培训，定期开展业务培训、相关技术技能提升培训。

（2）公司领导及各部门负责人培训。其内容主要有管理知识相关培训、文件和制度编写培训、各类项目指导培训，以保证管理工作和日常文件编写的质量和实施力度。

（3）员工培训。定期开展各基层员工的业务工作培训，主要由各部门自行组织培训，完成后采取抽查、考试等形式进行跟踪检查。

（三）做好体系建设和职能分配工作

（1）按照体系建设原则形成的初始化工作资料，认真分析公司管理现状，确定符合公司实际情况的体系建设方案。

（2）以体系建设文件为基础，构建公司管理体系，制定相应的标准化管理制度，形成比较完备的规章制度体系和管理机制。

二、继续加强公司法律事务管理，建立健全的公司内部法律保障体系

（1）理顺法律事务管理各项工作关系和相关流程，修订、完善和补充相关法律制度，使法律事务管理标准化、程序化和规范化。

（2）规范合同管理流程，继续加大合同管理的深度和力度，做好合同的审查、会签、分析等相关日常工作。

（3）加强公司各项纠纷案件的督办力度，对纠纷案件的发生原因进行及时分析，总结相关经验。

二、总结

（一）总结的定义

如果说计划是对未来的构想和展望，那么总结就是对过去的思考与回顾。总结是指党政机关、社会团体、企事业单位以及个人对前期工作的分析研究、回顾和思考，主要是为了找出问题、经验与教训，最终形成理论化、系统化的书面材料用来指导后续工作的一种应用文书。总结可以把零散的、浅显的感性认识上升为系统的、深刻的理性认识，以便得出科学的结论。日常使用的"小结""体会"等都属于总结的范畴。

（二）总结的特点和种类

1. 总结的特点

（1）客观性　总结是对过去一定时期内的工作或活动进行的分析和研究，是在实践的基础上展开的，它的内容必须真实可靠、客观地反映实际情况，不允许无中生有、主观臆造和任意虚构。

（2）自指性　总结是以本地区、本单位、本部门或本人为总结对象的，表现的是对自身实践活动本质的概括和认识。

（3）实践性　总结必须遵循实践是检验真理唯一标准的原则，正确地反映客观事物的本来面目，找出正、反两方面的经验，得出规律性认识。这样才能达到总结的目的。

（4）指导性　总结是对过去的回顾与思考，其目的在于指导今后的工作，即通过对以往工作进行全面系统的检查和分析，从而更好地提高认识、把握规律，进而在今后的工作中做到扬长避短、纠正缺点和错误，将工作做得更好。

2. 总结的种类

总结根据内容的不同，可划分为工作总结、学习总结、会议总结和教学总结等；根据内容和性质的不同，又可划分为专题总结和全面总结；根据范围不同，可划分为单位总结、部门总结和个人总结等；根据时间不同，可划分为年度总结、季度总结、月总结和阶段性总结等。

（三）总结的结构和内容

总结通常由标题、正文和落款三个部分组成。

1. 标题

标题是总结的第一行，居中书写。标题通常有多种写法，常见的写法有两种：一种是直接由"单位或部门名称＋时间＋文种"构成，如"腾辉公司技术部2023年工作总结"；另一种是采用文章题目的方式总结中心思想来撰写标题，既可以用单标题来概括总结的内容，也可以使用正副标题的写法，用正标题概括总结内容，副标题表明内容的范围。

2. 正文

正文位于标题的下一行，首行缩进2个字书写。正文的总体写作格式为"总分总"格式：首先撰写总结的开头部分，这部分主要应该概括撰写总结者的工作时间、工作背景、工作岗位、工作地点及主要的工作成果；然后书写正文主体部分，这部分需要陈述的是总结对象的基本介绍、经验教训等内容，需要围绕着基本情况的简介对工作情况进行总结和分析，总结出有规律的内容；最后还应该总体地写出在工作中存在的问题和解决的方法以及今后的工作打算。

同样的工作，做法效果基本类似，由于对事物的认识水平不一，总结的深度有所差别，有的总结内容一般化，有的则别具特色。这就要避免简单地就事论事、据事论理，而应该站在一定的高度，去深化认识、显示特色。

3. 落款

总结的落款位于正文的左下方，一般包含撰写总结的单位或个人姓名和撰写总结的日期两部分。

（四）总结的写作注意事项

（1）阶段反思、积累材料　总结是对一段时间内的工作、学习等活动进行回顾和评估的过程，所以对平时的反思以及对相关资料的积累是非常重要的。

（2）详略得当、重点突出　总结选材不能求全贪多、主次不分，而要根据实际情况和总结的目的，把那些既能显示本单位、本部门特点，又有一定普遍性的材料作为重点选用，写得详细、具体，而一般性的材料则略写或舍弃。能否总结出带有规律性的认识，是衡量一篇总结质量高低的重要标准。

（3）突出特点、抓好关键　在撰写总结时，不需要对所有的事件都进行总结，要学会抓住关键工作进行总结描述。

例文 6-3

某公司物业部 20×× 年年度总结

20×× 年是公司全体员工齐心协力和不断创新的一年；是公司管理紧跟形势的一年。一年以来，在全体领导的带领和全体员工的努力下，我部门始终坚持做好各项服务，在不断更新中，我部门的服务质量和内部管理等方面都取得了良好的成果。

一、基本情况

20×× 年，公司经历了一场重大的人事改革，根据公司人事结构的调整，目前我部门现有经理 1 人、服务人员 13 人。这一年以来，全体员工紧紧围绕为客户服务这一核心，扎扎实实、有声有色地开展工作。针对服务小区具体情况，我们制定不同方案，着重解决新出现的问题，一年以来共计接待客户 3000 余人次。

二、发挥服务特色，提升物业品牌

优良的服务是提升品牌的有效途径之一。今年我部门在提高客户服务质量、同小区业主建立和谐关系方面加大了工作力度，多次组织小区送温暖活动，进一步同小区业主拉近距离沟通联系，进一步提升了整体服务质量及物业品牌。

三、加强内部管理，充分发挥团队作用

物业部主要下设管家客服、保洁、秩序维护三个主要岗位。在物业服务中，我们注重发挥团队精神，大力倡导服务理念，提升服务水平，在今年的工作中凸显了出色的执行能力。

（1）管家客服。管家和客服的工作是部门整体工作的主线，面对全体业主的服务以及上级安排的各项需要落实的工作，主要通过管家进行协调和解决。一年来，管家岗位的人员流动性相对较大。对于这个问题，我部门加强了内部管理，完善了相应的机制，对日常业务以区域或楼栋进行了划分，使责任到人。

（2）保洁。保洁是公司的名片，每天重复进行的保洁工作彰显了物业部的服务质量和服务能力。一年来，所有保洁人员不怕苦、不怕累、不怕脏，彰显了吃苦耐劳的精神和服务意识，为物业部赢得了荣誉，体现了团队精神。

（3）秩序维护。秩序维护人员的整体形象及工作责任心是整个部门的服务特色。一年来，物业部在秩序维护上进行人员整合调整，确保了整个秩序工作的正常运转，提升了公司在外树立的整体形象。

四、下一年度主要工作

（1）物业部将加大对各项公共设施及绿化的维护及管理，营造良好的生活环境，提升业主居住质量。

（2）有针对性地组织各岗位的工作人员进行培训与交流学习，进一步提升服务意识和服务质量。

（3）制定并实施有偿服务细则及办法，增强员工的服务意识与能力。

（4）制定各岗位的竞争及奖罚机制，进一步提高员工的工作主动性。

20××年我们将进一步创新完善工作机制和管理模式，进一步加强内部管理水平，继续巩固及完善各项规章制度，加强对各岗位员工的服务态度、服务意识以及相应技术的培训，加强团队建设，深化内部改革机制，继续实行小区经营目标责任制，充分发挥自身优势，希望之后能够在做好本部门本职工作的前提下，协助公司做好其他重点工作。

第二节
启事、声明

近日，周女士在"掌上金牛"公众号上看到一篇征文启事，准备带孩子投稿。征文主题为家风的力量——传家风、育未来、报家园；征文对象为该区小学四年级及以上学生和家长、党员干部。该启事在文中对征集作品的内容主题、字数和联系方式等做了详细要求。周女士鼓励正在读五年级的儿子参加，并辅助他一起准备。

一、启事

（一）启事的定义

启事是政府部门、企事业单位等因需要向群众广泛告知某件事情，希望群众对其给予关注并且协助办理事情的一种事务性文书。启事主要起到周知、提醒、宣传等作用。这类文书可以在报纸和杂志上刊登，或者在电视上播出，还可以张贴在公共场所允许张贴的地方。

（二）启事的特点和种类

1.启事的特点

（1）周知性　启事所表达的内容是需要向公众展示和说明的，需要公开陈述整个事情的缘由；启事所表达的形式是通过张贴、登报、播映等公开传播信息。

（2）商洽性　启事不具有强制性和约束力。对于启事来讲，在针对某件事情上不能强制性地规定人们必须阅读了解，更不能强制人们必须办理。对于知晓了某项启事的人来讲，可以参与进来，也可以不参与。

（3）回应性　启事不同于声明，它希望通过告知得到广泛的回应，以协助办理有关事项。

2. 启事的种类

凡是社会生活中需要公众和有关方面协助、配合的事情，都可以使用启事告知。启事按照其写作目的可以分为很多种，在日常生活中常见的有以下三类：

（1）征求类启事　征求类启事主要为了征集某类人员或者征收某种物品，主要有招生启事、征婚启事、征文启事、招聘启事等。

（2）寻找类启事　寻找类启事的主要目的是寻找某物或者寻找某人，主要有寻物启事、寻人启事、招领启事等。

（3）周知类启事　周知类启事主要是为了让人们了解并知晓某件事情，主要有开业启事、变更启事、搬迁启事、婚庆启事等。

小资料　　　　　　　**启事和启示的区别**

"启事"是为了公开说明某事而登在报纸或电视以及张贴在墙上的文字。这里的"启"是"说明"的意思，"事"直接指被说明的事情。

"启示"是指启发、引导思考，使人有所领悟。这里的"启"则是表示"启发"的意思，"示"表示的则是把实物摆放出来或指出来让人知道。

可见，"启事"和"启示"是含义截然不同的两类文书，不可以通用。无论是"征文启事"还是"招聘启事"等，都只能用"事"字。

（三）启事的结构和内容

启事一般由标题、正文和落款三个部分组成。

1. 标题

标题有多种写法。可以由事由和文种构成，如"迁移启事""征稿启事"；可以由发布启事的主体、事由和文种组成，如"××培训中心××班招生启事"；可以只写文种"启事"；也可以将制文主体和文种省略，如"招聘""××培训中心××班即日起开始报名"。

2. 正文

正文位于标题下一行，首行缩进2个字直接开始书写。启事的正文没有固定的写作模式，应因事而异。正文需要写明在某件事情上需要向公众公开陈述的事情和信息，主要应写明公开告知的事项、条件、办理要求、注意事项和联系方式等。

日常较简便的启事通常写一段即可，不用分段落。

3. 落款

落款位于正文结束的右下方，通常为企业的名称或启事的个人姓名，再加上撰写启事的时间即可。

（四）启事的写作注意事项

（1）内容真实　启事常见于各种场合，如学校、企业、政府部门等，非常实用。撰写启事的内容要真实，不能弄虚作假，不然在欺骗了他人的情况下还会影响组织的形象。

（2）标题清晰　标题要简短明了、直击事由，这样才能吸引公众的眼球，达到预想的效果。注意标题不能写成"启示"。

（3）内容单一　书写的内容要单一，做到一份启事只书写一件事情，切记不能多写，否则不便公众速记与理解。

（4）适时发布　启事的发布时机和渠道应得当，避免过早或过晚，以确保信息的及时性和有效性。

例文 6-4

招领启事

　　我公司财务部张 ×× 于 20×× 年 ×× 月 ×× 日 11 时在公司大厅拾得一个黑色双肩包，内有物品……若干。如有遗失者，请到我公司前台处认领。

××× 公司

20×× 年 ×× 月 ×× 日

例文 6-5

寻物启事

　　本人于 20×× 年 ×× 月 ×× 日上午 9 时左右在 ×× 公交站不慎丢失黑色公文手提包一只，包内装有透明文件袋、钱包、钥匙和工作证等物品。如有拾到者请与本人联系，联系电话：135×××××××。谢谢！

××× 公司　张 ××

20×× 年 ×× 月 ×× 日

例文 6-6

某能源石化集团有限责任公司 20×× 年夏季校园招聘启事

　　某能源石化集团有限责任公司成立于 20×× 年 8 月，由 ×× 能源集团和 ×× 石油化工集团整合重组而成，注册资本金 121 亿元人民币。集团作为 ×× 省能源、石化产业一体化龙头企业，聚焦"清洁高效能源、石化产业、金融服务、新材料与建材建工"四大主业，积极培育健康养老产业，拥有全资及控股并表企业 199 家，资产总额逾 1500 亿元，在职员工逾 2 万人。集团电力装机位居全省前列，陆上风电装机规模名列全省前茅，供热企业单机供热能力位居全国供热机组前列，"建福""炼石"两大品牌均为国家免检优质产品；苯酐装置单线产能全球最大，PX 装置产能全球前十，PTA

装置产能全国三甲，聚氨酯原料生产基地××省最大，中沙古雷乙烯项目是××省一次性投资最大的外资项目。

因企业发展需要，拟公开招聘20××年应届毕业生117人。现将有关事项告知如下：

一、招聘岗位

（1）电力类9人。

（2）化学纺织类82人。

（3）建筑工程类8人。

（4）机械设备类6人。

（5）医疗类6人。

（6）经济类3人。

（7）综合类3人。

具体招聘岗位及资格条件见附件。

二、招聘流程

（一）应聘报名

请按以下要求完成信息采集和简历投递，否则视为报名无效。

（1）信息采集。应聘者均须在微信端完成基本信息采集。操作方法：搜索关注"某能化集团"微信公众号→点击菜单栏"招聘启事"→长按文中"报名二维码"识别进入信息采集界面→按字段要求准确填报。

（2）简历投递。应聘者简历模板均须使用"能化集团简历模板"，简历模板下载方法：登录http：//fjnhjt.com→人力资源→人才招聘→应聘人员登记表（校园招聘版）。个人自制简历可连同应聘人员登记表、毕业生推荐表、课程成绩单、身份证、执业资格证、职称证、学历及其他证明能力的证书等应聘有关材料的扫描件（采用pdf或word格式），保存在一个文件夹内压缩后发送至邮箱：jtrlb@fjnyjt.com，邮件标题统一格式为"20××届校招＋姓名＋应聘单位＋应聘岗位"。

（3）报名时间：即日起至20××年7月30日。

（二）资格审查

根据岗位资格要求进行简历筛选，对应聘者提交的报名材料进行资格审核。对审核通过者，我们将通过电话或邮件的方式通知参加笔试；审核未通过者，不再另行通知。

（三）笔试

根据资格审核结果，组织现场笔试或线上笔试。应聘者可通过我司考试系统查询本人笔试成绩和最低合格线。

（四）面试

根据工作需要，安排现场面试或线上面试。请保持联系畅通，我们将通过电话或邮件的方式发送具体面试信息。我司将按照岗位招聘人数的一定比例，在笔试合格的应聘者中，从高分到低分确定面试人选。

（五）录用

根据应聘者综合表现确定拟录用名单，由用人单位发放录用通知，体检合格者方可办理入职手续。

三、薪酬福利

（1）薪酬待遇：集团各企业为员工提供有竞争力的薪酬待遇和完善的激励保障体系。

（2）福利待遇：缴纳五险二金，按规定享受带薪年假；享有职工生日慰问、健康体检、劳动保护等福利待遇；提供学习培训、技能提升等机会。

四、其他事宜

（1）本人报名后应保持联系畅通、动态查看本人电子邮箱，未按时参加各个环节者，视同放弃本次应聘机会。

（2）应聘者应如实填写本人情况和提供应聘有关材料，如提供虚假信息者，一经发现取消应聘资格。

（3）各单位的招聘岗位，应聘条件存在一定差异，请应聘者根据本人情况报名，避免无效报名。

（4）我司有权根据岗位需求变化及报名情况等因素，调整、取消或终止个别岗位的招聘工作，并对本次招聘享有最终解释权。招聘岗位、应聘条件均以本公告为准。

（5）通信地址：××市鼓楼区北环西路×××号××大饭店11层11室（某能源石化集团有限责任公司人力资源部）。

（6）联系电话：0591-875524××　联系人：林先生

附件1.某能源石化集团有限责任公司20××年夏季校园招聘需求

附件2.某能源石化集团权属各单位咨询联系方式

某能源石化集团有限责任公司

20××年7月21日

二、声明

（一）声明的定义

声明是单位或个人针对某一事项或问题向社会各界公开告知、表明态度，并希望公众理解、支持而使用的公告性文书。

声明主要用于通过公共媒体或者张贴的方式向大众广泛告知某件事情，起到宣传、提醒以及广而告之的作用。声明与启事在形式和功能上有所重叠，但是两者也有不同，声明主要运用于党政机关、企事业单位等在重要事情上表明立场、态度，或者澄清事实，需要严格地遵守公文规定的行文规则进行书写。

本书介绍的仅指企事业单位或个人在工作和生活中运用的声明，属于日常事务性文书，不同于外交声明。常见的有遗失声明、道歉声明、委托声明、澄清事实声明、作废声明、维权声明等。

（二）声明的结构和内容

声明一般由标题、正文和落款三部分组成。

1. 标题

标题为第一行居中书写，一般格式为"事由＋声明"；或者直接书写"声明"二字；情况严重也可在"声明"前加上"郑重"等词语，如"郑重声明""严正声明"。

2. 正文

正文从标题下一行开始首行缩进2个字书写。正文要直陈其事，一般应写明两点：一是交代声明的目的、背景等缘由，也就是"为什么声明"；二是交代社会各有关方面需要了解的事情，表明立场、态度等，即"声明什么"。正文一般以"特此声明"结尾。

3. 落款

落款位于正文的右下方，包含单位或个人名称、撰写声明时间。如若该项声明中提及了揭发检举等情况，还应在署名项目的右下方附注单位的地址、电话以及邮政编码，以便联系。

（三）声明的写作注意事项

（1）陈述事实、态度明确　在发表声明时，应直接陈述事实，不绕弯子，不掩饰真相；态度要鲜明、明确，不含糊其词，不模棱两可。

（2）语言准确、免生歧义　声明的每个词语都应具有明确的含义，并且与上下文保持一致。此外，要避免使用过于专业或晦涩难懂的术语，以免让读者感到困惑或误解。写完后注意审查和修改。

（3）言简意赅、篇幅短小　在撰写声明时，要抓住要点，尽量用简短的语言表达清晰的意思；避免使用冗长的句子或过多的修饰词，以免让读者感到疲惫或困惑。

例文 6-7

郑重声明

我公司近日在微信中发现有部分不法经营者，以我公司的名义销售产品"×××"。针对该不法行为，我公司特做出以下郑重声明：我公司从未生产过该产品，凡是以我公司（×××公司名称）名义通过任何渠道销售该产品的行为与×××公司无关。

该不法行为严重误导消费者，给消费者造成了损失，侵犯了我公司的合法权益，并对我公司的声誉带来了严重的负面影响。为避免事态进一步的扩大，我公司严正告知相关不法经营者应立即停止所有侵权行为，公开致歉并主动联系我公司协商处理损害赔偿问题。否则，我公司将通过法律手段维护自身权益。

特此声明

×××公司
20××年××月××日

例文 6-8

严正声明

近日，我司接到山东、四川等地多起读者举报称，有社会人员使用假记者证、假介绍信冒充××新闻网记者，以采访为由，企图进行诈骗、敲诈勒索之事。

为此，××新闻网郑重声明：

一、正告所有假冒××新闻网及××新闻网记者的单位或个人，立即停止一切违法犯罪行为，我司保留追究其法律责任的权利。

二、若对××新闻网记者的身份或采访有疑问，可拨打电话021-522098×× 或发邮件到 news@thepap××.cn 进行核实。

三、若发现假记者，建议受害方立刻向公安机关报案，同时与我们取得联系，我们将尽力配合相关调查。

特此声明！

××新闻网
20××年 12 月 17 日

第三节
简报、述职报告

某学校在 2023 年招生工作中，积极推进录取工作，并以简报、快讯的形式向公众告知本阶段的招生工作录取情况。在公开撰写的简报中，日期明确，主体内容部分将本专科录取的详细情况以表格形式展现出来，各地区录取人数和对应专业清晰明了。

一、简报

（一）简报的定义

简报主要是政府单位或企业等组织用于反映情况、沟通信息、交流经验而编发的一种简短的内部报告性文书。简报是一种统称，具体名称多种多样，常见的有"工作简讯""工作动态""情况反映""内部参考""工作通讯""快报"等，类似新闻文体中的消息、通讯和报道。

简报能阶段性地反映所在单位或部门完成工作任务的情况和经验，实际工作中出现的新情况、新问题及新思路，或某项调查研究的成果和有价值的统计数字的内容简要的资料，起着上情下达、下情上传、左右沟通、交流经验的作用。常见的简报有三种：会议简报，主要反映会议交流和进展情况；工作简报，主要报告重大问题的处理情况及经验等；情况简报，主要反映人们关注的重点问题，供领导参考。

（二）简报的特点

（1）快　简报与新闻简讯类似，具有追求时效性的特点，它不仅要求发现和汇集情况的速度要快，还要求撰写文章和编印制发的速度也要快。如果简报编写得不够迅速及时，错过了相应的时机，那么它的作用就会大大地削弱，甚至失去意义。

（2）短　一篇简报通常只有几百字，有的也会超过 1000 字，但是通常都控制在 2000 字以内。简报力求以最少的文字表现出尽可能丰富的内容，做到简短而不疏漏、内容精粹，实现一事一报的信息效果。

（3）新　简报能够及时地反映新情况、新经验、新问题，在工作中有利于获得主动权。简报的内容相对较为新鲜、观点新颖，能够引起人们的注意。

（4）实　简报所引用的材料必须是准确的、真实无误的，其反映的情况、总结的经验都是真实可靠的。

（三）简报的结构和内容

简报一般由报头、报核、报尾三个部分组成。

1. 报头

报头由简报的名称、期数、编辑单位、编辑日期、红色横隔线、密级组成。

（1）简报的名称　简报的名称位于正上方居中书写，一般用红色且大号的字体印刷，如"××简报"。

（2）简报的期数　简报的期数书写于简报名称的正下方，用括号注明即可，如"（第 1 期）"，有总期数的还应注明总期数，如"（第 1 期，总 12 期）"，字体字号通常为宋体二号字体，加粗。

（3）编辑单位　编辑单位书写在简报期数下方，且位于红色横隔线左上方，如"××××编"，字体字号通常为宋体四号字体。

（4）编辑日期　编辑日期书写在简报期数下方与编辑单位为同一行，且位于红色横隔线右上方，书写时必须写全年、月、日，如"20××年 8 月 30 日"，字体字号和编辑单位一样。

（5）红色横隔线　红色横隔线位于编辑单位和编辑日期正下方，长度与文字区等长。用于将报头和报核隔开。

（6）密级　密级位于整个报头的左上方，分为绝密、机密、秘密、内部情况等级别。

2. 报核

报核通常由标题、正文、署名三个部分组成。

（1）标题　简报的标题居中书写在红色横隔线下方，通常用宋体二号字体加粗书写，类似新闻的标题，需要简短醒目、归纳中心意思。

（2）正文　简报的正文一般统一用仿宋 GB2313 三号字体书写，位于标题的下一行，首行缩进 2 个字。正文用各种材料、数据、新闻和稿件来描写叙述整个简报的主题，在描述时应交代清楚具体在什么时间、什么地点干了什么事情，还可以配上相关的照片。

（3）署名　简报正文的署名通常为撰写简报的部门或者个人的姓名。

3. 报尾

报尾书写于简报的最后一页内容的末端，一般由发送单位和印发份数两项内容构成，有时候会省略。发送单位位于黑色横隔线左下方，空 1 个字书写，如"发送：××××"，用仿宋 GB2313 三号字体；印发份数与发送单位位于同一行，且位于右对齐空 1 个字书写，用仿宋 GB2313 三号字体。

（四）简报的写作注意事项

（1）内容要真实、材料要准确　在简报的撰写过程中，其内容必须真实可靠，数据必须准确。

（2）简洁明了、一目了然　撰写的简报内容应简洁，需要在简短的文字信息中让阅读者快速地读取关键信息和问题。

（3）抓准问题、注重实效　简报应该围绕实际情况选择典型的、新鲜的、需要引起注意的和大家关心的问题与材料编写；在编写过程中应该快速地分析问题，形成简报，并在规定的时效期间将简报发送。

例文 6-9

新希望六和股份有限公司 2023 年 5 月生猪销售情况简报

本公司及董事会全体成员保证信息披露的内容真实、准确、完整，没有虚假记载、误导性陈述或重大遗漏。

新希望六和股份有限公司（以下简称"公司"）下属子公司从事生猪养殖业务。按照《深圳证券交易所上市公司自律监管指引第 3 号——行业信息披露》规定，深交所鼓励从事畜禽、水产养殖业务的上市公司每月通过临时公告形式披露相关业务销售情况，公司将参照指引相关规定执行。

一、2023 年 5 月生猪销售情况

公司 2023 年 5 月销售生猪 144.28 万头，环比变动 -8.33%，同比变动 37.99%；收入为 22.38 亿元，环比变动 -5.25%，同比变动 26.73%；商品猪销售均价 14.20 元/kg，环比持平，同比变动 -4.12%，见表 6-1。生猪销售量同比上升较大的主要原因是生猪产能释放。

表 6-1　2023 年 5 月生猪销售情况

时间	生猪销售数量（万头）		生猪销售收入（亿元）		商品猪销售均价（元/kg）
	当月	累计	当月	累计	当月
2022 年 5 月	104.56	586.90	17.66	78.05	14.81
2022 年 6 月	97.92	684.82	17.65	95.70	15.97
2022 年 7 月	94.23	779.05	21.67	117.37	21.09
2022 年 8 月	94.28	873.33	21.93	139.30	20.96
2022 年 9 月	116.72	990.05	30.23	169.53	22.96
2022 年 10 月	145.55	1,135.60	36.08	205.61	25.83
2022 年 11 月	169.10	1,304.70	34.82	240.43	23.30
2022 年 12 月	156.69	1,461.39	28.76	269.19	18.76
2023 年 1 月	129.11	129.11	20.51	20.51	14.89
2023 年 2 月	173.30	302.41	25.41	45.92	14.32
2023 年 3 月	169.10	471.51	25.83	71.75	15.04
2023 年 4 月	157.39	628.90	23.62	95.37	14.20
2023 年 5 月	144.28	773.18	22.38	117.75	14.20

二、特别提示

（1）上述披露仅包含公司生猪养殖与销售情况，不包含其他业务。

（2）上述数据均未经审计，与定期报告披露的数据之间可能存在差异。因此，上述数据仅作为阶段性数据，供投资者参考。敬请广大 投资者注意投资风险。

特此公告

新希望六和股份有限公司

董事会

2023 年 6 月 6 日

（资料来源：根据巨潮资讯网整理）

二、述职报告

（一）述职报告的定义

述职报告是指政府机关、企事业单位的领导者或者工作人员陈述本人或集体履行岗位职责情况、工作完成情况、工作业绩、工作中不足、下一步计划或展望的自我评述的书面报告。它主要用于下级向上级、主管部门和下属群众陈述任职情况。如今述职报告的运用越来越普遍。

（二）述职报告的特点和作用

述职报告是任职者陈述自己任职情况，评议自己任职能力，接受上级领导考核和群众监督的一种应用文，具有汇报性、总结性和理论性的特点。

随着政府部门、企事业单位人事管理制度和考核制度的建立和完善，述职报告具有越来越重要的作用，具体体现在以下几个方面：

1）有利于组织人事部门对干部或职员进行考核。单位每年一次的述职，可以使组织或人事部门通过干部或职员的年度述职报告，全面且系统地掌握其职责履行情况；单位也可以根据领导对其他人员工作的评述、工作的业绩等内容，选拔出优秀的人才，以便培养、使用。

2）有利于沟通情况，相互支持。通过每次述职，单位的上下级或者同级之间可以相互了解、相互沟通，便于在后续开展工作时相互支持和帮助。共同的公开述职还可以使各部门之间起到相互监督的作用，使单位的工作更好地开展下去。

3）有利于提升自我。述职者可以通过述职对一年的工作进行回顾和思考，从自己的述职报告中总结经验、吸取教训，能够帮助自身不断地学习、强化自我，养成良好的工作总结习惯，促进自身经验的积累和能力的提升。

（三）述职报告的结构和内容

述职报告一般由标题、称谓、正文和落款四部分组成。

1. 标题

述职报告的标题居中书写，一般有以下三种格式：

1）简单地以文种命名，直接书写"述职报告"四字即可。

2）正副标题。一般正标题用来概括报告的基本内容，副标题书写述职报告人的职务和姓名，如"在……中迎接工作新起航——×××部经理王××""尽职尽责尽心——我的述职报告"。

3）任职时间或职务+文种组成，如"20××年张经理任××职务期间的述职报告"。

2. 称谓

述职报告一般公开当众宣读，所以要提前写好称谓。述职报告的称谓需要根据受众者来书写，如听取述职报告的是领导和同事，则称谓可写为"各位领导、同事们"。

3. 正文

述职报告的正文包括开头、主体和结尾三个部分。

（1）开头 开头是对自己履行岗位职责情况的介绍和工作情况的简评，一般写明述职者的任职时间、任职岗位、工作职责、个人对岗位的认识等内容，然后简要地概括自己在工作中是否尽到了职责等情况。

（2）主体 主体是述职报告的核心内容，详细陈述自己履行职责的情况。述职报告的主体主要写明对岗位职责的完成情况、在工作中做出的业绩成果、工作中存在的问题以及工作中的收获等内容。写主体的时候需要注意，在写工作业绩成果的时候一定要分清楚集体成绩和个人荣誉，切记不要混为一谈。

（3）结尾 结尾部分主要写明自己今后的工作打算和计划，表明在今后工作中的决心。

4. 落款

述职报告的落款书写于正文右下方，一般包括述职者姓名和述职日期。述职者的姓名既可以写在正文右下方落款处，也可以写在标题下方。

（四）述职报告的写作注意事项

（1）坚持客观公正 内容撰写应秉持实事求是的原则，既不过度美化成就，也不刻意掩饰不足。要平衡展现个人或团队的工作成果与面临的挑战，同时明确区分个人贡献与团队协作的成果，确保评价的全面性和公正性。

（2）亮点鲜明、结构井然 在构建内容框架时，应注重条理性与逻辑性，避免冗长无味的流水账式叙述。应聚焦于亮点与独特贡献，通过精练的语言和生动的案例，将最引人注目的成就和特色展现得淋漓尽致，让读者一目了然、印象深刻。

（3）格式严谨、语言精练 遵循规范的格式要求，确保排版整洁美观，不仅能提升阅读体验，也彰显出作者的专业素养。在语言运用上，力求诚恳、得体且简洁明了，用最精练的词汇传达最准确的信息，使表达既富有力量又不失温度。

例文 6-10

中国共产党的百年述职报告

尊敬的全国各族人民，你们好！

我的名字叫作中国共产党。以下是我的百年述职报告。

我诞生在 1921 年，那是一个内忧外患、苦难深重的中国，目睹山河破碎、百姓流离，我痛苦不已，怀揣一腔热血，渴望寻求到救国救民的出路。在无数种信仰的交锋中，我选择了马克思主义。

经过 28 年的浴血奋战，在广大人民群众的支持下，我们终于彻底结束了旧中国半殖民地半封建社会的历史，成立了中华人民共和国。

我们完成了土地改革与社会主义革命，制定了一个个五年计划的小目标，夯实着共和国的经济基础，国际地位也在不断提高。在社会主义建设的探索中，我也曾走过弯路，通过解放思想、实事求是，终于迎来了改革开放的变革，开辟出我们自己的中国特色社会主义道路。我依靠人民，跨过一道又一道沟坎，取得一个又一个胜利。

经过长期努力，中国特色社会主义进入了新时代，全面建成小康社会终于取得历史性的成就。当看到国之重器上天入海，探索苍穹，当看到超级工程攻坚克难，刷新纪录，当看到中国智慧走出国门，惊叹世界，我都在为自己的国家和人民感到无比骄傲，如今我们的经济实力、综合国力不断增强，人民的生活水平持续改善，现行标准下 9899 万农村贫困人口全部脱贫，这，就是我们的道路！

在这百年征程里有风调雨顺、凯歌高奏，也有危难之际的绝处逢生，挫折之后的毅然奋起和失误之后的拨乱反正。但不论怎样，我从没想过放弃。我深知打铁还需自身硬，这一路都坚持自我革命。如今站在"两个一百年"的历史交汇点，全面建设社会主义现代化国家新征程开启，我定会不忘初心、继续前进，努力向历史、向人民交出新的更加优异的答卷！

（资料来源摘取自《人民日报》2021 年制作发布的视频《中国共产党百年述职报告》）

第四节
会议记录

A 公司是一家初创企业，在召开创业大会时特地选定了会议地点，召集了相关人员参加了会议。其会议记录显示，此次会议中，发起人向大会做了公司筹办情况的详细报告，包括股权分配；表决通过了公司章程，并选举产生了公司董事成员、监事会成员；初步做了公司预算的安排。

一、会议记录的定义

在会议过程中，记录人员把会议的组织情况和具体内容记录下来，就形成了会议记录。会议记录是记录了会上讨论、决议等内容的书面材料，一般可以作为传达会议精神、汇报会议情况的依据，可以实时唤起参会者对会议问题的有关记忆。因此，会议记录是实录会议精神和信息的书面材料。会议记录可以长时间保存，所以还可以起到参考文献资料的作用。

二、会议记录的结构和内容

书面材料的会议记录一般由标题和正文组成。

（一）标题

会议记录的标题一般由开会单位、会议名称或会议内容和文种三部分组成，如"××公司第一次股东大会会议记录"。

（二）正文

会议记录的正文一般由会议的组织情况和会议的内容两部分组成。

1. 会议的组织情况

会议的组织情况包括召开会议的时间、会议的地点、参加会议的人员、缺席会议的人员、会议主持人、会议记录人。

2. 会议的内容

会议的内容包括会议的议程、主持人的开场白、大会的议题、参会人员的讨论发言及最后会议形成的决议五个部分。整个会议内容是会议记录的主体，所以在记录时应该按照会议的进程逐项记录会议的进行情况。书写整个会议内容后，还应单列一行，以"散会"结束本次会议的记录。

三、会议记录的写作注意事项

1）在记录会议召开时间时应注意，要写清楚会议进行的具体时间，精确到分钟，如"××××年××月××日9：00"。

2）记录时须按照会议的进行情况实事求是地记录，不论是详细记录还是概要记录，都必须记录发言人的原意，不得添加记录者的观点、主张，不得断章取义，尤其是会议决定之类的内容，更不能有丝毫出入。

3）会议记录同会议发言是同时进行的，所以记录时应该尽可能地采用速记。对于特别重要的会议就需要详细地记录下每个发言人的原话，包括语气词等，做到详细记录。一般的会议可以采用有重点地记录会议的中心内容以及关键点和最后的决议。

例文 6-11

××××公司行政会议记录

时间：20××年××月××日 14:00

地点：××会议室

出席人：王××（主管）、李××（经理）、孙××、钱××

缺席人：张××、赵××（外出培训）

主持人：周××

记录：吴××

会议内容：

---

1. 会议传达公司对年度绩效的决定：于20××年×月停止发放年度绩效。

2. 了解各部门20××年度的工作计划……

3. 总结个人工作，评估提出改善措施的可行性，结合部门年度计划做出相应的建议，如下：

行政：完善相关管理，对交办的工作要快速完成，并且要把工作做到位，提供各项服务要及时。

人事：建议每个部门选取代表，征求相关意见。

财务：加强预算管理，精确核算成本，提高资金使用效率，同时加强与其他部门的沟通协作，确保财务数据的准确性和及时性。

（略）

第五节
常见条据

小王因拓展业务，想要向好友张总借10万元用以缓解资金压力。在借款时需要写一份条据，小王误将借条写成收条。张总认为借条与收条的法律效力不同、适用场景不同，而小王是借钱，于是让其再次手写借条，并详细约定还款日期和违约责任后，将钱借给了他。

一、条据的定义

条据是在处理日常事务中最常见也最简便的应用文。它主要使用在处理日常临时性事物或者作为某项事物的凭证，行文时以较少的文字涵盖主要信息，在日常生活使用中具有很大的实用价值。常用的条据有请假条、留言条、收条、借条、领条等。

二、条据的种类

条据有多种，基本可分为两大类，即凭证式条据（如借条、欠条、领条、收据）和说明式条据（如请假条、留言条、托人办事条），后者也称便条。

1. 凭证式条据

凭证式条据一般由标题、正文、落款组成。

（1）标题　标题写在条据的上方且居中，字号比正文大且字体加粗，只需要简明地写出类型，如"借条""欠条""领条""收据"二字。

（2）正文　在标题下一行，段落首行应该空两格后开始正文的书写。正文主要表明该条据需要说明什么问题，对"借条""领条"等一类条据一般开头需要用到固定的说法，比如"今借到""今领到"等词汇。如果涉及钱物的需要写明数字，先用阿拉伯数字，后面加上大写的金额并以"整"字结尾。

（3）落款　落款一般由姓名和日期组成，有单位的还应加上单位名称。一般写在正文的右下方。

2. 说明式条据

说明式条据一般由标题、称谓、正文、落款组成。

（1）标题　标题写在条据的正上方且居中，字号比正文大且字体加粗，写出条据的名称，如"请假条""留言条"等。

（2）称谓　称谓位于标题的下一行，一般书写时顶格写，并且需要在称谓后方加上冒号结尾。称谓一般为姓名＋称呼或姓名＋职位组成，如"× 老师""× 经理"。

（3）正文　正文位于称谓的下一行，书写时应该在段落首行空两格。正文主要表明需要告知的事项。

（4）落款　落款一般写在正文的右下方，写上姓名和日期。

三、条据的写作注意事项

1）对外使用的条据，对方单位要用全称。物品要写明名称、规格、数量；金钱要写明金额，后面必须写上大写金额，以防涂改。数字前不留空白，后要写量词，如"元""个""双""斤"等。条据中的文字如果确实需要改动，要在涂改处加盖印章，以示负责。

2）条据的内容部分与签章署名之间的空白切记不要留得太大，容易被持据人增添补写其他内容，或将原内容裁去，在空白处重新添加内容。

3）条据内容表述清楚。有的条据将"买"写成"卖"，"收"写成"付"，"借给"写成"借"等，都极易颠倒是非。

4）条据的落款姓名和日期都应该书写齐全。书写姓名不要用同音同义字、多义字代替，以身份证上面的名字为准。如果条据上有姓无名或有名无姓、不写明日期，一旦发生了纠纷，事实真相常常难以查清，对诉讼时效的确定也容易造成困难。

例文 6-12

借条

今借到 ××（身份证号码：……）现金10000元，大写：人民币壹万元整，20××年××月××日前归还。

如到期未还清，借款人愿承担出借人通过诉讼等方式追讨借款所支付的律师费、诉讼费等其他费用。

借款人：××（身份证号码：……）

电话：×××××××××××

地址：×××××××××××××

20××年××月××日

本章小结

事务性商务文书是机关、团体、企事业单位在日常处理事务时用来沟通信息、安排工作、总结得失、研究问题的实用文体，是应用文写作比较重要的组成部分，也是人们在日常工作中常见的一类商务文书。

本章首先介绍了日常工作中比较常用的两种事务性商务文书计划和总结，详细阐述了两者的主要内容和具体行文格式；随后介绍了日常工作中常用到的声明、述职报告和会议记录等相关内容。本章需重点掌握事务性商务文书里面总结、计划、启事、声明的基本结构及拓展写作运用。

读者在本章内容的引领下，在日常写作中可以多注意行文结构，勿在不应浪费笔墨的地方花费过多时间。在工作和生活中做到多总结、多思考，对当年事务进行总结的同时要进行相应的思考，对下一年做出计划的时候需要考虑可行性。

综合训练

一、客观题（由任课教师提供）

二、主观题

1. 简答题

（1）简报具有什么特点？

（2）撰写会议记录有哪些具体的注意事项？

（3）简述编写工作计划的技巧和要求。

（4）写作声明时需要注意哪些事项？

（5）简述声明的组成部分。

（6）启事一般分为几类？主要的启事有哪些？

（7）述职报告的作用是什么？

2. 文本诊断题

（1）病文一

失物启示

本人昨天不慎丢失皮夹一只，内有钥匙一个、人民币 100 元，望拾到者速与本人联系，不胜感谢。

此致敬礼

4 月 1 日

张三

（2）病文二

招聘启事

我公司应征兼职网页制作人员和平面设计人员各 20 名。凡我市 21~35 周岁身体健康、大专或大专以上文化程度的男女青年均可报名。贵公司地处市中心地带，交通方便，环境优美，待遇丰厚。录用后，路途较远的工作人员，公司负责安排食宿。有意者请携带身份证到本公司人事科报名，经考试后即可录用，试用期三个月。

诚信网络广告公司

20×× 年 11 月 20 日

（3）病文三

收条

本人张三，于 20×× 年 ×× 月 ×× 日收到好友李四交付的人民币五十万元整，作为借款。本人承诺于 ×××× 年 ×× 月 ×× 日归还此笔款项。

此收条一式两份，借款人和出借人各执一份，具有同等法律效力。

收款人：张三

20×× 年 ×× 月 ×× 日

3. 应用写作题

（1）二选一完成一份总结：根据个人学期表现，撰写一份学期总结；根据本课程阶段学习情况，撰写一份学习小结。

（2）某公司是一个生产型企业，主要经营方向是生产各类油漆产品，整体的发展规划是准备扩大生产规模，准备新建 4 个生产车间，新增一条高端产品的生产线，对原有的生产车间也需要进行改造，以便达到扩大生产量这一愿景。在产品发展方向，希望在现有的研制水平上能够有所提升，能够更加满足整体消费市场的需求。在总体目标上，该公司希望能够研制出高端线产品，新建或扩建部分生产车间，提升产品质量，赶上市场先进水平。根据上述材料编写一份该公司的年度工作计划，要求格式完整，语言表述简洁、准确。

（3）一家知名电影制片公司发现，某社交媒体平台上有人未经授权而上传并分享了其热门电影的片段。这些片段被用于制作和分享未授权的剪辑、预告片或用于其他商业用途，严重侵犯了制片方的版权和知识产权。请根据此情况代该电影制片公司写一份声明。

第七章
组织管理沟通文书

> 谈话，和作文一样，有主题，有腹稿，有层次，有头尾，不可语无伦次。

——中国近代文学家　梁实秋

> 管理者的最基本功能是发展与维系一个畅通的沟通管道。

——美国管理学家　巴纳德

任务导入

B 公司是一家规模较大的科技公司，拥有数百名员工。为了更好地管理人力资源，提高员工的工作效率和满意度，公司决定编制一套人力资源管理系统。以下是该系统的基本要求和功能模块：

（1）员工信息管理　系统可以录入和管理员工的基本信息，包括姓名、职位、部门、联系方式等；同时，可以记录员工的个人档案信息，包括入职时间、薪资、考核记录、培训记录等。

（2）招聘管理　系统具备招聘管理功能，包括发布招聘需求、筛选简历、安排面试、发送录用通知等。通过系统，招聘负责人可以方便地跟踪整个招聘流程，并进行招聘数据的统计和分析。

（3）培训管理　系统支持培训管理功能，可以制订培训计划、发布培训通知、记录培训反馈等。员工可以通过系统报名参加培训课程，同时可以查看已完成的培训记录和证书。

（4）绩效管理　系统具备绩效管理模块，可以设定绩效考核指标和权重，进行员工绩效评估。管理层可以根据系统生成的绩效报告，进行绩效反馈和奖惩措施的制定。

（5）薪资管理　系统支持薪资管理功能，包括薪资发放、加薪调整、社保公积金管理等。员工可以通过系统查看个人薪资信息和相应的薪资条。

（6）假期管理　系统可以记录员工的请假情况，包括年假、病假、事假等。员工可以通过系统提交请假申请，管理层可以审批并进行相应的假期统计。

（7）组织架构管理　系统支持组织架构管理功能，可以设定公司的部门和岗位信息，并进行组织架构变更时的人员调整。

上述情景中，B 公司能够通过建立哪类制度提升组织沟通管理效率？请试着编写该制度。

内容认知

组织管理沟通文书是指在组织内部或组织之间，为了协调、管理、执行等目的而撰写的典型文书。企业运营相关制度在其中发挥着不可替代的作用，系统的沟通管理制度能在实际操作中更好地规范员工的行为，达到有效沟通的目的；企业对外交流的能力也非常重要，正式的商务函是使用频率非常高的文种。不管是对内的管理沟通还是对外的商务交流，了解这类文书的结构、内容及写作方法，对提升企业的管理效能是极为重要的。

学习目标

知识模块七	能力维度	重难点
企业简介	理解与掌握	重点：企业简介、商务函的撰写
企业内部沟通管理制度	选择写作与运用	
商务函	写作与应用	难点：企业章程、财务管理制度、人力资源管理制度的编写和运用
审计报告	选择理解与掌握	
综合素养提升：政策分析能力、逻辑思维能力、构思布局能力、跨学科思考能力、锤炼文字能力		

☑ **主修模块**
　　第一节　企业简介
　　第二节　企业内部沟通管理制度
　　第三节　商务函

☑ **辅修模块**
　　第四节　审计报告

第一节
企业简介

在某咨询公司的官网首页上，查询到了该公司的企业简介。该简介由四段话组成：开篇介绍了公司创始人等信息；第二段介绍了公司成立 40 多年秉承的宗旨和主要业务，并指出近年相关业务处于国内领先地位；第三段介绍了公司的使命和愿景，完成了各类咨询项目 5000 多个；最后一段强调目前公司拥有的咨询专家数量及学历和专业分布，并强调公司设有博士后工作站，研究实力雄厚。

一、企业简介的定义和特点

（一）企业简介的定义

企业简介是指通过文字和图片资料向社会介绍企业基本情况和经营范围等信息的应用文。

它主要介绍企业名称、企业的法律性质、开办地址、设立时间、所属行业、注册资金、建筑面积、技术装备条件，生产经营范围、主要产品结构，以及企业发展战略、经营理念等情况。

（二）企业简介的特点

（1）赞美性 企业简介在语言描述上要恰当地使用赞美企业的词语，在语言表达上需要具有艺术性，能够使阅读者在企业简介里迅速看到企业所取得的成就。

（2）实际性 企业简介的主要目的是让社会群体了解企业的实际概况，所以在介绍企业的具体情况时应该简洁明了、重点突出，便于业务合作者或社会群体阅读和理解。

（3）客观性 作为企业的简介并不是推销广告，所以要客观描述企业的具体情况，不能盲目地夸大企业；要在书写企业的内容时做到实事求是，有用数据描述的地方一定要保证准确，不能刻意扩大数据。

二、企业简介的格式和内容

企业简介一般包括标题和正文两部分。

1. 标题

企业简介的标题通常由"企业名称＋简介"构成，有的企业也会用企业名称直接作为企业简介的标题，如"××公司简介"或"××公司"。

2. 正文

企业简介的正文多为短文式，应以精练简短的文字介绍企业的基本情况，使人们能迅速了解企业的概况。一般内容主要有企业的名称、创立的时间、地址、整体规模、经营范围和经营性质、生产模式、特色、员工以及发展前景等实际内容。通常一个企业的简介都是根据实际情况书写的，并不一定包含此处列举的内容。

三、企业简介的写作注意事项

首先要做到实事求是，客观描述企业的具体情况，切忌夸张和虚假描述；然后需要注意的是在书写时切忌过于简短，要尽可能详细地展示企业的情况，且突出企业的专长；最后还需要注意的是，在长篇幅书写时要做到条理清晰，切忌无重点输出，要做到按照主次顺序逐一介绍。

例文 7-1

北京德英行企业顾问有限公司简介

北京德英行企业顾问有限公司（简称"德英行"）成立于 2011 年，位于北京市朝阳区建外 SOHO 西区 10 号楼 2802。德英行是一家专业的工商注册服务公司。主要业务有公司注册、公司转让寄卖、代理记账、执照转让、股权变更、增资、垫资、资质审批等。公司目前有员工 100 人，在北京设有 2 家分公司，分布于北京市主要商业圈。公司一贯坚持"服务第一，客户至上、诚信为本"的经营宗旨，凭借高效的工作、良好的信誉、低廉的价格、优质的服务，在同行业中小有名气。竭诚与国内外商家双赢合作、共同发展、共创辉煌。

例文 7-2

中国石油化工股份有限公司简介

中国石油化工股份有限公司（简称"中国石化"）是一家上中下游一体化、石油石化主业突出、拥有比较完备销售网络、境内外上市的股份制企业。中国石化是中国石化集团有限公司依据《中华人民共和国公司法》，以独家发起方式于 2000 年 2 月 25 日设立的股份制企业。中国石化 167.8 亿股 H 股股票于 2000 年 10 月 18、19 日分别在香港、纽约、伦敦三地交易所成功上市；2001 年 8 月 8 日 28 亿股 A 股在上海证券交易所成功上市。

中国石化是中国最大的一体化能源化工公司之一，主要从事石油与天然气勘探开发、管道运输、销售；石油炼制、石油化工、煤化工、化纤及其他化工生产与产品销售、储运；石油、天然气、石油产品、石油化工及其他化工产品和其他商品、技术的进出口、代理进出口业务；技术、信息的研究、开发、应用。中国石化是中国大型油气生产商；炼油能力排名中国第一位；在中国拥有完善的成品油销售网络，是中国最大的成品油供应商；乙烯生产能力排名中国第一位，构建了比较完善的化工产品营销网络。

中国石化建立了规范的法人治理结构，实行集中决策、分级管理和专业化经营的事业部制管理体制。中国石化现有全资子公司、控股和参股子公司、分公司等共 100 余家，包括油气勘探开发、炼油、化工、产品销售以及科研、外贸等企业和单位，经营资产和主要市场集中在中国经济最发达、最活跃的东部、南部和中部地区。

中国石化的最大股东——中国石化集团有限公司是国家在原中国石化总公司的基础上于 1998 年重组成立的特大型石油石化企业集团，是国家出资设立的国有公司、国家授权投资的机构和国家控股公司。

（资料来源：根据公司官网资料整理编写）

第二节
企业内部沟通管理制度

某公司在 2015—2017 年连续亏损 3 年。2017 年年末，该公司资金链出现几乎断裂的局面。面对如此困境，该公司将进行相关改革，主要举措如下：

1）解放思想，转变观念。具体做法是以问题为导向，组织部门相关负责人进行调研讨论，各部门自行组织员工进行解放思想大讨论，不断把解放思想这一观点深入公司各部门。

2）契约式管理，完善相关机制。全面以劳动合同解决员工身份问题，以岗位合同解决员工进出问题。各部门领导人员指标责任明确，制定相关制度，要求各部门负责人每季度应完成目标收入的 70%，达不到要求的负责人应该自动解除职务；一般员工岗位职责不达标的，经两次考核培训上岗后仍然完成不了任务的，考核不合格之后解除岗位合同和劳动合同。

3）建立预算完成制度和绩效考核双挂钩薪酬制度，体现收入差异化。在员工考核和绩效分配方面，实行"差异化薪酬"分配机制，建立完善的预算和绩效考核分配体系，打破"大锅饭"、平均主义以及论资排辈的束缚，有效发挥薪酬分配的导向作用。

经过一定的程序严格制定相应的制度是公司管理的依据和准则，有助于维护工作秩序、提高工作效率。

企业内部沟通管理制度是为了确保企业内部信息流通顺畅、有效，提高管理效率和决策质量而制定的一系列规章制度。这些制度旨在规范组织内部沟通的方式、内容、频率和流程，促进信息的共享和理解，加强部门之间的协作和配合，一般用书面形式呈现。本节选择使用频率较高的公司章程、财务管理制度和人力资源管理制度展开讲解。

一、公司章程

（一）公司章程的定义和特点

1. 公司章程的定义

公司章程是指公司根据国家相关法律规定，为了明确制定公司的名称、住所、经营范围、经营管理制度等重大事项的书面文件，也是明确企业权利义务的规章制度。公司章程作为公司组织的基本准则，具有真实性、公开性、法定性和自治性的特点，对于公司的成立以及宏观指导公司运营具有非常重要的意义。

2. 企业章程的特点

（1）真实性　公司章程记载的内容必须是与实际相符以及客观存在。

（2）公开性　公司章程的内容不仅要对投资人公开，还要对包括债权人在内的一般社会公众公开。

（3）法定性　公司章程是依据国家相关法律制定的，任何公司都不得违反。要成立一家公司，公司章程是必不可少的。成立登记公司时，必须由公司的发起人订立公司章程，同时提交给相关登记机关登记。

（4）自治性　公司章程是公司依法自行制定的，是一种法律以外的行为规范，由公司自行执行，不用国家强制执行实施。企业章程仅作为企业内部的规章制度，只针对企业或者企业相关人员，不具备普遍的约束行为。

（二）公司章程的格式与内容

公司章程一般由标题、正文、落款三部分组成。

1. 标题

标题一般由"公司名称＋章程"构成，如"×××有限责任公司章程"。

2. 正文

公司章程的正文一般分为总则、分则、附则三部分。总则一般为章程的第一章节；附则为章程的最后一章节；中间内容统称为分则。公司章程通常按照具体内容分条书写，从总则开始列为第一条，然后分章节编号分条书写，直至书写到最后一章节的最后一条为止。主要内容包括公司的名称、所在地、宗旨、经营范围、经营管理制度、注册资金、组织机构、负责人的职权范围、章程的修改和终止等其他未尽事项。

3. 落款

公司章程的落款主要是股东签名、盖章及制定章程的时间。

（三）公司章程的写作注意事项

1. 国家相关法律规定的绝对必要记载事项必须予以记载

编制公司章程，需按照《中华人民共和国公司法》第四十六条规定，不得违反《公司法》以及其他法律法规的规定。公司的设立和整体的运营离不开国家的法律规定，规定事项的记载遗漏，或者是弄虚作假、捏造事实都会造成公司章程的无效，从而导致公司的无法设立登记，所以要特别注意将章程规定的内容涵盖所有必要的记载事项。

2. 制定公司章程必须充分结合本公司具体情况

制定公司章程不仅要遵循法律法规的框架，更要紧密结合公司自身的实际情况。每个公司都有其独特的业务模式、发展阶段、股东结构和管理需求。因此，在制定公司章程时，应充分考虑并反映这些特点，通过量身定制的章程条款，确保公司治理结构的合理性和有效性，为公司的长远发展奠定坚实的基础。

3. 制定公司章程必须体现公司全体股东的意志

根据《公司法》第五条规定，公司章程是公司、股东、董事、监事及高级管理人员共同遵守的基本准则，其制定必须体现公司全体股东的共同意志。在编制过程中，应广泛听取并尊重各股东的意见和建议，确保公司章程的内容能够反映股东的利益诉求和期望。

例文 7-3

×××××有限责任公司章程

第一章　总则

第一条　公司宗旨：通过设立公司组织形式，由股东共同出资筹集资本金，建立新的经营机制，为振兴经济做贡献。依照《中华人民共和国公司法》和《中华人民共和国公司登记管理条例》的有关规定，制定本公司章程。

第二条　公司名称：×××××有限责任公司

第三条　公司住所：成都市××区××路××号

第四条　公司由三名股东出资设立，股东以认缴出资额为限对公司承担责任；公司以其全部资产对公司的债务承担责任。公司享有股东投资形成的全部法人财产权，并依法享有民事权利，承担民事责任，具有企业法人资格。

股东名称（姓名）证件号（身份证号）

甲×××　×××××××××××××××××××

乙×××　×××××××××××××××××××

丙×××　×××××××××××××××××××

第五条　经营范围：从事×××××。（涉及经营许可，凭许可证经营）

第六条　经营期限：30 年。公司营业执照签发日期为本公司成立日期。

第二章　注册资本、认缴出资额、实缴资本额

第七条　公司注册资本为50万元人民币，实收资本为50万元人民币。公司注册资本为在公司登记机关依法登记的全体股东认缴的出资额，公司的实收资本为全体股东实际交付并经公司登记机关依法登记的出资额。

第八条　股东名称、认缴出资额、实缴出资额、出资方式、出资时间一览表。

第九条　各股东认缴、实缴的公司注册资本应在申请公司登记前，委托会计师事务所进行验证。

第十条　公司登记注册后，应向股东签发出资证明书。出资证明书应载明公司名称、公司成立日期、公司注册资本、股东的姓名或者名称、缴纳的出资额和出资日期、出资证明书的编号和日期。出资证明书由公司盖章。出资证明书一式两份，股东和公司各执一份。出资证明书遗失，应立即向公司申报注销，经公司法定代表人审核后予以补发。

第十一条　公司应设置股东名册，记载股东的姓名、住所、出资额及出资证明书编号等内容。

第三章　股东的权利、义务和转让出资的条件

第十二条　股东作为出资者按出资比例享有所有者的资产受益、重大决策和选择管理者等权利，并承担相应的义务。

第十三条　股东的权利：

一、出席股东会，并根据出资比例享有表决权。

二、有权查阅股东会会议记录和公司财务会计报告。

三、选举和被选举为公司执行董事或监事。

四、按出资比例分取红利。公司新增资本时，股东可按出资比例优先认缴出资。

五、公司新增资本金或其他股东转让时有优先认购权。

六、公司终止后，依法分取公司剩余财产。

第十四条　股东的义务：

一、按期足额缴纳各自所认缴的出资额。

二、以认缴的出资额为限承担公司债务。

三、公司办理工商登记注册后，不得抽回出资。

四、遵守公司章程规定的各项条款。

第十五条　出资的转让：

一、股东之间可以相互转让其全部出资或者部分出资。

二、股东向股东以外的人转让其出资时，必须经其他股东过半数同意。股东应就其股权转让事项书面通知其他股东征求同意，其他股东自接到书面通知之日起满30日未答复的，视为同意转让。其他股东半数以上不同意的，不同意转让的股东应当购买该转让的出资，如果不购买该转让的出资，视为同意转让。经股东同意转让的出资，在同等条件下其他股东对该转让的出资有优先购买权。两个以上股东主张行使优先购买权的，协商确定各自的购买比例；协商不成的，按照转让时各自出资比例行使优先购买权。

三、股东依法转让其出资后，公司应将受让人的姓名、住所以及受让的出资额记载

于股东名册。

第四章　公司机构及高级管理人员的资格和义务

第十六条　为保障公司生产经营活动的顺利、正常开展，公司设立股东会、执行董事和监事，负责全公司生产经营活动的策划和组织领导、协调、监督等工作。

第十七条　公司设经理、业务部、财务部等具体办理机构，分别负责处理公司在开展生产经营活动中的各项日常具体事务。

第十八条　执行董事、监事、经理应遵守公司章程、《中华人民共和国公司法》和国家其他有关法律的规定。

第十九条　公司研究决定有关职工工资、福利、安全生产以及劳动保护、劳动保险等涉及职工切身利益的问题，应当事先听取公司工会和职工的意见，并邀请工会或者职工代表列席有关会议。

第二十条　公司研究决定生产经营的重大问题、制定重要的规章制度时，应当听取公司工会和职工的意见和建议。

第二十一条　有下列情形之一的人员，不得担任公司执行董事、监事、经理：

一、无民事行为能力或者限制民事行为能力的人。

二、因犯有贪污、贿赂、侵占、挪用财产罪或者破坏社会经济秩序罪；被判处刑罚，执行期未满五年，或者因犯罪被剥夺政治权利，执行期满未逾五年者。

三、担任因经营不善破产清算公司（企业）的董事或者厂长、经理，并对该公司（企业）破产负有个人责任的，自该公司（企业）破产清算完结之日起未逾三年者。

四、担任因违法被吊销营业执照的公司（企业）的法定代表人，并负有个人责任的，自该公司（企业）被吊销营业执照之日未逾三年者。

五、个人所负数额较大的债务到期未清者。

公司违反前款规定选举、委派执行董事、监事或者聘用经理的，该选举、委派或者聘任无效。

第二十二条　国家公务员不得兼任公司的执行董事、监事、经理。

第二十三条　执行董事、监事、经理应当遵守公司章程，忠实履行职责，维护公司利益，不得利用在公司的地位和职权为自己谋取私利。执行董事、监事、经理不得利用职权收受贿赂或者其他非法收入，不得侵占公司的财产。

第二十四条　执行董事、经理不得挪用公司资金或者将公司资金借给任何与公司业务无关的单位和个人。

执行董事、经理不得将公司的资金以其个人名义或者以其他个人名义开立账户存储，也不得将公司的资金以个人名义向外单位投资。

执行董事、经理不得以公司资产为本公司的股东或者其他个人债务提供担保。

第二十五条　执行董事、经理不得自营或者为他人经营与其所任职公司经营相同或相近的项目，或者从事损害本公司利益的活动。从事上述营业或者活动的，所得收入应当归公司所有。

第五章　股东大会

第二十六条　公司设股东会。股东会由公司全体股东组成，股东会为公司最高权力机构。股东会会议，由股东按照出资比例行使表决权。出席股东会的股东必须超过全体股东表决权的半数，方能召开股东会。首次股东会由出资最多的股东召集，以后股东会由执行董事召集主持。

第二十七条 股东会行使下列职权：

一、决定公司的经营方针和投资计划。

二、选举和更换执行董事，决定有关执行董事的报酬事项。

三、选举和更换非由职工代表出任的监事，决定有关监事的报酬事项。

四、审议批准执行董事的报告或监事的报告。

五、审议批准公司年度财务预、决算方案，以及利润分配、亏损弥补方案。

六、对公司增加或减少注册资本做出决议。

七、对公司的分立、合并、解散、清算，或者变更公司形式做出决议。

八、修改公司的章程。

九、聘任或者解聘公司的经理。

十、对发行公司的债券做出决议。

十一、公司章程规定的其他职权。

股东会分定期会议和临时会议。股东大会每半年定期召开，由执行董事召集主持。执行董事不能履行或者不履行召集股东会会议职责的，由监事召集和主持；监事不召集和主持的，代表1/10以上表决权的股东可以自行召集和主持。召开股东大会，应于会议召开15日前通知全体股东。

（一）股东会议应对所议事项做出决议。对于修改公司章程，增加或减少注册资本，分立、合并、解散，或者变更公司形式等事项做出决议，必须经代表2/3以上表决权的股东同意通过。

（二）股东会议应对所议事项做成会议记录。出席会议的股东应在会议记录上签名，会议记录应作为公司档案材料长期保存。

第六章 执行董事、经理、监事

第二十八条 本公司不设董事会，只设董事一名。执行董事由股东会代表2/3以上表决权的股东同意选举产生。

第二十九条 执行董事为本公司法定代表人。

第三十条 执行董事对股东大会负责，行使下列职权：

一、负责召集股东会，并向股东会报告工作。

二、执行股东会的决议，制定实施细则。

三、拟定公司的经营计划和投资方案。

四、拟定公司年度财务预、决算，以及利润分配、亏损弥补方案。

五、拟定公司增加和减少注册资本，分立，变更公司形式，解散，设立分公司等方案。

六、决定公司内部管理机构的设置和公司经理人选及报酬事项。

七、根据经理的提名，聘任或者解聘公司副经理、财务负责人，决定其报酬事项。

八、制定公司的基本管理制度。

第三十一条　执行董事任期为三年，可以连选连任。执行董事在任期届满前，股东大会不得无故解除其职务。

第三十二条　公司经理由股东会代表2/3以上表决权的股东聘任或者解聘。经理对股东会负责，行使下列职权：

一、主持公司的生产经营管理工作，组织实施股东会决议，组织实施公司年度经营计划和投资方案。

二、拟定公司内部管理机构设置的方案。

三、拟定公司的基本管理制度。

四、制定公司的具体规章。

五、向股东大会提名聘任或者解聘公司副经理、财务负责人人选。

六、聘任或者解聘除由执行董事聘任或者解聘以外的管理部门负责人。

七、股东大会授予的其他职权。

第三十三条　公司不设监事会，只设监事一名，由股东会代表2/3以上表决权的股东同意选举产生；监事任期为每届三年，届满可以连选连任；本公司的执行董事、经理、财务负责人不得兼任监事。

监事的职权：

一、检查公司财务。

二、对执行董事、高级管理人员执行公司职务的行为进行监督，对违反法律、行政法规、公司章程或者股东会决议的执行董事、高级管理人员提出罢免的建议。

三、当执行董事和经理的行为损害公司的利益时，要求执行董事和经理予以纠正；在执行董事不履行本法规定的召集和主持股东会会议职责时召集和主持股东会会议。

四、向股东会会议提出提案

五、依照《中华人民共和国公司法》第七十八条的规定，对董事、高级管理人员提起诉讼。

六、公司章程规定的其他职权。

第七章　财务、会计

第三十四条　公司依照法律、行政法规和国家财政行政主管部门的规定建立本公司的财务、会计制度。

第三十五条　公司在每一会计年度终了时制作财务会计报表，按国家和有关部门的规定进行审计，报送财政、税务、工商行政管理等部门，并送交各股东审查。

财务、会计报告包括下列会计报表及附属明细表：①资产负债表；②损益表；③财务状况变动表；④财务情况说明书；⑤利润分配表。

第三十六条　公司分配每年税后利润时，提取利润的10%列入法定公积金。公司法定公积金累计超过公司注册资本50%时可不再提取。

公司的法定公积金不足弥补以前年度亏损的，在依照前款规定提取法定公积金之前，应当先用当年利润弥补亏损。

第三十七条　公司弥补亏损和提取公积金后所余税后利润，按照股东出资比例进行分配。

第三十八条　法定公积金转为资本时，所留存的该项公积金不得少于转增前公司注册资本的 25%。

公司除法定会计账册外，不得另立会计账册。

会计账册、报表及各种凭证应按财政部有关规定装订成册归档，作为重要的档案资料妥善保管。

第八章　合并、分立和变更注册资本

第三十九条　公司合并、分立或者减少注册资本，由公司的股东大会做出决议；按《中华人民共和国公司法》的要求签订协议，清算资产、编制资产负债及财产清单，通知债权人并公告，依法办理有关手续。

第四十条　公司在合并、分立、减少注册资本时，应编制资产负债表及财产清单，10 日内通知债权人，并于 30 日内在报纸上或者国家企业信用信息公示系统公告。债权人自接到通知之日起 30 日内，未接到通知的自公告之日起 45 日内，有权要求公司清偿债务或者提供相应担保。

第四十一条　公司合并或者分立，登记事项发生变更的，应当依法向公司登记机关办理变更登记；公司解散的，应当依法办理公司注销登记；设立新公司的，应当依法办理公司设立登记。

公司增加或减少注册资本，应依法向公司登记机关办理变更登记。

第九章　破产、解散、终止和清算

第四十二条　公司因《中华人民共和国公司法》第二百二十九条第一款第（一）（二）（四）（五）项规定而解散的，应当在解散事由出现之日起 15 日内成立清算组，开始清算。逾期不成立清算组进行清算的，债权人可以申请人民法院指定有关人员组成清算组进行清算。

公司清算组应当自成立之日起 10 日内通知债权人，并于 60 日内在报纸上或者国家企业信用信息公示系统公告。债权人应当自接到通知之日起 30 日内，未接到通知的自公告之日起 45 日内，向清算组申报其债权。

公司财产在分别支付清算费用、职工的工资、社会保险费用和法定补偿金，缴纳所欠税款，清偿公司债务后的剩余资产，有限责任公司按照股东的出资比例分配。

公司清算结束后，公司应依法向公司登记机关申请注销公司登记。

第十章　附则

第四十三条　公司章程的解释权属公司股东大会。

第四十四条　公司章程经全体股东签字盖章生效。

第四十五条　经股东会提议公司可以修改章程，修改章程须经股东会代表公司 2/3 以上表决权的股东通过后，由公司法定代表人签署并报公司登记机关备案。

第四十六条　公司章程与国家法律、行政法规、国务院规定等有抵触的，以国家法律、行政法规、国务院决定等为准。

全体股东签章：

20×× 年 ×× 月 ×× 日

（资料来源：根据百度百科整理）

例文 7-4

××公司人事管理制度

第一章　总则

第一条　为使本公司人事作业规范化、制度化和统一化，使公司员工管理有章可循，提高工作效率和责任感、归属感，特制定本制度。

第二条　适用范围。

一、本公司员工管理，除遵照国家和地方有关法令外，都应依据本制度办理。

二、本制度所称员工，系指本公司聘用的全体从业人员。

三、本公司如有临时性、短期性、季节性或特定性工作，可聘用临时员工。对临时员工的管理依照合同或其他相应规定，或参照本制度办理。

四、关于试用、实习人员及新进员工的管理，参照本制度办理或制定。

第二章　录用

第三条　本公司各部门如因工作需要，必须增加人员时，应先依据人员甄选流程提出申请，经本系统总经理或主管副总裁批准后，由人事部门统一纳入招聘计划并办理甄选事宜。

第四条　本公司员工的甄选，以学识、能力、品德、体格及适合工作所需要的条件为准。考核方法采用考试和面试两种，依实际需要任择其中一种实施或两种并用。

第五条　新进员工经考试或面试合格和审查批准后，由人事部门办理试用手续。原则上员工试用期三个月，期满合格后，方得正式录用；成绩优秀者，可适当缩短其试用期。

第六条　试用人员报到时，应向人事部送交以下证件：

一、毕业证书、学位证书原件及复印件。

二、技术职务任职资格证书原件及复印件。

三、身份证原件及复印件。

四、一寸半身免冠照片两张。

五、试用同意书。

六、其他必要的证件。

第七条　凡有下列情形者，不得录用：

一、剥夺政治权利尚未恢复者。

二、被判有期徒刑或被通缉，尚未结案者。

三、吸食毒品或有其他严重不良嗜好者。

四、贪污、拖欠公款，有记录在案者。

五、患有精神病或传染病者。

六、因品行恶劣，曾被政府行政机关惩罚者。

七、体格检查不合格者。经总裁特许者不在此列。

八、其他经本公司认定不适合者。

第八条　员工如系临时性、短期性、季节性或特定性工作，视情况与本公司签订

"定期工作协议书"，双方共同遵守。

第九条　试用人员如因品行不良，工作欠佳或无故旷职者，可随时停止试用，予以辞退。

第十条　员工录用分派工作后，应立即赴所分配的单位工作，不得无故拖延推诿。

<h2 align="center">第三章　工作</h2>

第十一条　员工应遵守本公司一切规章、通告及公告。

第十二条　员工应遵守下列事项：

一、忠于职守，服从领导，不得有敷衍塞责的行为。

二、不得经营与本公司类似或职务上有关的业务，不得兼任其他公司的职务。

三、全体员工必须不断提高自己的工作技能，强化品质意识，圆满完成各级领导交付的工作任务。

四、不得携带违禁品、危险品或公司规定其他不得带入生产、工作场所的物品进入公司工作场所。

五、爱护公物，未经许可不得私自将公司财物携带出公司。

六、工作时间不得中途随意离开岗位，如需离开应向主管人员请准后方可离开。

七、员工应随时注意保持作业地点、宿舍及公司其他场所的环境卫生。

八、员工在作业时不得怠慢拖延，不得做与本职工作无关的事情。

九、员工应团结协作、同舟共济，不得有吵闹、斗殴、搭讪交谈、搬弄是非或其他扰乱公共秩序的行为。

十、不得假借职权贪污舞弊，收受贿赂，或以公司名义在外招摇撞骗。

十一、员工对外接洽业务，应坚持有理、有利、有节的原则，不得有损害本公司名誉的行为。

十二、各级主管应加强自身修养，领导所属员工，同舟共济，提高员工的工作情绪和满意程度，增强员工的安全感和归属感。

十三、按规定时间上下班，不得无故迟到早退。

第十三条　公司实行每日 7 小时工作制。公司总部为上午 8：00—11：45，下午 2：15—5：30；生产总部为上午 8：30—12：00，下午 2：00—5：30。以后如有调整，以新公布的工作时间为准。

第十四条　部门经理级以下人员应亲自打卡计时，不工人或代人打卡，否则双方均按旷工一日处理。

第十五条　实行弹性工作制的，采取由各部门主管记录工作人员的工作时间（含加班时间），由本人确认、部门备案的考勤方法。

第十六条　员工如有迟到、早退或旷工等情形，依下列规定处理：

一、迟到、早退。

1. 员工均需按时上下班，工作时间开始后 15 分钟内到班者为迟到。

2. 工作时间终了前 15 分钟内下班者为早退。

3. 员工当月内迟到、早退合计每三次以旷职（工）半日论。

4. 超过 15 分钟后才打卡者，以旷职（工）半日论。因公外出或请假，经主管在卡上签字或书面说明者除外。

5. 无故提前 15 分钟以上下班者，以旷职（工）半日论。因公外出或请假者需经主管签字证明。

6. 正常上下班而忘打卡者，应由部门在卡上或有效工作时间考核表上签字。

二、旷职（工）。

1. 未经请假或假满未经续假而擅自不到职者，以旷职（工）论处。

2. 委托或代人打卡或伪造出勤记录者，一经查明属实，双方均以旷职（工）论处。

3. 员工旷职（工），不发薪资及奖金。

4. 连续旷职 3 日或全月累计旷职 6 日或一年累计旷职达 12 日者，予以除名，不发给资遣费。

第四章　待遇

第十七条　本公司依照兼顾企业的维持与发展和工作人员生活安定及逐步改善的原则，以贡献定报酬、凭责任定待遇，给予员工合理的报酬和待遇。

第十八条　员工的基本待遇有工资、奖金和伙食补贴、季节补贴。员工成为责任人员后，可享有安全退休基金和购房减让基金等待遇。

第十九条　月薪工资在当月月底前存入员工在内部银行的账户。新进人员从报到之日起计薪，离职人员自离职之日停薪，按日计算。

第五章　休假

第二十条　按国家规定，员工除星期日休息外，还享有以下有薪假日：（略）。

由于业务需要，公司可临时安排员工于法定的公休日、休假日照常上班。

第二十一条　一般员工连续工龄满一年时间，每年可获得探亲假一次，假期为 15 天。员工探亲假期间，原待遇不变。

第二十二条　成为责任人员的员工实行休假制度，不享受探亲假一次，假期每年为 15 天，可以累积使用，不能提前使用。责任人员休假的路费及食宿费用自理。

第二十三条　探亲可以报销单程飞机经济舱、回程硬座票及长途汽车票，此外超支费用由本人负责。未婚员工探亲只能探父母，已婚员工探亲只能探配偶。

第二十四条　夫妻在同一城市工作的员工不能享受探亲的路费报销，可以享受假期。连续工龄每满四年可报销一次探望父母的路费，不另给探亲假。

第二十五条　员工探亲或休期一般不报销医药费，但经批准带有疗养性的休假的职工和因患重病或传染病经县医院证明的，可适当报销医药费。

第二十六条　春节休假或探亲的员工，不在 15 天休假以外再增加春节假。在公司工作的员工按国家法定假期安排休息。需安排加班或值班的按规定给加班工资或值班补贴，如安排补休，则不计发加班工资和值班补贴。

第二十七条　对于放弃休假或探亲假的员工，公司给予其应休假当月全部收入的奖励。

第六章　请假

第二十八条　员工请假和休假可分为八种，其分类、审批及薪资规定见本制度附表。

第七章 加班

第二十九条 公司生产可于工作时间以外，指定员工加班；被指定的员工，除因特殊事由经主管批准者外，不得拒绝。

第三十条 生产系统人员加班，事先由主管人员填写"加班申请表"，经部门经理级人员批准后加班，每人每月加班不得超过44小时。

第三十一条 加班费的计算：一般员工的加班工作时间记为有效工作时间，以半小时为计算单位，加班工资按原工资标准的100%计算；在国家法定节假日加班，有效工作时间按实际加班工作时间的2倍计算，加班工资按原标准的200%计算。

第三十二条 责任人员平时的加班工作时间，经部门经理认定有效工作时间，不计发加班工资，在考核月度奖金中加以考虑；在法定节假日加班时，按原工资的200%计发加班工资。

第三十三条 如在加班时间内擅离职守者，除不计有效工作时间外，就其加班时间按旷职（工）论处。

第八章 出差

第三十四条 公司要根据需要安排员工出差，受派遣的员工，无特殊理由应服从安排。

第三十五条 员工出差在外，应注意人身及财物安全，遵纪守法，按公司规定的标准和使用交通工具，合理降低出差费用。

第三十六条 公司对出差的员工按规定标准报销住宿费用和交通费用，并给予一定的生活补贴。具体标准见公司的意见办理。

第三十七条 出差人员返回公司后，应及时向主管述职，并按规定报销或核销相关费用。

第九章 培训

第三十八条 为提高公司员工的知识技能及发挥其潜在智能，使公司人力资源能适应本公司日益迅速发展的需要，公司将举行各种教育培训活动。被指定员工不得无故缺席，确有特殊原因时，应按有关请假制度执行。

第三十九条 新员工进入公司后，须接受公司概况与发展的培训，以及不同层次、不同类别的岗前专业培训，培训时间应不少于20小时，合格者方可上岗。新员工培训由公司根据人员录用的情况安排，在新进公司的前三个月内进行，培训不合格者不再继续留用。

第四十条 员工调职前，必须接受将要调往岗位的岗前专业培训，直到能满足该岗位的上岗要求；特殊情况经将调往部门的主管副总裁同意，可在适当的时间另行安排培训。

第四十一条 对于培训中成绩优秀者，除通报表彰外，可根据情况给予适当物质奖励；未达到者，可适当延长其培训期。

第四十二条 公司所有员工的培训情况均应登记在相应的"员工培训登记卡"上，

"员工培训登记卡"由人事部保存在员工档案内。

第四十三条　公司对员工在业余时间（不影响本职工作和任务的完成）内，在公司外接受教育和培训予以鼓励，并视不同情况给予全额报销学杂费、部分报销学杂费、承认其教育和培训后的学历等支持。

第十章　调职

第四十四条　公司基于业务需要，可随时调动员工的职务或工作地点，被调员工不得借故拖延或拒不到职。

第四十五条　各部门主管在调动员工时，应充分考虑其个性、学识、能力，务使"人尽其才，才尽其用，才职相称"。

第四十六条　接到调动通知书后，限在一个月内办理移交手续，前往新任职单位报到。

第四十七条　员工调动，如驻地远者，按出差规定支给差旅费。

第十一章　保密

第四十八条　员工所掌握的有关公司的信息、资料和成果，应对系统上级领导全部公开，但不得向其他任何个人公开或透露。

第四十九条　员工不得泄露业务或职务上的机密，凡是意见涉及公司的，未经上级领导许可，不得对外发表。

第五十条　明确职责，对非本人工作职权范围内的机密，做到不打听、不猜测，不参与小道消息的传播。

第五十一条　非经发放部门或文件管理部门允许，员工不得私自复印和复制有关文件。

第五十二条　树立保密意识，涉及公司机密的书籍、资料、信息和成果，员工应妥善保管，若有遗失或盗窃，应立即向上级主管汇报。

第五十三条　发现其他员工有泄密行为或非本公司人员有窃取机密行为和动机，应及时制止并向上级领导汇报。

第十二章　考核

第五十四条　员工考核分为以下方面：

一、试用考绩：员工试用期间（3个月）由试用部门主管负责考核，期满考核合格者，填"试用人员考核表"，经总经理或主管副总裁批准后正式录用。

二、平时考核：由各部门依照通用的考核标准和具体的工作指标考核标准进行，通用的考核标准和考核表由人事部与总裁办共同拟制及修订，具体的工作指标考核标准由部门经理负责拟制及修订。部门经理及其以上人员每6个月考核一次，其他人员每3个月考核一次，特殊人员可由主席和副总裁决定其考核的频率。

第五十五条　部门经理以下人员的考核结果由各部门保存，作为确定薪酬、培养晋升的重要依据。部门经理及其以上人员的考核结果由总裁办保存，作为确定部门业绩、对公司的评价、薪酬及奖励、调职的依据。

第五十六条　考核人员，应严守秘密，不得有营私舞弊或贻误行为。

第十三章 奖惩

第五十七条 员工的奖励分为以下三种：

一、嘉奖：由员工的直属主管书面提出，部门经理批准，奖给不超过 200 元的现金或纪念品。

二、表彰：由员工所在部门经理书面提出，主管副总裁批准，奖给不超过 1000 元的纪念品，同时由主管副总裁签署表彰证书。

三、特别奖：由员工所在部门的经理书面提出，主管副总裁，相关委员会评议后，总裁批准，并由人事部备案，每年公布一次，员工除奖给一定额度的奖金和发给由公司总裁签署的证书外，可根据实际情况晋升 1~3 级工资。

第五十八条 有下列情形之一者，给予嘉奖：

一、品行端正，工作努力，完成重大或特殊事务者。

二、教训考核，成绩优秀者。

三、热心服务，有具体事实者。

四、有显著的善行佳话，足为公司荣誉者。

五、在艰苦条件下工作，足为楷模者。

六、节约物料或对废料利用，卓有成效者。

七、检举违规或损害公司利益行为者。

八、发现职责外的故障，予以速报或妥善处理防止损害者。

第五十九条 有下列情形之一者，予以表彰：

一、对生产或管理制度提出改进建议，经采纳实施，卓有成效者。

二、遇有灾难，勇于负责，处理得当者。

三、遇有意外或灾害，奋不顾身，不避危难，减少损害者。

四、维护员工安全，冒险执行任务，确有功绩者。

五、维护公司或工厂重大利益，避免重大损失者。

六、有其他重大功绩者。

第六十条 有下列情形之一者，授予特别奖：

一、研究发明，对公司有贡献，并使综合成本降低、利润增加较大者。

二、兢兢业业，不断改进工作，业绩突出者。

三、热情为客户服务，经常得到客户书面表扬，为公司赢得很高信誉，成绩突出者。

四、开发新客户，市场销售成绩显著者。

五、有其他特殊贡献，足为全公司表率者。

第六十一条 员工的惩罚分为以下五种：

一、罚款：由主管或有关部门负责人书面提出，经员工所属部门经理批准后执行。

二、批准：由员工的主管或有关人员书面提出，报部门备案。

三、记过：由员工所属经理书面提出，经主管副总裁审核、批准，报人事部执行，并下达通知，受记过者同时扣发当月奖金。

四、降级：由员工所属部门经理书面提出，经主管副总裁审核批准后报人事部执行。

　　五、除名：由所属部门经理书面提出，经主管副总裁批准后执行。

　　第六十二条　有下列情形之一者，予以罚款或批评：

　　一、工作时间，擅自在公司推销非本公司产品者。职责所需、经批准者不在此限。

　　二、上班时间，躺卧休息，擅离岗位，怠慢工作者。

　　三、因个人过失致发生错误，情节轻微者。

　　四、妨害工作或团体秩序，情节轻微者。

　　五、不服从主管人的合理指导，节轻轻微者。

　　六、不按规定穿着或佩戴规定上班者。

　　七、不能适时完成重大或特殊交办任务者。

　　八、对上级指示或有期限的命令，无故未能如期完成者。

　　九、在工作场所喧哗、吵闹，妨碍他人工作而不听劝告者。

　　十、对同事恶意辱骂或诬陷、做伪证，制造事端者。

　　十一、工作中酗酒以致影响自己和他人工作者。

　　十二、因疏忽导致机器设备物品材料遭受损失或伤及他人，情节较轻者。

　　十三、未经许可携带外人到生产和科研场所参观者。

　　十四、公司另文规定其他应处罚款或批评的行为。

　　第六十三条　有下列情形之一者，予以记过：

　　一、擅离职守，致公司受较大损失者。

　　二、损毁公司财物，造成较大损失者。

　　三、怠慢工作，擅自变更作业方法，使公司蒙受较大损失者。

　　四、一个月内受到批评超过三次者。

　　五、一个月内旷工累计达 2 日者。

　　六、仪器、设备、车辆等及安全性要求较高的工具，未经使用人同意或违反使用制度，擅自操作者。

　　七、道德行为不合社会规范，影响公司声誉者。

　　八、其他重大违反规定者。

　　第六十四条　有下列情形之一者，予以降级：

　　一、未经许可，兼营与本同类业务或有其他兼职者，或在外兼营事务，影响本公司公务者。

　　二、一年中记过两次者。

　　三、散播不利于公司谣言或挑拨公司与员工的感情，实际影响较轻者。

　　四、在工作场所制造私人物件或指使他人制造私人物件者。

　　第六十五条　有下列情形之一者，予以除名：

　　一、对同事暴力威胁、恐吓，影响团体秩序者。

　　二、殴打同仁，或相互斗殴者。

　　三、在公司内赌博者。

　　四、偷窃公司或同事财物经查属实者。

五、无故损毁公司财物，损失重大，或毁、涂改公司重要文件者。

六、在公司服务期间，受刑事处分者。

七、一年中已降级两次者。

八、无故旷职 3 日或全月累计旷职 6 日或一年旷职累计达 12 日者。

九、煽动怠工或罢工者。

十、有严重不良嗜好者。

十一、伪造或盗用公司印章者。

十二、故意泄露公司技术、营业上的机密，致使公司蒙受重大损失者。

十三、营私舞弊，挪用公款，收受贿赂者。

十四、利用公司名义在外招摇撞骗，使公司名誉受损害者。

十五、参加非法组织者。

十六、有不良行为，道德败坏，严重影响公司声誉或在公司内造成严重不良影响者。

十七、其他违反法令、规则或规定情节严重者。

第十四章　福利

第六十六条　试用人员试用期间不享受医疗保险，由其自理。

第六十七条　公司为一般员工办理医疗保险（含治疗费、药品费、手术费、住院费等医疗费用）。

第六十八条　责任人员在责任岗位工作期间除享受上述医疗保险外，还可报销护理费、疗养费和保健费。有重大贡献的特别责任人员必要时可去国外治疗，费用全部由公司承担。

第六十九条　公司负责组织新员工进行体检，费用由公司承担。

第七十条　员工服从公司住房安排者，公司予以一定的住房补贴。

第七十一条　本公司依据有关劳动法的规定，发给员工年终奖金。年终奖金的评定方法及额度由公司根据经营情况确定。

第十五章　资遣

第七十二条　若有下列情形之一，公司可对员工予以资遣：

一、停业或转让时。

二、业务紧缩时。

三、不可抗力暂停工作一个月以上时。

四、业务性质变更，有减少员工的必要，又无适当工作可安置时。

五、员工对所担任的工作确不能胜任，且无法在公司内部调整时。

第七十三条　员工资遣的先后顺序：

一、历年平均考绩较低者。

二、工作效率较低者。

三、在公司服务时间较短，且工作能力较差者。

第七十四条　员工资遣通知日期如下：

一、在公司工作 3 个月以内（含 3 个月）者，随时通知。

二、在公司工作 3 个月以上未满 1 年者，于 10 日前通知。

三、在公司工作 1 年以上未满 3 年者，于 20 日前通知。

四、在公司工作在 3 年以上者，于 30 日前通知。

第七十五条　员工自行辞职或受处罚被除名，不按资遣处理。

第七十六条　员工资遣，按下列规定发给资遣费：

一、在公司工作 3 个月以内（含 3 个月）者，按当月实际工作天数计发工资并发给 300 元。

二、在公司连续工作 3 个月以上未满 1 年者，发给其资遣当月的工资，另发给 500 元路费和 150 元礼品费。

第十六章　辞职

第七十七条　员工因故不能继续工作时，应填写"辞职申请"，经主管报公司批准后，办理手续。并视需要，开具离职证明。

第七十八条　一般员工辞职，需提前一个月提出申请：责任人员辞职，根据密级的不同，需提前 2~6 个月提出辞职申请。

第七十九条　辞职的手续和费用结算，按 ×× 司字〔20××〕36 号、83 号文件和其他公司有关规定办理。

第十七章　生活与娱乐

第八十条　公司向员工提供部分生活和用具，并有组织地开展一些娱乐活动，以满足员工的基本需要。

第八十一条　公司鼓励员工自己解决住房问题，并向新员工提供一定的房租补贴，以减轻员工的实际困难。

第八十二条　员工租用公司住房时，按实际价格缴纳房租、水电费、管理费及其他费用。

第八十三条　公司提供膳食服务，并按实际价格向员工收取餐费。

第八十四条　公司设立生活协调委员会统筹安排和组织员工的文娱活动。各部门也可按生活委员会的安排自行组织员工进行健康的文娱活动，活动经费由生活协调委员会适当补贴。

第八十五条　公司反对员工生活上的腐化，禁止员工参加打麻将之类消磨意志的活动和违反国家法律、法令、法规的活动。

第十八章　安全与卫生

第八十六条　公司各单位应随时注意工作环境安全与卫生设施，以维护员工身体健康。

第八十七条　员工应遵守公司有关安全及卫生各项规定，以保护公司和个人的安全。

第十九章　附则

第八十八条　有关办法的制定：有关本公司员工的国外出差、考核、职位职级晋

升、年终奖发放、荣誉、退休、抚恤、各种津贴给付、派赴港澳以及国外人员管理等，其方法另行制定。

第八十九条　本制度解释权、修改权归公司总裁办。

第九十条　本制度自颁布之日起生效。

全体股东签章：

××××年×月×日

二、企业财务管理制度

（一）企业财务管理制度的定义

财务管理制度是根据国家现行的财务制度和法律规定，结合企业自身为了实现企业在实施经营管理活动中的预期盈利目标，对其所需资金的形成、分配和使用整个财务体系制定的综合性组织管理文书。企业通过财务管理制度的编制，可以有效规范企业内部财务人员和管理人员的行为及素质，使企业的运营效率得到提升，从而使企业利润最大化。

（二）企业财务管理制度的格式和内容

企业财务管理制度由标题、正文和落款三部分组成。

1. 标题

标题由"企业名称+财务管理制度"组成，如"×××公司财务管理制度"。

2. 正文

财务管理制度的正文一般分为总则、分则、附则三部分。总则一般为财务管理制度的第一章节；中间的所有内容统称为分则，分则一般应包括财务机构设置、管理人员职责、资金管理、固定资产管理、成本和费用核算以及报销制度等内容；附则则为制度的最后一章节。

3. 落款

财务管理制度的落款由企业名称和编制日期组成。

（三）企业财务管理制度的写作注意事项

建立良好的财务管理制度对组织来说很重要。在编制企业财务管理制度时，需要注意以下几点：

1）财务管理制度的编制必须符合相关法律法规和会计准则，包括公司法、财务会计制度、税法等。

2）编制公司财务管理制度需要明确编制的目的和意义，以便制定出符合公司实际情况和需要的制度。

3）需要明确制度的适用范围和对象，包括制度的适用部门、适用人员、适用时间等。

4）需要制定详细的制度内容，包括财务管理的基本原则、财务管理的组织架构、财务管理的流程和制度执行的监督和评估等。

5）需要制定详细的制度流程，包括制度的起草、审批、发布、实施和修订等流程，确保制度的有效性和可操作性。

6）需要建立制度监督和评估机制，对制度执行情况进行监督和评估，及时发现和解决问题，确保制度的有效性和可持续性。

例文 7-5

××××公司财务管理制度

第一章　总则

第一条　为加强财务管理，规范财务工作，促进公司经营业务的发展、推动公司资源的优化组合，以提升经济效益为经营目标，以社会责任为担当，依照《中华人民共和国会计法》《企业会计准则》等国家有关财务管理法规制度和公司章程有关规定，结合公司实际情况，特制定本制度，各部门严格执行并遵守。

第二条　公司会计核算遵循权责发生制原则，为其会计账务处理基础。

第三条　财务管理的基本任务和方法：

（一）筹集资金和有效使用资金，监督资金正常运行，维护资金安全，努力提高公司经济效益。

（二）做好财务管理基础工作，建立健全财务管理制度，认真做好财务收支的计划、控制、核算、分析和考核工作。

（三）加强财务核算的管理，以提高会计信息的及时性和准确性。

（四）监督公司财产的购建、保管和使用，配合综合管理部或专职部门定期进行财产清查。

（五）按期编制各类会计报表和财务说明书，做好财务分析、绩效考核工作。

第四条　财务管理是公司经营管理的一个重要环节，公司财务管理中心对财务管理工作负有组织、实施、检查的责任，财会人员要认真执行《会计法》，坚决按财务制度办事，并严守公司秘密。

第二章　财务工作管理

第五条　会计年度自 1 月 1 日起至 12 月 31 日止。

第六条　公司应根据审核无误的原始凭证编制记账凭证。记账凭证的内容必须具备填制凭证的日期、凭证编号、经济业务摘要、会计科目、金额、所附原始凭证张数、填制凭证人员，复核人员、会计主管人员签名或盖章。收款和付款记账凭证还应当由出纳人员签名或盖章。

第七条　做好会计审核工作，经办财会人员应认真审核每项业务的合法性、真实性、手续完整性和资料的准确性。编制会计凭证、报表时应经专人复核；重大事项应由财务负责人复核。

第八条　建立会计档案，包括对会计凭证、会计账簿、会计报表和其他会计资料都应建立档案、妥善保管，按《会计档案管理办法》的规定进行保管和销毁。

第九条　会计人员因工作变动或离职，必须将本人所经管的会计工作全部移交给接替人员。会计人员办理交接手续，必须由监交人负责监交，交接人员及监交人员应

分别在交接清单上签字后，移交人员方可调离或离职。

第三章　资本金和负债管理

第十条　资本金是公司经营的核心资本，必须加强资本金管理。公司筹集的资本金必须聘请中国注册会计师验资，根据验资报告向投资者开具出资证明，并据此入账。

第十一条　经公司董事会提议，股东大会批准，可以按章程规定增加资本。财务部门应及时调整实收资本。

第十二条　公司股东之间可相互转让其全部或部分出资，股东应按公司章程规定，向股东以外的人转让出资和购买其他股东转让的出资。财务部门应据实调整。

第十三条　公司以负债形式筹集资金，须努力降低筹资成本，同时应按月计提利息支出，并计入成本。

第十四条　加强应付账款和其他应付款的管理，及时核对余额，保证负债的真实性和准确性。凡一年以上应付而未付的款项应查找原因，对确实无法付出的应付款项报公司总经理批准后处理。

第十五条　公司对外担保业务，按公司规定的审批程序报批后，由财务管理中心登记后才能正式对外签发。财务管理中心据此纳入公司或有负债管理，在担保期满后及时督促有关业务部门撤销担保。

第四章　固定资产的管理

第十六条　有下列情况之一的资产应纳入固定资产进行核算：①使用期限在一年以上的房屋、建筑物、机器、机械、运输工具和其他与经营有关的设备器具、工具等；②不属于经营主要设备的物品，单位价值在 2000 元以上，并且使用期限超过 2 年的。

第十七条　固定资产要做到有账、有卡，账实相符。财务部负责固定资产的价值核算与管理，综合管理部负责实物的记录、保管和卡片登记工作，财务部应建立固定资产明细账。

第十八条　固定资产的购置和调入均按实际成本入账，固定资产折旧采用直线法分类计提，分类折旧年限为：

（一）房屋、建筑物为 20 年。

（二）与生产经营活动有关的器具、工具、家具等为 4 年。

（三）电子设备为 4 年。

第十九条　已经提足折旧、继续使用的固定资产不再提取折旧，提前报废的固定资产，不再补提折旧。当月增加的固定资产，当月不提折旧；当月减少的固定资产，当月照提折旧。残值率一般确定在原值的 3% 以内。

第二十条　对固定资产和其他资产要进行定期盘点，每年年末由综合管理部负责盘点一次，盘点中发现短缺或盈余，应及时查明原因、明确责任，并编制盘盈盘亏表，报财务部审核后，总经理审批后，进行账务处理。

第五章　成本和费用管理

第二十一条　公司在业务经营活动中发生的与业务有关的支出，按规定计入成本费用。成本费用是管理公司经济效益的重要内容。控制好成本费用，对堵塞管理漏洞、提高公司经济效益具有重要作用。

第二十二条　成本费用开支范围包括利息支出、营业费用/管理费用/销售费用、其他营业支出等。

（一）利息支出：支付以负债形式筹集的资金成本支出。

（二）营业费用，包括职工工资、职工福利费、医药费、职工教育经费、工会经费、住房公积金、保险费、固定资产折旧费、摊销费、修理费、管理费、通讯费、交通费、招待费、差旅费、车辆使用费、报刊费、会议费、办公费、劳务费、董事会费、奖励费、各种准备金等其他费用。

（三）固定资产折旧费：公司根据固定资产原值和国家规定的固定资产分类折旧率计算摊销的费用。

（四）摊销费：递延资产、其他资产等的摊销费用，分摊期不短于5年。

（五）各种准备金，包括投资风险准备金和坏账准备金。投资风险准备金按年末长期投资余额的1%实行差额提取，坏账准备金按年末应收账款余额的1%提取，视公司具体情况而定。

（六）管理费用，包括差旅费、招待费、水电费、通信费、税金、工资等其他费用。

第二十三条　职工福利费按工资总额的14%计提，工会经费按工资总额的2%计提，教育经费按工资总额3%计提。

第二十四条　加强对费用的总额控制，严格制定各项费用的开支标准和审批许可权。财务人员应认真审核有关支出凭证，未经领导签字或审批手续不全的，不予报销，对违反有关制度规定的行为应及时向领导反映。

第二十五条　公司各项成本费用由财务管理中心负责管理和核算，费用支出的管理实行预算控制，财务管理中心要定期进行成本费用检查、分析、制定降低成本的措施。

第六章　附则

第二十六条　有关办法的制定：财务负责人工作责任制度、借款和报销制度、出纳相关制度等其他有待补充完善的财务管理制度另行制定。

第二十七条　本制度由公司财务部负责解释。

第二十八条　本制度自颁发之日起生效。

×××公司

20××年××月××日

（资料来源：根据 https：//www.diyifanwen.com/fanwen/ 整理编写）

三、企业人力资源管理制度

（一）企业人力资源管理制度的定义

企业人力资源管理制度是为了规范企业的人力资源管理活动，确保企业的人力资源得到有效开发、利用和管理而制定的一系列规章制度。这些制度既是企业得以运行的物质载体，又是企业人力资源管理具体操作的有力保障。企业的人力资源管理制度可以使企业的员工在工作和个人行为上得以规范，使企业的人力、物力和财力达到最优配置。

（二）企业人力资源管理制度的格式和内容

企业人力资源管理制度一般包括标题、正文和落款三部分。

1. 标题

标题由"企业名称＋人力资源管理制度"组成，如"×××公司人力资源管理制度"。

2. 正文

企业人力资源管理制度正文写作方式采用的是章节条款：第一章为总则；中间内容为分则；最后一章为附则。分则包括录用、工作守则、待遇、休（请）假、奖惩、考核、加班、出差、培训等内容。

3. 落款

企业人力资源制度落款一般由企业名称和编制日期构成。

（三）企业人力资源管理制度的写作注意事项

编制企业人力资源管理制度是组织建设和人力资源管理的重要环节，需要注意以下几点：

1）人力资源管理制度的编制必须符合国家相关法律法规和政策，包括劳动法、社会保险法等。

2）制度应与企业的目标、愿景和价值相契合，能够满足企业对人力资源管理的具体需求。要根据企业的特点和发展阶段，量身定制制度内容和流程。

3）制度要求在招聘、晋升、激励、培训等方面实现公平、公正和透明，明确员工权益保障，避免私人化决策和歧视行为的发生。

4）制度应明确各级管理人员和员工的责任和权力范围，确保决策的规范化和权责的清晰化。同时，制度还要解释上下级之间的关系和沟通渠道。

5）制度应包括完整的人力资源管理流程和具体操作程序。例如，招聘、入职、绩效评估、薪酬福利等方面的具体流程要清晰明确，使员工可以依据制度规定进行操作。

6）人力资源管理制度是动态的，需要根据组织变化和法律法规的更新进行定期审查和修订，确保与时俱进。

例文 7-6

××公司人力资源管理制度

第一章　总则

第一条　为规范公司的人力资源管理，优化人力资源结构，体现公司人性化管理理念，实现管理的规范化、标准化、制度化、程序化，根据公司实际情况制定本规定。

第二条　本公司自董事长以下各级工作人员均为本公司员工，分为正式员工和试用员工。

第三条 本公司员工的聘用、职务任免、人事变动、出差、离职、考勤、绩效考核、奖惩、薪资、福利待遇、员工培训、人事档案管理及其他有关人力资源管理事项，除国家有关规定外，均按本制度办理。

第四条 本公司员工均应遵守各项规章制度。

第二章 聘用

第五条 各部门根据工作需要，每年第四季度上报次年度人员需求计划。人力资源部汇总编制公司下一年度需求计划，报总裁审批。

第六条 本公司员工的聘用包括招聘、录用、报到和试用四个环节。

第七条 本公司员工招聘坚持统一管理、分级负责的原则，公平竞争、择优录用。

第八条 本公司聘用员工参照应聘人员既往工作表现，遵循学识、品德、能力、经验、体能适合职务或工作的原则。

第九条 对员工的聘用，根据业务需要，各部门至少提前一周向公司人力资源部提交人员需求表，列明所需人员条件以及聘用期限，经部门经理签字批准，人力资源部进行综合平衡后，报董事长审批后自行实施。

第十条 招聘计划经董事长批准后，由人力资源部门完成招聘人员的笔试、初试工作、填写招聘表，经初步筛选，再协助用人部门经理、负责人进行复试，后进行招聘总结，根据面试综合评分，报用人部门经理审验后报董事长批准，由人力资源部通知录用部门及录用人员。

第十一条 新进人员的试用期依据签订劳动合同年限约定试用期限，试用期满转正需经过考核。依据考核结果给出试用者是否符合公司要求，合格者录用为公司正式员工，不合格者予以办理辞退手续，表现优秀者可经部门同意，报分管领导，经总经理批准后提前转正。用人部门须填新员工试用期鉴定表，录用员需填写转正申请表，经批准后方可转正。

第十二条 新进人员于试用期间应遵守本公司一切规章制度，品行和能力欠佳的、不适合本职工作的，公司有权依据考核结果给予辞退。

第十三条 新入职员工薪资依据试用期标准支付，试用期间工资金额为转正后薪资的80%。

第十四条 新入职员工在试用期间经考核不合格停止试用的，其薪酬按公司与试用员工的试用期合同执行。

第三章 职务任免

第十五条 本公司员工必须具备以下资格，才能担任相关职务：

1. 公司高级管理人员，应具备大学本科及以上学历，熟悉业务，具有多年实际工作经验、品德良好、能力突出、业绩优异的不受此限。

2. 部门经理及部门经理以上人员，应具备大专及以上学历，熟悉业务，具有多年实际工作经验，工作表现和业绩优异的不受此限。

3. 中级以下人员，除司机、保安外，均须具备中专及以上学历，其自身条件符合

所任职务、所在岗位的要求。

第十六条　公司财务总监、总经理助理、副总经理等高层管理者，以及各职能部门经理，由董事长直接聘任。各职能部门副经理以下人员，由分管部门根据用人计划要求及结合实际业务开展需要，报董事长批准，由人力资源备案。

第十七条　公司员工职务任免经核定，由人力资源部以文件形式发文通知各职能部门。

第四章　离职

第十八条　员工离职包括辞退、开除、辞职、退休等情况。

第十九条　公司对违纪员工，经劝告、教育、训诫而不改者，有辞退的权利。对于工作中的失误，部门可视情节严重程度依据《员工手册》相关规定给予处分。

第二十条　公司对以下行为之一者，给予辞退：

1. 一年记过 3 次的。

2. 连续旷工 3 日的。

3. 工作疏忽、贻误重大事项，致使公司蒙受重大损失的。

4. 品德不端、行为不检，屡次教育仍然不改的。

5. 擅自在其他公司工作或在外兼职者。

6. 员工在试用期内经考核不合格者。

7. 其他原因。

第二十一条　公司按相关规定辞退员工时，应提前通知被辞退人员，由其直属领导向员工出具离职表，按规定办理手续。

第二十二条　公司员工因个人提出辞职的，应首先向主管领导申请，经批准后，出具书面辞职申请书，向人力资源申请离职表，由直接主管领导签发意见，经部门经理审核同意、董事长署名后，由人力资源部门等相关部门办理交接手续，并在 2 个工作日内办完手续。

第二十三条　公司员工无论以任何理由提出辞职申请，必须提前 30 日提出，以便工作顺利交接。

第五章　考勤

第二十四条　公司考勤依照公司考勤管理制度执行。

第六章　福利待遇

第二十五条　为了保障公司员工享受国家法定福利、激发员工的工作积极性和主动性，为员工提供良好的节假日福利，特制定员工福利管理制度。

第二十六条　本着公平、公开的原则，所有正式员工均可享受公司的各项福利。

第二十七条　公司按照国家相关法律规定，为公司员工提供法定节假日带薪假期。

第二十八条　公司女职工在妇女节（3 月 8 日）当天可休假半天。

第二十九条　公司在传统节日向每位员工发放价值不等的实物，如粽子、月饼等。

第三十条 公司根据国家规定，为所有正式员工按时足额缴纳社会养老保险和医疗保险。

第三十一条 公司每年为所有正式员工安排一次体检活动。

第七章 员工培训

第三十二条 公司员工培训根据培训管理制度及培训流程严格执行。

第八章 人事档案管理制度

第三十三条 公司人事档案管理归公司人力资源部负责。

第三十四条 人力资源部负责公司所有员工人事档案的立卷、归档、补充、借阅、管理等事项。

第三十五条 员工借阅人事档案须向人力资源部领取人事档案借阅申请表，经填写，人力资源部经理签字批准后方可借阅。

第九章 附则

第三十六条 有关办法的制定：有关本公司员工年终奖的发放、荣誉、退休各种津贴给付等，其方法另行制定。

第三十七条 本制度最终解释权、修改权归公司总经理办公室。

第三十八条 本制度自颁发之日起生效。

×××公司

20××年××月××日

（资料来源：根据瑞文网相关资料整理）

第三节
商务函

C 公司是一家商贸公司，一年前和甲生产企业合作的过程中发现，甲公司设计制造的产品质量可靠、性价比高。近期甲公司拓展了产品线，新产品有特色、符合新兴市场需求。C 公司根据业务规划，近期拟定了一份订购函，欲订购 165 万元货物，争取在第一时间将产品推向市场、抢占市场。

商务函一般是指企业在商务活动中，为了沟通往来业务，信息以及处理相关问题而使用的商务文书。商务信函在日常工作中的使用范围广泛，也是商务活动中不可或缺的一部分。写好商务信函不仅对商务活动的开展起到有利作用，还能够为企业树立良好的企业形象和提升品牌的知名度。

商务函按照不同的种类可以划分为不同的类型。一般日常使用的商务函按照内容可分为四大类：建立商务关系函、交易磋商函、争议索赔函、事项告知函，具体有商务邀请函、询价函、报价函、订购函、索赔函、理赔函等。

一、商务邀请函

（一）商务邀请函的定义

商务邀请函在企业贸易中一般是指单位、团体邀请相关人员参加某些大型活动、出席相关会议时发出的礼仪性书信。在使用中它不仅能够表示礼貌庄重，还能够起到入场凭证的作用。

（二）商务邀请函的格式

商务邀请函一般由标题、正文和落款三部分组成。

1. 标题

商务邀请函的标题通常是全要素标题，包括发文单位、事由及文种，也可为省略式标题。

2. 正文

正文是商务邀请函的主要部分，主要强调就事论事，通常由两部分组成：第一部分用于陈述整个事情；第二部分则是表明发函者的要求和希望。

3. 落款

落款由送函单位或者个人和日期构成，位于正文下一行的右下方，落款为单位的还应该加盖公章。

（三）商务邀请函的基本内容

1）受邀单位或个人的基本信息，主要包括全名、任职的公司和职务等信息。
2）商务邀请的总体目的，如参加会议、出席活动、洽谈业务等信息。
3）写明会议或者活动的整体议程，如会议开始时间、具体地点、持续时间等信息。
4）邀请人的基本信息，主要包括邀请方的正式名称、联系方式、发信人姓名、职位等。

例文 7-7

邀请函

尊敬的×××公司领导：

　　您好！感谢您一直以来对我公司的关注和支持，使我公司业务能够快速发展。现由于工作需要我公司诚挚地邀请您及相关工作人员于20××年××月××日到我公司参观考察，以促进双方的合作事宜。望您能在百忙之中抽出时间给予指导。我公司全体员工欢迎您的到来。

　　我方联系人：××× 电话：×××××××××××
　　请贵方予以确认并回复。

×××（单位负责人）
×××公司
20××年××月××日

二、询价函

（一）询价函的定义

询价函是买方向卖方就某项商品交易条件提出询问的信函。询价函的主要内容包括询价的目的，询价的产品或服务，产品或服务的规格、数量、交货时间、付款方式和联系方式等。询价函的主要特点是形式正式、语言简练、内容清晰明了，在商业活动中是一种常见的询价方式。询价的目的是请对方报出商品价格，询价对交易双方都没有法律上的约束力。

（二）询价函的格式和内容

询价函一般由标题、称谓、正文及落款四部分组成。

1. 标题

标题可以简要地写"询价函"三个字，也可用"公司名称＋询价函"或"采购项目名称＋询价函"。

2. 称谓

称谓位于标题下一行，顶格写收函公司名称或者个人姓名。

3. 正文

正文需要写清楚询问的主要商品及该商品的价格等关于商品的详细信息。

4. 落款

位于正文右下方，标明发函公司的具体名称及发函日期。

例文 7-8

询价函

××公司：

　　我方对贵公司生产的智能门锁有浓厚的兴趣，拟采购飞斧4号智能锁，特向贵公司发询价函，望尽快就下列条件报价：

　　单价；

　　交货日期；

　　结算方式；

　　质量保证方式。

　　如贵公司价格合理，且能给予优惠，我公司将考虑大量采购。

××有限公司
20××年××月××日

三、报价函

（一）报价函的定义

报价函是商务活动中卖方在接到客户询价函后，向客户发出有关商品交易条件所回复的

新编商务应用文写作

信函。对于卖方来讲，一封简单的报价函可能预示着一次销售的好机会，所以在回复报价函时一定要准确及时。

（二）报价函的格式和内容

报价函一般由标题、称谓、正文、落款组成。

1. 标题

标题居中，写"报价函"三个字即可，也可写上公司或项目名称。

2. 称谓

标题下一行顶格写询价公司（收函人）的名称。

3. 正文

正文就询价的内容做出回复：首先应该表明询价函已经收到；然后依据询价函提出的问题，对某个商品在商品简介、价格、结算方式、交货日期、质量保证、优惠政策等内容上一一做出回复；最后在正文结尾处礼貌地写上"欢迎再询""静候佳音"等关切的话。

4. 落款

在正文右下方写发函公司的名称和回函日期。

例文 7-9

报价函

×× 有限公司：

贵公司 ×× 月 ×× 日询价函已经收到。遵照贵公司要求就本公司的产品报价详述如下：

产品信息：飞斧 4 号智能锁，锁芯级别 c 级；解锁方式：人脸识别、指纹、密码、磁卡、钥匙、远程开锁、小程序；指纹头：FPC 半导指纹头。

单价：1400 元 / 个。

交货日期：合同签订后 10 个工作日以后。

结算方式：转账支票，生产前支付 30%，发货前支付 30%，到货验收无误后支付 40%。

质量保证：严格按照产品规格型号交货。

优惠价格：订购 10 个以上，可享 9 折优惠。

如果贵公司认为我司的报价符合贵公司的要求，请早日联系。静候佳音！

×× 公司

20×× 年 ×× 月 ×× 日

四、订购函

（一）订购函的定义

订购函是买方按照与卖方商量好的条件向卖方发起订购所需货物时所用的一种信函。订

262

购函一般包含商品型号、价格、数量、交货地点和日期等相关内容。

（二）订购函的格式和内容

订购函一般由标题、称谓、正文、落款四部分组成。

1. 标题

标题居中，直接写"订购函"。

2. 称谓

标题下一行，顶格写接收函公司（收函人）的名称。

3. 正文

称谓下一行，首行缩进2个字。首先写报价函已知悉事宜，然后写订购商品的具体内容，一般包括商品的名称、型号、数量、价格、结算方式、交货日期、交货地点等。

4. 落款

正文右下方写发函公司名称和发函日期。

例文 7-10

订购函

××公司：

　　贵公司××月××日的报价函已知悉。贵公司报价较合理，特订购货物：飞斧4号智能锁20个，单价1400元总计28000元，按9折优惠后价格共计25200元。

　　交货日期：××××年××月××日之前。

　　交货地点：我公司资产管理部。

　　结算方式：转账支票。

　　烦请准时运送货物，我公司接到贵公司装运函后，将立即开具转账支票。

　　请予以办理为盼。

××有限公司

20××年××月××日

五、索赔函

（一）索赔函的定义

索赔函是指合同中一方以另一方未履行合同义务、产品或服务存在缺陷，或因其他原因导致经济损失或精神损失为理由，向另一方要求赔偿的书面信函。

（二）索赔函的格式和内容

索赔函一般由标题、称谓、正文、附件、落款五个部分组成。

1. 标题

标题居中直接书写"索赔函",也可在前加上索赔事由。

2. 称谓

标题下一行,顶格书写接收信函的公司名称。

3. 正文

正文一般包括引起争议的合同及原因,索赔的理由、依据和具体要求等内容。

4. 附件

附件列出支持索赔要求证据材料,如合同副本、测试报告、来往函电、产品缺陷的照片等。

5. 落款

此部分写明发函公司名称和发函日期。

例文 7-11

索赔函

××有限公司:

我公司于××月××日向贵公司下达订单(订单编号:×××××××),订购了20个飞斧4号智能锁。不幸的是,我们在验收时发现锁与订货样品不符。根据购货协议,我们对此没有任何责任。我公司此次订购的智能锁的品质、价格要高于到货的物品,因此希望贵公司在收到此函后能迅速处理,并按照购货协议赔偿由此而出现的经济损失1000元。请在收到此函后的××日内回复,并提供具体的解决方案。

我们重视与贵公司的合作关系,并希望此次事件能够得到妥善处理。

敬请合作,并此致敬礼!

××公司
20××年××月××日

六、理赔函

(一)理赔函的定义

理赔函是商务活动中针对合同纠纷发生后,违约的一方接受遭受损失的一方的赔偿意愿和要求的处理信函。

(二)理赔函的格式和内容

理赔函一般由标题、称谓、正文、落款四部分组成。

1. 标题

标题直接居中,简要地写"理赔函"三字。

2. 称谓

称谓位于标题下一行，顶格写接收信函公司（个人）的名称。

3. 正文

正文一般需要明确来函方的意愿和要求，表明自身的态度，然后针对对方提出的要求给出相应的处理意见。

4. 落款

正文右下方写发信函的公司名称和发函日期。

（三）理赔函的写作注意事项

在书写理赔函前，先认真地读取遭受损失一方发来的索赔函，判断信函里提及的索赔理由是否充分成立，索赔证据是否有效，索赔的金额是否合理等内容，然后根据内容进行理赔的回复。

例文 7-12

理赔函

××有限公司：

　　贵公司××月××日来函及货样已知悉，十分感激。信函中提到我公司发出的飞斧 4 号智能，锁与订货样品不符一事，我公司立即进行了调查，发现是装箱时误将部分飞斧 3 号智能锁进行了装箱发货。这确实是我公司的疏忽，对给贵公司带来的困扰和不便，我公司深表歉意。对于此次的工作疏忽，我公司愿意接受贵公司提出的要求，承担由此给贵公司造成的一切经济损失（总计人民币 1000 元）。

　　我公司保证在以后的合作中不再出现类似的失误。

　　特此函复，谢谢！

××公司
20××年××月××日

第四节
审计报告

H 公司收到审计机关发来的一份完整的经济责任审计报告。审计报告中根据审计证据得出了审计结论，并详细指出该公司在财务及管理方面存在的问题。该公司召开专题会议讨论如何落实整改，并写出细节整改方案。针对存在的问题，主要从以下几方面给出对策：

1）提高政治站位、加强组织领导。

2）聚焦重点问题，切实推进整改工作（指出每个细节问题如何整改）。

3）下一步工作规划。

一、审计报告的定义和特点

（一）审计报告的定义

审计是指由专设机关依照法律对国家各级政府及金融机构、企事业单位的重大项目和财务收支进行事前和事后审查的独立性经济监督活动。

审计报告是指具体承办审计事项的人员或者审计组织根据国家相关审计准则要求，在实施审计工作的基础上对被审计单位财务报表、经济收支情况或者对单位领导、公司领导、相关负责人等有关经营者离任经济责任进行相关审察，就审计过程中发现的问题给出审查情况、结果、处理意见及建议的书面文件。审计报告是整个审计工作结果的最终呈现，具有法定的证明效力。

（二）审计报告的特点

审计报告的特点包括政策性、总结性、公正性和权威性，这些特点共同构成了审计报告的重要性和价值。

（1）政策性　审计报告具有政策性特点，因为它必须符合国家和地方政府的法律法规、会计准则和审计准则。此外，审计报告还需要反映政府对经济活动的监管要求，为政府制定政策和决策提供参考。

（2）总结性　审计报告是对审计工作的全面总结，它概括了审计师对被审计单位财务报表和相关内部控制制度的审查过程和结果。通过审计报告，读者可以了解审计师对被审计单位财务状况、经营成果和内部控制等方面的评价，以及审计师提出的建议和意见。

（3）公正性　审计报告具有一定的公证性质。在编制报告时，需要遵循独立、客观、公正的原则，确保报告的真实性和准确性。审计报告是对被审计单位财务报表和相关内部控制制度的独立审查结果，它不受被审计单位或其他利益相关者的干扰和影响。

（4）权威性　审计报告具有一定的权威性。一方面，审计报告的质量和内容直接反映了注册会计师的专业水平和职业道德；另一方面，审计报告的编制过程受到严格的规范和监管，因此它被视为一种权威性的文件，对投资者、债权人和其他利益相关者具有重要的参考价值。

二、审计报告的种类

审计报告按照不同的标准可以划分为不同的类型：①按照审计的工作范围和性质，可以分为标准审计报告和非标准审计报告；②按照审计报告的格式，可以分为文字说明式审计报告与表格式审计报告；③按照审计报告的详略程度，可以分为详式审计报告和简式审计报告；④按照意见的不同类型，可以分为无保留意见审计报告、保留意见审计报告、否定意见审计报告以及拒绝表示意见审计报告；⑤按照审计报告的使用目的，可以分为公布目的审计报告和非公布目的审计报告。

三、审计报告的格式和内容

审计报告一般分为两个部分，分别是文字说明和附件。其中，文字说明是审计报告的主要部分，记载了需要说明的全部事项。根据《独立审计具体准则第 7 号——审计报告》的规定，企业的审计报告应当包括下列要素：标题、收件人、引言、管理层对财务报表的责任、注册会计师的责任、审计意见、落款、附件 8 个部分的内容。

（1）标题 标题常用"审计报告"四个字居中书写。"审计报告"四字下方还应注明具体的审计公司出具报告的文号，如"川金审字〔 〕〔20××〕×× 号"。

（2）收件人 收件人通常是该项审计业务的委托人，用公司全称并顶格写于标题下一行。

（3）引言 强调被审计单位的相关财务报表已经经过审计。

（4）管理层对财务报表的责任 按照适用的会计准则和相关会计制度的规定编制报表。

（5）注册会计师的责任 根据相关报表进行审计；在审计过程中实施的主要审计程序和发表审计意见。

（6）审计意见 应说明被审计单位的财务报表是否按照《企业会计准则》的规定进行编制；财务报表是否能够公允地反映被审计单位的财务状况、经营成果、现金流量等；会计处理方法是否按照一贯性原则进行选用。具体内容根据实际审计的内容差异较大，一般出具标准审计报告，也有非标准审计报告。

（7）落款 落款通常由会计师事务所签章和签发日期组成。会计师事务所的签章包含注册会计师的签名和盖章、会计师事务所的公章和会计师事务所的地址三部分；填写签发日期要确保审计程序已经完成。

（8）附件 附件由被审计单位送审的财务报表以及财务报表附注组成，提供对审计过程和结果的详细支持和补充信息，一般情况不可省略。

四、审计报告的写作注意事项

（1）以事实为依据 审计报告是政策性很强的文件，撰写时必须坚持原则、实事求是、客观公正地对被审计事项进行定性，提出处理意见。审计报告的内容要真实严肃，经得起实践的考验。

（2）遵守法律法规 审计报告的撰写必须遵守相关法律法规和行业规范，不能违反法律法规的规定。

（3）语言准确简练 审计报告应使用准确、简练的语言，避免使用模棱两可或有歧义的词句，应使读者能够理解和准确解读报告内容。

（4）证据确凿充分 审计报告向使用者传递信息，提供其决策的依据，因此，审计报告所列的事实或材料必须确凿、充分。这也是发挥审计报告作用的关键所在。

（5）重点突出 对审计发现中的重要问题和异常，应给予足够的重视和强调，突出其对财务报表真实性和可靠性的影响，并提供必要的背景信息。

例文 7-13

审计报告

×× 审计局：

×× 公司：

我们审计了后附的四川 ×× 高速公路建设开发有限公司（以下简称 ×× 公司）

财务报表，包括 20××年 12月 31日的资产负债表，20××年度利润表、现金流量表和所有者权益变动表，20××年 12月 31日的资产减值准备情况表，以及财务报表附注。

一、管理层对财务报表的责任

编制和公允列报财务报表是××公司管理层的责任。这种责任包括：①按照《企业会计准则》的规定编制财务报表，并使其实现公允反映；②设计、执行和维护必要的内部控制，以使财务报表不存在由于舞弊或错误导致的重大错报。

二、注册会计师的责任

我们的责任是在执行审计工作的基础上对财务报表发表审计意见。我们按照中国注册会计师审计准则的规定执行了审计工作。中国注册会计师审计准则要求我们遵守中国注册会计师职业道德守则，计划和执行审计工作，以对财务报表是否不存在重大错报获取合理保证。

审计工作涉及实施审计程序，以获取有关财务报表金额和披露的审计证据。选择的审计程序取决于注册会计师的判断，包括对由于舞弊或错误导致的财务报表重大错报风险的评估。在进行风险评估时，注册会计师考虑与财务报表编制和公允列报相关的内部控制，以设计恰当的审计程序，但目的并非对内部控制的有效性发表意见。审计工作还包括评价管理层选用会计政策的恰当性和做出会计估计的合理性，以及评价财务报表的总体列报。

我们相信，我们获取的审计证据是充分、适当的，为发表审计意见提供了基础。

三、审计意见

我们认为，上述财务报表在所有重大方面按照企业会计准则的规定编制，公允反映了四川××高速公路建设开发有限公司 20××年 12月 31日的财务状况以及20××年度的经营成果和现金流量。

××会计师事务所　　　　　　　　　　　中国注册会计师：A 签章
有限责任公司

　　　　　　　　　　　　　　　　　　　中国注册会计师：B 签章

中国·成都　　　　　　　　　　　　　20××年××月××日

本章小结

组织管理沟通文书是指在组织内部或组织之间，为了协调、管理、执行等目的而撰写的典型文书。其中企业运营相关制度是建立企业相关制度，列出企业和员工相关职责并规范员工相关行为的一系列内部规范性文书。在企业组织管理制度上，不同部门的人员需要按照企业相关规章制度要求安排工作，企业也应该按照相关制度管理员工行为。在日新月异的现代社会中，人们在接触到公司章程等相关公司规章制度的地方越来越多。这类规范性文书以文字的形式全面地体现了企业管理规范化，在管理和沟通上都有着比较重要的作用。

本章首先概述了公司章程以及相关的组织简介的内容和格式，并在后面通过公司的其他内部制度展开解读，如财务制度、人力资源管理制度等相关的组织管理制度。本章需重点掌握公司章程、财务管理制度、人力资源管理制度的基本框架及拓展写作运用。

学生在本章内容的引领下，可以自行了解《中华人民共和国公司法》，或者多关注各类公司章程、行政管理制度、财务管理制度和人力资源管理制度等其他相关的完整的公司管理规章制度。

综合训练

一、客观题（由任课教师提供）

二、主观题

1. 简答题

（1）简述撰写企业章程的注意事项。

（2）简述审计报告的种类。

（3）企业内部管理制度包含哪些？

（4）简述撰写企业简介的注意事项。

（5）企业人力资源管理制度主要起到什么作用？

（6）常用的商务函有哪些？

2. 文本诊断题

关于订购"喜丽牌"真丝女衬衫的复函

甲公司：

你们 ×× 月 ×× 日的来信我们刚刚收到，从信中我们了解到你们想购买我公司"喜丽牌"真丝绣花女衬衫一事。我公司生产的"喜丽牌"真丝绣花女衬衫，质量上乘，款式高雅，犹如盛开的牡丹风靡世界，博得各国客商的青睐。在此，万分感谢你们对我公司产品的好感。

由于今年的订单已超出生产能力，所以一律不接受新的订单，请你们不要误解。凭着我们双方之间良好的贸易关系，你们不必担心，一等到有货，我们一定会首先通知你们的。

乙公司
20×× 年 ×× 月 ×× 日

---

3. 应用写作题

（1）结合企业简介的格式和内容要求，任选自己熟悉的企业类型和经营方向拟定一个公司名，并撰写对应的企业简介。

（2）A学校去年从M公司购得一批CCY-123型号的打印机，使用体验整体较好，但最近出现了一些故障，如打印纸张走歪现象、打印模糊或者没有打印痕迹等。由于已过保修期，A学校想知道故障原因，特地发出一份询问函给M公司。请代A学校后勤采购部写一份询问函。

（3）选择某一行业，搜集行业中三个企业的管理章程制度。仔细对比分析三份公司章程，列表理出其异同和优缺点，并归纳出一份公司章程的参考模板。

（4）甲公司会计记录显示，20××年度甲公司以现金支付的普通原料采购额为5000万元，普通材料期末余额为200万元。假定20××年1月1日甲公司管理层更换后，管理混乱，缺乏可以信赖的现金支出内部控制，并且没有保留以现金采购的普通原材料的采购单据。审计项目组成员无法实施替代审计程序，确定营业成本、存货、所得税费及应交税费等诸多财务报表项目的真实金额。根据前述材料写一份审计报告。

第八章
商务纠纷法律文书

> 法者天下之仪也，所以决疑而明是非也，百姓所县命也。
>
> ——《管子·禁藏》

> 人能胜乎天者，法也。法大行，则是为公是，非为公非。天下之人，蹈道必赏，违之必罚。
>
> ——唐代文学家和哲学家　刘禹锡

任务导入

　　A 公司是一家保洁公司，B 公司为一家实业公司。A 公司与 B 公司于 2025 年 5 月 20 日签订合同，就 B 公司委托 A 公司对其公司某电器市场的卫生保洁事宜达成了合作共识。合同约定：①甲方每月付给乙方保洁费 20000 元，一年共 24 万元；②合同有效期为一年，从 2025 年 6 月 1 日至 2026 年 5 月 31 日止；③每月 10 日前付款，如甲方违约或延期支付，甲方须另支付未付保洁费的 30％作为违约金。

　　在合同执行过程中，B 公司无故拖欠 A 公司保洁费 72000 元（其中 2025 年 9、10 月两个月各拖欠 10000 元，11 月拖欠 12000 元，12 月拖欠 20000 元，2026 年 1 月拖欠 20000 元）。自 2026 年 1 月起，A 公司多次要求 B 公司支付拖欠的保洁费，但未有结果。后经协商，双方同意 A 公司于 2026 年 2 月 1 日从该电器市场撤出保洁人员，终止保洁合同。终止合同后，B 公司仍未支付拖欠的保洁费。

　　上述场景中，A 公司能通过哪些途径维护自己的合法权益？
　　如需诉讼类法律纠纷类文书，请尝试撰写。

内容认知

　　随着社会的进步、市场经济的发展、公众法制观念的增强，当人们在社会经济生活和商务往来中遇到纠纷，而又不能通过协商、调解等方式解决时，就要用到相关法律文书。了解这些法律文书的特点、作用，掌握其写作格式、要求和方法是十分必要的。

知识模块八	能力维度	重难点
商务纠纷诉状概述	了解	
商务纠纷起诉状	掌握与写作	
商务纠纷答辩状	掌握与写作	重点：商务纠纷起诉状与答辩状 难点：商务纠纷答辩状的撰写与应用
商务纠纷上诉状	理解与掌握	
商务纠纷申诉状	理解与掌握	

综合素养提升：政策分析能力、逻辑思维能力、构思布局能力、跨学科思考能力、锤炼文字能力

☑ **主修模块**

☑ **辅修模块**

第一节
商务纠纷诉状概述

一、商务纠纷诉状的定义

商业活动是复杂并不断变化的。现代市场经济的持续发展和法制的逐步健全，给各类商业、经济活动的开展提供了有利的机会，同时，随着商业活动的开展，经济纠纷也越来越多。如何在发生纠纷后通过法律途径维护自身合法权益，已成为很多经济组织和个人非常关注的问题。在通过协商、调解和仲裁都无法解决争端时，人们往往会选择更有权威性的诉讼来解决问题，以维护自身的合法权益。

依照法律规定，刑事诉讼、民事诉讼和行政诉讼都必须以法律文书的形式加以记载和确认。所以，法律文书是由法律规定产生的，是进行诉讼相关活动的工具和手段。

广义的法律文书是国家司法机关、诉讼当事人和诉讼参与人，在解决诉讼和非诉讼案件过程中制作的具有法律意义或法律效力的各种文书。诉讼文书又称为诉状，是指案件当事人或公民为保护和实现自身的合法权益，依照法定程序进行诉讼活动所制成的文字材料。

本书将商务纠纷诉状定义为在法人之间、法人与公民之间发生关于商务经济权益方面的争议时，公民和法人等依据法律规定向人民法院提起诉讼或应诉的相关文书。本章选取民事诉讼中涉及商务纠纷的文书进行解读，主要包括商务纠纷起诉状、答辩状、上诉状、申诉状。

根据我国《民事诉讼法》和最高人民法院《民事诉讼文书样式》相关规定，诉状的基本内容包括标题、诉讼当事人事项、诉讼请求、事实和理由、附项。不同类型诉状的写作细节略有差别。

二、商务纠纷诉状的特点

商务纠纷诉状的作用是为了处理商务纠纷，让商务经济活动的运行更高效、更符合法律规定和社会运行的法则，确保商务运营活动的秩序和方向。一般而言，商务纠纷诉状应具有以下特点：

（1）格式的规范性　商务纠纷诉状有规范的写作范式，包括首部、正文和尾部。首部是对诉讼相关主体的基本情况介绍；正文是对事件和纠纷细节的说明与阐释；尾部包括署名、日期、印章、附件等。

（2）制作的合法性　诉状的诞生与法律规定和程序有密切的联系，在制作上有严格的规定，所有诉状必须依法制作。选用哪一类型的诉讼文书，也必须有法律依据，并且严格按照规定流程展开制作。

（3）语言的准确性　商务纠纷诉状的内容必须与相关法律精神一致，在表意过程中，语言力求简洁、质朴、流畅，确切地表达文义，不能滥用修辞，注意感情色彩。

（4）内容的辩论性　商务纠纷诉状是为了维护国家利益和公民的合法权益，在实际的商务活动中，调整矛盾、解决争议，客观具有辩论性。撰写时应确保内容真实、可靠、合法，事实证据充分，请求的处理意见不能违背法律规定。

第二节
商务纠纷起诉状

甲公司是有限责任公司，股东为乙公司和张某。20××年，乙公司与丙公司签订股权转让协议，约定乙公司将其在甲公司持有的80%股权转让给丙公司。签署协议当天，丙公司向乙公司支付了股权转让费，但未办理股权变更登记。张某知晓该事后30日内向当地法院递交了起诉状，认为乙公司未保障其有限购股权，请求主张按照同等条件购买该转让股权。

法院收到起诉状后展开审理工作。判决结果认为，有限责任公司的股东向股东以外的人转让股权，未就其股权转让事项征求其他股东意见，损害了其他股东的优先购买权，其他股东主张按照同等条件购买该转让股权，予以支持。

一、商务纠纷起诉状的定义和特点

（一）商务纠纷起诉状的定义

起诉状是刑事、民事或行政案件中，当事人（公民、法人或其代理人）因纠纷以原告身份向人民法院控告被告人，请求人民法院做出公正裁判的诉讼文书。

商务纠纷起诉状是民事起诉状的一种，是公民、法人或其他组织之间由于商务活动产生

新编商务应用文写作

权益纠纷，一方为维护自己的合法利益，向人民法院提起诉讼，请求人民法院审理、裁决所制作的诉讼文书。

（二）商务纠纷起诉状的特点

商务纠纷起诉状是法院对案件进行审理的书面依据和基础，有利于当事人解决财产权益、知识产权、经济合同、债权债务等问题。没有起诉状，一审程序便无从开始。

商务纠纷起诉状具有请求性和特定范围适用的特点，且争论的焦点必须是经济权益的纠纷。一旦原告向人民法院递交了起诉状，即表示提出诉讼请求，同时提起的诉讼必须经审理并属于相应人民法院归口管辖。

二、商务纠纷起诉状的结构和内容

商务纠纷起诉状一般由六部分组成，如图 8-1 所示。

民事起诉状

原告：××××××××（填写必要信息）
被告：××××××××（填写必要信息）
案由：××××××××（概述纠纷情况）。

诉讼请求：
1. ××××××××××××××××××。
2. ××××××××××××××××××。
3. ××××××××××××××××××。

事实和理由：（列出事实、法律和证据）
（事实）××。
（理由）××。

此致
×××人民法院

起诉人：×××（签章）
20××年××月××日

附项：书证×份
　　　物证×份
　　　……

图 8-1　商务纠纷起诉状的写作模板

（一）标题

商务权益方面的纠纷是民事纠纷的一部分，标题可统一写为"民事起诉状"或"经济纠纷起诉状"，写成"诉状"或"起诉状"都是不完整的。标题的位置应居中、醒目。

（二）当事人基本信息

这主要指原告和被告的自然情况，可写明原告、被告的姓名、性别、出生年月日、民族、职业、工作单位和职务、住址等信息，也可选择部分重要信息撰写。法人或其他组织则要列出名称、住所地，法定代表人或负责人的姓名和职务。

如果同案被告有二人以上，应按责任大小的顺序写明；同案原告为二人以上，应一一写明。如果原告或被告系无诉讼行为能力人，应在其项后写明其法定代理人的姓名、性别、职业、工作单位和住址，及其与原告或被告的关系。若有代理律师，应写明其姓名和所在的律师事务所。法定代理人的身份事项应该写在各被代理当事人的下方。

小资料 　　　　　　　　当事人的称谓

1）在民事起诉状中，不得将"原告"表述为"原告人"、将"被告"表述为"被告人"。

2）审查确定当事人的名称时，必须确保当事人在证据上使用的名称、印章中体现的名称与其法定名称（即有效的居民身份证或登记注册文件上载明的名称）保持一致。如果不一致，则应当提供有力的依据，确保三者系同一民事主体。

3）原则上不得直接列明第三人。如果认为案件处理需要追加第三人参加诉讼的，应当在案件受理后，在审判阶段单独向法院提出申请追加。

4）在本部分中，当事人的名称应使用全称，不能使用简称。

（三）案由或事由

这部分主要以精练的语言概括此案的情况，即因何争议起诉。

（四）诉讼请求

这是原告为实现自己起诉的目的向法院提出的具体要求，也是原告请求解决的具体事项说明。商务活动中引起权益纠纷的原因多样，因此请求事项也因事各异，如要求赔偿损失、结清货款、履行合同、请求专利归属等。该项内容要写得具体明确、合理合法，不能笼统含混、随意更改。请求有两项及以上的，应分行列出。

（五）事实和理由

这是商务纠纷起诉状的核心部分，是法院能否受理和原告能否胜诉的关键。要遵循"以事实为依据、以法律为准绳"的原则，充分阐述支撑诉讼请求的理由。

1. 事实方面

应写明原告、被告民事法律关系存在的事实，以及双方发生商务经济权益争议的时间、

地点、原因、经过、情节和后果。一般应以时间顺序，既要如实写明案情，又要突出争执焦点。

2. 理由方面

根据法律、事实及相关证据论证为何被告应承担相关的法律责任。这部分内容应准确地援引有关法律法规的规定，对案情客观事实展开分析，指出被告行为的违法之处等，请求法院依法判令。证据是法院认定事实做出审判的主要根据，在撰写理由部分，应特别注意证据的完整性、可靠性和有效性，以及证据来源的真实客观性。证据一般包括证物、证人和证言，可进一步写明证据来源。

（六）结尾和附项

这一部分主要包括以下三方面：

1. 此致部分

正文之后需要另起一行空两格写"此致"，转行顶格写"××人民法院"。

2. 起诉人签章

应写明起诉人姓名或公司名等，法人组织需要加盖公章和法人签章。

延伸阅读：
《中华人民共和国民法典》关于诉讼时效的规定

3. 附项

应根据具体情况列举出"本状副本××份""物证××份""书证××份"等。

三、商务纠纷起诉状的写作注意事项

（1）厘清纠纷事实和争议焦点　分清是非、弄清有无过错及过错的程度、判断撰写起诉状的价值，是制作商务纠纷起诉状的前提。明确责任、关注争议焦点、主次分明，是写作起诉状的立论基础。

（2）事实和证据要以请求为中心　事实与理由是起诉状的核心部分，起诉能否被受理、原告能否胜诉，都与这项内容写得如何密切相关。事实和理由都要以请求为中心，紧密地围绕请求来写；同时，应选择明确、可靠，而且有证据可以证明的事实。撰写时，注意事实与理由之间的逻辑关系，说理要透彻、深入，不能有漏洞。

（3）合理合法地提出诉讼请求　尽管有争端，但诉讼请求要合法合理，不能无理取闹、漫天要价。在讲清事实基础后，应概括分析纠纷的性质和危害，准确援引法律条款，引用到条、款、项；同时，提出诉讼请求应明确、具体、有针对性。

例文 8-1

民事起诉状

原告：××××铜冶炼加工厂

法定代表人：张××，男，45岁，厂长　诉讼代理人：李××，男，41岁，科长

住所地：××省××市××路××号　电话：×××××××

被告：××××铜矿公司

法定代表人：赵××，男，40岁，矿长

住所地：××省××市××路××号

案由：追索货款，赔偿损失。

诉讼请求：

请求人民法院判令被告：

一、返还欠原告货款××万元。

二、以货款日×5%计，给付原告自××××年××月××日至××××年××月××日止，逾期付货违约金××万元。

三、被告承担全部诉讼费用。

事实与理由：

××××年××月××日和××月××日，原告××××钢冶炼加工厂（甲方）先后两次与被告××××铜矿公司（乙方）签订购销合同（见证据1）。第一份合同约定原告向被告购买铜矿石××吨，每吨×××元；第二份合同约定购买××吨，价格同前。两次共订购铜矿石×××吨，总价共计××万元。两份合同均约定乙方在收到货款后10日内向甲方交货。合同签订后，原告严守信用，按照合同规定，分别在两份合同签订后的一周内，将应付货款如数汇到被告提供的银行账户中（见证据2）。

然而，被告却不守信用，除了在收到货款后的第25天才交付的铜矿石××吨（不到应供货总量的1/3），其余部分至今仍未供应原告。为此，原告曾多次去函（见证据3）和派人催促其如约交货，被告均未予理睬。在交涉无果的情况下，原告被迫按合同规定要求被告退还未交货的余款，但被告却采取种种拖延、欺骗手段拒不退款。时至今日，距合同规定的交货期限已经过了90天，被告仍然是既不供货又不退款。此外，双方签订的两份合同都有条款约定：如甲方货款到账后10日内，乙方未按合同规定及时供货即为逾期，甲方将按所付货款以每日×%计收违约金。

原告认为，被告之所以未全部履行合同，并非由于没有履行能力，而是因为合同签订后不久，市场上铜矿石价格上涨，被告见利忘义，为多赚取利润，将本应供给原告的铜矿石转卖给他人，所以，其行为已明显构成故意违约。

综上所述，被告在收到原告货款后未按合同约定及时向原告足额供货，又拒不退还余款，已严重影响了原告的正常生产，给原告造成了不应有的损失。根据《中华人民共和国民法典》第×条第×款之规定，原告有权要求被告按双方所签合同的约定，退还原告货款并承担违约金。为此，特向贵院提起诉，请求人民法院依法判决，支持原告的诉请求，维护原告的合法权益。

证据和证据来源：

1. 双方所签购销合同2份。

2. 银行开具的付款凭证2份。

3. 催货函特快专递凭据2份。

此致

××市××区人民法院

起诉人：××××铜冶炼加工厂（盖章）

20××年××月××日

附件：1. 本状副本2份。

2. 书证5份。

3. 物证1份。

（资料来源：张小乐，《实用商务文书写作》，首都经济贸易大学出版社）

例文 8-2

经济纠纷起诉状

原告人：××市××区××公司

地址：××市××区××路×号

法定代表人：×××　职务：董事长

被告人：××市××区××商店

地址：××市××区××大街×号

法定代表人：×××　职务：董事长

案由：因经济纠纷，追索货款，赔偿损失。

诉讼请求：

1. 责令被告偿还原告货款××万元。

2. 责令被告赔偿拖欠原告货款××个月的利息损失。

3. 责令被告赔偿原告提起诉讼而产生的一切损失，包括诉讼费、请律师费等。

诉讼事实和理由：

原告和被告20××年10月18日商定，被告从原告处购进西凤酒400箱，价值人民币××万元。原告于当年10月19日将200箱西凤酒用车送至被告处，被告立即开出××万元的转账支票交付原告，原告在收到支票的第二天去银行转账时，被告开户银行告知原告，被告账户上存款只有6.5万余元，不足清偿货款。由于被告透支，支票被银行退回。当原告再次找被告索要货款时，被告无理拒付。后来原告多次找被告交涉，均被告以经理不在为由拒之门外。

根据《民法典》合同编第××条的规定，被告应当承担违约责任，原告有权要求被告偿付货款，并赔偿由于被告拖欠货款而给原告带来的一切经济损失。现列出证据和证据来源：

1. 被告收到货后签收的收条1份；

2. 银行退回的被告方开的支票1张；

3. 法院和律师事务所的收费收据×张。

此致

××区人民法院

起诉人：×× 市 ×× 区 ×× 公司（公章）

20×× 年 ×× 月 ×× 日

附项：　1. 本状副本 1 份

2. 书证 1 份

（资料来源：根据 https：//m.64365.com/zs/710112.aspx 整理编写）

第三节

商务纠纷答辩状

广州 ×× 房地产开发有限公司于 20×× 年 4 月 8 日收到本地 ×× 区法院发来的开庭传票。发生了什么？

原来，该区法院上月收到来自广州 ×× 电器有限公司（原告）的起诉状，就租赁合同纠纷一案状告广州 ×× 房地产开发有限公司（被告），并列举了系列证据，请求法院判决该房地产公司履约并赔偿损失。为了对抗原告的起诉，广州 ×× 房地产开发有限公司正着手准备答辩，打算在法律规定的期限内向法院提交答辩状并出庭应诉。

一、商务纠纷答辩状的定义和特点

（一）商务纠纷答辩状的定义

答辩状是指在民事、行政或刑事案件审理活动中，被告、被告人、被上诉人或被申诉人针对起诉状、上诉状或申诉状上陈述的事实、证据使用和法律适用等问题，向各级人民法院所做的一种答复和辩驳的书状。答辩状可分为一审答辩状、二审答辩状和再审答辩状，是与起诉状、上诉状或申诉状相对应的一种法律文书。

商务纠纷答辩状是民事答辩状的一种，是用于回应商务权益纠纷中起诉、上诉和申诉的法律文书，是以书面形式对案件进行辩解或反驳。商务纠纷答辩状属于针对民事经济纠纷的应诉文书，是富有针对性和驳辩性的法律文书，它对全面披露案情真相、公正判决或裁定，保护答辩人的合法权益具有重要作用。《中华人民共和国民事诉讼法》规定，应该在收到相关诉状副本之日起 15 日内提出答辩状。

（二）商务纠纷答辩状的特点

（1）答辩程序的非强制性　提出答辩状是法律赋予处于被告地位的案件当事人的一种诉讼权利，是一种自我保护手段，但它不是诉讼义务，是否行使这种权力由当事人自己决定。若被告、被上诉人等不积极应对诉讼，不提出答辩状，不影响人民法院审理。

（2）答辩主体的确定性　答辩状的制作者应该是起诉状中的被告、上诉状中的被上诉人等，根据已有的诉状进行答辩。

（3）答辩内容的针对性　答辩状的内容不能杜撰编写，应该根据针对的起诉状、上诉状或申诉状的内容有针对性地展开，就起诉、上诉或申诉方面的事实、理由、证据、适用法律

等请求事项进行全面客观的分析论证，明确立场和观点。

二、商务纠纷答辩状的结构和内容

商务纠纷答辩状的写作目的主要是削弱对方经济诉讼请求的根据，减免答辩人的民事责任。民事答辩状适用于商务纠纷诉讼的所有程序；民事答辩状的说理以驳论方式为主、立论方式为辅。

商务纠纷答辩状一般由首部、正文和尾部组成，如图 8-2 所示。

民事答辩状

答辩人：×××××××××（填写必要信息）

被答辩人：××××××××（填写必要信息）

答辩事由：×××××××××（即案由，概述答辩纠纷情况）。

答辩理由：（写明证据和事实）

×××。

答辩请求：

×××。

此致

×××人民法院

答辩人：×××（签章）

20××年××月××日

附件：答辩状副本 × 份

物证 × 份

……

图 8-2 商务纠纷答辩状的写作模板

（一）首部

首部包括标题、答辩人、被答辩人身份等事项。标题统一写为"民事答辩状"或"经济纠纷答辩状"；答辩人和被答辩人的基本情况可根据具体情况写清姓名、性别、年龄、民族、职业、住址等，当事人是法人或者其他组织的，应写明名称、住所地、法人代表姓名与职务；还可加上答辩事由，对答辩的案件概况进行说明，一般写为"答辩人现因 ×× 纠纷案答辩如下"。

（二）正文

正文包括答辩理由和答辩请求等内容。写好答辩状，首先要仔细阅读对方的诉状，了解其内容，找出可辩事项，抓住关键，确定答辩要点，然后根据自己掌握的证据材料并结合法律规定进行反驳。答辩状主要从以下两个方面进行答复和辩驳。

1. 答辩理由陈述

（1）针对事实错误进行答辩　如果对方叙述的案情事实与客观事实不符，答辩人应当指出，并予以纠正，以澄清事实。在写法上，主要是通过列举确凿、充分的证据，以阐明事实真相，推翻不实之词。反驳或辩解时应突出问题的关键和重点。这样有利于人民法院在审理时客观公正地处理。

（2）针对适用法律或程序错误进行答辩　适用法律错误主要指事实的认定不切实际，导致错误地适用法律，这要从事实入手进行答辩。事实陈述客观，但对方错误引证法律，这时应当指明正确的法律条文并结合事实说明对方适用法律错误。同时，答辩主体也应关注诉讼活动的程序是否合法合规，如超过诉讼时效、案件不属于该法院受理、不具备起诉条件等。

2. 提出答辩请求

答辩请求是答辩状的关键和主旨所在。答辩人阐述答辩理由后，要写明自己的答辩主张，即鲜明地请求法院驳回对方的诉讼请求或上诉请求，或者诉讼请求或上诉请求中的部分事项。一般写为"综上所述，答辩人认为……（概述答辩理由），为了维护答辩人的合法权益，现请求法院查清本案事实，依法……（概述答辩请求）"。

（三）尾部

尾部主要包括以下三个部分：

1. 此致

与起诉状此部分的写法一样，在正文之后需要另起一行空两格写"此致"，转行顶格写"××人民法院"。

2. 答辩人签章

写明答辩人姓名或公司名等，法人组织需要加盖公章和法人签章。

3. 附项

写明答辩状副本份数及物证、书证的件数等。

三、商务纠纷答辩状的写作注意事项

（1）答辩以事实为依据　案件到达诉讼的阶段，往往比较复杂、争议分歧较大。在撰写民事答辩状时，要牢牢抓住对方所陈述的错误事实或者所引用有关法律的错误，充分论证，据理反驳。

（2）答辩关注争议焦点　答辩前期准备充分，梳理答辩论据，找到案件中争执的焦点，即问题的要害。要特别注意对原告或上诉人等在起诉状或上诉状中提出的诉讼请求、事实、理由及根据，明确写出自己承认和否认的部分，以及否认的理由。根据事实有针对性地答辩，不能回避核心、纠缠枝节、赘述案情。

（3）答辩请求合法合理　答辩人在答辩状中应列举充分的事实和依据，以事实和证据为根据，以法律为准绳，明确地引出答辩请求，每一项请求内容都应该有理且合理。

（4）答辩状制作简洁明了　答辩状的内容不可长篇大论，应抓住关键问题展开有力驳论，所以对案件事实真伪辨析、力度权衡的论证和法律适用部分撰写应该精准、简洁、一目了然。答辩状的整体字数不宜过多，易造成冗杂。

例文 8-3

商务纠纷答辩状

答辩人：××有限公司　地址：××××市××路××号　法定代表人：×××，系×××

委托代理人：×××，×××市××律师事务所律师

被答辩人：××运输有限公司　地址：××××市××路××号

法定代表人：×××，系×××

案由：租赁合同纠纷。

答辩人因××运输有限公司诉××有限公司及其西南分公司租赁合同纠纷一案，根据本案事实和相关法律规定，依法提出答辩意见如下：

（一）××有限公司西南分公司不应列为本案的被告。根据《中华人民共和国公司法》第十三条"分公司不具有法人资格，其民事责任由公司承担"的规定，××有限公司西南分公司不具备法人资格，不独立承担民事责任，其民事责任由××有限公司承担。因此，××有限公司西南分公司作为被告主体不适格，不应列为本案的被告。

（二）答辩人所欠原告租金为22740元，原告主张被告支付租金61040元，与事实不符。原告与××有限公司西南分公司签订的租赁合同第三条结算方式约定，经甲乙双方商定，每平方米木地板按20元人民币计算。原告为乙方共输送木地板2887平方米，合计人民币57740元。××有限公司西南分公司已于20××年12月10日支付给××运输有限公司30000元租赁费。20××年12月8日，原告××运输有限公司驾驶员在运送木地板途中发生交通事故，事后经交通部门认定驾驶员负全部责任。根据原告与××有限公司西南分公司签订的租赁合同第二条乙方权利与义务的约定，因乙方造成损失，由乙方负责。因此，此次交通事故造成的损失应由原告××运输有限公司负责。××有限公司西南分公司于20××年12月14日替原告支付给驾驶员家属5000元补偿费，此费用应由原告负责。因此，扣除之前所付的运输费和补偿费，事实上答辩人所欠原告租金为22740元（57740元-30000元-5000元=22740元），请求人民法院依据事实对原告要求答辩人支付租金的请求予以改判。

（三）原告要求答辩人承担滞纳金305200元，明显过高，有失公平原则。根据相关规定，逾期付款违约金应当依照付款金额每日万分之二点一计算。答辩人付款金额仅为22740元，而原告却请求答辩人承担滞纳金达305200元，明显过高，显失公平，违背诚实信用原则。依照付款金额每日万分之二点一计算，答辩人应承担滞纳金数额为3778元，答辩人请求人民法院根据法律规定及公平合理原则，对原告滞纳金的请求予以改判。

综上所述，原告的诉讼请求违背事实真相，不符合法律规定，恳请法庭在查明事实的基础上依法审理、公正裁决，以维护答辩人的合法权益，维护正常的商业秩序。

此致

×××区人民法院

答辩人：××有限公司（公章）

法定代表人：×××（印章）

委托代理人：×××（印章）

20××年××月××日

（资料来源：陈承欢，财经应用文写作第2版，人民邮电出版社）

第四节
商务纠纷上诉状

山东省××林场与××商贸有限公司发生合同纠纷一案，一审时，该林场以××商贸有限公司的委托代理人刘某是××加工有限公司的股东为由，将××加工有限公司列为被告，要求被告承担责任。一审法院支持了山东省××林场的诉讼请求。××加工有限公司认为，一审对事实的认定不实、对法律的适用有误，在上诉期内向上级法院提起了上诉，请求上级法院依法支持自己的上诉请求，撤销原判决。

一、商务纠纷上诉状的定义和特点

（一）商务纠纷上诉状的定义

上诉状是公民、法人或其他社会组织在民事、行政或刑事案件中对地方各级人民法院做出的第一审判决或裁定不服，按照法定的程序和期限，向上一级人民法院提起上诉时使用的文书。

商务纠纷上诉状是民事上诉状的一种，是指商务经济纠纷诉当事人或其法定代理人不服人民法院的第一审判决或裁定，向上一级人民法院提起上诉，请求撤销、变更原审裁判，或重新审判而提出的书面诉讼状。

商务纠纷上诉状是第二审法院受理案件并进行审理的依据。第二审法院可以通过上诉状了解上诉人不服第二审裁判的理由。因此，商务纠纷上诉状对于第二审法院全面了解案情、审理案件，保护民事纠纷败诉当事人的合法权益，提高办案质量、防止错案发生、维护审判的公正性具有重要的作用。

（二）商务纠纷上诉状的特点

（1）上诉时间的规定性　商务纠纷上诉状必须依照法定程序和时间期限，向制作第一审裁判的上一级人民法院提起上诉。对判决提出上诉的期限为判决书送达之日起15日，对裁定提起的期限为10日，超过期限，法院可以不进行受理。

（2）上诉人的特定性　商务纠纷上诉状必须是商务纠纷诉讼当事人及其法定代理人提起的，别人无权提起。

（3）上诉内容的针对性　商务纠纷上诉状必须是针对地方各级人民法院的第一审裁判不服所提起的。在概述"上诉理由"部分，应该重点突出关键事实、适用法律、证据和程序等内容。

小资料　　　　商务纠纷上诉和商务纠纷起诉的异同

1. 相同点

两者的诉讼目的都是维护当事人自身的合法权益；都可以在一定程度上提高办案质量、维护判决的公正；都需要遵循法律规定，合法地提起诉讼。

2. 不同点

（1）诉讼主体和对象不同　商务纠纷起诉状是原告认为自己的经济权益受到被告侵害而向人民法院提出保护自己合法权益的诉讼请求，诉讼对象是被告。起诉应当向人民法院递交起诉状，并按照被告人数提出副本。

而商务纠纷上诉状则是上诉人不服一审法院的裁判，请求上一级法院改变原裁判，针对的主要是一审法院不公正的裁判。享有上诉权的人是一审中的当事人，根据《中华人民共和国民事诉讼法》的规定，上诉人包括一审原告、被告和具有独立请求权的第三人等。

（2）诉讼的内容不同　在内容上，商务纠纷起诉状主要围绕被告的违法或违约事实进行阐述，进而提出诉讼具体请求；而商务纠纷上诉状则主要围绕一审法院的裁判内容是否合法、程序是否合规等方面进行阐述，提出诉讼请求。

二、商务纠纷上诉状的结构和内容

商务纠纷上诉状是上诉活动必不可少的书面文书。《中华人民共和国民事诉讼法》规定，上诉应当递交上诉状。商务纠纷上诉状的写作模板如图 8-3 所示。

（一）标题

标题可写"民事上诉状"或"经济纠纷上诉状"。

（二）当事人事项

按上诉人、被上诉人的顺序列出基本情况。上诉人和被上诉人是公民的情况，先列上诉人姓名、性别、年龄、民族、籍贯、职业或职务、工作单位或住址。

上诉人如有法定代理人或委托代理人的，紧接着另起一行写法定（委托）代理人姓名、性别、年龄、民族、职业或职务、工作单位或住址及与上诉人的关系。代理人是律师的，只写姓名、职务。

上诉人写好后，列被上诉人姓名、性别、年龄、籍贯、职业或职务、单位或住址，有需要则根据案情写明其与上诉人之间的关系。

商务纠纷上诉状

　　上诉人：×××××××××（填写必要信息）
　　被上诉人：×××××××××（填写必要信息）
　　案由：×××××××××（概述上诉情况）。

　　上诉事实和理由：
　　××。
　　上诉请求主张：
　　××。
　　此致
××××人民法院

上诉人：×××（公章）
法定代表人：×××（签章）
20××年××月××日

　　附项：本上诉状副本×份
　　……

图8-3 商务纠纷上诉状的写作模板

（三）上诉案由

用简洁明了的语言概述上诉的案情，即针对一审判决的不公简要阐述。概述上诉人不服原审判决或裁定的案由，可表述为"上诉人因……（案由）一案，不服××人民法院〔××××〕××初字第××号民事判决（或裁定），现提出上诉"。

（四）上诉请求

（1）上诉事实和理由　商务纠纷上诉状主要针对第一审判决或裁定存在错误或第一审判决程序不合理展开的分析论证，目的是说服第二审法院依法公正改判。在撰写上诉状时候，需要列出详细完备的事实和理由，驳论要有理有据，措辞要得体。一般针对以下几个重点展开说理和论证：①案件适用法律错误，包括应用法律条文与事实不符或曲解法律等情况；②案件事实裁定错误，着重提出原审判决所认定的事实是全部错误，还是部分错误；说明客观事实真相究竟是什么情况；③法律程序操作有误，并因此造成案件处理不当的情形；④案件确定性质有误，主要指出定性不当。有的案件情况复杂，需要先确定范围在民事经济纠纷范畴内，才能展开民事上诉。

上诉事实和理由需要充分且有根据，阐述理由和事实的过程即再次提供证据的过程，如果第二审中有新的证人、证物等，应逐一列出。

（2）上诉请求主张　上诉请求是上诉状的目的所在，主要说明具体的请求事项，应明确、合法。一般要求部分或全部改变原审判决，或要求对原审判决做重新审理。上诉请求主张是建立在充分的事实和理由基础之上的。一般写法是："综上所述，上诉人认为 × × 人民法院（或原审）所做的判决（或裁定）不当，特向你院提起上诉，请求撤销原判决（或裁定），给予依法改判（或重新处理）。"

（五）结尾

（1）此致　另起一行空两格写"此致"，转行顶格写"× × 中级（高级）人民法院"。

（2）上诉人签章　写明上诉人姓名或公司名等，法人组织需要加盖公章和法人签章，注明提交诉状的日期。

（3）附项　根据上诉需求，依次写明本上诉状的副本份数、书证和物证的名称、数量等。

小案例　　　　　　　　商品说明书不符，损害消费者权益

上诉人（原审原告）：张 × ×

被上诉人（原审被告）：A 电器销售有限公司

被上诉人（原审被告）：B 企业（集团）有限公司

× × × × 年 5 月，张 × × 在 A 电器销售有限公司购买了 B 企业（集团）有限公司生产的某型号电压力煲。该电压力煲附随的说明书"安全操作须知"部分列明了 17 项操作注意事项，并对使用方法做了说明。同年 7 月 3 日，张 × × 在使用该电压力煲煮粥过程中受伤，经鉴定构成十级伤残。张 × × 提起诉讼，请求判令 A 电器销售有限公司及 B 企业（集团）有限公司共同承担赔偿责任。A 电器销售有限公司与 B 企业（集团）有限公司均答辩称该型号电压力煲的质量符合产品质量标准，故不接受张 × × 的诉讼主张。

诉讼中，原审法院委托上海市质量检测协会对该型号电压力煲进行了产品质量鉴定。该协会电压力煲质量鉴定专家组出具的《电压力煲质量鉴定报告》指出："……上海市质量监督检验技术研究院电子电器家用电器质量检验所依据国家标准出具了检验报告，结果为所检项目合格。……专家组查看 B 企业（集团）有限公司的使用说明书，其中明示：当锅盖与锅体扣合不到位时，锅内不能上气压。专家组经试验后发现：电压力煲锅盖与锅体扣合不到位时烧煮食物，锅内能上气，产生压力，锅盖能打开，锅内液体会喷出，存在严重安全隐患。如果消费者没有按照使用说明书要求规范操作，锅盖与锅体扣合不严，一旦锅盖受到外力作用，锅盖有可能脱离锅体，造成液体喷出……"质量鉴定结论为，该型号电压力煲符合国家相关标准要求。该电压力煲没有明显变形、损坏迹象，不能认定其发生过爆炸和非正常炸裂。

一审审理后认为，B 企业（集团）有限公司生产的某型号电压力煲经鉴定符合国家规定的标准，故属于质量合格产品而不存在产品缺陷；B 企业（集团）有限公司对产品使用也尽到了警示说明义务，故张 × × 的诉讼请求缺乏事实和法律依据。一审遂判决驳回了张某某所有的诉讼请求。

二审审理后认为，B 企业（集团）有限公司生产的某型号电压力煲存在缺陷，故在一审已对张 × × 的损害范围进行固定的前提下，改判 B 企业（集团）有限公司依法承担赔偿责任。

（资料来源：根据华律网相关资料整理）

三、商务纠纷上诉状的写作注意事项

与商务纠纷起诉状一样，上诉的场景也只能用书面形式提起。在撰写的时候，主要注意以下两点：

（1）抓住要害辩驳　商务纠纷上诉状主要是针对原审裁判提出的，实际上是对原审裁判的反驳，因此要有针对性，即抓住关键点展开驳论，避免文字冗长。如针对第一审判决书或裁定书中在认定事实、判断定性、适用法律及法律程序等方面的错误或不当提出不服的理由，而不是针对对方当事人。

（2）引述原判辩驳　上诉即在反驳，需要引述原判的错误和不当之处，再加以辩驳。需要注意：一是要求坚持采取摆事实、讲道理的态度，遣词用语切忌粗俗、夸张；二是对原审认定事实和适用法律的正确部分无须赘述。

例文 8-4

商务纠纷上诉状

上诉人（原审原告）：李××，男，汉族，19×× 年 ×× 月 ×× 日生，住址：×× 省 ×× 市 ×× 区 ×× 路 ×× 号。法定代表人 / 负责人：张××，××××（职务）。

被上诉人（原审被告）：刘××，男，汉族，19×× 年 ×× 月 ×× 日生，住址：×× 省 ×× 市 ×× 区 ×× 路 ×× 号。法定代表人 / 负责人：王××，××××（职务）。

上诉人因与被上诉人商务纠纷一案，不服 ×× 法院于 ×××× 年 ×× 月 ×× 日做出的第 ×× 号民事判决书，现依法提起上诉。

上诉请求：

请求撤销 ×× 法院做出的第 ×× 号民事判决。

请求改判被上诉人向上诉人支付货款 ××××× 元及逾期付款利息 ××× 元。

请求被上诉人承担本案一审、二审的全部诉讼费用。

事实和理由：

一、一审法院对事实的认定存在重大误解

上诉人与被上诉人签订的购销合同明确约定了交货日期、付款方式及违约责任。上诉人已按照合同约定履行了交货义务，并提供了相应的证据。被上诉人未按照约定时间支付货款，已构成违约……

一审法院在判决中忽略了上诉人提供的交货凭证、对账单等证据，错误地认定上诉人未充分证明交货事实，这是对事实的严重误解。

二、一审法院对法律的适用存在错误

根据《中华人民共和国民法典》第 ××× 条规定，当事人一方不履行合同义务或者履行合同义务不符合约定的，应当继续履行、采取补救措施或者赔偿损失。被上诉人未按约支付货款，上诉人有权要求其支付货款及逾期付款利息……

一审法院未正确适用上述法律规定，导致判决结果显失公平。

证据清单：

购销合同原件

交货凭证原件

……

附项：

本上诉状副本 ×× 份，供被上诉人查阅。

相关证据材料 ×× 份，供法院审查。

上诉人：×××

法定代表人 / 负责人：×××

20×× 年 ×× 月 ×× 日

第五节

商务纠纷申诉状

申华到商场购买了某品牌的健身器材，回家健身时，由于器材机械故障导致右腿受伤，去医院医治医疗费 3 万元。申华将该器材公司诉讼到法院。一审法院认定非器材原因，而是申华的操作不当导致受伤，驳回了申华的诉讼请求。申华不服，向上级法院提出上诉。二审法院判定申华的受伤是器材故障所致，遂撤销了一审判决结果，并改判器材公司赔偿。该器材公司认为二审法院违反法定程序，影响判决公正，随即向上一级法院提出了申诉。

一、商务纠纷申诉状的定义和特点

（一）商务纠纷申诉状的定义

申诉状是诉讼当事人对已生效的裁定、判决、调解书认为有错误，请求原审人民法院或上级人民法院给予复查纠正而写的法律文书。

商务纠纷申诉状是指商业经济案件的当事人或法定代理人认为已经产生法律效力的判决、裁定有错误而向原审人民法院提出申诉，请求复查纠正或重新审理的书状。

申诉有利于维护法律的尊严，维护人民法院已经发生法律效力的判决、裁定或调解的严肃性和公正性，更能提高人民法院判决、裁定等在群众中的威信。

（二）商务纠纷申诉状的特点

1）申诉可以向原审人民法院或原审的上级人民法院提出。

2）商务纠纷申诉状必须是与个人或组织权益有关的公民、法人或者其他组织提出的。

3）申诉是对已经发生法律效力的判决、裁定等法律文书不服所提出的；对尚未发生法律效力的判决和裁定，无法申诉。

受理民事申诉的条件

在民事诉讼中已经发生效力的判决，如果当事人不服法院判决的，可以申诉。对已经生效的案件，符合下列条件的，当事人可以申诉：

1）有新的证据，足以推翻原判决、裁定的。

2）原判决、裁定认定的基本事实缺乏证据证明的。

3）原判决、裁定认定事实的主要证据是伪造的。

4）原判决、裁定认定事实的主要证据是未经质证的。

5）对审理案件需要的证据，当事人因客观原因不能自行收集，书面申请人民法院调查收集，人民法院未调查收集的。

6）原判决、裁定适用法律确有错误的。

7）违反法律规定，管辖错误的。

8）审判组织的组成不合法，或者依法应当回避的审判人员没有回避的。

9）无诉讼行为能力人未经法定代理人代为诉讼或者应当参加诉讼的当事人，因不能归责于本人或者其诉讼代理人的事由，未参加诉讼的。

10）违反法律规定，剥夺当事人辩论权利的。

11）未经传票传唤，缺席判决的。

12）原判决、裁定遗漏或者超出诉讼请求的。

13）据以做出原判决、裁定的法律文书被撤销或者变更的。对违反法定程序可能影响案件正确判决、裁定的情形，或者审判人员在审理该案件时有贪污受贿、徇私舞弊、枉法裁判行为的，人民法院应当再审。

二、商务纠纷申诉状的结构和内容

商务纠纷申诉状的结构由首部、正文和尾部三个部分组成，如图8-4所示。

（一）首部

1. 标题

在顶端居中写"民事申诉状"或"经济纠纷申诉状"。

2. 当事人基本情况

申诉人或申请人是公民的，写明姓名、性别、出生年月日、民族、籍贯、职业或住址等；是法人或其他组织的情况，写明单位名称、住所地、法定代表人或代表人的姓名和职务。申诉人有多个时，依次列出。

3. 申诉案由

以简洁、精练的语言概述申诉的情况。一般写法如下："申诉人×××对××人民法院20××年××月××日〔××××〕×字×号民事判决不服，提出申诉。"

商务纠纷申诉状

申诉人：××××××××（填写必要信息）
案由：×××××××（概述申诉案情）

请求事项：
　×××
×××。
事实与理由：（写明证据及来源）
　×××
×××。
此致
××× 人民法院

申诉人：××××（签章）
20××年××月××日

附项：原审判决（或裁定）×份
……

图 8-4　商务纠纷申诉状的写作模板

（二）正文

1. 请求事项

用简明扼要的语言写明申诉人请求解决的具体问题，说明原来的处理有何不当，并要求给予撤销、变更的意见，以供人民法院或人民检察院审查时参考。写法为"请 ×× 人民法院撤销（或变更）原判决（或原判定、决定）""予以改判（或重新审理等）"。请求事项若有两项以上，应分条书写。

2. 申诉事实与理由

这是申诉状的关键内容，也是能够引起审判监督程序（或复查）的重要依据。这部分内容主要是针对原判决、裁定（或者决定）的不当之处，从认定事实、适用法律和诉讼程序上存在的错误，分别加以阐述。撰写时，一般首先指明具体错误，并附上相关的证据材料等。证据需要丰富、客观、真实，以此来论证提出的申诉请求是合理合法的。

（三）尾部

（1）此致　需完整写出申诉状致送机关名称。
（2）申诉人签章　这里应注意写清制作日期。
（3）附项　附项包括案卷名称及份数，物证、书证的名称及数量，有证人的列出证人姓名、住址。

小资料

申诉状与上诉状的区别

项目	申诉状	上诉状
涉及对象不同	针对有法律效力的判决、裁定进行申诉	对未发生法律效力的判决、裁定进行上诉
期限限制不同	时间限制较宽，民事诉讼案件的申诉时间在判决、裁定两年内	有严格的时间限制，民事案件的上诉时间应在判决送达之日起15日内、裁定送达10日内
受文单位不同	可向原审人民法院或上级人民法院、检察院提出	只能向原审法院的上一级人民法院提出
法律程序不同	属于审判监督程序	属于第二审判决程序
法律效力不同	提出申诉状不能停止判决、裁定的执行	是第二审的依据和基础；我国实行两审终审制，第二审判决后不得再提起上诉

三、商务纠纷申诉状的写作注意事项

（1）突出矛盾、论证严密　针对法院所做出的已经发生法律效力的判决进行申诉的理由必须充分，且都要摆出原判不合理或不合法的事实和结论。在明确指出对原判细节不服后，要充分运用事实论据展开反驳，将申诉的观点有理有据、明确清晰地列出。

（2）结构严谨、措辞准确　涉及申诉的案件，往往都较为复杂，以申诉形式的法律武器维护当事人的合法权益，需在撰写申诉状的时候严格把握结构和逻辑，运用精准的语言和措辞将论据和观点展现出来。

例文 8-5

民事申诉状

申诉人：A 有限公司

法定代表人：简××，董事长，现住××省××开发区×××路×××号，邮编××××××，电话××××××

申诉人不服××省××市××区人民法院〔2015〕×执字第×××号民事裁定书，现特根据《最高人民法院关于人民法院执行工作若干问题的规定（试行）》，向××市中级人民法院提出申诉。

请求事项：

请求撤销××省××市××区人民法院〔2015〕×执字第×××号民事裁定书，对被执行人采取强制措施。

事实和理由：

一、主要案情

申诉人 A 有限公司（以下简称甲方）与被申诉人 C 总公司（以下简称乙方）买卖

合同纠纷一案，2015 年 4 月 1 日 ×× 仲裁委员会做出〔2015〕× 仲裁字第 ××× 号裁决书，裁决明确了乙方公司应当向甲方支付货款人民币 ××× 万元，仲裁费人民币 ××× 元，合计 ××× 万元。后因乙方不履行生效仲裁裁决书规定的给付义务，甲方于 20×5 年 4 月底向 ×× 市 ×× 区人民法院申请强制执行。

二、被申请人现状

在执行中，申请人了解到：被申请人乙方是一家实力雄厚的企业，注册资金 3000 万元，占地面积 10 万平方米，建筑面积 5 万平方米；拥有资产 3 亿元，职工数百人；其是 ×× 省高新技术企业、×× 省专利明星企业、×× 市十优高新技术企业、×× 市工业明星企业和纳税明星企业，年销售收入达数亿元，并在汽车内饰零部件行业具有一定的知名度。

三、执行全过程

1. 申请人为法院提供财产线索

2015 年 10 月 16 日（在执行过程中），甲方到乙方处协商付款事项，被乙方拒绝；又按事先约定到 ×× 市 ×× 区人民法院反映和了解执行情况，并在第二天与 ×× 市 ×× 区人民法院执行员到乙方请求被申请人履行法定义务，也被拒绝。

2015 年 11 月 8 日，申请人致函 ×× 市 ×× 区人民法院的执行庭，以书面形式向 ×× 市 ×× 区人民法院提供了乙方财产状况的相关线索，要求依法查封被申请人的基本账户，并将其汽车或其他设备或专利拍卖抵债，或依法采取其他强制措施。

2. ×× 市 ×× 区人民法院做出终结裁定

事实上，×× 市 ×× 区人民法院执行人员未采取法定的强制措施，未查封被申请人的账户，未查封和拍卖被申请人的设备，更没有采取其他强制执行措施，反而认定申请人无法举证被申请执行人尚有其他财产可供执行，于是在 2015 年 12 月 8 日做出了〔2015〕× 执字第 ××× 号终结执行的民事裁定书。

四、×× 市 ×× 区人民法院未依法执行

1. 在执行中不能仍苛求申请人的举证责任

在诉讼程序中，当事人举证不能将承担败诉的责任，而在执行中却没有关于举证不能的规定，如果将提供证据或证据线索与是否执行直接"挂钩"，会直接侵害申请人的合法权益。同时，由于申请人及其诉讼代理人无权查询被执行人的财产状况，无权对被执行人的住所或人身进行搜查，尤其是被执行人为规避执行采取种种手段转移、隐藏财产时，此时仍苛求申请人的举证责任，不妨让其放弃权利，极可能使其求偿权落空。

在本案中，申请人已依法履行了举证责任。

2. 对举证责任在执行问题上的曲解，为执行机构怠于履行职责提供了合理借口

虽然审判程序与执行程序存在重大差异，执行程序仍然属程序法调整范畴，在证据运用的一般规则上并无二致。反观《最高人民法院关于人民法院执行工作若干问题的规定（试行）》第二十八条："申请执行人应当向人民法院提供其所了解的被执行人

的财产状况或线索。"正是由于该规定，××市××区人民法院出现了认识上的偏差，将其与申请人举证责任等量齐观。

该规定并非举证责任，而是民事诉讼的法定证据之一——当事人陈述。这种陈述是执行人员进一步调查核实执行标的的证据来源之一，虽然有"应当"的字眼，但这只是如实陈述的义务而非举证责任。如要求申请人负举证责任，不仅是一种"一推了之"的不负责任行为，同时在申请人无法举证时，法院的积极查证变成了可为可不为，为执行人员预置了太大的弹性空间，更加放纵了债务人的赖债行为。

综上所述，执行是当事人借助国家强制力实现其民事权利的过程，是公民寻求救济实现权利的最后合法保障。因此，为解决本案的执行问题，申请人的协助义务固然不可舍弃，在申请人协助的基础上，对债务人的种种规避执行的行为应加大制裁力度。唯有如此，才能根除"债权人流泪，债务人陶醉"这种反常现象，才能使申请人的损害得到补偿，违法行为受到制裁，而正义得到伸张。

××市××区人民法院在未根据当事人提供的线索穷尽各种执行手段的情况下即将风险后果强加于债权人，实属裁定违法。故请求贵院撤销××省××市××区人民法院〔2015〕×执字第×××号民事裁定书，对被执行人采取强制措施。

此致
××省××市中级人民法院

申诉人：A 有限公司（章）
20××年××月××日

附：证据清单

（资料来源：刘大鹏等，《财经应用写作》，同济大学出版社）

本章小结

商务纠纷法律文书是记录法律活动的文字载体，是具体实施相关法律的重要手段，也是生动宣传法律的现实教材。在商务活动中，面对一些不能通过协商等方式解决的棘手问题时，需使用诉讼类法律文书，以确保判决公正、合法。这类法律文书在司法实践中运用频率很高，它以文字形式全面准确地记载案件相关材料，维护司法公正，具有重要的程序性和教育价值。

本章首先概述了商务纠纷诉状的基础知识，并在后面小节选取了使用频率较高的几种诉状展开讲解，如起诉状、上诉状、答辩状和申诉状。本章需重点掌握商务纠纷起诉状和答辩状的基本架构及写作运用。

学生在本章内容的引领下，可自学《中华人民共和国民法典》《中华人民共和国专利法》等相关内容，多观看法律类节目，拓宽知识面，在工作和生活中做到知法、懂法、用法，为人有浩然正气，做事有原则和底线，既能依法营商，也能借助法律武器维护合法权益，共创和谐多赢。

综合训练

一、客观题（由任课教师提供）

二、主观题

1. 简答题

（1）商务纠纷起诉状的写作要求有哪些？

（2）商务纠纷答辩状的必备结构是什么？

（3）进行商务纠纷答辩时，应关注的核心是什么？

（4）简述商务纠纷申诉状的适用情形和写作要求。

2. 文本诊断题

阅读以下场景和文本，诊断错误并修改完善。

（1）病文一

> 20××年4月，章华因公司经营资金紧张向阳林借款18万元用于周转经营，写下收条并约定6个月后一次性还清欠款，利息按照银行利息支付。

（2）病文二

> **起诉**
>
> 原告：成都××有限公司
>
> 住所地：成都市高新区×××路17号
>
> 被告：上海××有限公司
>
> 住所地：静安区××路×号
>
> 诉讼请求：
>
> 1. 请求判决被告实际履行合同，向原告交付IUV300C型履带起重机、配件及相关材料。
>
> 2. 请求判决被告承担因未能如期交付给原告造成的经济损失。
>
> 3. 判令被告承担违约金。
>
> 事实与理由：
>
> 20××年××月××日，原告武汉××有限公司（以下简称原告）与被告上海××有限公司（以下简称被告）签署商品买卖合同，约定由原告出资向被告购买履带起重机一台，型号为IUV500C，总价款为435.8万元，付款方式为按揭付款。由于被告未履行交付合同标的物的义务，造成了原告实际无法取得该合同标的物，经多次协商，至今仍未取得所购履带起重机，给原告的生产经营活动造成了巨大损失。
>
> 为此，为维护原告合法权益，特依据我国《××法》起诉，请求判决支持原告诉求。
>
> 此致

　　　　武汉市中级人民法院

　　　　　　　　　　　　　　　　　　起诉人：武汉××有限公司
　　　　　　　　　　　　　　　　　　20××年××月××日

3. 应用写作题
根据下列两则材料，写出对应的诉状。

（1）王珂新购买了一套商品房，与××装修公司签订了精装修合同。装修合同约定：装修周期为4个月，装修实行包工不包材料，总装修费用15万元，装修第一个月预付5万元，中期检查合格后付5万元，装修最后一个月的月初付剩下的5万元。装修第二个月时，王珂来检查房屋装修情况时，发现厨房和卫生间墙面和地面存在严重的质量问题，并与该装修公司进行了交涉。一周后，王珂发现厨房和卫生间已做好的装修被砸掉，××装修公司派人做了第二次装修，并催促王珂付清中期5万元的费用。王珂认为，××装修公司未经业主同意擅自砸墙和地面，该行为影响了房屋安全，二次装修的费用应该由××装修公司承担，且二次装修所用材料比业主先前提供的材料质量差，故不同意付款。××装修公司认为，工人擅自砸墙和地面是个人行为，公司已将其开除。××装修公司已经重新装修了王珂的住房，履行了合同，不愿意解除合同。于是，××装修公司向本地对应法院进行起诉。

　　请代××装修公司写一份商务纠纷起诉状，代王珂写一份商务纠纷答辩状。

（2）深圳××生物股份有限公司是一家致力于生物制药产品的公司，提供从研发到商业化生产的全面解决方案。20××年，该公司将"纳米灌装"技术成果转让给××市制药厂，并签订了正式的技术转让合同。合同规定，乙方（××市制药厂）应向甲方（深圳××生物股份有限公司）支付技术转让费45万元，其中签订合同当月支付10万元，该技术试验结束后再支付剩下的技术转让费。

　　合同生效后，××市制药厂当月即对公转账付给了深圳××生物股份有限公司10万元。但三个月之后，"纳米灌装"技术实验结束，××市制药厂并未按照约定支付剩下的技术转让费，理由是合同上有些内容未列入。深圳××生物股份有限公司认为××市制药厂在合同生效后提出一些不合常理、不平等的内容，纯属为自己不履行合同寻找借口，所以特派相关负责人赴××市与该厂磋商，希望对方按约支付转让费尾款，双方原有的良好关系不会遭到损害。但协商无果，该厂仍未完整支付技术转让费。鉴于此，深圳××生物股份有限公司决定向××市××区人民法院起诉，以维护自己的合法权益。

　　根据上述案情，请代深圳××生物股份有限公司写一份商务纠纷起诉状，要求××市制药厂承担全部诉讼费用和公司的经济损失，并按约定支付剩下的技术转让费。

Writing

第九章
大学生实用文书

> 人生在世，不出一番好议论，不留一番好事业，终日饱食暖衣，不所用心，何自别于禽兽。
>
> ——北宋文学家、思想家 苏辙

> 我认为人生最美好的主旨和人类生活最幸福的结果，无过于学习了。
>
> ——法国伟大的批判现实主义作家 巴尔扎克

任务导入

成都某报社20××年8月18日发布一则招聘启事：

根据业务发展需要，成都日报向社会公开招聘战略规划业务经理岗位，具体要求如下：

招聘人数：1人。

岗位职责：

1. 市场与用户信息、数据分析的研究和转化。

2. 企业发展方向的调研论证、项目预研、形成业务发展规划。

3. 产出轻量级分析文章、深度研究报告、决策参考、行业发展白皮书、精品案例集等研究成果。

任职资格：

1. 全日制本科及以上学历，企业管理、金融、新闻、统计学相关专业。

2. 两年以上传媒从业经验，具有产品、战略、政府事务等相关工作经验。

3. 具有突出的学习能力和思考能力、良好的沟通表达能力，文字表达功底强，能制作PPT，掌握一定程度的研究方法论。

从即日起，有意者请与419550××@qq.com侯老师联系。咨询电话：028-80××3033。

成都××报社

20××年8月8日

请根据以上招聘启事写一封自荐信。

内容认知

大学生实用文书是大学生在学习工作中经常使用的应用文，是总结得失、研究问题、寻找工作的实用文书，是应用文写作的重要组成部分。这类文书不仅能够帮助大学生处理日常事务，还能够提升他们的沟通表达能力，增强社会责任感，为未来的职业生涯打下坚实的基础。因此，大学生应掌握几种常用的文书，不断提升自己的综合竞争力。

学习目标

知识模块九	能力维度	重难点
毕业论文	掌握与写作	
求职类文书	写作与应用	重点：毕业论文、求职类文书、演讲稿
演讲稿	掌握与应用	
申请书	了解	难点：毕业论文的撰写
实习报告	理解与掌握	
综合素养提升：政策分析能力、逻辑思维能力、构思布局能力、跨学科思考能力、锤炼文字能力		

☑ **主修模块**

第一节　毕业论文
第二节　求职类文书

☑ **辅修模块**

第三节　演讲稿
第四节　申请书
第五节　实习报告

第一节
毕业论文

每到毕业季，大学生们会为两件事忙前忙后：一是实习求职；二是撰写毕业论文。撰写毕业论文是大学生毕业前必须完成的学业工作。一些应届毕业生不仅兼顾在校园内的学习，而且还积极走出校园观察、访谈，调研专业领域的现实问题，为撰写论文提前做好准备工作。

毕业论文是高等学校应届毕业生针对某一问题，综合运用自己所学专业的基础理论、基本知识和基本技能，进行探讨和研究后写出的阐述解决某一问题、发表自己学术见解的文章。毕业论文通常是在导师的指导下，由学生独立完成的一项科学研究成果的文字记录。它旨在检验学生掌握知识的程度、分析问题和解决问题的基本能力以及从事科学研究的初步

能力。

一、毕业论文的特点和种类

（一）毕业论文的特点

（1）理论性　毕业论文应具备一定的理论深度，这要求大学生对相关理论有深入的理解和掌握，并能够将其应用于自己的研究中。写作过程中，需要将复杂、丰富的素材进行综合分析，从现象到本质，总结出规律，进行论证。

（2）创造性　毕业论文不能一味重复前人的观点，应该表现出大学生的创造性思维能力，能够提出新颖、独特的研究问题、方法或结论。创造性并不仅仅意味着全新的发现，也可以是对已有知识的重新组合或创新应用。

（3）专业性　毕业论文应该展现出大学生在专业领域内的知识和技能。这包括对相关文献的熟悉程度、专业术语的准确使用，以及对研究方法和技术的掌握等。

（4）实践性　毕业论文应关注实际问题，将理论研究成果应用于实践中，提出可行的解决方案或建议。论文的研究出发点是为了解决现实问题，论文研究结果应对实际工作或者学术研究相关领域具有指导意义。

（二）毕业论文的种类

毕业论文按照不同学科类型可以分为文学论文、哲学论文、经济学论文、理学论文、工学论文等；按申报学位可分为学士、硕士和博士三种类型；另外还有一种综合型的分类法，即把毕业论文分为专题型、论辩型、综述型和综合型四类。

二、毕业论文的结构和内容

毕业论文通常由以下几个部分组成，如图9-1所示。不同学校或专业要求的毕业论文结构可能有些许差别，格式则参考各个学校发出的相关文件进行调整。

三、毕业论文的写作流程

毕业论文兼具应用与学术属性，写作从构思到成文，时间跨度长，写作难度比较大，需要较长的准备时间。一般可按照以下步骤完成。

（一）选题

毕业论文应在本专业范围内选题，具有专业特色、符合专业培养目标。可以选择专业中某个问题的一个侧面，也可以选择专业内作者感兴趣的方向，还可以根据作者已掌握的素材从中进行选择。应注意以下两点：

（1）选题内容具有价值　这体现在有理论价值探讨的、代表未来发展趋势的、现存研究尚且是空白的或能解决实际问题的选题。

（2）选题难度适中　选题既不能过难而影响毕业，也不可过于简单而体现不出大学生应有的素质水平。学生要结合所处的研究环境和个人学识、掌握的素材来选题。对于本科生来说，选题不应该过于宏大而言之无物，而应做到小中见大，找准研究角度切入。

××××问题的研究
——以××××为例

摘要：×××××××××××××（研究背景），×××××××××××××（研究范围）。采用××××××××研究方法，研究了×××××××××××××内容。做了××××××××××××工作，得到×××××××××××××结果，得出×××××××××××××结论，具有×××××××××××××意义。

关键词：×××、×××、×××

目录

第1章　×××××……………………………………………………………第1页
第2章　×××××……………………………………………………………第×页
第3章　×××××……………………………………………………………第×页
第4章　×××××……………………………………………………………第×页
第5章　×××××……………………………………………………………第×页
第6章　×××××……………………………………………………………第×页

第1章　绪论

1.1　研究背景及研究意义（引言）
1.2　国内外研究现状
1.2.1　国内文献综述
1.2.2　国外文献综述
1.3　研究思路与方法
1.4　研究结构与内容

第2章　×××问题理论基础

2.1　理论一
2.2　理论二
2.3　理论三

第3章　×××问题现状

3.1　××基本情况
3.2　问题现状及历史脉络

第4章　×××问题分析

4.1　问题现状评价（理论联系实际展开评价与分析）
4.2　问题分析（灵活运用不同的分析工具和方法，全面、深入理解问题）

第5章　××××问题解决措施

5.1　问题原因分析
5.1.1　原因1
5.1.2　原因2
5.2　措施建议
5.2.1　措施1
5.2.2　措施2

第6章　结论（结论与展望）

通过××××理论分析和××研究×××××××××相关问题，得出结论：
1. ××××××××××××××××××××××××××××××××××××。
2. ××××××××××××××××××××××××××××××××××××。
3. ××××××××××××××××××××××××××××××××××××。

参考文献
致谢
附录

图9-1　毕业论文的写作模板

（二）填写毕业论文任务书

毕业论文任务书是指导教师和学生在进行毕业论文写作前，明确研究任务、目标和要求的重要文字内容。

（三）搜集整理分析材料，提炼观点

1）搜集的材料要具有权威性、全面客观，可以搜索前人相关问题的研究论文和报告。

2）在广泛搜集材料的基础上整理综合，对前人的观点做概括。

3）运用哲学思维方法和逻辑撰写文献综述。

（四）拟定提纲

拟定论文提纲是写作过程中的重要一步，它有助于组织思路、规划论文结构，并为后续的写作提供指导。拟定出优质提纲的前提是广泛的文献阅读和分析概括。

（五）撰写初稿

撰写初稿时注意材料和数据的恰当运用、论证的严密性、各部分的结构关系、行文的风格等。

（六）修订定稿

从初稿到定稿有多次修改完善的过程，主要从以下几个方面检查修正：

1）论点是否鲜明。

2）论据是否充实。

3）论证是否严密。

4）结构是否完整有逻辑。

5）语言是否通顺并有专业性。

6）格式排版等是否正确。

四、毕业论文的结构和内容

（一）标题

标题是论文的"眼睛"，应准确、简明地反映论文的核心内容。标题应直接标明主题，提出自己的观点，表明论文论及的内容、范围等。毕业论文的标题居中，用比正文大 2~3 号的字体，要反映论文主题、体现作者意图。可直接写一个标题，如《××矿业城市生态补偿模式与机制研究》《基于××理论的某国企管理人员薪酬体系设计》；也可以包括总标题、副标题，如《上市公司财务风险研究——以××地产为例》《建设世界一流旅游目的地的理念创新——以北京为例》。

（二）署名

署名有第一作者、第二作者、通讯作者等。毕业论文署名位于标题之下，一般包括作者的专业、学号和姓名。

（三）摘要

摘要是论文内容的简短陈述，一篇毕业论文可以有中英文摘要，英文摘要在中文摘要之后。摘要以 200~500 字为宜，解释论文的主要内容和观点。

毕业论文的摘要应指出论文写作的目的和重要性，研究的范围、主要任务和前提条件，文章的基本观点及研究方法，课题的工作程序，研究之后的新发现、新成果，以及所得出的重要结论等。

（四）关键词

关键词是从论文的题目、正文和摘要中抽选出来的，能够提示或表达论文主题内容的词，一般是名词。一篇毕业论文通常有 3~5 个关键词。

（五）目录

论文目录是毕业论文的提纲，也是一篇学术论文的重要组成部分。它概括和提要了整篇论文的内容，包括标题、正文及附录三部分。目录的作用在于帮助读者迅速了解论文的内容梗概，以便决定是否阅读全文，同时便于读者对所列参考文献进行检索。

目录在关键词后面、正文前，需要与正文中的各章节标题一一对应。

（六）正文

毕业论文正文是整篇论文的核心部分，需要按照规定的格式和要求进行撰写。写作正文时，通过合理的结构安排和内容呈现，可以充分展示作者的学术素养和研究能力。毕业论文的正文一般由绪论、本论和结论三部分构成。

（1）绪论　绪论又称序言、前言、引言、引论等，简要说明研究的目的、范畴、方法、预期成果、意义等。

（2）本论　本论为核心部分，充分展开论证过程，做到论据真实、充分，论证严密，结构安排有逻辑性（可用小标题明晰化、层次化）。

（3）结论　结论要承接本论、照应绪论，体现出作者的意图；结论表述要准确、完整、明确、精炼；在结论部分可提出尚待解决的研究问题与设想。

（七）参考文献

参考文献是论文的重要组成部分，应列出在正文中引用过的所有文献，以证明自己的观点和研究成果的来源。对毕业论文中的引文必须进行标注，否则有抄袭和剽窃之嫌。

（八）致谢

毕业论文的致谢部分是对在论文写作过程中给予帮助和支持的人或机构表示感谢的文字。这部分内容虽然不长，但非常重要，因为它能够表达作者的感激之情，彰显作者的感恩之心。

在撰写毕业论文时，大学生需要遵循学术规范和学术诚信原则，确保论文内容的真实性、准确性和完整性；同时，还需要在导师的指导下，不断修改和完善论文，提高论文的质量和水平。

（九）附录

毕业论文的附录是论文正文的一个补充部分，用于提供与论文相关但不适合放在正文中的材料。附录的内容丰富多样，可以根据论文的需要和学科特点来确定具体的内容，如原始数据、访谈提纲、问卷等。

例文 9-1

CD 电信营业厅排队问题研究

××，×× 大学，××× 专业

摘要　电信营业厅顾客排队是一个常见的现象。为了提高顾客满意度并为实现电信企业转型提供保障，必须妥善解决这个问题。而解决该问题的基本目标是缓解波动的顾客需求与电信营业厅有限的服务能力之间的矛盾。

本文基于排队论和需求管理的理论，在前期对 CD 电信营业厅进行资料收集和对顾客进行问卷调查、访谈的基础上，对数据进行统计分析，以反映目前 CD 电信营业厅排队现状。之后，从顾客角度出发，分析了造成 CD 电信营业厅排队问题的原因，进而从缴费类型和对时间与价格敏感度两个角度对顾客的需求进行了分析。在此基础上，笔者提出三种基于需求管理的解决电信营业厅排队问题的措施：一是分流顾客；二是分号停机；三是促进非高峰期需求。

关键词：排队论，需求管理，电信营业厅

ABSTRACT（略）

目录

（略）

第 1 章　引言

1.1　选题背景

　　CD 电信公司正面临由传统基础网络运营商向现代综合信息服务提供商转型的关键发展期。在新的企业定位中，其已经明确了服务提供商的身份，也就是说，CD 电信公司是一个以提供信息服务为主导的服务型企业。作为服务型企业，不仅要为顾客提供优质的产品，其配套的服务水平也应该作为衡量其优劣的重要因素。正是考虑到服务在电信企业中的重要地位，CD 电信公司将服务文化建设纳入企业文化建设中，以服务文化为抓手，切实落实和贯彻 CD 电信企业文化的精髓。

　　（略）

1.2　研究目标和意义

　　研究电信营业厅顾客排队问题的目标是缓解波动的顾客需求与电信营业厅有限的服务能力之间的矛盾。

　　（略）

1.3　研究思路

　　（略）

第2章 研究的理论基础

2.1 排队论

排队论是运筹学的一个分支,又称随机服务系统理论或等待线理论,是研究要求获得某种服务的对象所产生的随机性聚散现象的理论。

(略)

2.2 需求管理理论

(略)

第3章 CD电信营业厅排队问题现状

3.1 现状概述

通过调研 CD 电信的营业厅,我们发现各厅都存在不同程度的排队现象。我们在 CD 电信的人东、新华、东郊、南郊、西郊、北郊和浣花营业厅对 209 名顾客做了一次问卷调查,对顾客在营业厅排队时间做了一个统计,见表 3-1。

表 3-1 顾客在营业厅的排队时间统计

排队时间 /min	1~5	5~10	10~20	20~30	30~40	40 以上
计算平均值所取值 /min	3	8	15	25	35	0
人数（人）	25	61	68	42	13	0
所占比例	12.0%	29.2%	32.5%	20.1%	6.2%	0

分别计算出等待时间的平均值和置信度为 0.95 的置信区间……

第4章 CD电信营业厅排队问题的原因分析

为了更加准确地找到解决电信营业厅顾客排队问题的途径,我们对造成顾客排队的原因进行深入分析。

4.1 (略)

4.2 (略)

第5章 基于需求管理的CD电信营业厅排队优化措施

5.1 顾客的需求分析

需求管理的首要任务便是对顾客的总需求进行分析,研究总需求是否可以被分为不同的子需求。

(略)

5.1.1 两类缴费顾客的对比

本文主要研究的是去营业厅缴纳话费的那部分顾客。提取 20×× 年 1~10 月办理费用缴纳业务的顾客数据平均值,得到各种缴费方式的顾客比例,如图 5-1 所示（红旗连锁代收方式数据不全,不计入其中）。

图中……

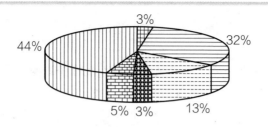

（数据来源：CD 电信财务数据库）

图 5-1　各种缴费方式的顾客比例

5.1.2　顾客对时间和价格的敏感度分析

用一个时间和价格敏感度的二维坐标矩阵对缴费顾客进行需求划分。

如图 5-2 所示，通过该二维坐标矩阵，我们将顾客分为四类：

（略）

5.2　基于需求管理的优化措施

5.2.1　分流顾客

5.2.1.1　分流顾客的基本思路

分流顾客是……

5.2.1.2　分流顾客的理论依据

分流顾客的措施的理论依据在于……

5.2.1.3　分流顾客的具体措施

根据……

由此，依据分号停机的理论基础，我们在建立分号停机模型的时候，可以借用《信号与系统》中关于线性时不变系统平稳冲激响应的方法。

时不变性的含义是，如果系统的输入在时间上有一个平移，则由其产生的响应也产生一个同样的平移，即……

5.3　优化实施后的排队模型

为了……

参考文献（略）

致谢（略）

附录（略）

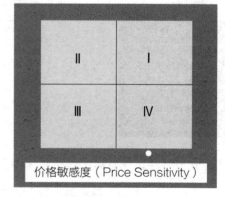

图 5-2　二维坐标矩阵

第二节
求职类文书

就读于动漫专业的张华同学，在求职时发现心仪的一些岗位投简历的人特别多。茫茫简历海洋中，如何让自己的简历脱颖而出是个问题。是找人写推荐信呢，还是用其他方法？

思前想后，张华将自己大学阶段的典型动漫作品和获奖情况融合个人信息做成视频版的求职信，发布到网络。由于张华本人的专业功底出色，加之思考了独特的求职方法，众多企业纷纷抛来橄榄枝，张华则只需要思考"选择"的问题了。

一、求职信

（一）求职信的定义

求职信是求职者写给用人单位的信，目的是让对方了解自己、相信自己、录用自己。它是一种私人对公并有求于公的信函，一般是为发挥"毛遂自荐"的作用，是自我表白的文字材料。

（二）求职信的特点

（1）目标针对性　求职信应该针对特定的职位和用人单位的性质、特点、需求进行撰写。这意味着需要了解目标职位的要求和企业文化，然后有针对性地展示自己符合这些要求的能力和经验。目标针对性有助于让雇主感受到求职者是真正对他们公司和职位感兴趣，并且为此做了充分的准备。

（2）态度谦和　求职信要充分展示自己的才智，但避免使用过于自信或傲慢的措辞，保持谦逊和尊重，这样更容易赢得雇主的好感；同时也要避免过分谦恭谨慎，给人信心不足的印象。应做到不卑不亢、大方得体。

（3）突出个性　突出个性不仅有助于给雇主留下深刻印象，还有助于将自己与其他求职者区分开来。在能力方面，要突出特长，展示自己的与众不同；在语言表达和构思上，要展示文采和个人魅力。个性化的求职信更能吸引雇主的注意，增加获得面试机会的可能性。

小故事

年轻时的孟浩然有兼济天下的志向，曾参加科举考试，落榜之后转而寻求他法，其中就包括写"求职信"。孟浩然作为有名的隐士，求职信很少，其中最有名的就是：

望洞庭湖赠张丞相
八月湖水平，涵虚混太清。
气蒸云梦泽，波撼岳阳城。
欲济无舟楫，端居耻圣明。
坐观垂钓者，徒有羡鱼情。

（三）求职信的结构和内容

求职信的基本格式与一般书信无异，主要包括抬头、正文、结尾、署名和成文日期，如图 9-2 所示。

```
尊敬的×××：                                          抬头

    我 是 × × ×，从 × × × × × × 渠 道 获 知 招 聘 信 息。      正文——获悉渠道
× × × × × × × × × × ×。

    本 人 基 本 情 况 如 下 ： × × × × × × × × × × × ×，      正文——基本介绍
× × × × × × × × × ×。

    本 人 擅 长 × × × × × × × × × × × ×，有 × × × × 的 相 关 经 验，   正文——个性特长
能 够 胜 任 × × × × × × × × × × ×。

    × × × × × × × × × × × ×，期 盼 获 得 您 的 回 复。联 系 方 式：   结尾——盼复祝语
× × × × × ×。

                                             × × ×           署名

                      20 × × 年 × × 月 × × 日          成文日期
```

图 9-2　求职信的写作模板

1. 抬头

求职信的抬头与一般书信不同，书写时须正规些。如果写给国家机关或事业单位的人事部门负责人，可用"尊敬的 × × 处（司）长"；如果是企业负责人，则用"尊敬的 × × 董事长（总经理）""尊敬的 × × 总监（经理）"；如果是写给学校或者研究所的求职信，可称呼"尊敬的 × × 教授（校长、老师）"。

无论写给什么身份的人，都要正式规范，切不可用"× × 前辈""× × 师兄"等不正规的称呼。

2. 正文

求职信的核心部分是正文，形式多种多样。

正文开头部分可以说明求职信息来源，如"从某直聘网站上获悉贵公司正在招聘程序构架师"，开门见山、直截了当，无须客套和过分自谦。

在正文中可以简明扼要地介绍自己与应聘职位有关的学历、经历、成绩等。这些内容要概括，不宜具体罗列，不能代替简历。如果要详细说明，可把简历作为附件附在求职信后。

正文中需要说明职位胜任力，这是求职信最核心的部分，可以介绍自己能胜任该岗位的专业知识和能力、与之相关的社会实践经验。在介绍自己的特长和个性时，要突出该能力和特长与所申请职位的联系，与之无关的内容可以省略不写。比如，应聘市场营销职位，可以在求职信中介绍自己的性格"善于交际"，如果本人"喜好安静、独处"则不宜在求职信中写出。

3. 结尾

求职信的结尾一般应表达两层意思：一是希望对方给予答复，并希望能够得到面试的机会；二是表示敬意、祝福，如"祝工作顺利""感谢百忙之中阅读""祝贵公司事业蒸蒸日上"等，也可以只用"此致敬礼"之类的通用词。在结尾部分要强调自己的联系方式，附上可联系的电话号码、邮箱地址、QQ、微信号等，方便对方及时联系。

4.署名和成文日期

署名和成文日期均靠右顶格写。署名直接签上自己的名字即可；成文日期写在署名右下方，用阿拉伯数字书写，写全年、月、日。

（四）求职信的写作注意事项

（1）内容真实、恰如其分　求职信中的所有信息，包括教育背景、工作经历、技能等，都必须是真实的。虚假信息可能会让你在面试中露出马脚，甚至导致被雇主拒绝。确保真实性的同时，还需要确保信息的准确性，避免因为信息错误或遗漏而给雇主留下不良印象。

（2）言简意赅、短小精悍　求职信语言要言简意赅，避免冗长和啰唆。每个句子都应该有其明确的意图和价值，不要包含无关紧要的信息。使用直接、清晰的语言，避免使用模糊或含糊不清的表达方式。

（3）一般不提薪酬待遇　求职信一般是"敲门砖"，在写求职信的初步接触阶段，讨论薪酬可能不是最合适的时机。通常情况下，薪酬是在面试过程中或得到工作机会后才详细讨论的事项。求职信中不提及薪酬可便于你在后续的谈判中保持灵活性。

例文 9-2

大学生求职信示例

尊敬的 ××× 领导：

　　您好！

　　首先感谢您在百忙之中亲阅我的求职信！我一直在关注贵单位的信息，我是 ×× 学校的学生。近日我从学校招聘专栏中得知贵单位今年的招聘计划，因而写了这封求职信。

　　我是财会专业 2021 级学生，将于 2025 年 7 月毕业，并获大学本科文凭和管理学学士学位。

　　四年的大学生活使我在专业知识水平上取得了很大的发展与进步。大学期间，我主修财会，在财务管理、审计、管理会计等方面均成绩优异，并于 2022 年年初获得初级会计证书，目前正在准备注册会计师的考试。同时，在管理学、营销学、计算机等非专业课程方面，我也严格要求自己，从各方面充实提高自己。

　　针对 21 世纪对人才的要求，我与实践相结合，从各方面锻炼自己适应社会的能力。大学期间，我曾做过多次实习，曾在 ×× 会计事务所实习两个月。

　　大学生活丰富多彩，但我更愿意以我的才智、朝气、热情以及认真负责的工作态度得到贵单位的青睐。若我有幸成为贵单位的一员，我将会十分珍惜这次机会，竭尽全力为贵单位的灿烂明天贡献自己的才智与汗水。

　　为了便于您对我有一个全面的了解，随信附上个人简历及各项证明材料。

　　切盼回复！

　　祝您工作顺利、万事如意！

自荐人：×××

2025 年 03 月 ×× 日

二、简历

（一）简历的定义

简历，顾名思义，就是对个人学历、经历、爱好、特长及其他有关情况所做的简明扼要的书面介绍。简历是有针对性地自我介绍的一种规范化、逻辑化的书面交流材料。对应聘者来说，简历是求职的"敲门砖"；对招聘方而言，简历是对求职者产生第一印象的载体。

成功的简历是一件"营销武器"，它向未来的雇主表明自己拥有能够满足特定工作要求的技能、态度、资质和自信。

（二）简历的特点和种类

1. 简历的特点

（1）精炼性　好的求职简历必须清晰明了，方便招聘人员从中获取有用的信息。

（2）结构性　不同于求职信，简历排版有一定的结构，按照模块进行排列组合。

2. 简历的种类

（1）时序型简历　这是最普通也是最直接的简历类型，即从最近的经历开始，逆时间顺序逐条列举个人信息。这种简历清晰、简洁，便于阅读。一份按时序排列的简历应包括目的、摘要、经历和学历等部分。

（2）功能型简历　强调自己的资历与能力，并对专长和优势进行一定的分析和说明。工作技能与专长是功能型简历的核心内容。一份功能型简历一般包括目的、成绩、能力、工作经历和学历等部分。

（3）复合型简历　该简历是时序型和功能型的结合运用，可以按时间顺序列举个人信息，同时刻意突出自己的成绩与优势。一份复合型简历一般包括目的、概况、成绩、经历和学历等部分。

（4）业绩型简历　业绩型简历以突出成绩为主，因此一般将"成绩"栏提到"目的"栏后。一份业绩型简历一般包括目的、成绩、资历、技能、工作经历和学历等部分。

（三）简历的结构和内容

简历一般由基本情况、教育背景、实践经历、专业技能、自我评价五个模块组成可以根据个人的求职目的自由组合，如图9-3所示。

（四）简历的写作注意事项

书写简历时，一般注意以下几个方面：

（1）明确职业定位和目标　求职前先确定自己的求职岗位和目的，了解招聘公司的企业文化和岗位特点，务必在制作简历时，使自己的经历、业绩和公司岗位能进行匹配，吸引招聘人员的注意。

（2）简历必须简洁明了，以数据服人　简历的简洁体现在语言上言简意赅、排版上直接明了；可以用点列式、表格、粗体等排版方式进行强调。用数字进行行业业绩量化。

（3）重点突出近三年的业绩和工作，强调核心竞争力　应届毕业生突出学习期间的成绩、荣誉、学历背景、特殊经历和专业训练；社会求职突出近三年的工作业绩、专业特长。

求职意向

个人资料

姓名：	性别：	民族：	年龄：
籍贯：		专业：	
政治面貌：		爱好：	
电子邮箱：		联系电话：	

教育背景

个人能力

1. 外语能力：

2. 计算机能力：

3. 主修课程：

社会实践 / 项目经历

所获证书及奖项

自我评价

图 9-3　简历的写作模板

（4）强化个人目标和人生规划　撰写简历要注重个人规划和企业发展是否匹配，这也是有经验的招聘人员关心的问题。

例文 9-3

求职简历

个人资料：

姓名：王明

性别：男

寸照：（略）

出生年月：××××年××月

联系电话：×××××××

求职意向：×××岗位

电子邮箱：××××××@163.com

联系地址：重庆市××区××街道××号

政治面貌：中共党员

教育背景：

××大学　信息安全专业

预计毕业时间：××××年××月

GPA：××（满分××）

奖励与荣誉：

××××年全国大学生信息安全竞赛××赛区一等奖

××××年××大学计算机学院学术科研活动积极分子

××××—××××学年获得国家一等国家奖学金

××××年××大学信息安全专业优秀学生奖

社会实践经历：

20××年××月—20××年××月，在某知名互联网公司担任信息安全实习生，参与公司内部网络安全监测与防护工作，成功识别并处理6起潜在安全风险。

20××年××月—20××年××月，参与校级信息安全科研项目，负责数据收集与分析工作，为项目团队提供关键的数据支持，最终项目成果获得校级科研奖励×××元。

专业技能与证书：

熟练掌握信息安全相关知识，包括密码学、网络协议分析、系统安全等。

精通多种编程语言，如Python、Java、C++等，具备良好的编程能力。

持有国家信息安全专业技术人员（CISE）认证证书。

通过英语CET-6考试，具备良好的英语听说读写能力。

个人兴趣与爱好：

对信息安全领域充满热情，经常关注国内外最新的安全动态和技术发展。

热衷于参加各类信息安全竞赛，不断提升自己的专业技能和解决问题的能力。

喜爱阅读和运动，善于利用业余时间充实自己，保持良好的身心状态。

自我评价：

作为一名信息安全专业的大四学生，我具备扎实的理论基础和丰富的实践经验。在校期间，我不仅努力学习专业知识，还积极参加各类社会实践活动和竞赛，不断提升自己的综合素质。我热爱信息安全领域，愿意为此投入更多的时间和精力，希望能够加入贵公司，为公司的网络安全事业贡献自己的力量。

第三节

演讲稿

由于人类社会发展的需要而产生了语言；由于语言的发展和发音器官的进化，有声语言成为主要的表达方式；又由于要更加充分地表达思想感情，人们把有声语言和态势语言有机地结合起来，这就是作为一种语言表达方式的演讲的起源。

东周包括春秋和战国两个时期。当时，儒家的孔子、孟子和荀子，墨家的墨子，道家的庄子，法家的韩非子，以及名家的惠施、公孙丑等，都用自己治理天下的政治见解和思想主张，对社会进行游说，形成了"百家争鸣"。这就是最早的演讲。

一、演讲稿的定义

演讲稿也称演讲词，是在较为隆重的仪式上和某些公众场合发表的讲话文稿。演讲稿是进行演讲的依据，是对演讲内容和形式的规范和提示，体现了演讲的目的和手段。演讲稿是人们在工作和社会生活中经常使用的一种文体。它可以用来交流思想、感情，表达主张、见解，也可以用来介绍自己的学习、工作情况和经验等。演讲稿具有宣传、鼓动、教育和欣赏等作用，它可以把演讲者的观点、主张与思想感情传达给听众及读者，使他们信服并在思想感情上产生共鸣。

二、演讲稿的特点和种类

（一）演讲稿的特点

（1）针对性　演讲是一种社会活动，是用于公众场合的宣传形式。它为了能够用思想、感情、事例和理论来打动听众、"征服"听众，必须有现实的针对性。所谓针对性，首先是作者提出的问题是听众所关心的问题，它的评论和论辩要有雄辩的逻辑力量，要能为听众所接受并心悦诚服，要能吸引听众注意力，引起听众的重视。如著名爱国人士闻一多先生的《最后一次演讲》的内容，其针对性是非常强的。他针对的社会现实就是爱国民主人士李公朴因积极参加爱国民主斗争，被国民党特务杀害，引起公愤。

（2）演示性　演讲是"演"和"讲"的统一体。它既要向听众传输有声语言，又要把自己的观点、姿态展现给听众，因此具有极强的表演色彩。这就要求演讲者不仅要注重口头语言的表达，还要运用各种技巧，以达到较好的效果。

（3）鼓动性　演讲是一门艺术。好的演讲会有一种激发听众情绪、赢得好感的鼓动性。要做到这一点，首先演讲稿思想内容要丰富、深刻，见解要精辟、独到，语言表达要形象、生动、富有感染力。

（4）口语性　口语性是演讲稿区别于其他书面表达文章和会议文书的重要方面。它有较多的即兴发挥，不可能事先印好演讲稿发给听众。为此，演讲稿必须讲究"上口"和"入耳"。所谓上口，就是讲起来通达流利；所谓入耳，就是听起来非常顺畅，没有语言障碍，不会发生曲解。

（二）演讲稿的种类

演讲稿按用途和性质来划分主要有以下几种类型：

（1）开闭幕词　这是比较隆重的大型会议开始或者结束时所用的演讲稿。

（2）会议报告　这是召开大中型会议时，有关领导代表相应的机关、部门进行中心发言时所使用的讲话稿。

（3）动员讲话　这是在部署重要工作或活动的会议上，有关领导所使用的用于鼓励人们积极开展此项工作或参加此项活动的演讲稿。

（4）指示性讲话　这是有关领导对特定的机关和人员布置的工作、任务，指出希望和要求并规定某些指导原则时使用的演讲稿。

（5）纪念性讲话　这是有关领导在追忆某一特殊的日子、事件或人物时所使用的演讲稿。

三、演讲稿的结构和内容

演讲稿没有固定的格式，根据听众的不同，可以灵活进行安排。一般来说，演讲稿包括标题、抬头、开场白、主体和结尾五部分，如图 9-4 所示。

×××××××× ——××××	标题
女士们、先生们（同学们、老师们）:	抬头
×××××××××××（天气、心情、典故、名人名言等）。	开场白
（总）××××××××××××××××。（分）×××××××××××× ×××××××××××××××××××××××××××××××××××。 （总）××××××××××××××××。（分）×××××××××××× ×××××××××××××××××××××××××××××××××××。	主体
同志们，××××××××××××××××（号召）。 ××××××××××××××××××××××（展望未来）。	结尾——动员、号召、展望

图 9-4　演讲稿的写作模板

1. 标题

标题的形式有三种：主题型标题，如戴高乐的《告法国人民书》；内容型标题，如马丁·路德·金的《我有一个梦想》；问题型标题，如《未来人类将居住在地球什么地方》。

2. 抬头

演讲者对听众的抬头，常见的有“同学们、老师们”“女士们、先生们”“同志们”“朋友们”等。

3. 开场白

开场白要拉近与听众的距离，调动起听众的情绪，是整个演讲氛围的基础。有的开场从天气聊起，有的开场从当下热点话题切入，拉近和听众的距离；有的开场点明主题、交代背景，引起听众的思考。

4. 主体

主体是演讲稿最核心的部分。主体部分要逻辑清楚、层层叠进、张弛有道。因为演讲是口语化表达，为了能更容易被听众理解，需要演讲有层次、有重点、有中心句、有金句，既能让听众记得牢，又能调动气氛，使演讲顺利推进。

5. 结尾

演讲稿的结尾根据不同的主题可以采用不同的结尾方式。有的动员号召，有的展望未来、提出倡议；有的用名言警句、金句结尾，画龙点睛，回味无穷。

四、演讲稿的写作注意事项

（1）措辞偏口语化　演讲稿的语言风格偏向口语化写作，这是演讲稿区别于其他应用文的一个特点。具体要做到：把长句改成容易听懂的短句；把倒装句改为常规句；把听不明白的文言词语、成语加以改换或删去；把单音节词换成双音节词；把生僻词换成常用词；把容易误听的词换成不易误听的词。这样才能保证讲起来朗朗上口，听起来清楚明白。

（2）观点鲜明、突出重点　演讲稿需要明确演讲主旨，突出中心思想。一次演讲涉及的内容可能很多，可是必须有明确的主旨，给听众一个经过提炼的核心思想。提倡什么、反对什么，都要旗帜鲜明，绝对不能模棱两可、含糊其词。

（3）素材丰富、注重内涵　一篇好的演讲稿可以摆事实，讲道理，运用典故，在有力说服听众的同时，还要能带给听众美的享受。

例文 9-4

坚定信心 勇毅前行 共创后疫情时代美好世界
——在 2022 年世界经济论坛视频会议的演讲

（2022 年 1 月 17 日）
中华人民共和国主席　习近平

尊敬的施瓦布主席，女士们，先生们，朋友们：

大家好！很高兴出席世界经济论坛视频会议。

再过两周，中国农历虎年新春就要到来。在中国文化中，虎是勇敢和力量的象征，中国人常说生龙活虎、龙腾虎跃。面对当前人类面临的严峻挑战，我们要如虎添翼、虎虎生威，勇敢战胜前进道路上各种险阻，全力扫除新冠肺炎疫情阴霾，全力促进经济社会恢复发展，让希望的阳光照亮人类！

当今世界正在经历百年未有之大变局。这场变局不限于一时一事、一国一域，而是深刻而宏阔的时代之变。时代之变和世纪疫情相互叠加，世界进入新的动荡变革期。

如何战胜疫情？如何建设疫后世界？这是世界各国人民共同关心的重大问题，也是我们必须回答的紧迫的重大课题。

"天下之势不盛则衰，天下之治不进则退。"世界总是在矛盾运动中发展的，没有矛盾就没有世界。纵观历史，人类正是在战胜一次次考验中成长、在克服一场场危机中发展。我们要在历史前进的逻辑中前进、在时代发展的潮流中发展。

不论风吹雨打，人类总是要向前走的。我们要善于从历史长周期比较分析中进行思考，又要善于从细微处洞察事物的变化，在危机中育新机、于变局中开新局，凝聚起战胜困难和挑战的强大力量。

第一，携手合作，聚力战胜疫情。面对这场事关人类前途命运的世纪疫情，国际社会打响了一场顽强的阻击战。事实再次表明，在全球性危机的惊涛骇浪里，各国不是乘坐在190多条小船上，而是乘坐在一条命运与共的大船上。小船经不起风浪，巨舰才能顶住惊涛骇浪。在国际社会共同努力下，全球抗疫已经取得重要进展，但疫情反复延宕，病毒变异增多，传播速度加快，给人民生命安全和身体健康带来严重威胁，给世界经济发展带来深刻影响。

坚定信心、同舟共济，是战胜疫情的唯一正确道路。任何相互掣肘，任何无端"甩锅"，都会贻误战机、干扰大局。世界各国要加强国际抗疫合作，积极开展药物研发合作，共筑多重抗疫防线，加快建设人类卫生健康共同体。特别是要用好疫苗这个有力武器，确保疫苗公平分配，加快推进接种速度，弥合国际"免疫鸿沟"，把生命健康守护好、把人民生活保障好。

中国言必信、行必果，已向120多个国家和国际组织提供超过20亿剂疫苗。中国将再向非洲国家提供10亿剂疫苗，其中6亿剂为无偿援助，还将无偿向东盟国家提供1.5亿剂疫苗。

第二，化解各类风险，促进世界经济稳定复苏。世界经济正在走出低谷，但也面临诸多制约因素。全球产业链供应链紊乱、大宗商品价格持续上涨、能源供应紧张等风险相互交织，加剧了经济复苏进程的不确定性。全球低通胀环境发生明显变化，复合型通胀风险正在显现。如果主要经济体货币政策"急刹车"或"急转弯"，将产生严重负面外溢效应，给世界经济和金融稳定带来挑战，广大发展中国家将首当其冲。我们要探索常态化疫情防控条件下的经济增长新动能、社会生活新模式、人员往来新路径，推进跨境贸易便利化，保障产业链供应链安全畅通，推动世界经济复苏进程走稳走实。

经济全球化是时代潮流。大江奔腾向海，总会遇到逆流，但任何逆流都阻挡不了大江东去。动力助其前行，阻力促其强大。尽管出现了很多逆流、险滩，但经济全球化方向从未改变，也不会改变。世界各国要坚持真正的多边主义，坚持拆墙而不筑墙、开放而不隔绝、融合而不脱钩，推动构建开放型世界经济。要以公平正义为理念引领全球治理体系变革，维护以世界贸易组织为核心的多边贸易体制，在充分协商基础上，为人工智能、数字经济等打造各方普遍接受、行之有效的规则，为科技创新营造开放、公正、非歧视的有利环境，推动经济全球化朝着更加开放、包容、普惠、平衡、共赢的方向发展，让世界经济活力充分迸发出来。

现在，大家有一种共识，就是推动世界经济走出危机、实现复苏，必须加强宏观政策协调。主要经济体要树立共同体意识，强化系统观念，加强政策信息透明和共享，协调好财政、货币政策目标、力度、节奏，防止世界经济再次探底。主要发达国家要采取负责任的经济政策，把控好政策外溢效应，避免给发展中国家造成严重冲击。国际经济金融机构要发挥建设性作用，凝聚国际共识，增强政策协同，防范系统性风险。

第三，跨越发展鸿沟，重振全球发展事业。全球发展进程正在遭受严重冲击，南北差距、复苏分化、发展断层、技术鸿沟等问题更加突出。人类发展指数30年来首次下降，世界新增1亿多贫困人口，近8亿人生活在饥饿之中，粮食安全、教育、就业、医药卫生等民生领域面临更多困难。一些发展中国家因疫返贫、因疫生乱，发达国家也有很多人陷入生活困境。

不论遇到什么困难，我们都要坚持以人民为中心的发展思想，把促进发展、保障民生置于全球宏观政策的突出位置，落实联合国2030年可持续发展议程，促进现有发展合作机制协同增效，促进全球均衡发展。我们要坚持共同但有区别的责任原则，在发展框架内推进应对气候变化国际合作，落实《联合国气候变化框架公约》第二十六次缔约方大会成果。发达经济体要率先履行减排责任，落实资金、技术支持承诺，为发展中国家应对气候变化、实现可持续发展创造必要条件。

去年，我在联合国大会上提出全球发展倡议，呼吁国际社会关注发展中国家面临的紧迫问题。这个倡议是向全世界开放的公共产品，旨在对接联合国2030年可持续发展议程，推动全球共同发展。中国愿同各方携手合作，共同推进倡议落地，努力不让任何一个国家掉队。

第四，摒弃冷战思维，实现和平共处、互利共赢。当今世界并不太平，煽动仇恨、偏见的言论不绝于耳，由此产生的种种围堵、打压甚至对抗对世界和平安全有百害而无一利。历史反复证明，对抗不仅于事无补，而且会带来灾难性后果。搞保护主义、单边主义，谁也保护不了，最终只会损人害己。搞霸权霸凌，更是逆历史潮流而动。国家之间难免存在矛盾和分歧，但搞你输我赢的零和博弈是无济于事的。任何执意打造"小院高墙""平行体系"的行径，任何热衷于搞排他性"小圈子""小集团"、分裂世界的行径，任何泛化国家安全概念、对其他国家经济科技发展进行遏制的行径，任何煽动意识形态对立、把经济科技问题政治化、武器化的行径，都严重削弱国际社会应对共同挑战的努力。和平发展、合作共赢才是人间正道。不同国家、不同文明要在彼此尊重中共同发展、在求同存异中合作共赢。

我们要顺应历史大势，致力于稳定国际秩序，弘扬全人类共同价值，推动构建人类命运共同体。要坚持对话而不对抗、包容而不排他，反对一切形式的单边主义、保护主义，反对一切形式的霸权主义和强权政治。

女士们、先生们、朋友们！

去年是中国共产党成立一百周年。中国共产党团结带领中国人民长期艰苦奋斗，在国家建设发展和人民生活改善上取得举世瞩目的成就，如期实现了全面建成小康社会目标，如期打赢了脱贫攻坚战，历史性地解决了绝对贫困问题，现在踏上了全面建设社会主义现代化国家新征程。

——中国将坚定不移推动高质量发展。中国经济总体发展势头良好，去年中国国内生产总值增长 8% 左右，实现了较高增长和较低通胀的双重目标。虽然受到国内外经济环境变化带来的巨大压力，但中国经济韧性强、潜力足、长期向好的基本面没有改变，我们对中国经济发展前途充满信心。

"国之称富者，在乎丰民。"中国经济得到长足发展，人民生活水平大幅提高，但我们深知，满足人民对美好生活的向往还要进行长期艰苦的努力。中国明确提出要推动人的全面发展、全体人民共同富裕取得更为明显的实质性进展，将为此在各方面进行努力。中国要实现共同富裕，但不是搞平均主义，而是要先把"蛋糕"做大，然后通过合理的制度安排把"蛋糕"分好，水涨船高、各得其所，让发展成果更多更公平惠及全体人民。

——中国将坚定不移推进改革开放。中国改革开放永远在路上。不论国际形势发生什么变化，中国都将高举改革开放的旗帜。中国将继续使市场在资源配置中起决定性作用，更好发挥政府作用，毫不动摇巩固和发展公有制经济，毫不动摇鼓励、支持、引导非公有制经济发展。中国将建设统一开放、竞争有序的市场体系，确保所有企业在法律面前地位平等、在市场面前机会平等。中国欢迎各种资本在中国合法依规经营，为中国发展发挥积极作用。中国将继续扩大高水平对外开放，稳步拓展规则、管理、标准等制度型开放，落实外资企业国民待遇，推动共建"一带一路"高质量发展。区域全面经济伙伴关系协定已于今年 1 月 1 日正式生效，中国将忠实履行义务，深化同协定各方经贸联系。中国还将继续推进加入全面与进步跨太平洋伙伴关系协定和数字经济伙伴关系协定进程，进一步融入区域和世界经济，努力实现互利共赢。

——中国将坚定不移推进生态文明建设。我经常说，发展经济不能对资源和生态环境竭泽而渔，生态环境保护也不是舍弃经济发展而缘木求鱼。中国坚持绿水青山就是金山银山的理念，推动山水林田湖草沙一体化保护和系统治理，全力以赴推进生态文明建设，全力以赴加强污染防治，全力以赴改善人民生产生活环境。中国正在建设全世界最大的国家公园体系。中国去年成功承办联合国《生物多样性公约》第十五次缔约方大会，为推动建设清洁美丽的世界作出了贡献。

实现碳达峰碳中和是中国高质量发展的内在要求，也是中国对国际社会的庄严承诺。中国将践信守诺、坚定推进，已发布《2030 年前碳达峰行动方案》，还将陆续发布能源、工业、建筑等领域具体实施方案。中国已建成全球规模最大的碳市场和清洁发电体系，可再生能源装机容量超 10 亿千瓦，1 亿千瓦大型风电光伏基地已有序开工建设。实现碳达峰碳中和，不可能毕其功于一役。中国将破立并举、稳扎稳打，在推进新能源可靠替代过程中逐步有序减少传统能源，确保经济社会平稳发展。中国将积极开展应对气候变化国际合作，共同推进经济社会发展全面绿色转型。

女士们、先生们、朋友们！

达沃斯是世界冰雪运动胜地。北京冬奥会、冬残奥会就要开幕了。中国有信心为世界奉献一场简约、安全、精彩的奥运盛会。北京冬奥会、冬残奥会的主题口号是"一起向未来"。让我们携起手来，满怀信心，一起向未来！

谢谢大家

（资料来源：新华社北京 2022 年 1 月 17 日电）

例文 9-5

勇于担起时代之重的人，才能成为大学之大
——在北京大学 2023 年开学典礼上的发言

（2023 年 9 月 8 日）

杨立华教授

老师们、同学们：

上午好。很荣幸作为教师代表在这里给新同学讲几句话。

首先欢迎各位新同学的到来，并对你们将在北大的校园里迈向人生新的阶段表示祝贺。

当然，这份由衷的欢迎和祝贺背后，却又有一些隐隐的担心。作为已经在这个校园里执教 25 年的教师，我见过或听过的太多。我担心你们在竞争的挫败中丧失掉肯定自我的能力，我担心你们在太多的选择面前凌乱了成长的步调，我担心你们因太多现实的考虑消磨了锐气与雄心。虽然我知道，这些担心是没意义的——因为该经历的总得经历。对于有足够准备的心灵来说，一切都没什么大不了的。凡是可能否定你的，都有可能在更高的层面上成就你。我所有的担心都指向一个希望，希望你们不要荒芜了自己的青春。

从今天起，你们的大学生活就开始了。大学之为大学，人格之大与学术、思想之大是题中之义。但是何为大、如何成其大，却没有现成的答案，需要每位同学自己去思考和探索。我在这里谈一点个人的体会。孟子说："充实之谓美，充实而有光辉之谓大。"《周易》《大畜卦》象辞说："刚健笃实辉光，日新其德。"《大畜》之所以有"笃实辉光"，是因为象中的《艮卦》。《艮》之义为"止"（停止的止）。对于你们这个阶段而言，"止"是扎根的努力，是沉潜、蓄积的前提。不管有多么丰富的可能，你总得选一个地方扎下根来。你若志在乔木般的生长，那就把根扎向大地；你若志在江河般的不息，那就把根扎向激流；哪怕你志在追风，那风里也得有你看不见的执着根须。找到一个值得自己为之奋斗终生的志业，在我看来是大学阶段的第一要务。

黑格尔说现代世界是散文，不是诗意的世界。我很喜欢他这个说法，但并不完全赞同。我从不觉得庸俗功利是现代独有的。市侩的算计什么时代都有，所谓"滔滔者，天下皆是也"。市侩永远不会消失，但也总会有诗意和高贵，每个时代都有。现实不是借口，没有人在现实之外，也没有人能完全脱离现实的考虑。但现实可以成为使诗意和高贵成形的条件，关键还是在你自己，在于你究竟想成为什么样的人。诗人西川说："你得相信大海有一颗蓝色的心脏！"

技术宰制的世界，一切似乎都指向了小。当一切似乎都碎片化了，当短的形式笼罩了生活的每一个细节，我们还能够期许完整和全体吗？然而，离开了整全的人格、整全的视野和思想格局、整全的心量，碎片又在何处安顿呢？生态圈里，如果没有参天大树，靠什么来固持水土？我从不排斥小，小当中也可以有丰富和饱满，前提是它得能映现出整全来。太多本该长成参天大树的种子，长成了丛生的灌木。当然，我并没有"荒漠化"之类的悲观感慨。因为过往的职业生涯里，我同样见证了太多渴望成长并一直持续成长的年轻人。而今天，又迎来了你们。在我个人的经验里，要想避免

碎片化，只有通过阅读。对所在学科的经典的完整阅读，借此领会精神展开的脉络。有深度、有硬度的阅读在凝聚精神的同时，也为个体的精神赋予结构。不管信息处理的方式如何演进，书还得一页一页地读，从第一行到最后一行。终有一天，世界会向你呈现为大写的文本，你的阅读和你的行走，也将成为祖国大地上的书写。

同学们！在轻与重之间，我希望你们选择负重的人生。心量取决于意愿。勇于担起时代之重的人，才能成其大。人生因负重而充实，因充实而饱满、光辉。总有一天，你们会成为一代的担纲者，把一个时代的责任掷入自己的胸渊。扎根、沉潜、蓄积，然后绽放。青春是用来绽放的。虽然，绽放只是结成硕果的环节。但不论如何，先绽放吧。就像西川说的："开花，开出你的奇迹来！"

谢谢！

（资料来源：澎湃网）

第四节
申请书

在第75集团军某红军旅荣誉室陈列着一份特殊的入党申请书，这封带有8个弹孔、被鲜血浸透的入党申请书是战士陈占芳上阵地前写下的。战斗中子弹打进他的胸膛，他用生命践行了自己的誓言。

敬爱的党支部：

战斗的号角吹响了，祖国人民在等待着我们的胜利消息。我要以一个共产党员的标准，严格要求自己，党指向哪里，就打到哪里，哪里有艰苦，哪里最危险，就在哪里挺身而出，发扬革命先辈的传统，吃大苦，耐大劳，做到轻伤不下火线，重伤不叫不唤。在进攻的时候，像下山虎一样攻得上，在防御时像泰山一样守得住。做到冲锋在前，退却在后，宁可前进一步死，决不后退半步生，活着一分钟，战斗六十秒。不论在什么时候，在生命受到威胁时，要以大无畏的英雄气概，压倒一切敌人，和它作坚决的斗争，决不当那可耻的叛徒。我是一个共青团员，请党放心，我一定经得起考验，争取在火线上加入党组织，请党支部把最艰巨的任务交给我，我决不辜负党对我的希望，保证完成战斗任务。

以上是我的誓言，请党支部看我的行动吧！

八班战士 陈占芳

（资料来源：央视新闻）

一、申请书的定义

申请书是个人或集体向组织、机关、企事业单位或社会团体表达愿望、提出请求时使用的一种文书。它一般用于向特定的对象提出请求或申请，以期望得到对方的批准或支持。申请书的使用范围广泛，包括贷款申请、工作申请、活动申请等。

二、申请书的特点和种类

（一）申请书的特点

（1）请求性　请求性是申请书的核心特点，它表明申请书的主要目的是向接收者提出某种请求或需求。这种请求可以是入学、贷款、工作、活动等多种类型，但无论何种类型，都需要明确、具体地表述出来，以便接收者能够理解和考虑能否满足申请人的需求。请求时态度要真挚，语气要恳切。

（2）单一性　单一性是指申请书的内容通常针对一个具体的事项或目标，而不会涵盖多个不相关的主题或请求。这种单一性有助于让接收者清晰地理解申请人的需求和意图，从而更快地做出决策或回应。所以申请书应一事一申请，切忌在一份申请书中提出多个请求。

（二）申请书的种类

（1）按照申请人不同划分　申请书按照申请人不同可以划分为个人申请书和集体申请书。个人申请书是由个人撰写的申请书，通常涉及个人事务，如入学申请、贷款申请、工作申请等；集体申请书是由多个人组成的集体或组织撰写的申请书，通常涉及集体事务或共同利益，如社团活动申请、合作项目申请等。

（2）按照内容不同划分　申请书按照内容不同可以分为三个方面：社会组织方面申请书，如入党申请书、入团申请书；工作学习方面申请书，如勤工助学申请书、学生会申请书、社团申请书、工作调动申请书等；日常生活方面申请书，如日常生活中我们会遇到一些需要组织考虑、照顾或解决的事情，如申请福利房、申请困难补助、申请结婚、申请假期等。

（3）按照申请目的不同划分　申请书按照申请目的不同可以分为三个方面：求助类申请书，主要目的是寻求帮助或支持，如贫困补助申请、医疗救助申请等；活动类申请书，主要目的是申请举办或参与某种活动，如文艺演出申请、体育比赛申请等；事务类申请书，涉及日常事务处理的申请，如请假申请、变更联系方式申请等。

这些分类方式并不是绝对的，实际应用中，申请书可能同时包含多个方面的特点。重要的是根据具体情境和需求，选择适当的申请方式，并清晰地表述申请的目的和理由，以便获得批准或支持。

三、申请书的结构和内容

申请书一般由标题、抬头、正文、结语及署名和日期组成，如图9-5所示。

1. 标题

申请书标题居中，字号可比正文大1~2号，一般由"事项＋文种"构成，如"入党申请书"或者直接写"申请书"三个字。

2. 抬头

申请的抬头顶格书写，为上级机关或者相关组织，如"敬爱的×××"。

××××申请书	标题
××××:	抬头
×××（敬语），我怀着××××××××××心情申请××（事项）。	正文——申请事项
理由如下: 1.××××××××××。 2.×××××××××××××××××××××。	正文——申请理由
如若批准，我将××××××××××，特请领导批准。	正文——申请态度
此致 敬礼！	结语
×××（印章） 20××年××月××日	署名和日期

图 9-5　申请书的写作模板

3. 正文

正文主要由申请事项、申请理由、申请态度三部分组成。

正文开头主要表述申请事项。要写清要求上级机关或者相关机构批准的具体问题和事项，这是请示的实质内容，是请示最核心、最重要的部分。

正文主体要阐明申请理由，这是申请事项的基础。一般而言，这部分要写自己遇到的问题和困难，或者申请的依据和条件。这部分要写得恰如其分、言之有据。特别是在请求物资帮助的申请中，对请求数额要有理有据。

正文结尾写请示结语，结语比较简单，应表明申请的诚恳态度，恳请领导批准。

4. 结语

结语可以写对申请批准的迫切希望，也可以表明如果被批准后对未来的展望。

四、申请书的写作注意事项

1）申请书为一事一申请，切不可一个申请书申请多件事情、提出多个要求。

2）申请书的理由充分合理、不可虚夸，材料真实可靠、不可杜撰。

3）申请书的语言简明扼要、态度真诚、言辞恳切。

例文 9-6

入党申请书

尊敬的党组织：

我志愿加入中国共产党。拥护党的纲领，遵守党的章程，履行党员义务，执行党的决定，严守党的纪律，保守党的秘密，对党忠诚，积极工作，为共产主义奋斗终身，随时准备为党和人民牺牲一切，永不叛党。

中国共产党是中国工人阶级的先锋队，同时是中国人民和中华民族的先锋队，是中国特色社会主义事业的领导核心，代表中国先进生产力的发展要求，代表中国先进文化的前进方向，代表中国最广大人民的根本利益。党的最高理想和最终目标是实现共产主义。中国共产党以马克思列宁主义、毛泽东思想、邓小平理论、"三个代表"重要思想、科学发展观、习近平新时代中国特色社会主义思想作为自己的行动指南。

我们党已经走过了100多年的光辉历程，100多道年轮，见证了一个人民利益至上、以民族复兴为己任的政党艰苦奋斗的曲折历程，镌刻着一个国家和民族在党的领导下从贫困落后迈向富强文明的光辉踪迹。党之所以得到人民拥护，是因为我们党始终坚持人民利益高于一切，紧紧依靠人民，一切为了人民，始终是中华民族和中国人民根本利益的忠实代表者、坚毅维护者。

以习近平同志为核心的新一届中央领导集体接过历史的接力棒，开启了为实现中华民族伟大复兴而奋斗的新征程。回首中华民族百年复兴追梦史，我们比历史上任何时期都更接近实现民族复兴的宏大目标。一代人有一代人的使命，更应有一代更比一代强的雄心。团结带领人民不断把中国特色社会主义事业推向新境界，肩负起实现中国梦的历史重任，是当代中国共产党人的神圣使命。

从南湖红船到航天神舟的历史巨变，正是从一叶轻舟动身，引领一个民族从风雨如磐的暗夜起航，劈波斩浪、勇往直前，演绎了人类发展史上的一个又一个传奇。如今，这只革命小船已经成为一艘驶向现代化的社会主义巨轮。在她的背后，更是一个曾经山河破裂、几近亡国灭种的古老民族，扬眉吐气地甩掉了"东亚病夫""劣等民族"的耻辱帽子，重新焕发出蓬勃朝气，巍然矗立在世界的东方，并逐步走向宏大的复兴。

中国共产党是一个先进组织，肩负着中华民族伟大复兴的重任，加入中国共产党才能使自己不断提高和升华，更好地献身共产主义事业，更好地为人民服务。为了树立共产主义和中国特色社会主义事业奋斗终身的坚决信念，一心一意为人民服务，提高在生产、生活、学习和社会生活中的政治觉悟，向党组织申请加入共产党。

联系自身实际，我作为一名石油企业的一线员工，在思想方面，仔细学习党章，树立为共产主义事业奋斗终生的坚决信念；在学习方面，努力提高自己，用学问武装头脑，利用业余时间学习新技术、新工艺，不虚度时间，把自己的青春、才智全部奉献给伟大的社会主义事业；在工作方面，严格要求自己，主动进取，爱岗敬业，虚心学习，努力完成单位领导安排的各项工作学习任务。

在今后，我依据自身问题和不足，特拟定以下安排：①加强理论学习，不断追求思想进步，提高自己的政治和思想觉悟；②多和优秀同志沟通，开展批评和自我批评，总结经历和教训；③加强自身的专业素养和综合实力，在自己的本职工作中踏实肯干，做好模范带头作用；④规范行为和作风，时刻以党章来要求自己，一心一意服务群众。

假如党组织批准我的入党恳求，那么我将决心用自己的实际行动，接受党对我的考验。

假如党组织不能够批准我的恳求，那说明我距离党组织的要求还有一定的差距，自身还存在着缺点和不足。下一步，我将用党员的标准严格要求自己，自觉地接受党员和群众的监督与帮助，克服缺点，弥补不足，争取早日加入党组织。请党组织在实践中考验我!

此致

敬礼!

申请人：×××

20××年××月××日

第五节

实习报告

在学校里，大学生接触到最多的往往是同学和老师，体会不到真正的职场环境，通过实习可以深入了解职场环境，将所学理论知识应用于实践，检验专业技能并发现自身不足。实习有助于学生探索职业兴趣，明确职业定位，为毕业后就业做规划。企业在招聘时，重视实习经历，认为它反映了学生的能力与潜力。实习经验不仅丰富了学生的简历，也帮助他们通过记录和反思，积累职场经验，顺利融入社会。

一、实习报告的定义

大学生在校期间，通过学校安排或者个人联系，去工作岗位进行个人实践的过程称作实习。实习报告是指在实习期间，对实习工作学习经历进行描述的文本。它主要用于对实习期间的工作学习经历进行总结和反思。实习报告的内容通常包括实习单位的基本情况介绍、实习岗位的职责和任务、实习过程中的工作学习内容和经验教训、对实习单位或行业的认识和感受等方面。

二、实习报告的特点和种类

（一）实习报告的特点

（1）客观真实性　客观真实性是实习报告的灵魂。实习报告应该真实反映实习生的工作学习经历，不夸大、不缩小、不歪曲事实。实习生需要客观地描述实习过程中的工作学习内容、遇到的问题和解决方案以及实习成果和收获。只有保持客观真实性，才能让读者对实习生的实习经历有真实可信的了解，进而对实习生的能力和表现做出准确的评价。所以，实习报告中调查、操作和活动的时间、地点、背景、过程、原因和结果等都必须客观反映事实。

（2）内容针对性　实习报告应该紧密围绕实习岗位和实习任务展开，重点关注实习生在实习期间所从事的具体工作和所学到的专业知识和技能。实习生需要针对实习岗位的特点和要求，分析自己在实习过程中的表现和收获，总结实习过程中的经验教训，并提出改进和提高的建议。只有具有针对性的内容，才能让读者对实习生的实习经历和成果有更加深入的了解。实习报告无须面面俱到，而应该针对实习过程中的主要经历及重要经验和教训进行概括和总结。

（3）理实结合性　实习报告不仅需要描述实习生的实际工作学习情况，还需要结合所学理论知识进行分析和总结。实习生需要将实习经历与所学专业知识相结合，用理论知识来指导实习实践，同时用实习实践来验证和丰富理论知识。实习报告从实践出发、阐述观点，不仅有助于实习生更好地理解和掌握专业知识，还能提升实习生的实践能力和创新能力。

（二）实习报告的种类

实习报告按照专业可以分为财会实习报告、营销实习报告、酒店实习报告、机械操作实习报告等；按照实习时间可以分为寒假实习报告、暑假实习报告、毕业实习报告等；按照实习性质可以分为专业实习报告和社会实践报告。

三、实习报告的结构和内容

实习报告一般由标题、署名、内容摘要和正文组成，如图9-6所示。

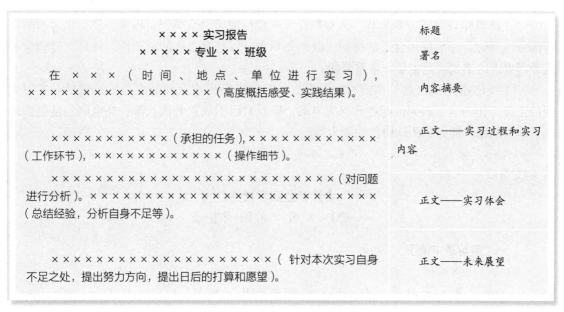

图9-6　实习报告的写作模板

1.标题

实习报告的标题字号可以比正文大1~2号，既可以以文种直接构成，也可以由实习时间或实习单位加文种构成，还可以由正标题和副标题构成，如"从融资风险谈企业举债问题——会计专业实习报告"。

2. 署名

署名一般位于标题之下，除姓名外，还应注明专业和班级。

3. 内容摘要

实习报告简要概述实习的基本情况，如时间、地点、实习单位、任务安排，或将实践感受、实习结果用高度概括的语言反映出来。

4. 正文

正文一般应包括实习过程和实习内容、实习体会、未来展望三部分。实习过程和实习内容可以包括工作流程、操作步骤、重点操作细节；实习体会包括对重点问题的分析和理解；未来展望是针对实习中自身的经验和教学提出学习方向和努力目标。

四、实习报告的写作注意事项

（1）明确报告的目的和读者　在开始撰写之前，明确实习报告的目的和读者是非常重要的。这有助于选择合适的写作风格和语言，以及确定报告的重点和结构。

（2）充分准备和收集资料　在撰写实习报告之前，确保已经充分准备并收集了所有必要的资料。这可能包括实习期间的工作日志、会议记录、项目文件、反馈和评价等。

（3）注意报告的结构和格式　实习报告应该有一个清晰的结构，包括引言、正文和结论等部分。同时，注意使用合适的标题、段落和列表，以提高报告的可读性。此外，遵循学校或导师要求的格式规范也是非常重要的。

（4）突出重点和亮点　在撰写实习报告时，注意突出重点和亮点。重点包括在实习期间的主要工作内容、遇到的问题和解决方案，以及自己的收获和成长等；亮点则包括创新思维、解决问题的能力、团队协作的能力等。

例文 9-7

会计专业实习报告

——20×× 级 ×× 班　张护云

一、实习基本情况

（一）实习时间

20×× 年 ×× 月 ×× 日—20×× 年 ×× 月 ×× 日

（二）实习地点

成都市华贸有限责任公司（以下简称华贸）

（三）实习主要内容

这次毕业实习是教学计划的重要组成部分，是就业的直通车，是落实"国际化、应用型"办学特色的重要举措。要求我们通过毕业实习，理论联系实际，加深对所学专业的感性认识，巩固和提高所学的基础理论及专业知识；让我们在实习中获得实际知识和实际工作技能；培养独立工作和解决实际问题的能力。

在这次实习中，我在华贸担任实习会计，涉及的经济业务较简单，会计核算所涉及的科目、方法、流程也相对简单。主要内容包括：①登记日记账；②盘点；③根据原始凭证编制记账凭证；④根据记账凭证登记各种明细账；⑤装订凭证。

二、实习过程

我的工作时间是早八晚五。刚开始去公司的时候，我只是做一些打印一类的助理工作。半个月后，我的企业实习导师张慧琳让我涉足出纳工作，登记现金日记账和银行存款日记账。我每天必须根据已经办理完毕的收付款凭证，逐笔按顺序登记到现金日记账和银行存款日记账，并结出当天的账面余额，做到日清月清。银行存款日记账的账面余额要及时与银行对账单进行核对。到月末的时候，编制银行存款余额调节表，使账面余额与对账单上的余额调节后相符合，把每天登记的日记账给主管过目，并将记账凭证和账面上的经济业务一笔一笔地进行核对，以防出差错。

12月底张姐带着我去仓库盘点，这次我只是看着她做。公司采用的盘点方法是全面盘点，盘点时，把盘点的货物依据类型、数量依次填入到盘点表上。盘点完后，所有参与盘点的人员都得在盘点表后面签字。签完后，再把盘点表整理一下，核对一下有没有跟账面数相对应。盘点看起来简单，但实际很复杂。一月份至三月份的时候我开始根据原始凭证编制记账凭证，根据记账凭证登记各种明细账，装订凭证。根据原始凭证登记收付转三种凭证，记账凭证的内容要素要齐全，正确填写摘要，一级、二级或明细科目，账户的对应关系、金额都要正确无误。编号要连续，要根据不同情况采取不同的方法。

如果一项业务需要填制一张以上的记账凭证，记账凭证的编号可以采用分数编号法。凭证的书写要清楚规范。张姐经常提醒我凭证要书写清楚，便于审核和查阅。结账和更正错误的记账凭证不用附原始凭证，其他的都要附。如果在填制记账凭证时发生错误，我们采用的是划线更正法，用红笔在错误的科目或金额上划线，然后在上方用黑笔更正并签章。如果有空行就划线注销。填写完毕记账凭证，要进行审核，内容是否真实，项目是否齐全，科目是否正确，金额是否正确，书写是否正确。这些凭证要装订好。装订记账凭证时，可以先用打眼机打三个眼，然后用棉线穿起来，再贴上凭证封面，非常整齐好看。记账凭证要装订保管好，便于查阅。填制好的记账凭证作为根据登入明细账中，明细账也要像凭证一样书写清楚，要审核仔细。

三、实习体会

（一）成绩与收获

在毕业前夕，我最后一次以学生的身份去华贸公司实习。在实习期间，虽然很辛苦，但学到了不少东西，主要如下：

第一，我们要有坚定的信念。不管到哪家公司，一开始都不会立刻给实习生复杂的工作，一般都是先让我们看，时间短的要几天，长的要几周。这个时候我们一定要坚持，轻易放弃只会让自己后悔。

第二，要认真了解公司的整体情况和工作制度。只有这样，工作起来才能得心应手。

第三，要学会怎样与人相处和沟通，只有这样才能有良好的人际关系，工作起来得心应手。与同事相处一定要礼貌、谦虚、宽容，相互关心、相互帮忙和相互体谅。

第四，要多听、多看、多想、多做、少说。要端正自己的态度，这样才能把事情做好。

第五，要善于沟通和虚心请教。只有善于沟通才能很好地向人请教，而只有虚心请教才能真正学到东西。

第六，巩固所学知识，培养自己的实际动手能力。真正地将所学知识运用到实际中，才能体会到如何把理论转变为实际，也能进一步巩固所学的专业知识。

（二）问题与不足

实习期间，我发现了自己的很多不足之处。一是粗心和浮躁。会计是一项细致的工作，而我却时常马虎，这样的情况是不允许经常发生的。一次由于自己的粗心将汇报的材料上交错误，虽然没有直接影响当天工作，但是间接地为后续开会以及其他人员的工作造成了不可避免的阻碍，同事也因为我的失误受到了批评，让我非常内疚，也因此明白了公司是一个大集体，牵一发而动全身，一个小小的漏洞可能会造成一连串不受控制的影响。所以，工作期间态度要认真，工作要细致，结束工作之前要仔细检查，力争完美。二是没有及时转换身份，时有懈怠，有两次迟到。这是因为我没有按照员工标准严格要求自己。良好的工作态度是对工作和公司最基本的尊重，如果每个人都能遵守公司的规章制度，那么不需要过多的精力投入就能让公司运转，因此对于公司的制度要严格遵守，同事不希望有个没有规矩的战友，上级不希望有个不受束缚的下级，因此，要保持自己的执行力。

四、对策与建议

首先，我会调整好自己的心情，认真地对待工作，用心地去做。每天早睡早起，这样不仅有利于身心健康，还能更加积极地投入到工作中，更能帮助自己在工作和休息上达到平衡。并且，良好的休息能使自己保持愉悦的心情，从而更好地工作，这是工作之前必不可少的经验。

其次，要专注工作，在进行工作时要反复审查，完成后也要重新检查。多倾听同事的经验，只有先学习好工作的每一步，然后才能逐渐掌握规律，将自己的创造和想法融入工作中。不要在不了解事情之前就加以推测，要做到知己知彼。

最后，在实习和工作初期，每天总结经验是必不可少的一步。细心留意自己的每一次失误或者成功的关键，能缩短与公司的"磨合期"，迅速提升自己的工作能力。

五、结束语

作为一名未来的会计人员，我们现在刚刚起步，往后会学到更多的东西，并且有很多东西需要我们自己去挖掘。会计是一门实践操作性很强的学科，所以会计理论教学与会计模拟实训如同车之两轮、鸟之两翼，只有两者有机衔接、紧密配合，才能显著提高我们掌握知识的质量。在课本上所学到的理论知识只是为我们的实际执业注明框架、指明方向、提供相应的方法论，真正的职业技巧是要我们从以后的实际工作中慢慢汲取的。而针对实际操作中遇到的一些特殊的问题，我们不能拘泥于课本，不可纯粹地"以本为本"，而应在遵从《企业会计准则》与《企业会计制度》的前提下，结合企业的实际情况可适当地灵活处理。这就将从课本上所学理论知识的原则性与针对实际情况进行操作的灵活性很好地结合起来。作为一名未来的会计人员，我们还应该具有较高的职业道德和专业素养。因此，学校本着理论结合实际的思想，让我们学习实训课，使我们不仅有丰富的理论知识，还有强大的动手能力。这样我们在毕业后走出校门，才能更好地投入到工作中。

六、致谢

回想这五个月的实习生活，短暂而又美好，开启了我未来的职业生涯，这段时光将是我人生中宝贵的财富。感谢成都华贸有限责任公司为我提供实习地点和岗位，感谢指导过我的师傅张慧琳还有同事，感谢所有任课老师，是他们用严谨敬业的态度指导我工作和学习。感谢实习指导王华老师，他用严谨专业的精神指导我找到适合自己的岗位，引领我前进。在此对所有指导过我的老师表示衷心的感谢。在这四年的学习生涯中，我最应该感谢的是我的父母，是他们无私地给予我物质和精神上的支持和鼓励，特在此表示感谢。最后，感谢所有在工作中给予过我帮助的人，帮助我打开了未来职业生涯的大门。

本章小结

本章主要聚焦于大学生日常使用率较高的几种文书，包括毕业论文、求职类文书、演讲稿、申请书、实习报告。特别针对毕业论文和求职类文书进行了深入介绍，详细阐述了它们的写作技巧、要求、模板和写作范围，旨在帮助学生顺利完成毕业论文，同时助力他们找到理想的工作。

此外，本章还涉及申请书、演讲稿和实习报告的写作要点，意在帮助学生更好地融入大学组织、参与社团生活，以及更好地适应社会。通过本章的学习，学生不仅能够掌握这类文书的写作技巧，还能在今后的学习生活中进一步提升自己的日常写作能力。

为了进一步提升文书写作技能，学生还可以参考中国知网、维普、万方等学术平台，阅读优秀的学术论文，从中汲取写作灵感和技巧。同时，也可以利用学习强国等 App，学习更多实用文书写作知识，不断提升自己的写作水平。

综合训练

一、客观题（由任课教师提供）

二、主观题

1.简答题

（1）论文定稿时，需要从哪几个方面进行检查？

（2）简述毕业论文的结构。

（3）撰写简历有哪些实用技巧？

（4）实习报告中一般写哪些内容以突出实习的重点和亮点？

（5）求职活动中使用的求职信和简历有何区别？写求职信要注意什么？

2. 文本诊断题

求职信

敬爱的领导：您好

打扰了，我是×××商业学院即将毕业的学生。很荣幸学的专业符合您单位的需要，我希望在毕业之际，找到一份适合自己的工作，充分地展现自己的才华，实现自己的人生价值。

我的专业是财务。作为一个财务人员，必须具备良好的品质和专业的知识。在校期间，我系统地掌握了统计学、应用文等会计学理论。自入学以来，我一直竭尽全力做好应该做的事情。我告诉自己，哪怕是1%的希望，我也要投入100%的努力。在闲暇之际，我广泛地涉及了大量的书籍，不仅能充实自己，同时，也培养了我诚实、稳重、积极的进取态度。

我知道，作为一个会计人员，计算机和网络是将来的工具，在学好专业的前提之下，我熟练地掌握了计算机技术，并能很好地运用。

现在，我对做好会计工作非常自信，我不满足于现有的知识水平，期望在实践中得到锻炼和提高，因此我希望能够加入你们的单位。我会踏踏实实地做好属于自己的工作，竭尽全力地在工作中取得好的成绩。我相信经过自己的勤奋和努力，一定会做出应有的贡献

感谢您在百忙之中所给予我的关注，我希望能成为您单位的一员，努力工作，用自己的实际行动证明，您的选择是正确的。恳请您在××月××日前务必给予答复。

愿贵公司兴旺发达。

此致敬礼

求职人：王星

20××年××月

---

3. 应用写作题

（1）请结合个人实际写一份入党申请书，要求言辞真切、格式准确。

（2）请根据专业兴趣选择一个研究点，撰写论文的摘要和目录提纲部分。

（3）请根据个人实际情况选择感兴趣的某一岗位，有针对性地写一份求职简历。

参考文献

［1］ 刘大鹏，郭志碧.财经应用写作［M］.上海：同济大学出版社，2017.

［2］ 张小乐.实用商务文书写作［M］.4版.北京：首都经济贸易大学出版社，2020.

［3］ 付家柏.财经应用文写作［M］.北京：清华大学出版社，2014.

［4］ 朱孔阳，吴义专.商务应用文写作教程［M］.2版.大连：东北财经大学出版社，2021.

［5］ 陈承欢，薛宪琳.财经应用文写作［M］.北京：人民邮电出版社，2016.

［6］ 李玉珊.商务文案写作［M］.4版.北京：高等教育出版社，2019.

［7］ 付希业.企业合同管理33讲［M］.2版.北京：法律出版社，2019.

［8］ 哈佛公开课研究会.哈佛营销课［M］.北京：中国铁道出版社，2016.

［9］ 安佳.电商文案写作全能一本通［M］.北京：人民邮电出版社，2018.

［10］张子泉.应用文写作［M］.北京：清华大学出版社，2022.

［11］白东蕊.电子商务文案策划与写作：理论、案例与实训［M］.北京：人民邮电出版社，2022.

［12］罗瑜.聚焦：电商创意文案与视觉营销［J］.营销界，2020（29）：197-198.

［13］黄嘉亮.探究如何实施课程思政，打造"润心"课堂：以文案策划"产品核心卖点提炼九宫格法"为例［J］.现代职业教育，2021（29）：56-57.

［14］叶龙.新媒体文案完全操作手册［M］.北京：清华大学出版社，2020.

［15］彭四平，伍嘉华.创新创业基础［M］.北京：人民邮电出版社，2018.